LOBBY DESVENDADO

LOBBY DESVENDADO

DEMOCRACIA, POLÍTICAS PÚBLICAS E CORRUPÇÃO NO BRASIL CONTEMPORÂNEO

ORG. MILTON SELIGMAN
E FERNANDO MELLO

1ª edição

EDITORA RECORD
RIO DE JANEIRO • SÃO PAULO
2018

CIP-BRASIL. CATALOGAÇÃO NA PUBLICAÇÃO
SINDICATO NACIONAL DOS EDITORES DE LIVROS, RJ

L78   Lobby desvendado: democracia, políticas públicas e corrupção no Brasil contemporâneo / organização de Milton Seligman e Fernando Mello. – 1ª ed. – Rio de Janeiro: Record, 2018.

Inclui bibliografia
ISBN 978-85-01-11265-1

1. Política – Lobby. 2. Democracia – Brasil. 3. Brasil – Política e governo. 4. Brasil – Política social. I. I. Seligman, Milton. III. Mello, Fernando.

17-45328

CDD:302.14
CDU: 316.42

Texto revisado segundo o novo Acordo Ortográfico da Língua Portuguesa.

Direitos exclusivos desta edição reservados pela
EDITORA RECORD LTDA.
Rua Argentina, 171 – Rio de Janeiro, RJ – 20921-380 – Tel.: (21) 2585-2000.

Impresso no Brasil

ISBN 978-85-01-11265-1

Seja um leitor preferencial Record.
Cadastre-se em www.record.com.br
e receba informações sobre nossos
lançamentos e nossas promoções.

Atendimento e venda direta ao leitor:
mdireto@record.com.br ou (21) 2585-2002.

Sumário

Parte 2: Manual de melhores práticas em relações institucionais, de *Milton Seligman* e *Mateus Affonso Bandeira*

Prefácio

Marcos Lisboa

Vivemos tempos interessantes. O país se cansa dos velhos métodos e enfrenta debates que seriam impensáveis. Com muito atraso, começamos a discutir o tratamento diferenciado concedido pelo poder público a grupos selecionados. Servidores públicos se beneficiam de regras de aposentadoria bem mais favoráveis do que o restante da população. Metade do crédito no Brasil paga juros de mercado, enquanto a outra metade é concedida com taxas de juros subsidiadas a setores ou empresas selecionadas. As regras tributárias variam significativamente entre os setores e, mesmo, entre atividades de serviços profissionais.

Grupos de pressão e tratamento especial existem nos demais países. O que surpreende no Brasil é a sua extensão, que se traduz na complexidade das regras tributárias, de comércio exterior ou de acesso ao crédito. Durante muitos anos, a sociedade tratou com surpreendente naturalidade a distribuição de benefícios e proteções discricionárias a grupos organizados por parte do poder público.

O imenso fracasso das políticas adotadas na última década, a grave crise econômica e os escândalos decorrentes de relações indevidas entre o poder público e o setor privado são o efeito colateral do modelo de desenvolvimento adotado em boa parte do último século.

O nacionalismo dos anos 1950 atribuía a nossa pobreza à abertura ao exterior e à exploração por parte dos países ricos, sobretudo os Estados Unidos. Acreditava-se que as empresas estrangeiras, como a Light, obtinham lucros extraordinários que eram enviados para o exterior. O Brasil exportava matérias-primas e importava bens industrializados. Acreditava-se que os preços internacionais do que exportávamos diminuiriam com o passar do tempo, condenando-se o país a uma pobreza crescente.

O que com Vargas e a Revolução de 1930 fora uma reação à grave crise de 1929 em meio a um mundo que se fechava, a partir dos anos 1950 progressivamente se transformou em estratégia nacional. O desenvolvimento passaria pelo cerceamento das relações com o exterior e a maior capacidade de produção local. Caberia ao Estado coordenar as decisões de investimento privado, selecionar as empresas e setores a serem beneficiados e nos proteger contra a exploração externa. O comércio externo passou a ser fortemente controlado, empresas estrangeiras foram nacionalizadas, a imigração foi restringida e a remessa de lucros ao exterior foi limitada. Progressivamente, o nacional-desenvolvimentismo passou a nos dominar nas décadas seguintes, na democracia e na ditadura militar, como ocorreu com outros países emergentes do período, desde a vizinha Argentina ao mais distante Egito.

Optamos pela narrativa nacional-desenvolvimentista apesar da precariedade dos seus argumentos. Em primeiro lugar, o principal fluxo de comércio internacional não era entre os países desenvolvidos, no norte, e os subdesenvolvidos, no sul. Ao contrário, ocorria entre os países ricos. O comércio e a remessa de lucros dos países eram quase irrelevantes para a renda e o desenvolvimento dos Estados Unidos e da Europa.

Em segundo, não havia a tendência declinante dos preços das matérias--primas. Ao contrário, seus preços se mantiveram estáveis durante a segunda metade do século XX, enquanto os preços dos bens industriais para investimento apresentaram uma tendência de queda de mais de 3% ao ano desde o fim da Segunda Guerra Mundial.

Não era do comércio com os países subdesenvolvidos que os ricos conseguiam a sua riqueza, mas sim da sua maior produtividade ao produzir bens e serviços domesticamente e do comércio com outros países ricos. Havia algumas matérias-primas estratégicas, como petróleo, mas esse não era o caso no Brasil, que permaneceu pobre em meio ao seu fechamento ao comércio exterior, com uma renda por habitante de 20% a 30% da norte-americana.

Décadas mais tarde, Paul Krugman propôs a melhor explicação disponível para o fenômeno da maior relevância do comércio norte-norte do que entre norte-sul. Os países ricos se especializam em algumas atividades com retornos crescentes de escala. Cada país produz apenas uma parte do que consome, importando o restante, sobretudo dos demais países ricos. A especialização garante ganhos de produtividade e maior renda para todos. O segredo não é fazer um pouco de tudo, mas sim ser mais produtivo do que os demais países em algumas atividades. E, com a venda desses bens, comprar o que os outros fazem melhor.

Isso não significa desprezar políticas de desenvolvimento, mas sim que a evidência indica que as intervenções bem-sucedidas são muito diferentes do que defende o nacional-desenvolvimentismo. O objetivo deve ser identificar atividades em que o país pode se tornar competitivo, produzindo tão bem quanto os demais. Eventualmente, esse processo passa por um conjunto amplo de políticas públicas.

No caso da Noruega, por exemplo, a descoberta do petróleo levou a diversas intervenções públicas, como a criação de uma universidade para a formação de técnicos especializados e a uma sofisticada governança do setor. A Coreia do Sul realizou um notável investimento em educação seguido por políticas de estímulo para alguns setores exportadores com metas de desempenho. Na Alemanha, a combinação entre educação, pesquisa acadêmica e a sua proximidade com a indústria permitiu o desenvolvimento de empresas competitivas em bens de capital. Já Cingapura realizou imensos investimentos em educação em meio a escolha por poucas atividades em que tinha vantagens competitivas, como logística e alguns serviços.

Nada mais distante do nacional-desenvolvimentismo que acreditava que a simples produção doméstica seria preferível ao comércio exterior e que passava ao largo da discussão sobre ganhos de produtividade, avaliação de resultados e desenho da governança da intervenção pública. Os seus intelectuais ignoravam os avanços da pesquisa aplicada.

Recentemente, Mauro Boianovsky e Leonardo Monasterio relataram o encontro de Douglass North e Celso Furtado no Brasil do começo dos anos 1960. À época, Furtado liderava a Sudene e um imenso plano para o Nordeste que seguia a abordagem da Cepal e apostava que a industrialização seria a única estratégia para o desenvolvimento da região.

North discordava. A carência de mão de obra qualificada, o pequeno mercado consumidor e a falta de recursos naturais tornavam inviáveis os planos de industrialização em larga escala. Ele recomendou que o programa deveria desenvolver as vantagens locais, com incentivo à pesquisa sobre agricultura tropical, pesca e os recursos hídricos da região. Algumas manufaturas para o mercado local, como têxtil, talvez fossem viáveis. Além disso, defendeu um ambicioso plano para expandir o acesso ao ensino básico.

Nos seus intensos vinte dias no Brasil, North se surpreendeu com a extensão da intervenção estatal e a proliferação de regulações e restrições no Brasil. E se perguntou: "Os brasileiros gostam desse tipo de controle — Gudin é o único apóstolo da liberdade individual por aqui?"

Optamos por Furtado e ignoramos North. Colhemos apenas seguidos fracassos. Durante décadas, a educação básica pouco avançou. O Brasil que se fechava perdia o rumo de casa e o Nordeste não se desenvolveu. North, por sua vez, recebeu o Prêmio Nobel em 1993.

Houve um breve interregno no fim dos anos 1960. O governo Castelo Branco enfrentou a crise econômica herdada do governo JK, agravada na tumultuada gestão de João Goulart, com uma agenda de reformas que combinava muitas das propostas feitas pelos intelectuais que orbitavam a comissão Brasil–Estados Unidos. O resultado foi o Programa de Ação Econômica do Governo (PAEG), que prometia a modernização da nossa economia e contribuiu para o milagre econômico.

Apesar desses avanços, os anos seguintes assistiram a imensos retrocessos. Era tempo de ditadura e o nacional-desenvolvimentismo renasceu com o governo Geisel e o II Plano Nacional de Desenvolvimento (II PND). Fortalecemos o Estado benfeitor e optamos pela retomada do nacionalismo e a expansão discricionária do poder público na economia.

O resultado foi o fugaz crescimento dos anos 1970 em meio à desigualdade social. Não houve desenvolvimento econômico. Ao contrário, em 1980 iniciamos uma longa crise da qual apenas sairíamos em 1994.

A agenda nacional desenvolvimentista foi progressivamente revertida nos anos 1990, com a abertura ao comércio exterior, a estabilização dos preços e a privatização de empresas estatais. O poder público passou a fortalecer as políticas sociais e foram realizadas reformas para melhorar o ambiente de negócios. Convergíamos aos poucos para a normalidade dos demais países. Em meio a crises ocasionais, alguns erros e muitos acertos, o país voltou a crescer e a extrema pobreza foi reduzida.

Em meu debate com Fernando Haddad, na revista *Piauí*, sistematizo a minha interpretação sobre a evolução da política econômica e social desde 1990. A partir de 2008, houve uma ruptura e a retomada do nacional--desenvolvimentismo. Sabemos das suas consequências.

O nacional-desenvolvimentismo resgatado nos últimos anos se caracterizou pela capacidade de intervenção discricionária do poder público na concessão de incentivos e benefícios para grupos selecionados. Para além do diagnóstico sobre o papel do Estado na promoção do desenvolvimento, há o debate sutil sobre as formas de intervenção. Na medida em que as agências de governo podem conceder benefícios discricionários para alguns em detrimento dos demais, abre-se espaço para a troca indevida de favores.

Pode-se defender a intervenção pública em alguns casos, e certamente há exemplos bem-sucedidos em outros países. Mesmo no caso do Brasil, o impressionante crescimento da agricultura nas últimas quatro décadas contou com a colaboração de políticas públicas para estimular a produção e a inovação tecnológica, beneficiada pelas pesquisas realizadas pela Embrapa e pela Esalq. Mas foram políticas que beneficiaram todo um setor, sem selecionar empresas vencedoras, e que estimulavam o aumento da produtividade.

A política pública requer regras de governança que reduzam a possibilidade do malfeito, seja pela troca indevida de favores, seja pela distribuição de benefícios para o setor privado sem a contrapartida de ganhos sociais que compensem os recursos públicos despendidos. Essa governança passa por princípios e protocolos. A concessão de benefícios deve ser precedida por estudos independentes que avaliem, com fatos e dados, os possíveis benefícios a serem obtidos e os custos de oportunidade dos recursos públicos. A boa técnica disponibiliza os instrumentos para avaliar os resultados esperados.

Além disso, a governança requer que essas políticas tenham metas de resultado e sejam avaliadas por agências independentes, com regras claras que garantam a sua revisão em caso de fracasso. Sobretudo, as políticas de proteção devem ter prazo para terminar — afinal, ou são bem-sucedidas, e não mais são necessárias, ou fracassam, e devem ser interrompidas.

O efeito colateral do nacional-desenvolvimentismo foi a disseminação de políticas discricionárias que resultaram na complexidade institucional da nossa economia, dominada por exceções tributárias e os diversos créditos subsidiados, em meio às muitas exceções e casos particulares. A extensão dos benefícios concedidos contrasta com a escassez das avaliações dos resultados obtidos e o imenso fracasso que experimentamos na última década com as intervenções públicas que desprezaram o cuidado na técnica e na governança.

Todo esse quadro revela a relevância deste livro organizado por Milton Seligman e Fernando Mello. Alguns artigos analisam a regulamentação do lobby em outros países e o caso do Brasil. Outros sistematizam o progressivo fortalecimento das relações entre o poder público e empresas privadas na última década. Há ainda muita análise sobre as causas da corrupção e a sua relação com as regras da política no Brasil. O livro destaca a necessidade da transparência e da boa regulamentação para organizar a relação entre o poder público e o setor privado.

Existe, inclusive uma proposta que perpassa vários dos artigos e ensaios deste livro, e que foi originalmente formulada por Sérgio Lazzarini, Carlos Melo e Milton Seligman no artigo "O lobby e a política", publicado no *JOTA* em outubro de 2015. As propostas do setor privado para as intervenções governamentais devem criar valor para a sociedade, tornar as organizações mais competitivas e conceder aos servidores o reconhecimento público por ter tornado possível esse avanço.

Pagamos um preço imenso pelas intervenções públicas incompetentes e discricionárias que resultaram na imensa crise dos últimos anos, além dos desvios que nos constrangem. O setor público importa. Para o bem e para o mal. Este livro contribui para o diagnóstico das causas do nosso insucesso e propõe diversas medidas para aperfeiçoar as relações institucionais entre o setor privado e o poder público. Quem sabe, desta vez, conseguimos aprender com os nossos fracassos?

Introdução

Lobby: democracia, políticas públicas e corrupção no Brasil contemporâneo

Caro leitor, qual é a imagem que lhe vem à cabeça quando se fala de um lobista? Para a grande maioria, trata-se de um profissional malvisto. Essa não é uma particularidade do Brasil. Mesmo nos Estados Unidos, onde o lobby é prática comum e segue regras mais claras, uma parcela significativa da população pensa em arquétipos, construídos a partir de personagens reais como Artie Samish, que atuou na Califórnia nas décadas de 1930 e 1940. Representante dos setores de bebidas, cigarros, filmes, rodovias, bancos, empresas químicas e até de empresários de corridas de cavalo, Samish teve um poder que nenhum outro profissional do ramo alcançou (Rosenthal, 2000).

A verdade é que Samish era o personagem dos sonhos para a criação de uma caricatura de lobistas. Ele não chegou a completar a sétima série, mas fez carreira em vários setores no governo da Califórnia, entre eles a Receita Estadual, onde aprendeu a coletar impostos e a lidar com políticos. Quando já era um dos homens mais poderosos do estado, chamava a atenção por seu chapéu de palha, largos charutos e barriga protuberante. Durante décadas, teve a capacidade de eleger políticos ou substituí-los nas eleições, direcionando grandes quantidades de dinheiro para campanhas de adversários. Muito desse dinheiro, diga-se de passagem, era transportado em malas (uma imagem não muito incomum para os brasileiros).

Com seus 1,88 metro e 140 quilos, dizia ser capaz de entender instantaneamente se um político precisava de "uma batata assada, uma garota ou dinheiro".[1] Samish ficou famoso em 1949, depois que topou ser perfilado para uma influente revista. Durante a entrevista, afirmou ao repórter: "Eu sou o governador do Legislativo, que se dane o governador da Califórnia." A capa daquela reportagem o colocou sob os holofotes — e, no fim das contas, acabou com sua carreira, o que incluiu alguns anos na prisão. Samish aparecia sentado com um boneco em seu colo, chamado pelos editores da publicação de sr. Legislativo. A metáfora não era muito elaborada. O lobista era quem comandava os políticos, como os ventríloquos controlavam bonecos como o sr. Legislativo.

Personagens como Artie Samish podem dominar o imaginário popular. Certamente ainda existem profissionais como ele. Mas a realidade das relações entre governos e empresas está longe de ser definida apenas por esses casos. Entender o papel das relações governamentais no contexto brasileiro atual, seus desafios, melhores práticas, a relação com a corrupção, por um lado, e sua necessidade para o aumento de produtividade e competitividade, por outro, é um dos objetivos deste livro.

Este projeto começou em uma cervejaria em Nova York em abril de 2015. Naquele fim de tarde, falamos sobre as nossas novas experiências na vida acadêmica. Milton havia sido convidado para dar aulas no Insper. Fernando estava prestes a concluir o mestrado pela escola de Serviço Exterior da Universidade de Georgetown e se preparava para iniciar o doutorado em ciência política na Universidade da Califórnia. Um objetivo emergiu ao final da conversa. Estava na hora de estudar as relações entre agentes privados e públicos misturando perspectivas práticas, de profissionais respeitados do mercado, com análise rigorosa e acadêmica, de professores brasileiros e internacionais.

Mais do que isso, o projeto só sairia do papel se conseguíssemos montar o que logo chamamos de time dos sonhos. Afinal, tratava-se de um tema complexo, cheio de preconceitos e em um momento político marcado por pós-verdades nas redes sociais, polarização e falta de debates racionais. Se fosse para fazer, era preciso fazer direito. Em poucas semanas, recebemos um apoio entusiasmado para a jornada. Paulo Sotero, diretor do Brazil

---

[1] Para saber mais, ver Rasmussen (2008).

Institute do Woodrow Wilson Center, convidou Milton para ser *global fellow* e ofereceu a estrutura e o suporte do instituto. Antes do que esperávamos, já estávamos em uma sala no Woodrow Wilson Center, em Washington, conversando com autores e escrevendo os *outlines* dos primeiros capítulos a partir das sugestões desses profissionais. Foram muitas tardes de debates acalorados, nas quais Paulo se juntava com ideias valorosas, dedicando tempo (que muitas vezes não tinha) para o crescimento do projeto.

O segundo apoio veio da Fundação Brava, organização pioneira no apoio a projetos de melhoria da gestão pública. Fundada em 2000, a Brava tem tradição de apoiar líderes transformadores e comprometidos com a construção de políticas públicas eficientes. Por fim, o presidente do Instituto de Ensino e Pesquisa, Marcos Lisboa, ofereceu apoio irrestrito para que professores do Insper se envolvessem no trabalho.

Com os apoios da Brava, do Insper e do Woodrow Wilson Center, não demorou para definirmos que o primeiro capítulo sairia das mãos de Paulo Sotero. Quando, em fevereiro de 2016, Paulo apresentou o projeto em um texto publicado no portal JOTA,[2] em poucos dias o artigo viralizou, recebendo milhares de comentários e curtidas — uma medida imperfeita do mundo da pós-verdade nas redes sociais, mas que, não podemos negar, nos encheu de energia. A partir da página 23, Sotero apresenta, em parceria com Anna Prusa, o ponto de partida para uma discussão sobre lobby no Brasil. Fazendo uma comparação crítica e detalhada sobre a atividade nos Estados Unidos, ele responde se, afinal, as regras norte-americanas podem servir de base para países como o Brasil. O texto de Paulo tem mais um atrativo: flui com facilidade, misturando algumas vezes a pena da galhofa, mas nunca com a tinta da melancolia.

Escrevem os autores do capítulo 1: "Vista sob essa ótica dos interesses mais amplos da sociedade, a experiência do lobby nos EUA pode, sim, e deve ser usada como paradigma para o debate sobre a institucionalização da atividade no Brasil e nos países vizinhos, onde ganhou especial relevância e espaço em anos recentes sob o impacto de escândalos de corrupção alimentados pela exacerbação da prática ancestral das elites da América Latina de

---

[2] Sotero (2016).

misturar interesse privado e público. Turbinado, no caso brasileiro, pelo fim da impunidade antes garantida aos ocupantes de posições de influência nas esferas política e econômica, e a seus agregados, o debate sobre a institucionalização do lobby impõe à sociedade a necessidade de definir competências e responsabilidades, de forma a dar transparência à atividade."

Naquela mesma passagem por Washington, confirmamos a participação do professor Matthew Taylor, um dos maiores especialistas nas instituições de controle de corrupção no Brasil. Taylor não refuta as interpretações otimistas de que as instituições da *accountability* melhoraram no Brasil, mas busca contextualizar os lentos avanços na luta contra a corrupção política, avaliar os obstáculos às reformas e identificar algumas limitações que prejudicam as reformas no campo da *accountability* em Brasília. Professor da American University, em Washington, e ex-professor da USP, Taylor fala português brilhantemente. Seus estudos sobre as relações entre diferentes órgãos de controle, como o Ministério Público e o Judiciário, jogam luz sobre as instituições de combate à corrupção no Brasil.

Três dos principais professores do Insper também se juntaram ao time. Carlos Melo, João Pinho de Mello e Sérgio Lazzarini. Além de estarem na lista de influentes pesquisadores do país, eles são importantes influenciadores do debate público brasileiro, pautando discussões sobre políticas públicas nos mais importantes e influentes veículos de comunicação do país. Nos seminários que realizamos no Insper, eles ajudaram a avaliar os trabalhos uns dos outros e fizeram sugestões para o resultado geral do livro.

Carlos Melo é uma das vozes mais atuantes no debate sobre a política brasileira e as influências de partidos e grupos organizados nas políticas públicas do país. Com seu texto preciso e incisivo, ele explica como é natural que empresas busquem encaminhar demandas e projetos junto a governos e quaisquer órgãos públicos — e que ganharia a sociedade se superasse clichês e preconceitos. Melo, no entanto, deixa claro: "É igualmente legítimo que esses interesses não se restrinjam ao natural egoísmo nem que se sobreponham a interesses mais amplos da sociedade. O nome disto não é lobby — na origem histórica da palavra —, menos significa promover boas e saudáveis 'relações institucionais'. Isto pode, antes de tudo, ser chamado de favorecimento, clientelismo, corporativismo ou, diretamente, corrupção."

Coube a João Pinho de Mello, em capítulo em coautoria com Fernando, analisar a questão da corrupção de forma quantitativa. A corrupção está relacionada com o lobby? Tem relação com a falta de regulamentação da atividade ou com a qualidade das relações institucionais? Ou a corrupção está relacionada com os custos de campanha, que aumentam os incentivos para que certos lobistas e certos políticos se envolvam em atividades ilícitas que envolvem o pagamento de propina ou doações em troca de favores? Economista com doutorado em Stanford, João usou seu período como pesquisador em Harvard para fazer os cálculos que fazem parte deste livro.

Também professor titular do Insper, doutor pela Universidade de Washington e ex-professor visitante de Harvard, Sérgio Lazzarini lidera a pesquisa sobre o capitalismo de Estado brasileiro. No capítulo 3, ele analisa como essa modalidade de capitalismo afeta as relações institucionais. O texto é uma coautoria com Aldo Musacchio, ex-professor da Harvard Business School e atual diretor do Brazil and Latin America Initiatives, da Brandeis University International Business School.

Outros capítulos foram escritos por profissionais capazes de combinar experiência prática com rigor de pesquisa. Constituinte, ex-ministro e ex-presidente do Supremo Tribunal Federal (STF), Nelson Jobim há anos pensava sobre o tema em uma perspectiva comparada. Para nós, Jobim era o nome natural para responder se as diferenças constitucionais entre o Brasil e os Estados Unidos permitem comparar a atividade de influência do setor privado nos governos. É possível comparar a experiência brasileira com a de outros países, que têm culturas constitucionais diferentes? Jobim se juntou ao advogado Luciano Souza, especialista em relações governamentais, e que se especializou no tema na Universidade de Georgetown, em Washington, DC. Eles concluem: "Não haverá nesse mundo novo, ao nosso ver, espaço para atuação nas sombras e de forma irresponsável."

Também formado por Georgetown, Joel Velasco traz uma visão única sobre o assunto, diretamente de Washington. Joel é sócio do Albright Stonebridge Group, uma das maiores consultorias de estratégia internacional dos Estados Unidos, dirigida pela primeira mulher a ser secretária de Estado, Madeleine K. Albright. Profundo conhecedor do tema, ele se uniu a Alana Rizzo, *fellow* do Stigler Center da escola de negócios da Universidade de Chicago e responsável pelo primeiro levantamento multimídia sobre lobby no Brasil, publicado pela revista *Época*. A dupla Rizzo e Velasco responde a uma pergunta intrigante: as empresas que são flagradas em práticas ilegais, como as reveladas pela Lava Jato, conseguem fazer uma transição dessas práticas para relações éticas, legais e saudáveis com o poder público? Para eles a resposta é sim — o que não significa que seja uma tarefa fácil.

O texto também serve como transição para a segunda parte do livro. Nela, passamos de um foco analítico para um manual prático de relações institucionais no Brasil. A ideia é que a segunda parte do livro sirva como um manual de melhores práticas na área de relações governamentais. Para esse manual, os autores contaram com a colaboração de Mateus Affonso Bandeira, ex-CEO da Falconi Consultores. Bandeira atuou por quase vinte anos na área pública, tendo acumulado experiências no Ministério da Fazenda, Senado Federal e governo do Rio Grande do Sul, onde foi secretário de Planejamento e Gestão e presidente do Banco do Estado do Rio Grande do Sul.

No começo deste projeto, Milton já era professor do curso de Relações Governamentais no Brasil do Insper. Naquele momento, com a Lava Jato ganhando corpo e fazendo história, centenas de pessoas lotavam as salas de aula em busca do curso. Essas pessoas, claramente, não procuravam dicas de como esconder melhor práticas ilícitas nas relações com o governo. Se esse fosse o caso, buscariam alternativas a ter que enfrentar dezenas de horas semanais — à noite, diga-se de passagem — em uma escola de negócios. A curiosidade e o interesse dos alunos mostravam que muita gente estava interessada em aprender como fazer lobby de forma ética, legal e eficiente no Brasil.

A segunda parte do livro é, em parte, o resultado dessas aulas. Nela, apresentamos um método próprio de fazer relações institucionais. Trata-se de um método criado a partir de anos de experiência e estudos. Não defendemos que este seja o método, mas o objetivo é apresentá-lo de forma sistemática e organizada para que interessados no tema possam aprender e, se assim quiserem, aplicá-lo na sua atividade profissional.

O conjunto de capítulos escrito pelo time apresentado acima não oferece uma resposta única para os problemas e desafios das relações institucionais no Brasil. Mas mostra que essa é uma função que pode, sim, influenciar políticas públicas de forma positiva — e também negativa. Durante todo o período de estudos para o livro, realizamos pesquisas de opinião no Congresso sobre o tema da regulamentação do lobby. Os resultados mostram um apoio para a regulamentação da atividade, variando mês a mês — apoio, diga-se de passagem, comum entre partidos de oposição e situação, de esquerda e de direita. Em fevereiro de 2017, por exemplo, 65% dos deputados apoiavam a regulamentação do lobby. Em julho de 2016, o apoio estava em

57%. Uma constante em todas as pesquisas foi que um número irrelevante de parlamentares disseram não saber ou não quiseram responder aos questionários. Ou seja, o assunto sempre esteve no radar dos deputados. Grupos de influência fazem parte das democracias modernas. Mais do que isso, o tema é cada vez mais estudado e ganha relevância. Ao mesmo tempo, a visão maligna e estereotipada do lobista começa a perder espaço, pelo menos na academia, entre profissionais e políticos.

Nos Estados Unidos, por exemplo, um livro recentemente publicado pela cientista política Sarah Anzia (2014) recebeu diversos prêmios por mostrar a influência de grupos de pressão na escolha inclusive do período eleitoral de cidades e estados. A autora mostra que eleições *off-cycle* dos estados (quando não há eleição concomitante para presidente) costumam ter menos participação. Por isso mesmo, grupos de interesse como sindicatos de professores e trabalhadores municipais se esforçam para que as eleições locais sejam feitas em anos diferentes das presidenciais. Nesses casos, a questão é puramente matemática. Como há menos gente votando, a influência desses grupos organizados nas urnas tende a ser maior e eles podem exercer um controle maior sobre políticos eleitos.

Um outro exemplo é a conhecida Escola de Partidos da Universidade da Califórnia. Um grupo de acadêmicos aponta como grupos de pressão são fundamentais nos partidos políticos nos EUA. Primeiro, os eleitores comuns não prestam muita atenção nas primárias. Por isso, o argumento desses acadêmicos (Bawn et al., 2012) é de que os principais atores nas nomeações de candidatos são grupos de interesse, lobistas e ativistas.

Olhar para a democracia é também olhar para diferentes grupos de interesse. Estudar o papel de grupos organizados é cada vez mais importante para democracias e políticas públicas. É o que dois dos mais influentes cientistas políticos dos Estados Unidos, Christopher H. Achen e Larry M. Bartels, chamam de democracia para realistas. Estudar de forma rigorosa e sem preconceito é o objetivo deste livro. Lobby não é sinônimo de corrupção. Lobby não é sinônimo de boas políticas públicas. Só que, como pretendemos demonstrar, grupos de influência podem, sim, ter efeitos importantes (positivos ou negativos) nos governos de turno.

Milton Seligman e Fernando Mello
Julho de 2017

Referências bibliográficas

Achen, C. H.; Bartels, L. M. *Democracy for Realists: Why Elections do not Produce Responsive Government*. Nova Jersey: Princeton University Press, 2016.

Anzia, S. F. *Timing and Turnout: How Off-Cycle Elections Favor Organized Groups*. Chicago: University of Chicago Press, 2014.

Bawn, K.; Cohen, M. Karol, D.; Masket, S.; Noel, H.; Zaller, J. "A Theory of Political Parties: Groups, Policy Demands and Nominations in American Politics". *Perspectives on Politics*, v. 10, n. 3, p. 571–597, 2012.

Rosenthal, A. *The Third House: Lobbyists and Lobbying in the States*. Washington: CQ Press, 2000.

Rasmussen, Cecilia. "Lobbyist's ego led to downfall, prison". *Los Angeles Times*, 3 fev. 2008. Disponível em: <http://www.articles.latimes.com/2008/feb/03/local/me-then3>. Acesso em: 30 ago. 2017.

Sotero, P. "Às claras: Projeto faz estudo comparado sobre lobby no Brasil, EUA e América Latina". JOTA, 17 fev. 2016. Disponível em: <https://jota.info/especiais/as-claras-projeto-faz-estudo-comparado-sobre-lobby-no-brasil-eua-e-america--latina-17022016>.

PARTE 1

ARTIGOS

1. O lobby nos EUA: a transparência de um sistema imperfeito

Paulo Sotero* e Anna C. Prusa**

Alfred Mottur, sócio sênior da empresa de consultoria Brownstein Hyatt Farber Schreck, uma das potências da indústria do lobby em Washington, arrecadou US$ 1 milhão para a campanha presidencial da ex-secretária de Estado Hillary Clinton, em 2016, e estava certo de que ela seria eleita a primeira mulher presidente dos Estados Unidos. A surpreendente vitória de Donald Trump no pleito de 8 de novembro foi um grande desapontamento pessoal para Mottur. Profissionalmente, porém, o novo panorama político não alterou o ânimo do lobista. Sua empresa tinha gente nas campanhas democrata e republicana. Alguns dos sócios trabalharam na equipe de transição do governo Trump. Com um único partido — o Republicano — no controle do Executivo e do Legislativo pela primeira vez em décadas, Mottur disse à *Newsweek* que sua firma teria apenas que "mudar suas ênfases de marketing" para se dar bem.[1] O título da reportagem da revista resume a expectativa dos profissionais do ramo: "Why President Trump is a Godsend for Lobbyists" [Por que o presidente Trump é um presente de Deus para os lobistas].

---

* Diretor do Brazil Institute no Woodrow Wilson International Center for Scholars, em Washington.
** Associada e pesquisadora do Brazil Institute no Woodrow Wilson International Center for Scholars, em Washington.
[1] Cadei (2017).

O cálculo do lobista é amplamente compartilhado entre os executivos do setor. A maioria trabalha para firmas que se apresentam como "bipartisan", ou "bipartidárias", para indicar aos clientes atuais e potenciais que têm trânsito nos dois partidos dominantes da política americana. A promessa de campanha de Trump de "secar o fétido pântano" das relações incestuosas entre políticos influentes e poderosos interesses econômicos — e "acabar com o ciclo de corrupção" em Washington — nunca foi e não é levada ao pé da letra entre os profissionais do lobby, e a composição do ministério de Trump e outras nomeações apenas confirmaram essa percepção.

Obviamente, eles não aceitam a premissa de que participam de atividade ilícita ou ilegal. Estão cientes de que uma parte do preço que pagam para atuar nessa atividade é ser alvo dos ataques que sofrem de ambos os partidos, especialmente nos meses que antecedem eleições, quando responsabilizar lobistas pelos males da política do país é esporte praticado com gosto, a começar pelos próprios políticos. Eles sabem, também, que, terminados seus mandatos eletivos, muitos políticos, incluindo aqueles que veem as atividades de lobby com antipatia, passam pela porta giratória que os levam para o outro lado do jogo do poder, onde se tornam bem remunerados advogados dos interesses de grandes firmas e associações representativas de setores influentes da indústria, do comércio, dos serviços, dos sindicatos e de organizações não governamentais dedicadas a variadas causas cívicas. Em outras palavras, há um forte elemento de hipocrisia subjacente às críticas ao lobby.

Hipocrisia na crítica ao lobby

Há hipocrisia e demagogia também nos atos oficiais adotados com o aparente propósito de coibir a atividade. Uma das primeiras medidas normativas assinadas pelo presidente Donald Trump renovou e até ampliou restrições ao lobby baixadas por seu antecessor e antagonista, o democrata Barack Obama. Ocupantes de cargos de confiança na nova administração estão proibidos, desde janeiro de 2017, de fazer lobby em agências federais durante cinco anos depois que saírem do governo. O prazo anterior, de dois anos, mais do que dobrou. Mas é improvável que a restrição iniba o renascimento da "indústria da influência" na era Trump, preconizado pelo ex-líder republicano no Senado, Chester Trent Lott, um ex-político do Mississippi que é hoje um influente lobista em Washington.

O caso de Lott é emblemático. Depois de mais de trinta anos no Congresso, onde serviu como deputado e senador, ele renunciou ao mandato em 2007 para se livrar da quarentena antilobby de dois anos de duração imposta a parlamentares por uma lei sugestivamente chamada "Honest Leadership and Open Government Act" [Lei de liderança honesta e governo transparente], aprovada naquele ano. O senador calculou o momento de renunciar para poder beneficiar-se da lei anterior, que limitava a quarentena a um ano. Em 2008, já fora do Congresso, Lott e o ex-senador John Breaux, democrata de Louisiana, associaram-se no Breaux-Lott Leadership Group, uma firma "de consultoria estratégica" que opera sob o guarda-chuva da Squire Patton Boggs, uma das maiores do ramo. Francomaçom e cantor de um grupo *a cappella* nas horas vagas, Lott tornou-se desde então um dos mais ativos lobistas de Washington. Ganhou fama em seu novo ofício em 2012, quando passou a defender a ratificação pelos Estados Unidos do Tratado sobre o Direito do Mar, a que se opusera ferozmente como líder republicano do Senado.

A expectativa sobre lobby na era Trump é de que a previsão do experiente Lott será confirmada pelos fatos. Em lugar de limitar a atividade, as medidas administrativas anunciadas pela Casa Branca provavelmente ficarão no papel e o país verá o fim dos anos de vacas magras que o setor atravessou no governo Obama. Esclareça-se que a queda de faturamento que o negócio experimentou durante os oito anos do governo do democrata resultou menos de restrições impostas por sua administração às atividades de lobby em Washington do que da forte paralisação política causada por diferenças irreconciliáveis entre a Casa Branca democrata e um Congresso republicano determinado a bloquear as iniciativas do Executivo. Quando a política trava, reduz-se o espaço para o lobby. Por isso, cabe uma ressalva ao panorama róseo sobre o lobby na era Trump. Em menos de seis meses no poder, o governo do novo presidente republicano travou: em lugar de avançar sua agenda legislativa, Trump alienou apoios entre os próprios conservadores e mobilizou seus opositores com iniciativas erráticas que refletem seu despreparo para executar o programa de governo que o levou ao poder. Já não se descarta, por exemplo, que os republicanos percam o controle da Câmara e do Senado nas eleições legislativas de novembro de 2018, o que manteria a polarização e a paralisia política em Washington. Nesse cenário, o lobby pode encruar.

A evidência do efeito negativo do travamento da política para o setor está nos números. Em 2016, o faturamento das firmas reconhecidas como parte da chamada "indústria da influência", ou, em inglês, *the advocacy industry*", caiu pelo terceiro ano consecutivo, fechando em US$ 3,12 bilhões. O número de contratos foi o menor desde o ano 2000. Da mesma forma, o contingente de lobistas registrados e habilitados a atuar na esfera federal continuou a encolher, somando 11.143 em 2016, contra 14.822 lobistas em 2007. A queda é ilustrada também pelo cancelamento ou não renovação dos registros de lobista, exigidos por lei. O número de lobistas registrados recuou de 13.367 quando Obama tomou posse para 11.509 no final de seus oito anos de governo.[2]

Nada disso significa, porém, que se faça hoje menos lobby em Washington do que no passado. Como um exemplo recente, na esteira do escândalo provocado pela alegada interferência sub-reptícia da Rússia em favor de Trump na campanha presidencial de 2016, três senadores — o republicano John McCain e os democratas Amy Klobuchar e Mark Warner — anunciaram um projeto de lei para obrigar a divulgação da identidade de quem compra anúncios políticos em plataformas online, como Google e Facebook. As duas empresas, poderosíssimas pelo alcance de suas tecnologias de rede social e por sua capacidade econômica, responderam imediatamente mobilizando suas congêneres do setor de alta tecnologia numa milionária campanha de lobby destinada a preservar a isenção que beneficia a atividade política conduzida na internet dos regulamentos que há décadas vigoram para propaganda política feita na televisão, rádio e imprensa escrita. O dispositivo, conhecido como

---

[2] Eilperin (2015).

"a isenção da internet", deriva de uma interpretação de 2006 da Federal Elections Commission, a agência que regulamenta o financiamento de campanhas nos EUA, segundo a qual a internet "é um modo único e em evolução de comunicação de massa e discurso político que é distinto de outras mídias e [se dá] de uma forma que justifica uma abordagem regulatória contida".[3]

Um teste vital para a capacidade do lobby de moldar as regras políticas do país, a briga é vista como um possível divisor de águas sobre a regulamentação de conteúdo na web. Ela será inevitavelmente influenciada pelas conclusões da investigação criminal sobre a interferência russa conduzida pelo promotor especial Robert Mueller, um respeitadíssimo ex-diretor do FBI. Ironicamente, um dos líderes do lobby para manter as coisas como estão na internet é Marc E. Elias, o conselheiro jurídico sênior da campanha da candidata democrata à presidência, Hillary Clinton, que perdeu as eleições para Trump.

No entanto, esta evidência de que a atividade de lobby continua em pleno vigor não se reflete nos números oficiais, que, como mencionado acima, diminuíram nos últimos anos. Mudanças introduzidas nos regulamentos federais sobre lobby na última década são em parte responsáveis pelo declínio do número de lobistas registrados e despesas com lobby em Washington. Sob o Lobbying Disclosure Act (LDA) de 1995, que regula o lobby no executivo e legislativo federais, os lobistas são obrigados a registrar a si mesmos, seus clientes e suas atividades, com base no princípio de que o público tem o direito de saber quem está tentando influenciar o governo.

Na prática, porém, há brechas ou lacunas legais que permitem aos influenciadores evitar o rótulo de "lobista". O ex-líder da maioria no Senado Tom Daschle, cofundador da DLA Piper, foi talvez o mais famoso caso recente de lobista que se apresenta como "conselheiro" de corporações empresariais e que faz, como consultor de empresas, o trabalho de facilitar conexões entre funcionários do governo e do setor privado — tomando o cuidado de manter

---

[3] Vogel e Kang (2017).

essas atividades de lobby abaixo do limite de 20% do total que reporta.[4] Muitos analistas — incluindo James Thurber, professor da American University e especialista em lobby no Congresso — argumentam que essas brechas, combinadas com restrições cada vez mais onerosas (como a mudança para cinco anos do período de quarentena entre o trabalho no governo e o lobby, feita na administração Trump), inibiram o registro e fizeram pouco para reduzir em termos reais a prática do lobby.[5] Reveladoramente, Daschle resolveu registrar-se como lobista em 2016 somente depois de ter decidido que era improvável seu retorno ao serviço do governo.[6]

Ainda assim, à medida que Washington se tornou menos eficaz na aprovação de leis, devido ao crescente travamento da política partidária, houve também um movimento na direção do lobby nos governos estaduais e municipais em todo o país. O sistema federal de governo dos EUA, no qual os estados são responsáveis por políticas em todas as áreas não designadas explicitamente ao governo em Washington pela Constituição americana, incentiva essa tendência. Decisões de governos estaduais podem ter impactos significativos para companhias e outras entidades num amplo leque de temas, da regulação do seguro de saúde a padrões ambientais e educação. De acordo com um estudo do Center for Public Integrity, entre 2010 e 2015, o número de entidades que contrataram lobby a nível estadual aumentou

---

[4] The Lobbying Disclosure Act of 1995 (LDA), ou o Ato de Divulgação de Lobby de 1995, emendado em 2007, exige que todos os lobistas se registrem com o governo federal. Sob este ato, um lobista é classificado como uma pessoa (1) que é empregada ou retida por um cliente em troca por compensação, financeira ou de outro modo; (2) que possui mais de um contrato de lobby por seus serviços; e (3) que dedica, no mínimo, vinte por cento do seu tempo de serviço ao seu cliente num período de três meses.

É obrigatório que empresas de lobby registrem cada cliente separadamente (a menos que a renda total para um cliente particular esteja abaixo de um certo valor, que em 2017 foi $3 mil por trimestre). Organizações com lobistas internos também precisam se registrar. Lobistas necessitam arquivar relatórios trimestrais que divulguem todas as suas atividades de lobby, incluindo doações feitas para campanhas políticas e rendas e gastos por cada cliente. Uma importante observação: qualquer pessoa que represente perante o governo dos EUA uma entidade política ou semipolítica estrangeira (como um governo estrangeiro ou uma companhia estatal) está sujeita às regras de divulgação do Foreign Agents Registration Act [Lei de Registro de Agentes Estrangeiros] ou FARA.

[5] Thurber (2015).

[6] Serino (2016).

mais de 10%.[7] Quase todas as grandes firmas de lobby são ativas não apenas em Washington, mas também nos legislativos e executivos estaduais, e muitas estão ampliando seu elenco de influenciadores no nível estadual. A McGuireWoods LLP, que está entre as vinte maiores, informou que em 2016 a maior parte de seu faturamento se deveu a lobby nos estados e municípios. As exigências legais de transparência e divulgação variam significativamente entre os estados, o que torna difícil fazer comparações.[8] Mas os montantes são certamente substanciais. Em 2013–2014, nos 28 estados onde os dados são públicos, lobistas reportaram gastos de US$ 2,2 bilhões.[9]

O lobby é claramente uma parte bem estabelecida do sistema político dos EUA, e a expectativa é de anos dourados à frente. "Com um governo republicano unificado, no controle da Casa Branca e do Congresso, abre-se a primeira oportunidade em uma geração para avançarmos nossa agenda", disse Matt Johnson, lobista republicano do Podesta Group, um dos mais poderosos do setor. O Podesta Group define-se como bipartidário. Foi criado e é liderado por Tony Podesta, irmão de John Podesta, que foi chefe de gabinete do presidente Bill Clinton e diretor da campanha presidencial de Hillary Clinton. Aos especialistas do ramo em Washington, não causa estranheza que um lobista republicano como Johnson trabalhe para uma firma do setor liderada pelo irmão de um prócer democrata. Depois da vitória de Trump, empresas e firmas de lobby passaram a buscar um terceiro tipo de lobista: pessoas com acesso ao presidente. Por bizarro que possa soar a ouvidos brasileiros, esse arranjo é possível porque a atividade é vista como inevitável num país onde a arte de influenciar o governo é aceita com naturalidade.

---

[7] Whyte e Wieder (2016).
[8] Apesar de concordarem na definição de o que é lobby e quem é lobista, regulações estaduais sobre a atividade variam muito, o que complica a tentativa de comparar a atividade federal com a atividade estadual. Até dentro de um mesmo estado, restrições podem ser diferentes entre o senado e a câmara, ou entre o poder executivo e o poder judiciário, já que entidades individuais do governo passam suas próprias regulações para auxiliar os decretos estaduais. Na Flórida, por exemplo, alterações recentes nas regras da Câmara dos Representantes estadual proibiram membros da Câmara de viajar em avião particular com lobistas ou de se comunicar com lobistas durante sessões legislativas ou reuniões de comitês (até por e-mail ou mensagem de celular). No entanto, membros do Senado estadual da Flórida podem fazer ambos sem maiores repercussões.
[9] Wilson (2011).

Ofício bipartidário, o lobby nasceu com a república

O lobby nasceu com a República, legitimado por sua lei fundamental, e está no DNA da nação. Trata-se de atividade garantida por preceito inscrito na primeira das dez emendas à Constituição do país, conhecidas como Bill of Rights, ou Carta dos Direitos. Entrou em vigor em 4 de março de 1789 — o mesmo ano da Inconfidência Mineira e da Revolução Francesa. Originário do direito inglês, "the right to petition the government for a redress of grievances", ou seja, "o direito de apresentar petições ao governo para a reparação de queixas", é irmão gêmeo das outras liberdades fundamentais consagradas na Primeira Emenda, e que são parte da identidade nacional do país: liberdade de religião, de expressão, de imprensa e de reunião. A Primeira Emenda proíbe expressamente o Congresso de cercear tais liberdades.

Ramo da mesma árvore frondosa que protege os direitos dos cidadãos, o direito de fazer lobby encontrou sua expressão moderna nas ações de grupos e associações de cidadãos formados com o propósito de influir na elaboração e aplicação das leis e normas que regem a vida da sociedade democrática, bem como a alocação de recursos públicos necessários para movimentar a máquina governamental. Essas ações se dão ao abrigo do processo de institucionalização dos direitos civis, que é um diferenciador essencial da experiência histórica na qual se alicerça a democracia americana. As primeiras catorze emendas da Constituição americana e a jurisprudência derivada das decisões da Suprema Corte sobre os casos em que os direitos previstos nessas emendas foram invocados constituem um conjunto único de regras sociais. Ele assegurou a formação de um ambiente propício ao desenvolvimento institucional do país como nação democrática, erigida de baixo para cima, a partir da experiência vivida por seus cidadãos.

A chegada de Trump ao poder aumentou os riscos que esse conjunto de regras enfrenta na era da globalização, em que as tecnologias de informação alteram o papel das instâncias tradicionais de mediação política, como os representantes eleitos do povo. O novo líder americano provavelmente nunca leu a Constituição a que jurou lealdade ao tomar posse, tanto que já teve várias de suas decisões administrativas brecadas pelos tribunais, por inconstitucionais. O fato de Trump desconhecer a Constituição e as leis e não se orientar por convicções fortes sobre as virtudes da democracia é fonte de preocupação, inclusive dos que se dedicam ao legítimo ofício de influenciar o processo de elaboração e execução das leis e regulamentos.[10]

O temor não é apenas dos que simpatizam com o presidente. Ele é palpável também entre os profissionais do lobby envolvidos na promoção de causas vistas como benignas ou virtuosas por uma parte significativa da sociedade, como a defesa do direitos dos cidadãos a uma economia ecologicamente sustentável, a alimentos saudáveis, a medicamentos seguros, a um convívio civilizado nos espaços urbanos e ao desfrute de espaços da natureza cuja existência e preservação são elementos essenciais de sua qualidade de vida.

Vista sem sua abrangência, as atividades de lobby são parte fundamental da produção e divulgação de informações na sociedade. Elas são inerentes à governança do país, acrescentando dados e perspectivas gerados pelos interessados nas decisões, bem como sua aplicação na vida real. Sob essa visão, o lobby é a porta de entrada de grupos da sociedade nas atividades de advocacia em favor das causas mais diversas, incluindo aquelas que os autores deste capítulo consideram as boas causas, como a defesa dos direitos humanos consagrados na Carta das Nações Unidas e de uma democracia plural e competitiva. As ações de lobby ajudam a organizar esses grupos e a dar voz a eles.

Vista sob a ótica dos interesses mais amplos da sociedade, a experiência do lobby nos EUA pode, sim, e deve ser usada como paradigma para o debate sobre a institucionalização da atividade no Brasil e nos países vizinhos, onde ganhou especial relevância e espaço em anos recentes sob o impacto de escândalos de corrupção alimentados pela exacerbação da prática ancestral das elites da América Latina de misturar interesse privado e público. Turbinado, no caso brasileiro, pelo fim da impunidade antes garantida aos ocupantes de posições de influência nas esferas política e econômica, e a seus agregados, o debate sobre a institucionalização do lobby impõe à sociedade

---

[10] Ackley (2017).

a necessidade de definir competências e responsabilidades, de forma a dar transparência à atividade.

Como qualquer outro direito, o direito dos cidadãos organizados em grupos de interesse de influenciar as decisões do governo não é absoluto. Foi regulamentado ao longo do século passado por leis e regulamentos adotados pelo Congresso americano a partir de 1938. O conjunto de normas jurídicas que rege as ações dos lobistas reflete o tamanho e a complexidade crescente da estrutura do governo e do alcance que a atividade ganhou ao longo do último meio século — nesse período, transformou-se num setor da indústria de serviços com identidade própria.

Má imagem

"O lobby é ao mesmo tempo um grande e dinâmico negócio e uma das práticas mais grosseiramente incompreendidas na cultura americana hoje", resume Gary Anders na introdução do livro *Lobbying Reconsidered: Under the Influence*.[11] Anders é vice-presidente de Pesquisa e Política da Dutko Worldwide, uma das grandes firmas do setor, e pesquisador do Centro de Estudos do Congresso e da Presidência na American University. "O lobby desempenha um papel cada dia mais importante na elaboração de políticas e na política presidencial, mas permanece um empreendimento obscuro e misterioso nas mentes da maioria dos cidadãos", escreve ele. Para Anders, o problema de imagem do setor, alvo fácil de políticos dos dois grandes partidos, especialmente em temporadas eleitorais, "é resultado de definições deficientes da atividade e de uma variedade de premissas sobre seu impacto na formulação de políticas públicas". Uma simples mudança na descrição da atividade ilumina o argumento.

Embora seja ofício perfeitamente legal, inevitável e até desejável, na medida em que expõe publicamente as posições defendidas pelos diferentes inte-

---

[11] A percepção popular do setor é, de fato, extremamente negativa. E não é de hoje. Steve Billet, diretor do programa de mestrado em Assuntos Legislativos da Universidade George Washington, onde conduz um seminário sobre lobby, sabe que o problema é tão antigo quanto a própria atividade. Em 2012, ele lembrou ao *Washington Post* um episódio que o marcou, trinta anos antes, quando era lobista registrado, em início de carreira, da companhia telefônica AT&T. A caminho do trabalho, parou seu carro atrás de um outro que exibia um decalque com um pedido: "Não conte à minha mãe que sou lobista; ela pensa que eu toco piano num bordel."

ressados e aumenta a transparência do debate, ser "lobista" definitivamente não pega bem. É perfeitamente aceitável, no entanto, ser um *stakeholder*, ou seja, uma pessoa diretamente envolvida e interessada no desfecho de debates e negociações sobre políticas públicas, seja na área de saúde, energia, meio ambiente ou direitos humanos. O *stakeholder* é visto sob uma luz geralmente mais favorável, pois inclui a noção de engajamento político e social em defesa ou repúdio de norma ou lei que afeta a vida da comunidade.

O debate em curso sobre o papel do lobby foi reforçado em anos recentes por um interesse crescente em estudar e compreender a atividade e seu impacto de uma forma nuançada. Washington tem um Instituto Nacional de Lobbying e Ética desde 2016. Já teve um Lobbying Institute. Mas este só prosperou depois de ser rebatizado Public Affairs and Advocacy Institute e encontrar guarida na American University. Foi um dos programas acadêmicos introduzidos nos currículos universitários para fomentar o estudo do lobby e a formação de lobistas. Há centenas de livros sobre a "indústria da influência". Os mais críticos fazem mais sucesso porque correspondem à percepção popular. Por essa razão, os estudiosos do lobby não são bem vistos pelos acadêmicos tradicionais de ciência política. Mesmo assim, o interesse crescente das novas gerações pelo assunto abriu espaço para que a prática se tornasse tema de seminários e cursos de nível superior.

Um dos mais procurados é "Lobbying and Government Relations", oferecido a estudantes de mestrado pela McCourt School of Public Policy, da prestigiosa universidade jesuíta de Georgetown, em Washington. O programa, de oito semanas, é ministrado por Scott Fleming, vice-presidente da universidade encarregado de "Relações Federais". A exemplo da maioria dos professores desses cursos, Fleming não é um acadêmico típico. Aprendeu sobre lobby fazendo lobby. Ensina os conhecimentos que acumulou, e depois sistematizou, em sua carreira de assessor do Congresso e do executivo federal em Washington, bem como no legislativo e executivo de Kansas, seu estado natal.

Além da American e de Georgetown, as universidades de Harvard, Princeton e George Washington oferecem cursos sobre lobby. Dartmouth está montando um programa. O denominador comum desses cursos é o estudo do lobby como uma atividade que é e não deixará de ser parte do cenário político do país e, por essa razão, deve ser pesquisada e mais bem compreendida, para que seja exercida com responsabilidade.

Todos os cursos ensinam que a pedra angular das leis e normas que regem o lobby nos EUA foram elaboradas sob o signo da busca da transparência. A premissa é que, uma vez que se trata de atividade legal, garantida pela Constituição e incentivada pela busca constante de influência e participação por empresas, associações empresariais e profissionais, grupos cívicos e religiosos e facções políticas, deve ser conduzida às claras.

A transparência está longe de ser, no entanto, garantia contra a influência do poder econômico nas decisões governamentais. Uma reportagem sobre a indústria do lobby publicada em abril de 2015 pela revista *The Atlantic* sob o título "How Corporate Lobbying Conquered American Democracy" mostrou que, em 2014, a atividade do setor movimentou US$ 2,6 bilhões — e, das cem organizações que mais gastam no lobby (de acordo com as despesas reportadas), 95 representam corporações empresariais.[12]

O montante excedeu em US$ 600 milhões a verba federal que o Congresso aprovou e alocou no orçamento naquele ano para sustentar as operações da Câmara de Representantes (US$ 1,18 bilhão) e do Senado (US$ 860 milhões). O lobby corporativo vem crescendo desde o início da década passada, quando os pagamentos aos lobistas passaram a superar o orçamento operacional do Congresso.

Esses números, já elevados, provavelmente subestimam o quanto de lobby se faz em Washington. Com efeito, uma das preocupações mais significativas diz respeito ao crescimento do chamado "lobby oculto".[13] Não há informações seguras sobre o real tamanho do segmento das atividades não reportadas da indústria do lobby. O Government Affairs Yellow Book relaciona mais 23 mil "profissionais em assuntos governamentais" em Washington.[14] Num trabalho sobre lobby que escreveu para uma força-tarefa da Associação Americana de Advogados, James Thurber postulou que o número verdadeiro de lobistas na capital dos EUA pode ser próximo a 100 mil, com um total de mais de US$ 9 bilhões de gastos, ou quase o triplo

---

12 Drutman (2015a).
13 Watson (2016).
14 Government Affair Yellow Book. Disponível em: <http://www.leadershipdirectories. com/Products/LeadershipinPrint/Business/GovernmentAffairsYellowBook>. Acesso em: 24 ago. 2017.

dos US$ 3,21 bilhões reportados. Lee Drutmann, especialista em lobby da Fundação Sunlight — uma organização dedicada a tornar o governo mais transparente e responsável perante a opinião pública —, estimou em 2016 que a indústria do lobby gastou pelo menos o dobro do que foi oficialmente reportado sob o LDA.[15] Reveladoramente, um relatório de 2012 do Center for Responsive Politics constatou que "mais de 46% dos lobistas ativos em 2011 que não reportaram atividade em 2012 continuam a trabalhar para os mesmos empregadores para quem fizeram lobby em 2011 — um dado que reforça a teoria segundo a qual os lobistas não estão preenchendo as exigências técnicas de reportar ou alteraram suas atividades o suficiente para não ter que reportá-las".[16]

É importante observar que o Lobbying Disclosure Act de 1995 representou um importante passo à frente na regulação do lobby nos Estados Unidos. Segundo estudo de 1991 do General Accounting Office (GAO), uma versão americana do Tribunal de Contas da União, sem juízes, mais de 94% dos lobistas registrados não entregaram a papelada exigida.[17] O LDA clarificou a definição de lobby e as exigências de divulgação da atividade, simplificando o sistema federal que regula o lobby. O problema é que o limite de 20% — que requer que os lobistas se registrem se despenderem um mínimo de 20% de seu tempo em atividades de lobby — é relativamente fácil de contornar, como ilustra o caso de Tom Daschle. Daschle, que argumentou durante anos que não era um lobista, apesar de trabalhar em temas políticos salientes e fazer conexões em nome de clientes, afirmou ao *New York Times* em 2009: "Tenho muito orgulho de ter estabelecido um limite bastante firme em relação a lobby no Capitólio. Não fiz nenhuma chamada nem visitas [a meus ex-colegas no Senado] em nome de um cliente. E não tenho nenhuma expectativa de fazê-lo no futuro."[18]

O ex-presidente da Câmara de Representantes (ou deputados federais) Newt Gingrich é outro exemplo: embora Gingrich tenha recebido mi-

---

[15] Fang (2014a).
[16] Auble (2013).
[17] Watson (2016).
[18] Calmes (2009).

lhões por seu trabalho de advocacia em favor de políticas conservadoras e facilitado o acesso a legisladores influentes, ele nunca se registrou como lobista.[19]

Esforços mais recentes de reforma tiveram o efeito adverso de incentivar o uso das brechas legais, contribuindo provavelmente para o crescimento do "lobby oculto". A lei de 2007 sobre Honest Leadership and Open Government Act, por exemplo, aumentou a quarentena, ou o número de anos que um ex-legislador ou alto funcionário do Legislativo precisa esperar para se tornar um lobista, e fortaleceu as exigências de divulgação e as penalidades correspondentes. O administração Obama manteve a tendência em 2009 quando implementou a proibição de dois anos para ex-lobistas que trabalharam para o governo em temas sobre os quais haviam feito lobby. No início de seu mandato, o presidente Trump elevou a proibição a cinco anos. Formalmente, essas medidas parecem positivas, pois visam a melhorar a transparência e limitar relacionamentos não apropriados entre lobistas e membros do governo. Na prática, contudo, a maioria dos analistas concorda que os lobistas estão escolhendo não se registrar como tal para evitar terem que respeitar as novas restrições,

Dado o abuso dessa brecha legal, uma proposta em voga é eliminar por completo o limite de 20%: qualquer pessoa que faz lobby deve registrar-se como lobista independentemente do tempo dedicado à atividade e da remuneração recebida. A força-tarefa da Ordem dos Advogados Americanos sobre Reforma do Lobby recomendou uma emenda à LDA de 2011 para obrigar a divulgação de todas as atividades de "apoio ao lobby", incluindo o trabalho de estrategistas, especialistas em opinião pública e consultores pagos em conexão com campanhas de lobby.[20]

Uma questão mais fundamental, no entanto, é a aplicação da lei. Os recursos federais destinados a essa tarefa são limitados. Por essa razão, talvez, o Departamento de Justiça jamais processou alguém por não ter se registrado como lobista sob a LDA.[21] Em vez disso, de acordo com o jorna-

---

[19] Eggen (2011).
[20] Campaign Legal Center (2011).
[21] Watson (2016).

lista Lee Fang, que investigou o tema em 2014, o Departamento de Justiça tende a processar somente os lobistas que se registraram mas "deixaram de atualizar suas declarações trimestrais e tornaram-se inadimplentes, e os Secretários da Câmara ou do Senado identificaram o erro".[22] Da mesma forma, as auditorias do governo tendem a examinar apenas os lobistas registrados no cumprimento da LDA, em lugar de mirar mais amplamente todas as atividades relacionadas com o governo. Assim sendo, os lobistas têm poucas razões para se registrar e continuarão a evitar fazê-lo.

Uma outra preocupação que se confunde com o lobby é o crescimento do dinheiro destinado ao financiamento de campanhas políticas. Não estão computados nos números já citados os bilhões que movimentam as campanhas políticas e alimentam a percepção de que a corrupção está hoje institucionalizada na política americana. Esta ganhou espaço especialmente depois que a Suprema Corte determinou, no caso Citizens United v. Federal Elections Commitee (FEC), em janeiro de 2010, por 5 votos a 4, que as empresas têm direito à mesma liberdade de expressão dos indivíduos. Com base nessa discutível interpretação, o tribunal supremo dos EUA declarou inconstitucional uma lei de 2002, de autoria dos senadores John McCain, republicano de Arizona, e Russ Feingold, democrata de Wisconsin, que restringira as contribuições de "soft money" — uma versão light do caixa dois brasileiro — aos "comitês de ação política" que financiam as campanhas, em paralelo às contribuições limitadas que a lei permite que o eleitor faça individualmente aos candidatos de sua preferência.

Embora as doações a campanhas políticas individuais continuem a ter um limite (US$ 2.700 por doador por candidato nas eleições), a decisão Citizens United abriu a porta para doações ilimitadas aos chamados "SuperPACs" e a certos grupos políticos autorizados a usar o dinheiro para apoiar uma campanha ou candidato em particular — desde que estes se mantenham oficialmente independentes da campanha eleitoral do beneficiário, um limite obviamente difícil de se estabelecer com clareza. Na prática, a Sunlight Foundation observa que a FEC raramente penaliza os SuperPACs ou as

---

[22] Fang, Lee (2014b).

campanhas de candidatos por coordenarem suas atividades. Isso permite que corporações empresariais deem grandes somas em apoio a publicidade política a favor ou contra diferentes candidatos e causas — essencialmente permitindo que esse dinheiro tenha o efeito de se sobrepor e excluir a voz do público. Por essa razão, a Citizens United permanece uma questão controversa, mesmo entre lobistas. Muitos se queixaram da crescente pressão para levantar fundos para campanhas de congressistas depois da decisão da Suprema Corte em 2010.[23] Em 2011, a Ordem dos Advogados americana aprovou uma resolução recomendando que lobistas sejam proibidos de atuar em levantamento de fundos para campanhas políticas.

Ainda assim, há um papel genuíno para o lobby no sistema de governança dos EUA. Não apenas o lobby é garantido pelo direito constitucional "de apresentar petições ao governo", como serve como um importante canal de comunicação para os legisladores se informarem sobre as preocupações daqueles que representam no Congresso. Em lugar de simplesmente "comprar votos" por meio de doações a campanhas, os lobistas investem tempo e recursos significativos construindo relações com os assessores parlamentares e fazendo pesquisa de forma a argumentar em favor desta ou daquela causa de maneira convincente. Os gabinetes dos congressistas frequentemente pedem estatísticas específicas a seus distritos eleitorais para avaliar o impacto de projetos de lei sobre seus representados antes de decidir em quais votarão. Os legisladores e seus assessores sofrem um problema crônico de excesso de trabalho e frequentemente confiam em lobistas para fornecer-lhes informações e conselhos necessários sobre o assunto em pauta, que geralmente envolvem complexas questões e detalhes obscuros de políticas públicas. Além do mais, o lobby abrange um amplo leque de grupos de interesse — não apenas os interesses de corporações empresariais gigantes, mas também as vozes de entidades sem fins lucrativos e organizações de cidadãos preocupados com direitos humanos e proteção ambiental, como

---

[23] Baseado em conversas que os autores tiveram com algumas lobistas em Washington e declarações feitas por pessoas como Tony Podesta, que afirmou: "É lamentável que tenhamos a decisão Citizens United, mas, enquanto essa for a lei da terra, os democratas e os republicanos estão ativos nesses tipos de empreendimentos." Apud Blumenthal e Grim (2015).

também esforços junto às comunidades locais para encorajar os eleitores a contatar diretamente seus respectivos representantes no Congresso, como a campanha que quase descarrilhou a confirmação no Senado de Betsy DeVos como secretária de Educação do governo Trump.[24]

Esse processo é parte do sistema político dos EUA desde a fundação da República. Os problemas emergem quando o sistema permite que os interesses dos que têm mais dinheiro abafem ou excluam os interesses da maioria dos cidadãos, ou quando a falta de transparência esconde conexões entre interesses especiais e a legislação em pauta. O rápido crescimento da indústria do lobby — tanto o oficial ou reportado como o oculto — nas últimas quatro décadas tornou o jogo político cada vez mais complicado e caro. O resultado é que os interesses especiais com o maior número de lobistas têm uma posição de vantagem na arena do desenvolvimento e da adoção de políticas públicas. Nesse ambiente, não surpreende que os americanos olhem hoje para Washington com aversão.

Em 2016, a ideia de que a corrupção está institucionalizada na política americana e requer uma mudança sistêmica alimentou a campanha à Casa Branca do senador independente Bernie Sanders, um social-democrata do estado de Vermont que disputou a candidatura do Partido Democrata com Hillary Clinton, e do vitorioso Trump, magnata do setor imobiliário e personalidade dos programas de "reality television" que chegou à presidência do país mais poderoso do planeta sem qualquer experiência prévia no governo ou na política.

Vista — justificadamente ou não — como um dos ingredientes da crescente desigualdade social nos EUA, a influência do dinheiro na política alimenta a frustração da classe média com os políticos e partidos tradicionais. O sentimento é de que as instituições funcionam apenas para reproduzir um sistema que não mais corresponde aos interesses da maioria.

Em democracias mais novas, como as do Brasil e da América Latina, esse sentimento sempre existiu, e o lobby é visto como atividade suspeita e ilegítima. Esforços no sentido de sua regulamentação devem, portanto,

---

[24] Para um exemplo de uma defesa de lobby feito por uma organização sem fins lucrativos, ver: Stephanz (2014).

evitar premissas ingênuas sobre a realidade do setor nos Estados Unidos. Devem, ao mesmo tempo, incorporar da abordagem americana a atitude que vê no lobby uma atividade não apenas inevitável e até desejável, se feito às claras, como recomendam os autores deste capítulo.[25]

Construir um arcabouço legal que acolha essa visão passa inevitavelmente pela aceitação de que a atividade do lobby e o ofício do lobista se fundam em princípios e práticas legítimas que podem ser ensinados, estudados e aprimorados.[26]

---

[25] Sotero (2016).
[26] Goldman (2012).

Referências bibliográficas

Ackley, K. "Lobbyists Worry Trump Woes Could Delay Policies". *Roll Call*, 27 fev. 2017. Disponível em: <https://www.rollcall.com/news/policy/lobbyists-worry-trump-woes-delay-policies>.

Allard, N. W. "Lobbying Is an Honorable Profession: The Right to Petition and the Competition to Be Right". *Stanford Law & Policy Review*, v. 19, p. 23, 2008.

Andres, G. *Lobbying Reconsidered: Under the Influence*. Nova York: Routledge, 2015.

Auble, D. "Lobbyist 2012: Out of the Game or Under the Radar?" Center for Responsive Politics, 20 mar. 2013. Disponível em: <https://www.opensecrets.org/news/2013/03/lobbyists-2012-out-of-the-game-or-u/>.

Baumgartner, F. R.; Gray, V.; Lowery, D. "Federal Policy Activity and the Mobilization of State Lobbying Organizations". *Political Research Quarterly*, v. 62, n. 3, p. 552–67, 2009.

Baumgartner, F. R.; Larsen-Price, H. A.; Leech, B. L.; Rutledge, P. "Congressional and Presidential Effects on the Demand for Lobbying". *Political Research Quarterly*, v. 64, n. 1, p. 3–16, 2011.

Blumenthal, P.; Grim, R. "The Inside Story of How Citizens United Has Changed Washington Lawmaking". *Huffington Post*, 26 fev. 2015.

Cadei, E. "Why President Trump is a Godsend for Lobbyists". *The Week*, 13 fev. 2017.

Calmes, J. "Daschle Plans Move to Global Firm". *The New York Times*, 17 nov. 2009.

Campaign Legal Center. "American Bar Association Urges Strengthening of Lobbying Laws". *Press Releases*, 10 ago. 2011. Disponível em: <http://www.campaignlegalcenter.org/news/press-releases/american-bar-association-urges-strengthening-lobbying-laws>.

Carpenter, D. P.; Moss, D. A. (orgs.). *Preventing Regulatory Capture: Special Interest Influence and How to Limit It*. Cambridge: Cambridge University Press, 2014.

Confessore, N. "When Donald Trump Went to Washington and Got Himself a Tax Break". *The New York Times*, 6 out. 2016.

Congresso dos Estados Unidos da América. *Lobbying Disclosure Act of 1995*. Washington, DC, 1995.

Drutman, L. "How Corporate Lobbyists Conquered American Democracy". *The Atlantic*, 20 abr. 2015a.

_____. *The Business of America is Lobbying: How Corporations Became Politicized and Politics Became More Corporate*. Nova York: Oxford University Press, 2015b.

Eggen, D. "Gingrich Think Tank Collected Millions from Health-Care Industry". *Washington Post*, 16 nov. 2011.

Eilperin, J. "Obama Promised to Curb the Influence of Lobbyists. Has He Succeeded?" *Washington Post*, 22 mar. 2015.

Fang, L. "The Shadow Lobbying Complex". *The Nation*, 19 fev. 2014a.

_____. "Where Have All the Lobbyists Gone". *The Nation*, 19 fev. 2014b.

Goldman, T. R. "Forget Creativity: Can Lobbying Be Taught?" *Washington Post*, 18 nov. 2012. Disponível em: <http://www.washingtonpost.com/lifestyle/style/forget-creativity-can-lobbying-be-taught/2012/11/18/a5c29ae4-16eb-11e2-8792-cf5305eddf60_story.html?utm_term=.ecbb2afe9f62>.

Goldstein, K. M. *Interest Groups, Lobbying, and Participation in America*. Cambridge: Cambridge University Press, 1999.

Gozetto, A. O. "Sobre lobby e democracias". JOTA, 29 fev. 2016.

Hacker, J. S.; Pierson, P. *Winner-Take-All Politics: How Washington Made the Richer Richer — and Turned its Back on the Middle Class*. Nova York: Simon & Schuster, 2010.

Hrebenar, R. J.; Scott, R. K. *Interest Group Politics in America*. Nova York: Routledge, 2015.

Kaiser, R. K. *So Damn Much Money: The Triumph of Lobbying and the Corrosion of American Government*. Nova York: Vintage Books, 2010.

LaPira, T. "How Much Lobbying Is There in Washington? It's DOUBLE What You Think". Sunlight Foundation, 25 nov. 2013. Disponível em: <https://sunlightfoundation.com/2013/11/25/how-much-lobbying-is-there-in-washington--its-double-what-you-think/>.

Leech, B. L.; Baumgartner, F. R.; LaPira, T. M.; Semanko, N. A. "Drawing Lobbyists to Washington: Government Activity and the Demand for Advocacy". *Political Research Quarterly*, v. 58, n. 1, p. 19–30, 2005.

Lewis, N. A. "Spheres of Influence Grow in Washington; Once the Enclave of a Few Old Hands, Lobbying Is Corporate and Fast-Merging". *The New York Times*, 16 nov. 1999.

Lipton, E. "With Trump's Election, a Bonanza for Washington Lobbyists". *The New York Times*, 10 nov. 2016.

Mitchell, N. J. *The Conspicuous Corporation: Business, Public Policy, and Representative Democracy*. Ann Arbor: University of Michigan Press, 1997.

Salisbury, R. H. *Interests and Institutions: Substance and Structure in American Politics*. Pittsburgh, PA: University of Pittsburgh Press, 1992.

Serino, L. "After Years of Lobbying, Tom Daschle Finally Registers as a Lobbyist". Sunlight Foundation, 30 mar. 2016. Disponível em: <https://sunlightfoundation.com/2013/11/25/how-much-lobbying-is-there-in-washington-its-double-what-you-think/>.

Sotero, Paulo. "Uma conversa institucional sobre lobby". JOTA, 17 fev. 2016. Disponível em: <http://jota.info/especiais/as-claras-projeto-faz-estudo-comparado-sobre-lobby-no-brasil-eua-e-america-latina-17022016>.

Stephanz, Hannah. "When Lobbying Is a Good Thing". Earth Justice, 19 ago. 2014. Disponível em: <http://earthjustice.org/blog/2014-august/when-lobbying-is-a-good-thing>. Acesso em: 24 ago. 2017.

Stewart, B. *Government Affairs Yellow Book — Summer 2017: Who's Who in Government Affairs*. Washington, DC: Leadership Directories, Inc., 2017.

Thomas, K. "Furor Over Drug Prices Puts Patient Advocacy Groups in Bind". *The New York Times*, 27 set. 2016.

Thurber, J. "Lobbying and Ethics Laws". *C-SPAN*, 9 jan. 2015. Disponível em: <https://www.c-span.org/video/?323696-2/discussion-capitol-hill-ethics>.

Vogel, Kenneth P.; Kang, Cecilia. "Senators Demand Online Ad Disclosures as Tech Lobby Mobilizes". *The New York Times*, 19 out. 2017. Disponível em: <https://mobile.nytimes.com/2017/10/19/us/politics/facebook-google-russia-meddling-disclosure.html>. Acesso em: 23 out. 2017.

Walker, J. L. "The Origins and Maintenance of Interest Groups in America". *The American Political Science Review*, v. 77, n. 2, p. 390–406, 1983.

Watson, L. "What Is Shadow Lobbying? How Influence Peddlers Shape Policy in the Dark". Sunlight Foundation, 19 abr. 2016. Disponível em: <https://sunlightfoundation.com/2016/04/19/what-is-shadow-lobbying-how-influence-peddlers-shape-policy-in-the-dark/>.

Whyte, L. E.; Wieder, B. "Amid Federal Gridlock, Lobbying Rises in the States". Center for Public Integrity, 11 fev. 2016. Disponível em <https://www.publicintegrity.org/2016/02/11/19279/amid-federal-gridlock-lobbying-rises-states>.

Wilson, M. R. "Changing of the Guard at Lobbying Powerhouse". *The Hill*, 14 set. 2016.

Wilson, R. "Amid Gridlock in D.C., Influence Industry Expand Rapidly in the States". *Washington Post*, 11 mai. 2011.

Bancos de dados

Follow the Money. *Database Results*. Disponível em: <http://www.followthemoney. org/search-results/SearchForm?Search=lobbyist&action_results=Go&gclid=C IW8gbjhldQCFcWLswod1HACHQ>. Acesso em: 30 ago. 2017.

Governo dos Estados Unidos da América, Office of the Clerk. *Lobbying Disclosure*. Disponível em: <http://www.disclosures.house.gov/ld/ldsearch.aspx>. Acesso em: 30 ago. 2017.

MapLight. *Lobbying: Top Spenders*. Disponível em: <http://www.maplight.org/ us-congress/lobbying>. Acesso em: 30 ago. 2017.

National Conference of State Legislatures. *Lobbyist Regulation*. Disponível em: <http://www.ncsl.org/research/ethics/lobbyist-regulation.aspx>. Acesso em: 30 ago. 2017.

Open Secrets (Campaign Legal Center). *Lobbying Database*. Disponível em: <http:// www.opensecrets.org/lobby>. Acesso em: 30 ago. 2017.

Senado dos Estados Unidos da América. *Search Lobbying Database*. Disponível em: <http://soprweb.senate.gov/index.cfm?event=selectfields>. Acesso em: 30 ago. 2017.

2. A regulamentação do lobby: análise comparada entre América Latina, Brasil e Estados Unidos

Nelson A. Jobim* e Luciano Inácio de Souza**

Introdução

A relação entre governo e grupos de interesse sempre desperta grande atenção, tanto por parte dos profissionais da área quanto pela comunidade em geral, tendo em vista a peculiar situação limítrofe entre o certo e o errado, entre o lícito e ilícito, entre o justo e injusto que pode daí decorrer. Porém, a questão que se põe neste trabalho é bem mais ampla — qual a influência do aspecto cultural e jurídico-constitucional nesta relação?

Partindo da análise destes dois aspectos e de sua influência na relação entre governo e grupos de interesse, o presente trabalho pretende apresentar um estudo comparativo da atividade de lobby na América Latina, no Brasil e nos Estados Unidos, destacando as diferenças culturais e constitucionais sobre as quais as respectivas regulamentações foram produzidas.

Para tanto, o artigo analisará em um primeiro momento a origem do lobby e discussões sobre uma terminologia mais moderna — relações governamentais —, bem como os significados de grupos de interesse e grupos de pressão. Essas definições são importantes e servem para alinhar parâmetros que serão utilizados ao longo de todo o texto.

---

* Advogado, foi ministro do Supremo Tribunal Federal, da Justiça e deputado constituinte.

** Advogado, mestre em direito pela Universidade de Georgetown e diretor da equipe de Relações Governamentais do Souza, Cescon, Barrieu & Flesch Advogados, em Brasília.

Um importante conceito que de certa forma serve de pano de fundo para toda essa discussão será explorado em seguida: afinal, a transparência é ou não vital em todo esse contexto de regulamentação e em que medida as características culturais influenciam o desenvolvimento e a adoção de medidas neste sentido?

É fato que a transparência das atividades de governo e das contas públicas, nos países democráticos, teria como objetivo principal tornar mais claras e acessíveis aos administrados as relações existentes, bem como os caminhos dos recursos públicos. Mas como essa adoção de medidas de transparência tem resultado em regras eficientes para a relação público-privada?

Com os últimos acontecimentos ocorridos no Brasil, a transparência se tornou fundamental. Acreditamos que o novo Brasil que surgirá dos escombros desta hecatombe que a cada dia se revela nos inúmeros desdobramentos da Operação Lava Jato demandará uma forma mais responsável de defesa de interesse. Não haverá nesse mundo novo, ao nosso ver, espaço para atuação nas sombras e de forma irresponsável.

Neste contexto, o artigo pretende, ainda, discutir a necessidade de uma regulamentação específica para a atividade de lobby no Brasil, e em que ponto isto pode refletir em um revigoramento das relações público-privadas na medida em que se valoriza o jogo limpo e às claras na participação democrática no processo legislativo e na formulação de políticas públicas, bem como no fortalecimento das instituições democráticas responsáveis pelo combate à corrupção no país.

Certamente, não há a pretensão de se exaurir a discussão neste artigo. Esperamos que a análise que agora se propõe possa colaborar para o debate deste tema, ainda mais em um momento tão importante e sensível pelo qual o Brasil passa. É importante, muitas vezes, entender o passado, o caminho percorrido, para que possamos enxergar saídas para o futuro.

A origem do lobby

O lobby, objeto de tanta discussão quanto à atividade em si mesma, bem como aos seus limites éticos, de fato não é uma novidade da sociedade moderna. Muito embora o termo "lobby", como é empregado hoje, tenha raízes na palavra da língua inglesa que significa "antessala" ou "saguão", remetendo à atividade de pessoas que ficavam em uma sala intermediária no Parlamento Britânico com o objetivo de influenciar políticos ou autoridades em geral para que aprovassem ou rejeitassem medidas de seu interesse,[1] alguns autores remetem à Bíblia a primeira menção sobre essa atividade.

Para Farhat (2007), o primeiro registro teria se dado no episódio bíblico de Sodoma e Gomorra. Como se sabe, tendo em vista a situação de devassidão dessas cidades, o Senhor teria ordenado que Abraão abandonasse sua casa, pois Ele iria destruir as duas cidades. Para o autor, admitindo um pouco de licença poética, "a resposta de Abraão teria sido mais ou menos assim: 'Tudo bem. Se essa for a Sua decisão, obedeço. Mas podíamos conversar um pouquinho?' Procurou então Abraão negociar com o Senhor, para que poupasse os habitantes daquelas cidades. Lá, segundo o patriarca, haveria mais de cinquenta justos, e não seria correto castigá-los todos por culpa de alguns poucos cidadãos transviados, corruptos ou infiéis".

Muito embora Abraão não tenha conseguido alterar o destino daquelas cidades, de fato, podemos dizer que esse foi o primeiro registro de uma atividade de lobby.[2]

A literatura, digamos, mais recente, define lobby como "o processo por meio do qual representantes de grupos de interesse, agindo como intermediários, levam ao conhecimento dos legisladores ou dos decision--makers os desejos de seus grupos. Lobbying é, portanto e sobretudo, uma transmissão de mensagens do grupo de pressão aos decision-makers por meio de representantes especializados".[3]

Contudo, por conta do desconhecimento do homem médio e de profissionais que distorcem a sua natureza, o lobby tem sido alvo de campanhas difamatórias na mídia. Não raro podemos ler nas principais manchetes dos grandes jornais atos de corrupção, frutos de atividades de tráfico de influência, tidas como lobby.

Por esta razão, e até mesmo em função da sofisticação que essa atividade vem adquirindo nos últimos anos, muitos consideram que a melhor expressão

---

[1] Série Pensando o Direito (2009).
[2] Schimidt (2008).
[3] Bobbio et al. (2004, p. 563).

a designar a atividade de atuar com interesses no Legislativo e Executivo seria relações governamentais. De fato, essa expressão guarda uma tênue diferença em relação ao lobby. O termo relações governamentais seria um guarda-chuva que incluiria não apenas o contato com parlamentares (lobby *strictu sensu*), mas sim uma visão mais complexa, com análise de riscos e oportunidades, de cenários econômicos, jurídico-regulatórios e sociais, introduzindo nesta atividade técnicas de comunicação com o objetivo de convencer decision-makers.[4] Para fins do presente trabalho, adotaremos a expressão "lobby" como sinônima de relações governamentais, por mais que, no nosso ponto de vista, esta última expressão melhor defina a complexidade das atividades de defesa de interesse.

Desta forma, pode-se dizer que o lobby é um fato da vida pública em países democráticos,[5] e, uma vez observados os limites de ética e boa conduta, tem o potencial de promover a participação democrática no processo legislativo e fornecer aos tomadores de decisão informações valiosas, facilitando o acesso das partes interessadas ao desenvolvimento de políticas públicas e implementações legislativas.

No entanto, muitas vezes a atuação de alguns profissionais distorce o real sentido da atividade de lobby, tornando-a opaca e de integridade duvidosa, o que pode resultar em influência indevida, concorrência desleal, imparcialidades e políticas públicas direcionadas a determinados interesses de grupos econômicos. Por essas razões, é necessária a adoção de medidas de transparência que visem a garantir, em última análise, a continuidade da democracia.

Grupos de interesse *versus* grupos de pressão

Como dito acima, a atividade de lobby vem se sofisticando em suas técnicas e formas de atuação ao longo dos anos. Uma das formas de atuação junto aos decision-makers de políticas públicas é a realizada através de grupos

---

[4] Galvão (2016, p. 81–85).
[5] OECD (2015).

E o seu processo de formação, implementação, avaliação de políticas públicas, atuação na definição das agendas governamentais e suas interações com os políticos têm sido objeto de estudos por parte da academia e estudiosos de política e direito.

Para fins pedagógicos, a literatura tem dividido esses grupos em "de interesse" e "de pressão". Para Galvão (2016), grupo de interesse é um conjunto organizado de pessoas que têm seu foco voltado mais para a atuação coletiva, representando tanto objetivos compatíveis com o seu escopo, caso este seja bem específico, quanto os interesses da sociedade como um todo. Os grupos de interesse não buscam influenciar políticas públicas ou mesmo participar do processo legislativo. Grupos de pressão, por sua vez, são aqueles compostos por um conjunto organizado de pessoas com interesses específicos e comuns que buscam influenciar políticas públicas. Em outras palavras, contariam com um maior foco na contribuição direta junto aos decision-makers. Para fins do presente artigo, adotaremos para os dois casos a denominação de grupos de interesse.

O nascimento dos grupos de interesse se dá em grande medida devido à enorme e vasta gama de direitos e necessidades existentes nas sociedades, de modo que não há um limite de número de grupos ou mesmo de temas relacionados. Ou seja, haverá grupos de interesse tantos quantos forem as contradições, interesses gerais ou individuais e demandas sociais criadas em razão da complexidade das relações humanas. De fato, sempre que a junção de mais de uma pessoa tiver um tema ou mesmo discussão de interesses comuns de determinado setor e/ou categoria, realizados por sua vez através da comunicação entre o setor público e o privado, resultará em um grupo de interesse.

Quanto à atuação destes grupos de interesse, é importante mencionar que realizam a sua atividade através de associações cujos objetos são semelhantes ou equivalentes aos seus interesses. Essas associações nada mais são do que a representação de uma coletividade que almeja algum resultado ou direito respaldado nas políticas públicas a serem adotadas pelo governo. Na maioria dos casos, a atuação dos grupos de interesse se dá de forma aberta, em debates que envolvem a sociedade, com a real intenção de demonstrar suas razões e direitos. Esse tipo de atuação reflete uma das formas mais transparentes de lobby, uma vez que alia o apelo social com a exposição pública de seus membros e interesses para toda a sociedade.

Contudo, aqui também podemos encontrar o desvirtuamento desta forma de atuação e a consequente necessidade de adoção de medidas de transparência de modo a, se não evitar totalmente, ao menos diminuir a ocorrência de atitudes que maculam todo o processo democrático de participação no processo legislativo. Até recentemente, no Brasil, esses grupos de interesse — muitas vezes com interesses na área empresarial, tais como indústria, comércio, infraestrutura e serviços, entre outros — atuavam na arrecadação de recursos para o financiamento das campanhas de candidatos políticos. Esse modus operandi abria espaço para que relações não republicanas se estabelecessem, gerando uma verdadeira forma de barganha com vistas à retribuição posterior na forma de ajuda nas questões legislativas.[6]

A importância da transparência e sua evolução e desenvolvimento

Como visto acima, a transparência assume papel de extrema importância para as atividades de lobby. Primeiramente cabe, portanto, defini-la. Para a Organização de Cooperação para o Desenvolvimento Econômico — OCDE, transparência é um fator vital para o fortalecimento das relações entre governo e cidadão, que se concretiza através de informações completas, objetivas, confiáveis, relevantes e de fácil acesso e compreensão.[7]

No contexto das atividades de lobby, esforços para aumentar a transparência e a sua inclusão na formulação de políticas públicas garantem que os principais atores desse processo democrático tenham acesso livre a informações atualizadas, públicas e relevantes sobre o processo de tomada de decisão.

Contudo, no âmbito dos países e região analisados neste trabalho, percebemos que há um certo desequilíbrio no desenvolvimento das medidas de transparência. De fato, como poderá ser visto adiante, questões culturais e de desenvolvimento de sociedade impactam na adoção ou não destas medidas.

---

[6] Farhat (2007).
[7] OECD (2015).

América Latina

Do ponto de vista histórico, após trinta anos de transição democrática e diversas tentativas de transparência política, a corrupção ainda está presente na maior parte dos países da América Latina. Vale lembrar que, durante a maior parte de sua história recente, a América Latina viveu sob um domínio autoritário, em que as decisões públicas foram muitas vezes criadas "às escuras" por gabinetes e parlamentos em benefício de uma pequena minoria. Recentemente, o desenvolvimento de sistemas políticos participativos trouxe alguma transparência ao processo de elaboração de políticas públicas e leis.

Assim, na medida em que a democracia vem se consolidando na América Latina, a expectativa é de que haja mais transparência e que se identifiquem menos escândalos de corrupção. Como resultado disso, o aumento da percepção pelos cidadãos da importância das medidas de transparência tem resultado em um amplo apoio político para a regulamentação do lobby e de transparência em sua agenda política.[8]

Entre os países da América Latina, o Chile tem uma das taxas mais baixas de corrupção, de acordo com a Transparência Internacional,[9] que o classificou em 24º entre os 180 países pesquisados.

Parte deste bom desempenho apresentado é fruto do esforço do governo para melhorar a boa governança e a transparência na vida pública. Em novembro de 2006, o governo da então presidente Michelle Bachelet lançou um conjunto de medidas denominadas Agenda de Integridade, Transparência, Eficiência e Modernização do Estado. Entre as medidas, houve a imposição de restrições sobre as atividades de "grande fluxo" por funcionários do governo, bem como a proibição de contribuições de empresas. Além disso, a divulgação de informações pelo governo se tornou lei em meados de 2008.[10]

O mesmo cenário não se observa, porém, em outros países da região, como o Paraguai e a Bolívia.

---

[8] *Journal of Public Affairs* (2014).
[9] Transparency International (2016).
[10] Lei nº 20.285 de agosto de 2008. Disponível em: <http://www.leychile.cl/Navegar?idNorma=276363>. Acesso em: 31 mai. 2017.

O Paraguai está entre os países menos desenvolvidos econômica e politicamente na América Latina. No ano de 2012, ficou em 150° no Índice de Percepção de Corrupção da Transparência Internacional.

Além da corrupção, é possível visualizar a não competitividade entre os sistemas partidários, fraudes em resultados das eleições, restrições midiáticas, direitos humanos não aplicados, militarismo ainda não divorciado da política e as mínimas condições de transparência por parte do governo. O Paraguai apresenta poucas perspectivas de mudanças no cenário da transparência, carecendo de operadores destinados a mudar essa percepção.[11]

A Bolívia, por sua vez, classificada pela Transparência Internacional na 105ª posição, tem uma sociedade altamente fragmentada e um longo período de instabilidade política que impediram o desenvolvimento de fortes instituições políticas. Muito embora o presidente Evo Morales tenha em seu governo um Ministério da Transparência Institucional e da Luta Contra a Corrupção para tratar de temas relacionados à transparência e abertura de governo, essas questões ainda geram impasse no país.

Brasil

Mesmo inserido no contexto da América Latina, e tudo o que isso implica do ponto de vista histórico, conforme vimos anteriormente, o Brasil tem, a partir dos anos 2000, se destacado no rápido avanço na adoção de medidas de transparência.

Uma das primeiras iniciativas que buscou dar maior transparência às relações público-privadas foi adotada em maio de 2002 em resposta a escândalos de corrupção descobertos na época. Trata-se do Decreto Presidencial nº 4.232/2002, que tratava das audiências e reuniões dos agentes públicos em exercício na Administração Pública com os demais representantes de interesses particulares.

Em 2012, outra importante medida foi adotada — a Lei de Acesso à Informação (Lei nº 12.527/2011), que, em conjunto com a Lei Anticorrupção (Lei nº 12.846/2013) e a Lei de Conflitos de Interesses (Lei nº 12.813/2013), forma o quadro legal que dá suporte à transparência no Brasil. Além disso,

---

[11] *Journal of Public Affairs* (2014).

existem várias iniciativas no legislativo brasileiro que buscam aperfeiçoar a transparência das contas públicas do país.

Como dito acima, o Brasil tem se destacado nos últimos anos neste aspecto. Em 9 de setembro de 2015, na pesquisa divulgada pela International Budget Partnership (IBP) em parceria com o Instituto de Estudos Socioeconômicos (Inesc), o país ficou na sexta colocação entre 102 países analisados, sendo considerados avanços em pontos como a transparência e participação social nos canais de divulgação do orçamento do governo brasileiro, tais como o portal do Orçamento Federal, Escola Virtual da Secretaria de Orçamento Federal, Orçamento Cidadão, entre outras medidas.

Estados Unidos

Nos Estados Unidos, a promoção do interesse público e a transparência são os principais elementos que permeiam todos os tipos de regulamentação.

Historicamente, por volta do ano de 1938, em nível federal, já havia a preocupação com a regulamentação dos sistemas de pressão nos EUA, através do Foreign Agents Registration Act (FARA), que surgiu com a intenção de proibir que demais agentes de governos estrangeiros realizassem ações perante o Congresso Nacional americano. O propósito do FARA era criar mecanismos suficientes de transparência dos profissionais estrangeiros de modo a não haver problemas de soberania.

De fato, a regulamentação do lobby aconteceu somente no ano de 1946 com a aprovação do Federal Lobbying Regulation Act (FLRA) e do U. S. Administrative Procedure Act (APA). O objetivo do FLRA era introduzir um sistema de registros junto à Câmara dos Deputados e ao Senado americano que garantisse maior transparência e que alcançasse todos aqueles indivíduos que buscassem influenciar o Congresso.

Por sua vez, o APA estabeleceu regras e procedimentos para disciplinar o processo decisório na sede das agências governamentais. Assim, ao determinar que as agências de governo não poderiam adotar uma nova política sem anunciar previamente a intenção que lhe deu causa, garantiu-se maior transparência e participação dos cidadãos no processo de tomada de decisões.

Cabe observar que as legislações americanas mencionadas regularam não apenas os grupos de interesse, mas também as suas estratégias em relação ao sistema político americano em si. Assim, o que se tem é mais um monitoramento da publicidade e transparência das informações do que regulamentação da atividade propriamente dita.[12]

De fato, observa-se naquele país uma evolução e aperfeiçoamento constantes das regras relativas à transparência, principalmente as relacionadas ao lobby, buscando sempre que possível deixá-las mais claras e de fácil acesso.[13]

O atual estágio da regulamentação do lobby

Como visto anteriormente, todo o contexto de adoção de medidas de transparência está diretamente ligado a questões culturais da sociedade dos países. E esse fator, como veremos a seguir, impacta diretamente o desenvolvimento de regras claras para a atividade de lobby, ou mesmo disciplinas que tratem dos grupos de interesse.

América Latina

A regulamentação do lobby e a atuação através de grupos de interesse ainda não são uma realidade consolidada na América Latina. No que diz respeito à regulamentação da atividade de lobby na América Latina, concisamente, sabe-se que a discussão ocorre em poucos países, como Argentina, Chile e Peru, sempre de forma pontual e discreta, limitando-se apenas a algumas leis que ampliam relações de transparência entre os setores público e privado. Não há registro de discussões semelhantes em países como Paraguai e Bolívia.

De fato, na cultura política latino-americana, o lobby não é avaliado como parte da democracia. Até mesmo um país como o Chile, que tem um grau de desenvolvimento e engajamento em adoção das medidas de transparência, debateu internamente por mais de dez anos a necessidade de regulamentação do lobby. O primeiro projeto de lei para regulamentar

---

[12] Gozetto (2012).
[13] Rodrigues (2012, p. 92).

a atividade chegou ao parlamento em novembro de 2003, sendo convertido em lei apenas em 2014.[14]

A lei aprovada no Congresso chileno prevê o registro de profissionais que atuam por grupos de interesse a partir do agendamento de sua primeira reunião com funcionários públicos. Dessa forma, as pessoas inscritas na base de dados terão de cumprir obrigações como informar quem representam e se recebem qualquer forma de remuneração para as negociações conduzidas. No entanto, é da responsabilidade do funcionário público divulgar as informações sobre a reunião, seus participantes e as principais questões discutidas na oportunidade.

De fato, a falta de avanços na legislação de lobby nos últimos dez anos no Chile contrastou com o fato de que outras leis que tratam de transparência e integridade das autoridades entraram em vigor, como leis que regulam a divulgação de bens e interesses pessoais por autoridades públicas e funcionários e norteiam as informações públicas no Chile. Ademais, as reformas da constituição reconheceram a transparência como um dos princípios do sistema jurídico chileno, com a consequente criação de um Conselho de Transparência no país.[15]

Vários projetos de lei que pretendem regulamentar outras partes do lobby ainda seguem em discussão no Chile e são construídos com base em três objetivos. O primeiro deles cria a obrigação de que sejam disponibilizadas ao público informações sobre o lobby a funcionários públicos feitos por representantes de interesses privados, independentemente do indivíduo ou instituição que o realiza. A justificativa aqui é de que a informação acessível ajuda a prevenir transgressões e fortalece o controle social sobre as atividades de todos os grupos de interesse. O segundo objetivo foca nas partes interessadas e procura oferecer oportunidades iguais para apresentarem as suas observações às autoridades ou ao organismo encarregado da regulamentação e aos tomadores de decisão. Por fim, o terceiro objetivo dos projetos de lei no Chile tem como foco a autoridade reguladora, visando a fornecer toda a informação disponível para que ela possa tomar decisões para o bem comum.[16]

---

[14] OECD (2014, p. 138).
[15] Ibidem.
[16] Idem, p. 139.

Brasil

O Brasil ainda não tem uma lei própria para regulamentar a atividade de lobby. Todavia, ao analisarmos o caminho da regulamentação da atividade no país, observamos um histórico legislativo de tentativa de se formalizar a atividade no Congresso Nacional.

O primeiro registro de iniciativa, do então deputado federal Marco Maciel, foi em 1977-78, quando era o presidente da Câmara dos Deputados. Segundo Santos,[17] o deputado teria liderado um processo de reforma do regimento interno da casa para o credenciamento das assessorias parlamentares de ministérios, órgãos da administração pública federal indireta, entre outras instituições civis.

O parlamentar Marco Maciel não desistiu de regular a matéria. Quando se elegeu senador, apresentou no Senado o Projeto de Lei n° 25 em 1984, que previa a regulamentação do credenciamento de pessoas físicas e jurídicas que buscavam influenciar o processo decisório no âmbito do Poder Legislativo. O projeto não teve sucesso em sua tramitação e foi apresentado novamente em 1989,[18] sendo aprovado pelo Senado em 1990. Contudo, o Projeto de Lei, encaminhado à Câmara em 23 de janeiro de 1990, não teve sua análise finalizada até hoje.

Vários projetos de lei foram apresentados nos anos subsequentes,[19] mas o único ainda ativo é o do deputado Carlos Zarattini — o Projeto de Lei n° 1.202/2007 —, que foi aprovado no final do ano de 2016 na Comissão de Constituição e Justiça da Câmara dos Deputados e ainda aguarda a votação do plenário. A versão aprovada é o terceiro substitutivo apresentado pela relatora, deputada Cristiane Brasil (PTB-RJ), após negociações com vários partidos e

---

[17] Santos (2007).

[18] Reapresentado em 1989 sob a forma de Projeto de Lei n° 203/1989.

[19] Há o registro no portal eletrônico da Câmara dos Deputados dos seguintes Projetos de Lei: Projeto de Lei n° 619/1995, proposto pelo deputado Davi Alves Silva, do PFL-MA, sobre atividade de grupos de interesse; do Projeto de Lei n° 6.928/2002, proposto pela deputada Vanessa Grazziotin, do PCdoB-AM, sobre estatuto para o exercício da democracia participativa; Projeto de Lei n° 1.713/2003, proposto pelo deputado Geraldo Resende, do PPS-MS, sobre atuação dos agentes de pressão; e o Projeto de Lei n° 5.470/2005, proposto pelo deputado Zarattini, do PT-SP, sobre a atividade de lobby. Todos estão arquivados.

entidades que representam o setor de lobby. A deputada se comprometeu a incluir na votação final, em plenário, mais sugestões de Zarattini. A proposta aprovada pela CCJ define a atividade como "representação de interesses nas relações governamentais". Em entrevista recente, disse a deputada: "Quando na verdade a defesa do interesse é um direito constitucional, que está lá no artigo dos direitos fundamentais para que todo e qualquer cidadão tenha o direito garantido constitucional de diante do poder público defender seus interesses. E com essa demonização de toda relação nós temos a necessidade urgente de dizer como se faz uma relação entre público e privado que não seja operação de propina e sim defesa de interesses."[20]

Porém, mesmo sem a legislação específica em vigor, no Brasil, o exercício da atividade do lobby existe e é regulado indiretamente por dispositivos da Constituição Federal, como o da liberdade de associação, reunião, representação coletiva, direito de obter informações de órgãos públicos e o de petição, além dos princípios de liberdade de expressão e pluralismo político; e de regulamentos internos e Códigos de Ética da Câmara dos Deputados e do Senado. No entanto, a regulamentação disponível ainda é insuficiente. Isso resulta na existência de margem para que práticas ilegais e desvios de finalidade possam ocorrer sem maiores supervisões.

Estados Unidos

Pela relevância histórica e política, e pelo pioneirismo no enfrentamento da questão, analisar a experiência americana mostra-se relevante. De fato, nos Estados Unidos, a principal regulamentação desta atividade é o Lobbying Disclosure Act — LDA (1995), posteriormente emendado pelo Honest Leadership and Open Government Act (2007). Não se pode esquecer que a atividade também é regulada indiretamente por leis de prevenção de conflito de interesses, divulgação de informações financeiras dos agentes públicos, códigos de ética, entre outras. De forma mais abrangente ainda, a Constituição norte-americana assegura o direito de petição aos cidadãos, que participam de uma grande variedade de grupos de pressão.

---

[20] Alves (2017).

O LDA é uma lei que trata do registro de lobistas, tanto por eles mesmos quanto por entidades contratadoras. Pretende tornar mais eficaz a divulgação dos dados relativos à atividade de lobby nos Estados Unidos, trazendo definições importantes quanto à mesma e determinando a elaboração de relatórios com resultados de negociações políticas e os valores envolvidos.

O Honest Leadership and Open Government Act é uma legislação um pouco mais abrangente, que emenda a legislação anterior. Pretende inibir a prática de lobby por ex-membros e ex-servidores do Poder Legislativo, estabelecendo uma "quarentena" para que fiquem afastados do processo de negociação política. Também trata de desestimular parlamentares e servidores públicos de influenciarem a contratação de pessoas na esfera privada ou de negociarem empregos antes da eleição de seu sucessor. Também elevou as sanções anteriormente aplicadas, estabelecendo a pena de prisão por até cinco anos em caso de descumprimento, além da perda de pensão civil. Essa legislação é tida por muitos como excessivamente reguladora da atividade; em uma análise fria dos dados de lobistas inscritos, é possível verificar um aumento considerável dos *shadow lobbyists* (aqueles que em tese não se qualificam como lobista nos termos da lei e atuam nas sombras).

A regulamentação das atividades de lobby e de grupos de interesse no Brasil é realmente necessária?

A atividade é tida em vários países como um dos assuntos que mais preocupam a sociedade e, principalmente, as autoridades, por conta da corrupção. É evidente que os grupos de interesse possuem um papel importante no cenário político e na democracia de um país, uma vez que sua atuação resulta no aumento de participação da sociedade no processo de decisão política.[21]

Discutir a necessidade de algo implica realizar a ponderação entre os pontos positivos e negativos da questão para se chegar a um denominador comum que aponte um resultado objetivo. E, com a regulamentação da atividade de lobby no Brasil, não se deve fazer diferente.

---

[21] Junqueira (2009, p. 2).

Atualmente, há duas correntes em torno desta questão. De um lado, tem-se que as atividades dos grupos de interesse servem para a promoção do interesse público, sendo exercidas por meio de seu direito de petição perante os poderes legislativo e executivo.[22] Por outro lado, de maneira negativa, ocasionam uma forte disputa econômica pela defesa de interesses particulares, a ponto de interferirem e prejudicarem o interesse coletivo.

Além disso, surge a discussão jurídica e ética do tema, e aqui se faz necessário analisar o comportamento dos profissionais atuantes. De fato, antes de mais nada há que se ressaltar que, mesmo na ausência de regulamentação específica da atividade, existem normas e leis gerais, bem como códigos de ética e de conduta, e regulações internas, formulados pelas associações ou instituições contratantes, que amparam a atuação do profissional de forma transparente, legítima e disciplinada.

A fim de traçar uma comparação entre os sistemas de adaptação para a regulamentação da atividade de lobby, destaca-se o modelo pensado para os Estados Unidos, um dos mais efetivos atualmente, muito embora não seja considerado o modelo perfeito.

Assim, as leis criadas e desenvolvidas para limitar e controlar a atividade de lobby estão evoluindo na direção de ampliar, cada vez mais, os níveis de transparência exigidos não só pela norma, mas também pela sociedade.[23]

Nesse contexto, seria possível pensar em regulamentação da atividade de lobby à luz da Constituição brasileira? A princípio, sim. O direito de representação perante as autoridades consagra-se expresso em artigos da Constituição Federal desde o Império.[24] De acordo com a Constituição Federal de 1988, atualmente em vigor, alguns dispositivos elencados no artigo 5º (Direitos e Garantias Fundamentais) fazem com que o profissional que atua no âmbito do processo legislativo ou mesmo junto ao Executivo, através de direitos e deveres individuais e coletivos, tenha base para o exercício da atividade de lobby,[25] embora não haja uma regra com dispositivos que regulamente a atividade no Brasil. Assim sendo, encontra-se embasamento jurídico nos

---

[22] Rodrigues (1982).
[23] Junqueira (2009).
[24] Santos (2007).
[25] Junqueira (2009, p. 3).

incisos IV, XIV, XVI, XVII, XVIII, XXI, XXXIII, XXXIV do artigo 5º da Constituição Federal de 1988.[26, 27]

Além da base jurídica já destacada, a atividade de defesa de interesse encontra respaldo no disposto no artigo 37 da Constituição Federal, que prevê normas gerais da administração pública, entre elas legalidade, impessoalidade, moralidade, probidade, além de outras.

Partindo-se dessa premissa, o Brasil pode aproveitar experiências e modelos advindos das práticas derivadas de outros sistemas, principalmente no que diz respeito às condutas e normas de transparência, controle dos profissionais, registros de entidades, modelos de prestação de contas, entre outros pontos fundamentais.

De fato, a OCDE elenca características importantes, tendo por base experiências internacionais, que podem contribuir com uma regulamentação eficaz, tais como: (i) a definição das atividades dos profissionais do lobby e grupos de interesse em disposições claras e inequívocas; (ii) regras de divulgação de informações dos trabalhos exercidos pelos profissionais do lobby; (iii) estabelecimento de regras e diretrizes para o comportamento, como, por exemplo, evitar o uso indevido de informações confidenciais, causar

---

[26] Gonçalves (2012, p. 55).

[27] Constituição Federal:

Art. 5º Todos são iguais perante a lei, sem distinção de qualquer natureza, garantindo-se aos brasileiros e aos estrangeiros residentes no País a inviolabilidade do direito à vida, à liberdade, à igualdade, à segurança e à propriedade, nos termos seguintes: (...) IV — é livre a manifestação do pensamento, sendo vedado o anonimato; (...) XIV — é assegurado a todos o acesso à informação e resguardado o sigilo da fonte, quando necessário ao exercício profissional; (...) XVI — todos podem reunir-se pacificamente, sem armas, em locais abertos ao público, independentemente de autorização, desde que não frustrem outra reunião anteriormente convocada para o mesmo local, sendo apenas exigido prévio aviso à autoridade competente; XVII — é plena a liberdade de associação para fins lícitos, vedada a de caráter paramilitar; XVIII — a criação de associações e, na forma da lei, a de cooperativas independem de autorização, sendo vedada a interferência estatal em seu funcionamento; (...) XXI — as entidades associativas, quando expressamente autorizadas, têm legitimidade para representar seus filiados judicial ou extrajudicialmente; (...) XXXIII — todos têm direito a receber dos órgãos públicos informações de seu interesse particular, ou de interesse coletivo ou geral, que serão prestadas no prazo da lei, sob pena de responsabilidade, ressalvadas aquelas cujo sigilo seja imprescindível à segurança da sociedade e do Estado; (...) XXXIV — são a todos assegurados, independentemente do pagamento de taxas: a) o direito de petição aos Poderes Públicos em defesa de direitos ou contra ilegalidade ou abuso de poder; b) a obtenção de certidões em repartições públicas, para defesa de direitos e esclarecimento de situações de interesse pessoal.

conflitos de interesse e evitar práticas que levantem suspeitas dos agentes de ambos os lados; (iv) procedimentos para assegurar estratégias, bem como aplicação de regras de compliance, de integridade e de transparência.[28]

Em face dos elementos apontados até aqui, a questão final que se impõe é em que medida é realmente necessária a regulamentação da atividade de lobby no Brasil.

Em uma hipótese ideal, se tivéssemos a melhoria das relações e da interação entre o setor público e o setor privado, exercendo a defesa de interesses corretamente, cumprindo-se todas as leis brasileiras existentes e mencionadas antes, mesmo na ausência de uma lei específica, a regulamentação desta atividade se tornaria uma mera representatividade formal.

Contudo, é necessário observar a importância da regulamentação no que diz respeito ao interesse público. Uma regulamentação moderna e seguindo os atuais padrões internacionais, feita de forma aberta e visando a beneficiar todos os atores envolvidos no exercício de participação democrática no processo legislativo e de políticas públicas, só tem a contribuir para ambos os setores e profissionais envolvidos.

E, tendo em vista o que tem sido revelado recentemente no Brasil através da Operação Lava Jato,[29] por se tratar de uma atividade que lida com setores estratégicos e demandas específicas, a existência de regras claras do jogo a ser jogado, por meio de uma regulamentação, pode fazer com que os mais diversos segmentos se sintam confortáveis e seguros para levar novamente suas demandas aos tomadores de decisão.

Não há mais espaço, após os últimos acontecimentos, para atuação nas sombras. É fundamental a regulamentação desta atividade. É fundamental termos regras que levem para cima da mesa toda a discussão e participação democrática nos processos legislativos e nas formulações de políticas públicas.

Mesmo do ponto de vista dos profissionais que atuam na defesa de interesses, essa regulamentação tem vantagens, mesmo que indiretas, como a valorização da profissão. A Associação Brasileira de Relações Institucionais

---

[28] OECD (2015, p. 138).

[29] A Operação Lava Jato é a maior investigação de corrupção e lavagem de dinheiro que o Brasil já teve. Originou-se em desvios na Petrobras, mas seus desdobramentos alcançaram quase um terço dos políticos com mandato, bem como empresários. Ver mais informações em: <lavajato.mpf.mp.br/entenda-o-caso>. Acesso em: 1º jun. 2017.

e Governamentais — ABRIG,[30] associação com sede em Brasília que congrega os profissionais atuantes em relações governamentais e institucionais, tem defendido a regulamentação com um trabalho de esclarecimento das atividades aos parlamentares.

Conclusão

Como vimos, a questão cultural de um país se mostra determinante na evolução e na adoção de medidas de transparência. Países como a Bolívia ainda enfrentam sérias barreiras para abrir a caixa de Pandora do governo e das contas públicas. Isso reflete na adoção ou não de regras nas relações público-privadas.

Até mesmo países da América Latina com um maior grau de desenvolvimento e transparência — Chile e Brasil são exemplos claros disso — têm tido dificuldade em adotar regras que possibilitem o jogo claro entre público e privado.

Como demonstrado, a regulamentação do lobby levou mais de dez anos de discussão no Congresso chileno. No Brasil, a regulamentação ainda está em fase inicial, ao passo que a atividade cresce exponencialmente. Ainda que consista em atividade lícita, protegida indiretamente pela Constituição Federal, e gere benefícios para a construção de uma democracia participativa e plural, também pode criar situações negativas quando ocorre na obscuridade, sem a devida regulamentação.

O fato de a América Latina ter vivido sob um domínio autoritário, em que as decisões públicas foram muitas vezes tomadas "às escuras" por gabinetes e parlamentos em benefício de uma pequena minoria, nos parece que ainda traz consequências estruturais, que em última análise refletem em democracias ainda em formação e com pouca aptidão para mudanças profundas rumo a regras transparentes. Há um medo nesse passo.

Na verdade, até mesmo os Estados Unidos, país com longa tradição de adoção de medidas que regulamentam o lobby e buscam a transparência, vez por outra se veem na condição de ter de revisar e reforçar suas diretrizes.

Ao nosso ver, o desenvolvimento de regras e a compreensão da atividade de lobby, não só no Brasil, na América Latina ou mesmo nos Estados Unidos, têm de ter por base conceitos postos da maneira mais transparente e compreen-

---

[30] Para mais informações, ver: <http://www.abrig.org.br>. Acesso em: 1º jun. 2017.

siva possível. Claro que regras, por melhores que sejam, não evitam que os homens as burlem. Porém, quanto mais informações e mais bem regulada for essa relação público-privada, menores serão os potenciais prejuízos.

Com relação à adoção pelo Brasil da regulamentação do lobby e dos grupos de interesse, entendemos que é importante do ponto de vista do interesse público. Mas, para além disso, acreditamos que o jogo deve ser jogado às claras. Após os últimos acontecimentos no Brasil, não há mais espaço para irresponsabilidades que possam, como estamos vendo, levar o país a uma paralisação das atividades e a uma grave crise econômica, resultando na perda de conquistas tanto sociais quanto econômicas, frutos de tanto sacrifício. Claro que o que está sendo levado a público agora, pelos inúmeros desdobramentos da Operação Lava Jato, nem de perto pode ser considerado algo técnico ou fruto da defesa de interesses legítima. O que se vê é a prática deliberada de crime que por vezes é rotulado pela mídia como "defesa de interesse" e "lobby", nas piores acepções da palavra. Por esta razão, é fundamental a regulamentação desta atividade. É fundamental termos regras que levem para cima da mesa toda a discussão e participação democrática nos processos legislativos e nas formulações de políticas públicas.

E mais — a regulamentação trará benefícios indiretos aos profissionais que atuam na defesa de interesses, como o de imagem. Ao regulamentar a atividade, entendemos que se verifica um fortalecimento das relações público-privadas que, em última análise, valoriza todos os atores nela envolvidos, entre eles, os profissionais de lobby.

A experiência estrangeira fornece importantes lições, como a necessidade do registro dos profissionais de lobby e das consultorias e firmas que os empregam, além de relatórios que garantam a transparência da sua atuação. Tais relatórios devem ser elaborados e divulgados de forma compreensível, caso contrário a efetividade da lei poderia restar prejudicada. Outro ponto importante a ser considerado é a previsão de sanções, garantindo sua coercibilidade.

Retirar o processo dos bastidores é necessário para prover simetria no fluxo de informações e dar à sociedade o conhecimento sobre a atuação de cada candidato eleito e os grupos com que se envolve. Essa transparência nas regras de participação democrática no processo legislativo e de formulação de políticas públicas permitirá uma melhor e mais eficaz atuação dos grupos de interesse e profissionais de lobby. Desta forma, sim, pode haver fortalecimento da democracia.

Referências bibliográficas

Alves, Raquel. "É preciso separar o que é lobby e corrupção, diz deputada". JOTA, 9 abr. 2017. Disponível em: <http://jota.info/colunas/as-claras/e-preciso-separar--o-que-e-lobby-e-corrupcao-diz-deputada-09042017>. Acesso em: 19 jun. 2017.

Bobbio, N.; Matteucci, N.; Pasquino, G. *Dicionário de política*. Brasília: UnB, 2004.

Farhat, S. *Lobby. O que é. Como se faz. Ética e transparência na representação junto a governos*. São Paulo: Aberje Editorial, 2007.

Galvão, E. R. *Fundamentos de relações governamentais*. Brasília: Clube de Autores, 2016.

Gonçalves, M. C. N. *Regulamentação do lobby no Congresso brasileiro: o estudo comparado do modelo norte-americano*. Brasília: Biblioteca Digital da Câmara dos Deputados, 2012.

Gozetto, A. C. O. *Instituições de controle em perspectiva comparada: a regulamentação do lobby nos EUA e Brasil. In: 36º Encontro Anual da ANPOCS*. São Paulo: Associação Nacional de Pós-Graduação e Pesquisa em Ciências Sociais, 2012. Disponível em: <http://anpocs.org/index.php/papers-36-encontro/gt-2/gt12-2/7971-instituicoes-de-controle-em-perspectiva-comparada-a-regulamentacao-do-lobby-nos-eua-e-brasil/file>.

International Budget Partnership. *Open Budget Index Ranking*, 2015. Disponível em: <https://www.internationalbudget.org/opening-budgets/open-budget-initiative/open-budget-survey/publications-2/rankings-key-findings/rankings/>.

Journal of Public Affairs, v. 14, n. 3–4, set.-nov. 2014. Disponível em: <http://onlinelibrary.wiley.com/journal/10.1002/(ISSN)1479-1854/issues>. Acesso em: 6 dez. 2017.

Junqueira, A. C. S.; Coelho, G. R. C. *Lobby no Brasil: uma análise sobre o caso brasileiro e as tentativas de regulamentação da atividade. Brasília: UnB, 2009*. Disponível em: <http://www.arcos.org.br/cursos/politica-e-direito/artigos/

lobby-no-brasil-uma-analise-sobre-o-caso-brasileiro-e-as-tentativas-de-re-gulamentacao-da-atividade>.

Netto, M. G. D. N. *Lobby e a sua regulamentação no Brasil: uma análise sistemática sobre as propostas e possibilidades de normatização.* Dissertação (Mestrado Profissional em Poder Legislativo). Brasília: Câmara dos Deputados, 2015.

OECD. *Lobbyists, Governments and Public Trust, Volume 3: Implementing the OECD Principles for Transparency and Integrity in Lobbying.* Paris: OECD Publishing, 2014.

_____. "Transparency and Integrity in Lobbying". In:_____. *Government at a Glance 2015.* Paris: OECD Publishing, 2015.

República do Chile. *Lei nº 20.285*, ago. 2008.

Rodrigues, L. B. "Grupos de pressão e grupos de interesse". In: *Curso de introdução à ciência política, unidade VI: Elites, grupos de pressão e mudança política.* Brasília: UnB, 1982.

Rodrigues, R. J. P. "Mudança e continuidade na regulamentação do lobby nos Estados Unidos". *Revista de Informação Legislativa*, v. 49, n. 196, p. 83–93, 2012.

Santos, L. A. D. *Regulamentação das atividades de lobby e seu impacto sobre as relações entre políticos, burocratas e grupos de interesse no ciclo de políticas públicas: análise comparativa dos Estados Unidos e Brasil.* Tese (Doutorado em Ciências Sociais). Universidade de Brasília, 2007.

_____. "Brazil: Lobby Regulation, Transparency and Democratic Governance". In: OECD. *Lobbyists Governments and Public Trust, Volume 3: Implementing the OECD Principles for Transparency and Integrity in Lobbying.* Paris: OECD Publishing, 2014.

Schmidt, M. W. "Lobby: ética e transparência nas relações institucionais e governamentais". *Jus Navigandi*, ano 13, n. 1.707, 4 mar. 2008.

Série Pensando o Direito, n. 8. *Grupos de interesse (Lobby).* Brasília: UniCEUB/PNUD/Secretaria de Assuntos Legislativos do Ministério da Justiça, 2009.

Segal, S. "Regulamentação do lobby no Chile". *O lobbying no Brasil e a representação de interesses*, 22 jan. 2014. Disponível em: <http://www.lobbying.com.br/2014/02/regulamentacao-do-lobby-no-chile.html>.

Transparency International. *Corruption Perceptions Index.* 2016. Disponível em: <https://www.transparency.org/news/feature/corruption_perceptions_index_2016>. Acesso em: 31 mai. 2017.

3. O Leviatã nos negócios no Brasil: práticas passadas, mudanças futuras

Sérgio G. Lazzarini e Aldo Musacchio***

Ao longo de gerações, o Estado brasileiro tem sido muito influente na economia, não apenas ditando padrões regulatórios como também provendo capital e participando nos mecanismos de financiamento das empresas. Essa junção de capital público e empreendedorismo privado não é, entretanto, traço exclusivo do Brasil. Muito se tem discutido como governos, especialmente após a crise de 2008, têm expandido sua atuação em diversos setores e empresas (ver, por exemplo, Bremmer, 2010).

A realidade é que a participação do governo nas empresas, seja no Brasil ou no exterior, nunca deixou de ser relevante. As ditas reformas neoliberais que se acentuaram na década de 1990 criaram novas formas de entrada do Estado nas empresas, mas não eliminaram as íntimas relações público-privadas que antes existiam e muitas vezes até as acentuaram (Lazzarini, 2011). Muitas "privatizações", por exemplo, em realidade envolveram uma mudança de participações majoritárias do governo para nacos minoritários de capital, que ainda preservaram traços de elevada influência.

Este texto busca mostrar a resiliência do Estado brasileiro na sua articulação com o setor privado, e as diversas consequências que esse processo gerou em termos de eficiência econômica e governança pública. Colocamos foco

* Professor titular da Cátedra Chafi Haddad no Insper.
** Professor de Negócios na Brandeis International Business School.

no período que se inicia com a onda de privatizações no Brasil na década de 1990, seguindo até a escalada da atuação estatal pós-crise de 2008. Ao final do texto, apresentamos algumas reflexões sobre mudanças institucionais na economia brasileira em anos mais recentes e como essas mudanças podem eventualmente alterar os padrões tradicionais de articulação entre capitais público e privado no Brasil.

O Leviatã brasileiro

A Figura 1 ilustra a nossa concepção de modelos alternativos de participação do Estado como provedor de recursos e capital para empresas — um fenômeno que tem sido denominado de *capitalismo de Estado* (Musacchio e Lazzarini, 2014; Musacchio et al., 2015). Os modelos mais conhecidos e debatidos estão localizados nos extremos do espectro. O *Leviatã empreendedor* é um modelo em que o Estado controla, financia e gerencia empresas, muitas delas atuando até mesmo como unidades internas da burocracia (escolas, correios e hospitais públicos, por exemplo). No outro extremo, há as empresas totalmente financiadas e geridas pelo setor privado.

As reformas do Estado que se espalharam pelo mundo ao final do século XX, entretanto, reforçaram dois novos modelos relativamente menos estudados e compreendidos. O modelo do *Leviatã como investidor majoritário* envolve empresas ou grupos estatais em que o Estado é controlador, mas conta com a presença de outros investidores, muitos deles privados, provendo capital e monitoramento gerencial às atividades das empresas (Gupta, 2005). É o caso, por exemplo, de estatais gerenciadas em bolsa no Brasil, como Petrobras, Eletrobras e Sabesp — também chamadas de "empresas de capital misto" (Pargendler, 2012). Há ainda o modelo do *Leviatã como investidor minoritário*, envolvendo participações menores do Estado em empresas controladas por investidores e gestores privados (Inoue et al., 2013). Essas participações minoritárias ocorrem por meio de ações de propriedade da União Federal (caso, por exemplo, de empresas que foram parcialmente privatizadas) ou indiretamente via bancos de desenvolvimento, fundos de pensão ligados ao setor público e outros veículos estatais de investimento. No Brasil, por exemplo, a Vale e a Embraer são empresas com participações minoritárias pelo governo.

Argumentamos a seguir que o processo de privatização no Brasil não resultou em uma guinada ao modelo privado extremo do espectro, mas sim no reforço do modelo de Leviatã minoritário, por meio de uma irradiação de pequenas participações de veículos estatais em um número de empresas. Após 2003, esse modelo foi reforçado com o aumento do capital público disponível para esses investimentos. De 2012 em diante, houve um movimento distinto de reforço do Leviatã majoritário, com intervenções mais diretas na economia utilizando grandes estatais como a Petrobras e a Eletrobras. Esse processo resultou em um aumento nos gastos públicos e endividamento, suscitando novas discussões sobre como reduzir o tamanho e a forma da participação do Estado na economia.

Figura 1. Modelos alternativos de participação do Estado nos negócios

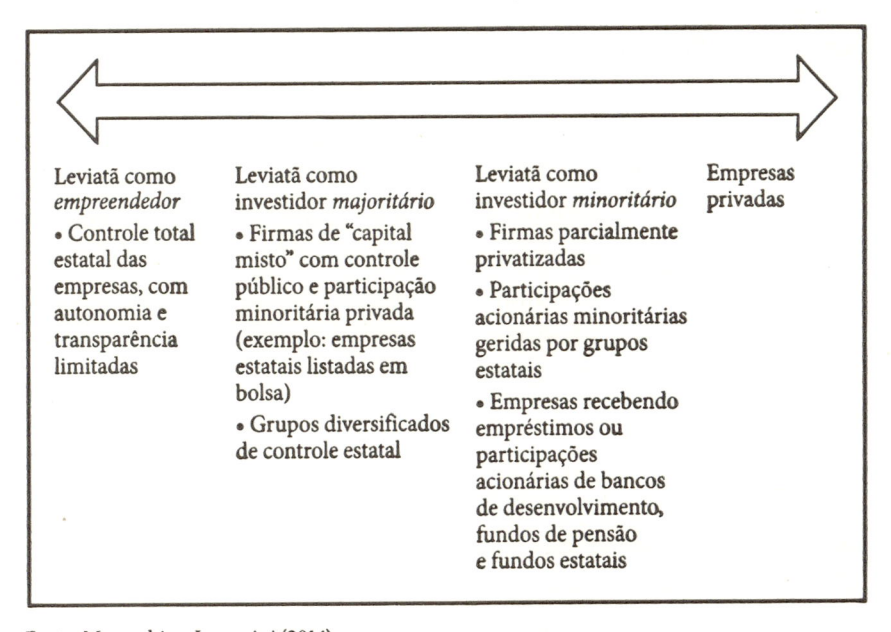

Leviatã como empreendedor	Leviatã como investidor *majoritário*	Leviatã como investidor *minoritário*	Empresas privadas
• Controle total estatal das empresas, com autonomia e transparência limitadas	• Firmas de "capital misto" com controle público e participação minoritária privada (exemplo: empresas estatais listadas em bolsa) • Grupos diversificados de controle estatal	• Firmas parcialmente privatizadas • Participações acionárias minoritárias geridas por grupos estatais • Empresas recebendo empréstimos ou participações acionárias de bancos de desenvolvimento, fundos de pensão e fundos estatais	

Fonte: Musacchio e Lazzarini (2014).

"Privatizações" ou reforço do Leviatã minoritário? (1991-2002)

No Brasil, cerca de 165 empresas estatais foram passadas à gestão privada de 1990 a 2002, trazendo uma receita total da ordem de 87 bilhões de dólares (BNDES, 2002). Evidências indicam que o processo de privatização acabou gerando redução na dívida pública (Carvalho, 2001) e um aumento de produtividade e rentabilidade das empresas brasileiras (Anuatti-Neto et al., 2005). Houve também certa mudança nos padrões de propriedade, com maior entrada de investidores estrangeiros. Entre 1995 e 2002, mais da metade das receitas de vendas de estatais veio de empresas estrangeiras. Em setores como o elétrico e de telefonia, não foi incomum a presença de multinacionais controlando consórcios através da aquisição de blocos de empresas e de associações a grupos locais (Perkins et al., 2014). Com isso, houve influxo de mais capital privado na economia e, segundo dados do IBGE, a participação das estatais na formação de capital fixo caiu de 13,1% para 8,9% entre 1997 e 2002.

Mas esse processo não tornou o Estado menos relevante na economia. O caso da Vale ilustra bem esse ponto. A empresa já era negociada em bolsa e estruturada como empresa de capital misto com participação minoritária privada — ou seja, usando nossa terminologia, já era um exemplo de Leviatã majoritário. Privatizada em maio de 1997, a compra da Vale foi feita com o maior cheque já assinado na história do Brasil, de R$ 3,3 bilhões. A empresa passou a ser controlada por um consórcio liderado por Benjamin Steinbruch, que já havia comprado outras empresas privatizadas (CSN e Light). Nesse consórcio, aparecia um conjunto de atores públicos e privados, nacionais e internacionais. Do lado internacional, o Nations Bank; do lado empresarial local, além de Steinbruch, os bancos Opportunity e Bradesco; e, do lado público, os fundos de pensão patrocinados por estatais, incluindo a Previ (do Banco do Brasil), a Petros (da Petrobras) e a Funcef (da Caixa Econômica Federal). O BNDES atuou como gestor do processo de privatização e também com o financiamento de muitas empresas privatizadas. Logo, a privatização da Vale, em realidade, se configurou como uma mudança do modelo de Leviatã majoritário para Levitã minoritário. Note-se, também, a junção complexa de capital privado local, capital público e estrangeiro — o "tripé" já adotado no processo de desenvolvimento pregresso de indústrias brasileiras e longamente identificado por autores como Cardoso e Faletto (1969) e Evans (1979).

Ao longo do tempo, a composição da Vale foi sendo alterada, mas sempre preservou esse tripé de investidores dentro do modelo de Leviatã minoritário. Passou a ser controlada por um bloco denominado Valepar, tendo como acionistas a Bradespar (do Bradesco), a multinacional japonesa Mitsui, o BNDESPAR (braço de investimentos do BNDES) e uma sociedade denominada Litel, composta pelos fundos de pensão de estatais. Não somente preservou a presença do governo no capital, como também a sua influência. Embora o Estado não seja majoritário na Vale, a soma das participações do BNDES e dos fundos de pensão supera 60% no bloco de controle. Dessa forma, entrando em conluio, esses dois atores conseguem ter influência destacada na empresa.

Como explicar essa permanência do capital estatal mesmo durante e após o período de privatização? Vale notar que privatização não é algo palatável para a opinião pública. Há sempre contestação sobre quem irá ganhar mais com o processo e se existe benefício a adquirentes privados. Além disso, muitas vezes as privatizações ocorrem em caráter de urgência — como forma de reduzir o endividamento público —, mas sua aprovação necessita de uma ampla mobilização de atores com interesses diversos e difusos. Sindicatos de funcionários e partidos mais à esquerda, por exemplo, normalmente se opõem a essas iniciativas. Uma forma de garantir a sustentação política do processo é, paradoxalmente, trazer atores *públicos* para o centro da transferência de ativos para o setor privado (ver, por exemplo, Stark, 1996).

No Brasil, o primeiro passo nesse sentido foi definir o BNDES como gestor das privatizações e também investidor efetivo em alguns consórcios. Em grande parte, esse processo ocorreu pela inegável competência e co-nhecimento de profissionais do banco sobre setores industriais e empresas brasileiras. Mas também foi uma forma de garantir a atratividade dos leilões de privatização. Suponha, por exemplo, que uma empresa a ser privatizada seja avaliada em determinado montante a um custo de capital normal, a taxas de mercado. Com capital estatal subsidiado e "paciente", esse valor pode subir de maneira substancial, logo aumentando o preço que os inves-tidores privados estariam dispostos a pagar pela empresa. Isso interessa politicamente ao governo, uma vez que traz indicações de que o leilão de venda foi um sucesso, ainda que de forma um tanto quanto artificial, via benefícios trazidos pela própria participação pública. Discutiremos mais à frente como esse mesmo desejo de "melhorar" os resultados de leilões de concessão determinou um reforço ainda maior desse tipo de participação do Estado em negócios privados.

O amplo envolvimento dos fundos de pensão de estatais também não foi por acaso. Em 1997, o volume de recursos dos fundos de pensão já alcançava 90 bilhões de reais, sendo 79% oriundos de fundos de pensão ligados a estatais como o Banco do Brasil e a Petrobras. É curioso que, no Brasil, esses fundos invistam mais em ações de empresas do que os fundos de pensão ligados a empresas privadas. Normalmente com gestão amplamente influenciada pelo governo, os fundos de pensão atuam como um ator híbrido interligando os funcionários de estatais, governo e mercado de capitais. Na alegoria de Oliveira (2003), seriam como um "ornitorrinco", um modelo híbrido sustentando uma inusitada confluência entre trabalho e capital. Para combater críticas de um eventual "privatismo", nada mais conveniente do que promover a entrada de um ator ligado ao Estado e grupos sindicais no tecido societário das empresas privatizadas.

O envolvimento desses fundos, entretanto, não ocorreu sem polêmica. Por exemplo, no leilão das empresas de telefonia em 1998, o então ministro das Comunicações do governo Fernando Henrique Cardoso foi acusado de influenciar a formação de um consórcio de empresas com a entrada de fundos de pensão, sendo posteriormente desligado do cargo quando conversas telefônicas evidenciaram essa movimentação. Com o enorme capital disponibilizado por esses fundos, diversos grupos políticos, das mais diversas posições, passaram a intermediar contatos entre os fundos e potenciais grupos privados interessados nas empresas sendo privatizadas. Essas articulações, além de diversos outros benefícios concedidos aos adquirentes, levaram críticos a rotular o processo de "privataria" (Gaspari, 2000).

A junção desses atores públicos e privados diversos ocorreu, em grande parte, pela forma como as privatizações foram executadas no Brasil. Diferentemente de países que buscaram uma pulverização da participação acionária das estatais para um número grande de investidores, no Brasil o processo foi feito com a venda de blocos de controle. Consolidado com a venda da Usiminas em 1991, esse modelo envolvia uma rede de acionistas assumindo o controle da nova empresa privatizada. Ao redor de 53% dos compradores das empresas privatizadas se organizaram em *consórcios mistos* na linha do "tripé" anteriormente descrito, correspondendo a cerca de 86% do valor total das privatizações no Brasil (De Paula et al., 2002).

Mais um impulso ao Leviatã minoritário:
Os campeões nacionais (2003-2010)

A disseminação da participação estatal nas empresas teve consequências diretas para o novo governo de Luiz Inácio Lula da Silva, iniciado em 2003. Em 2005, o jornalista Josias de Souza escreveu um artigo com o sugestivo título "Reestatiza-se sob Lula o que FHC fingiu privatizar". O artigo fala sobre casos de empresas que foram privatizadas, mas que passaram a ter crescente influência estatal. Foi o caso da Eletropaulo, controlada — de forma típica — por um tripé de atores estrangeiros (EDF, AES e Reliant), domésticos (CSN) e estatais (os adquirentes haviam recebido um empréstimo de 1,2 bilhão de dólares do BNDES). Não conseguindo honrar suas dívidas, os investidores estrangeiros desenharam um novo acordo societário, definindo um novo contrato de dívida com o BNDES na forma de dívida conversível em ações. Ao fim de todo esse processo, escreve Josias de Souza, "representantes do BNDES ocupam metade dos assentos do conselho da pseudoprivatizada. Comparecem às assembleias; palpitam nas transações comerciais; acompanham o desempenho contábil da companhia" (Souza, 2005).

Ainda assim, o primeiro mandato de Lula seguiu uma orientação mais ortodoxa, buscando sinalizar uma maior preocupação com o equilíbrio fiscal. Ao final do primeiro mandato, e especialmente no segundo (iniciado em 2007), começaram iniciativas mais fortes e deliberadas de aumento de investimento e participação estatal. Foi o caso do movimento de criação dos chamados "campeões nacionais": grandes empresas resultantes de fusões setoriais e com ampla articulação de recursos públicos. É importante observar que muitas dessas movimentações ocorreram *antes* da crise financeira que acometeu o país mais ao final de 2008. Ou seja: o reforço da participação do Estado nesse período não pode ser unicamente justificado pela necessidade de prover capital às empresas em um momento de escassez e crise.

Por exemplo, no início de 2008, com amplo envolvimento do governo, a Brasil Telecom foi adquirida pela Oi (antiga Telemar), ambas com participações acionárias de fundos de pensão e do BNDES. Alterou-se até mesmo a legislação vigente impedindo a junção societária de empresas de telefonia atuando em regiões distintas do país. Em grande parte, esse processo resultou de conflitos societários envolvendo fundos de pensão e o banco Opportunity, que faziam parte do bloco de controle da Brasil Telecom. Em 1998, Daniel Dantas, controlador do Opportunity, adquiriu um consórcio que se tornaria a Brasil Telecom. Como sempre, a transação foi estabelecida como um tripé acionário incluindo não apenas o Opportunity como também um ator estrangeiro (Citibank) e atores estatais (fundos de pensão). O presidente da Previ, Sérgio Rosa, com ligação histórica sindical, começou posteriormente a liderar um movimento para trazer mais voz ao fundo no bloco de controle. Em 2004, o fundo coordenou um movimento para reduzir o poder de influência do Opportunity, juntando-se ao Citibank nesse esforço. Ao final, o Opportunity acabou sendo destituído da gestão da empresa, e a fusão posterior com a Oi acabou sendo uma forma de consolidar a presença dos fundos de pensão na nova empresa estabelecida. Criou-se, assim, um campeão nacional no setor de telefonia com ampla influência estatal.

Essa tendência prosseguiu em diversos outros setores. Um dos casos mais polêmicos é o do frigorífico JBS-Friboi. Na abertura de capital da empresa em 2007, o BNDES entrou com R$ 1,4 bilhão. Em seguida, em 2010, adquiriu mais R$ 3,4 bilhões por meio de debêntures. A JBS estava com uma agressiva estratégia de internacionalização, tendo adquirido as empresas de carnes norte-americanas Swift e Pilgrim's Pride. Ao mesmo tempo, os gestores do BNDES passaram a ver com bons olhos estratégias de criação de grandes empresas que pudessem se tornar atores relevantes na cena internacional. Houve aqui uma confluência de duas forças complementares. De um lado, economistas heterodoxos liderando o banco pregavam a visão de que, de forma semelhante ao que aconteceu na Coreia do Sul, o Brasil necessitava de grandes grupos com peso e relevância setorial. De outro, havia o interesse do empresariado em obter capital estatal para bancar suas iniciativas de expansão. Assim, no setor de papel e celulose, criou-se a Fibria, resultante da fusão entre a VCP (do grupo Votorantim) e a Aracruz. Sadia e Perdigão se juntaram em um novo grupo, Brasil Foods, com ampla participação da Previ, que já era acionista das duas empresas. Nesses dois casos, o processo também se acelerou devido a problemas que as empresas tiveram com o uso impróprio de derivativos, causando uma exposição excessiva aos efeitos da crise financeira de 2008.

Houve também tentativa de influenciar a gestão de outras empresas com participação estatal, ainda que minoritária. É o caso da Vale, que, como discutimos anteriormente, se encaixa no modelo do Leviatã minoritário. Em 2009, logo após o choque da crise financeira, o governo Lula decidiu intervir na empresa, em grande parte devido a essa posição destacada no bloco de controle. Primeiro, contestou-se a decisão da empresa de demitir funcionários em meio à crise. A estratégia da Vale de adquirir navios chineses em vez de brasileiros também desagradou ao governo, que queria dar impulso à sua indústria naval. Houve ainda pressão para a Vale investir em produtos de maior "valor agregado" no país, em vez de somente exportar minério. A despeito de evidências de que alguns setores de commodities são mais produtivos do que setores mais à frente da cadeia (Lazzarini et al., 2013), o governo seguia com sua política de tentar estimular ligações entre cadeias produtivas no contexto doméstico. Apesar de muitos desses pedidos não terem sido prontamente atendidos, o conflito entre o governo e a gestão da empresa eventualmente levou à demissão do seu então CEO, Roger Agnelli.

Além disso, muito embora o governo Lula tenha colocado freio em iniciativas de privatização e concessão, grandes projetos com participação a princípio privada passaram a ter cada vez mais influência estatal relevante. Considere o caso da Hidroelétrica Belo Monte, no rio Xingu, região amazônica. Inicialmente, o consórcio vencedor do leilão, em 2010, era liderado pelo grupo Bertin, originário do setor frigorífico. Entretanto, o grupo não teve fôlego financeiro para executar os investimentos necessários. Ao final, a composição do consórcio acabou mudando, com a entrada de outros sócios, incluindo a estatal Eletrobras e os fundos de pensão Petros, Funcef e Previ — este último indiretamente, por meio de uma empresa controlada pela Neonergia, na qual a Previ detinha participação juntamente com a espanhola Iberdrola.

Os exemplos acima indicam que o modelo do Leviatã minoritário que foi consolidado durante o período das privatizações no Brasil, e acelerado durante o governo FHC, acabou sendo reforçado na gestão Lula. Longe de representar uma descontinuidade, portanto, o fenômeno dos campeões nacionais foi em realidade uma consolidação do novo modelo de participação estatal colocado em prática durante as privatizações.

Esse ponto pode ser visto mais objetivamente por meio de dados sobre participações acionárias das empresas. Lazzarini (2011) compilou uma base de dados de mais de oitocentas empresas observadas entre 1996 e 2009 (logo expandindo o recorte temporal inicialmente analisado em Lazzarini, 2007). O autor se vale de conceitos de análise de redes sociais para mapear interligações entre proprietários no Brasil. Em particular, foram traçados os laços entre dois ou mais proprietários pelo fato de pertencerem às mesmas "aglomerações" ou blocos de controle. Usando o exemplo anterior da Vale, ao final do período Lula havia laços entre grandes proprietários no Brasil participando do bloco de controle da empresa: BNDES, fundos de pensão, Mitsui e Bradesco. Esses proprietários exibem um laço entre si porque pertencem ao capital acionário da mesma empresa. Ocorre que, devido à disseminação de consórcios mistos no Brasil, com um tripé envolvendo acionistas locais, estatais e estrangeiros, há grande abrangência das redes de propriedade no país com participação destacada de alguns poucos atores.

Em particular, Lazzarini (2011) separa os proprietários da base em cinco tipos distintos: atores governamentais (União Federal, estados, municípios e agentes estatais como o BNDES); fundos de pensão de estatais (Previ, Funcef, Petros e vários outros); investidores institucionais e fundos privados (firmas de investimento e fundos de pensão de empresas privadas); indivíduos, famílias e firmas locais; firmas e investidores estrangeiros (multinacionais e fundos do exterior). Ao longo do período examinado na base de dados, são computados os indicadores de *centralidade* de cada um desses proprietários nas redes. Utilizando a medida de centralidade proposta por Bonacich (1987), um proprietário altamente central é aquele que não apenas participa em aglomerações de controle com vários outros proprietários da economia, mas que se enlaça com outros sócios que, eles próprios, são centrais. As análises indicam que, de 1996 a 2009, houve um substancial aumento na centralidade dos fundos de pensão e de atores governamentais (notadamente o BNDES), e que esse aumento foi relativamente maior no período pós-2003. Os outros grupos de proprietários não tiveram aumentos destacados de centralidade, permanecendo na média de todos os acionistas da economia. Esse resultado confirma que o Leviatã minoritário se reforçou durante e após as privatizações, no governo FHC, mas teve um impulso destacado durante o governo Lula.

É instrutivo também examinar mais diretamente o tamanho das participações societárias desses atores no momento de impulso do Leviatã minoritário e dos seus campeões nacionais. Ao final de 2010, o empresário mais rico do Brasil era Eike Batista, com cerca de US$ 30 bilhões, segundo levantamento da *Forbes*. Em seguida, vinha Jorge Paulo Lemann, acionista da Anheuser-Busch InBev e várias outras firmas no Brasil e no exterior, com US$ 13 bilhões. São patrimônios expressivos, mas nem tanto quando comparados ao volume de investimentos da Previ e do BNDESPAR à época (US$ 92 e US$ 42 bilhões, respectivamente). No caso do BNDES, esse volume engloba apenas as participações societárias. Se considerarmos o volume de empréstimos do BNDES como um todo, a participação estatal se mostra ainda mais maciça. Só em 2010, o BNDES desembolsou o equivalente a US$ 101 bilhões, mais que o triplo do que o Banco Mundial emprestou no mesmo ano no mundo inteiro (US$ 26 bilhões) (Musacchio e Lazzarini, 2014).

O caso de Eike Batista também é interessante de ser analisado. Iniciando como empresário do setor de mineração e captando recursos no setor privado, pouco a pouco ele passou a enxergar no Estado uma fonte atrativa para alavancar seus investimentos. Estabeleceu contatos políticos, fez doações de campanhas, defendeu ardorosamente a participação do Estado na economia e construiu um conglomerado com negócios estabelecidos na interface público-privada (além de mineração, criou empresas de petróleo, energia, portos e várias outras). Em uma movimentação polêmica, ao mesmo tempo que o governo Lula tentou intervir na Vale, em 2009, tentou obter o controle da empresa e destituir seu CEO, Roger Agnelli. Ao final, acometido por crises envolvendo empresas do grupo, Eike acabou vendendo boa parte das suas participações e viu seu patrimônio inicial minguar progressivamente. Seu grupo soma-se, portanto, ao rol de campeões nacionais que foram impulsionados no segundo mandato de Lula, mas que não se mostraram suficientemente robustos e competitivos para crescer de forma sustentável.

Capitalismo de laços e a seleção dos campeões nacionais

Esses casos trazem naturalmente uma questão: como foram selecionados esses investimentos públicos? O que fez, por exemplo, o BNDES emprestar mais para uma firma ou setor em detrimento de outros? Apesar de muitos políticos e empresários apoiarem a expansão do Estado na economia à época, algumas poucas vozes passaram a contestar as alocações do BNDES e dos fundos de pensão e passaram a perguntar o que guiava a seleção de empresas. Um executivo do BNDESPAR, questionado sobre os critérios que levaram o banco a investir em uma empresa de lácteos, respondeu que eram buscadas empresas "com boa perspectiva de retorno, compromisso com a adoção de boas práticas de governança e realização de abertura de capital" (Grando, 2010).

Muitas grandes empresas, entretanto, se enquadravam nesse critério. A própria JBS-Friboi percebeu que um passo importante para a captação de recursos do banco seria sua própria abertura de capital. Lazzarini (2011) propôs um modelo explicativo dessas alocações com base em laços das empresas com o sistema político. Já havia evidências de que empresas brasileiras com maior volume de investimento em partidos — notadamente, doações de campanhas eleitorais — tinham mais acesso a crédito e outros benefícios (Claessens et al., 2008; Samuels, 2002).

Esse modelo é detalhado na Figura 2. Na parte superior esquerda, temos a coalizão política vencedora nas eleições, englobando diversos partidos que passam a ter influência sobre o governo em exercício. Esses políticos ocuparão cargos em ministérios, secretarias, empresas e fundos estatais. Além disso, aqueles que permanecerem no Legislativo terão voz diferenciada em discussões orçamentárias e regulatórias. Podem abrir ou fechar portas ao empresariado nos seus pedidos de aprovação de projetos, benefícios tarifários, crédito ou proteção comercial.

O governo em *exercício*, por sua vez, controla todo o aparato estatal envolvendo bancos públicos, grandes estatais e fundos ligados ao governo (incluindo os fundos de pensão e outros, como o braço de investimentos do FGTS). Como vimos na seção anterior, todo esse aparato se expandiu e abriu ao governo (e políticos) um canal direto para controle de riqueza e troca de benefícios. Não havia travas relevantes a uma interferência direta do governo em todo esse aparato. Políticos podiam indicar apadrinhados nos fundos de pensão e nas agências reguladoras, ao passo que o governo loteava as estatais com parceiros políticos e membros da sua coalizão. Criaram-se, nesses fundos e empresas, verdadeiros silos dominados por partidos e grupos interessados no elevado patrimônio estatal e em como ele poderia ser distribuído.

Com todo esse aparato e toda essa riqueza, foi possível aos políticos e ao governo convidar empresários que topassem participar de projetos de mútuo interesse. Com o advento dos campeões nacionais, foi possível selecionar empresas e setores para receber mais aportes. Grandes estatais, como a Petrobras, criaram projetos de "conteúdo local" e novas empresas atreladas ao setor público — caso, por exemplo, da Sete Brasil, empresa supridora de sondas para exploração de petróleo financiada por fundos de pensão e com participação de bancos e construtoras. Com a expansão do BNDES e dos fundos estatais, praticamente não havia limites à transferência de capital público para o setor privado. Nesse período, descobriu-se um novo mecanismo de suporte desses financiamentos: o Tesouro se endivida, repassa recursos ao BNDES e bancos públicos, que então conseguem suportar mais empréstimos. Chegou-se, inclusive, a propor que se trataria de um ciclo autossustentável, uma vez que o maior endividamento necessário seria mais que compensado pelos ganhos tributários gerados por novos investimentos (Pereira et al., 2011).

Vendo tanta distribuição de recursos, o empresariado passou a reagir de duas formas. Primeiro, adotou um discurso alinhado com o governo, elogiando a expansão estatal e declarando que o Brasil havia encontrado um mecanismo alternativo, induzido pelo Estado, para estimular os projetos empresariais. Esse discurso vinha usualmente com o argumento de que os Estados Unidos, em tese de economia mais "de mercado", haviam sofrido uma forte crise que mostrou os limites de uma economia sem participação estatal relevante. Ainda que alguns empresários demonstrassem preocupação com um maior nível de interferência do Estado na economia, ao final era do seu interesse se alinhar estrategicamente com o governo desde que os riscos dessa maior interferência fossem compensados por subsídios e benefícios diversos.

Em segundo lugar, e fechando o ciclo da Figura 1, os empresários reforçaram suas estratégias de ligação com o sistema político. Aqui o principal mecanismo não foi necessariamente o lobby organizado por meio de associações e sindicatos (Schneider, 2004), ainda que estes possam ter relevância em alguns contextos (Mancuso, 2004). Os laços se estabeleceram em um modelo mais clientelista, específico, criado a partir dos contatos que cada firma em particular nutria com a coalizão política no poder. O principal mecanismo utilizado foi o das doações de campanha política. Ao redor de 75% das doações de campanha declaradas tiveram origem de empresas privadas (Mancuso, 2015), percentual que tenderia a ser ainda maior caso houvesse dados disponíveis sobre doações pela via informal ("caixa dois").

Há farta evidência empírica no Brasil mostrando que empresas que realizam mais doações de campanha apresentam benefícios diversos, incluindo mais financiamento (Claessens et al., 2008; Lazzarini et al., 2015; Sztutman e Aldrighi, 2013) e acesso diferenciado a concessões públicas (Arvate et al., 2013; Boas et al., 2014). No caso do BNDES, um estudo que realizamos com Rodrigo Bandeira de Mello e Rosilene Marcon a partir de dados de cerca de trezentas empresas negociadas em bolsa no período 2002–2009 mostrou que cada deputado vencedor apoiado pela empresa rendia cerca de US$ 46 milhões a mais de empréstimos do BNDES (Lazzarini et al., 2015). Em um estudo mais agregado, Carvalho (2014) mostrou que regiões com políticos mais alinhados com o governo recebiam mais empréstimos do banco. Aqui o processo provavelmente se dava em duas vias. Primeiro, o empresário poderia apoiar um político e então usar esse canal para aumentar suas chances de vencer uma concessão ou ser selecionado como campeão nacional a ser apoiado. Segundo, ao ver que um determinado empresário recebeu vultosos recursos, o próprio grupo político no governo poderia acessar esse empresário para solicitar recursos para campanha.

Qualquer que seja a direção do efeito, esse canal sedimentou o capitalismo de laços descrito na Figura 2. Ou seja: quem era mais conectado com o grupo político no poder passou a receber mais recursos, dado o controle que esse grupo tinha sobre todo o aparato estatal. Para se ter uma ideia do tamanho da influência que certos grupos passaram a ter sobre o sistema político, após as eleições de 2014, o grupo JBS, maior doador empresarial, tinha cerca de 164 deputados apoiados na Câmara, seguido pela Odebrecht com 141 e pela Vale com 98.[1] Esses dados, é claro, não comprovam necessariamente se houve algum benefício particular ou o que cada deputado contribuiu com a empresa. Mas, com tantos políticos apoiados, não fica difícil imaginar como as empresas poderiam acionar seus contatos para defender projetos de interesse.

---

[1] Dados do TSE apresentados em artigo no *Valor Econômico*, 7 nov. 2014.

Figura 2. Capitalismo de laços no Brasil

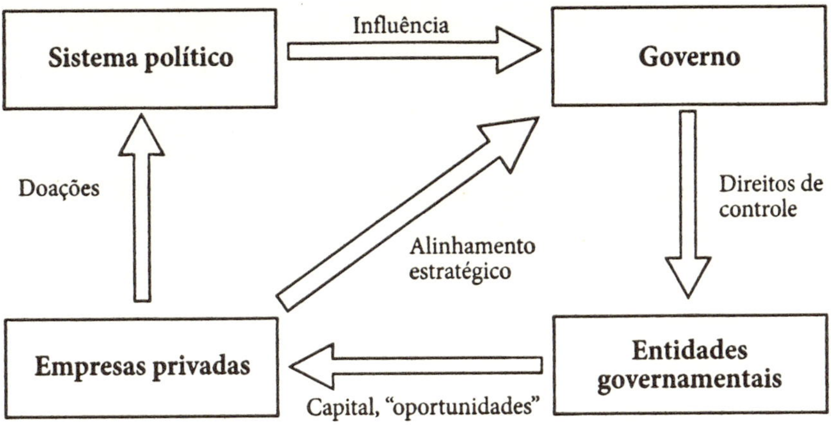

Fonte: Lazzarini (2011).

O Leviatã majoritário, de novo (2012–2016)

Argumentamos que, até o fim do segundo mandato do governo Lula, houve reforço do modelo do Leviatã minoritário, com os atores estatais se irradiando em diversos setores e empresas, várias delas estabelecendo conexões políticas particulares. Com a eleição de Dilma Rousseff, ex-ministra do governo Lula, o processo de intervenção estatal ganhou novo e forte impulso, mas desta vez com uma nova feição. Dilma acreditava não apenas na intervenção estatal via atores minoritários, mas também na ação direta e incisiva das grandes estatais controladas pelo governo. Para os mais atentos, essa orientação já vinha, nítida e em bom-tom, no discurso que Dilma elaborou quando foi anunciada a candidata oficial do Partido dos Trabalhadores em 2010. Referindo-se ao processo de privatização e liberalização da economia sob FHC, Dilma declarou: "Alguns ideólogos chegaram a dizer que quase tudo seria resolvido pelo mercado. O resultado foi desastroso. Aqui, o desastre só não foi maior — como em outros países — porque os brasileiros resistiram a esse desmonte e conseguiram impedir a privatização da Petrobras, do Banco do Brasil, da Caixa Econômica ou de Furnas."[2]

---

[2] "Íntegra..." (2010).

Todas essas grandes estatais foram usadas no governo Dilma para promover intervenções nos mercados. Em outras palavras, o foco da ação do governo voltou a ser o Leviatã majoritário. Um dos casos mais marcantes foi o uso da Petrobras para controlar os preços da gasolina. Em 2012, a estatal já passava a acumular perdas pela falta de reajuste desses preços. Quando assumiu a presidência da Petrobras em 2012, Graça Foster, uma técnica de carreira da empresa, foi indagada se pretendia aumentar os preços. Ao que respondeu: "É lógico que é para corrigir preço, a perdurarem os patamares vigentes nos últimos seis meses. [...] Não faz sentido imaginar que quem vende — qualquer coisa que seja, uma xícara, um caderno, gasolina, diesel — não repasse ao mercado as suas vantagens e as suas desvantagens."[3]

Logo em seguida, entretanto, Graça Foster foi desautorizada. Havia uma preocupação do governo em conter a inflação; um aumento da gasolina poderia contaminar outros preços e ser mal recebido pelos potenciais eleitores. Com isso, a Petrobras passou a acumular perdas, tanto operacionais quanto de valor das suas ações, devido à crescente percepção de interferência na gestão. Desta forma, sob o ponto de vista de governança estatal, havia não apenas o problema de loteamento de gestores com indicados políticos, mas também o puro uso dessas empresas para atuar nos mercados. Curioso notar que, para o grupo político no poder, uma eventual separação entre governo e gestão estatal não era vista como possível nem tampouco desejável. Por exemplo, José Sérgio Gabrielli, ex-presidente da Petrobras, ao ser indagado sobre o aparelhamento da Petrobras com políticos, respondeu: "Os partidos participam da gestão do Estado. Isso é parte da prática democrática. Isso é parte da democracia. Os partidos são legítimos." (Souza, 2015).

Vieram então as intervenções no setor bancário. No governo Lula, já houvera tentativas de utilizar bancos públicos para influenciar juros de mercado (Martins et al., 2014). Sob Dilma, houve nova tentativa no início de 2012, especialmente concentrada na Caixa Econômica Federal. A empresa cortou juros a consumidores finais e a iniciativa foi vista com um amplo sucesso:

---

[3] *O Estado de S. Paulo,* 27 fev. 2012.

a Caixa ampliou sua participação de mercado sem haver impacto relevante em lucratividade. Esse caso transmitiu um aparente sinal ao governo: de que seria possível intervir nos mercados e ainda assim destravar valor econômico. O aparente sucesso da intervenção no setor bancário encorajou ainda mais ações utilizando estatais controladas pelo governo.

Assim, em setembro de 2012, o governo editou a Medida Provisória nº 579, que buscou uma redução forçada dos preços da energia elétrica em troca de antecipação de renovação de concessões que venceriam em um futuro próximo. Dilma foi em cadeia nacional anunciar a medida, e foi prontamente apoiada por vários empresários — como o presidente da FIESP, Paulo Skaf — que posteriormente mudariam de orientação e passariam a apoiar o seu impeachment. Com perspectiva de forte redução de lucro, muitas concessionárias recusaram a proposta, e a renovação de muitas concessões recaiu na conta das próprias estatais (especialmente da Eletrobras). A perda de valor dessas empresas no mercado acionário foi brutal: no período de dois anos, as elétricas federais valiam, na bolsa, pouco mais de um quarto do que valiam no início de 2012. Complicando o cenário, houve escassez de chuvas e déficit de energia, exigindo que as usinas térmicas, de alto custo, fossem acionadas. Os preços no mercado livre dispararam, revertendo o efeito inicialmente pretendido de reduzir o custo da energia elétrica no país. Da mesma forma, a intervenção nos bancos surtiu pouco efeito. Para conter a inflação, os juros tiveram novamente que subir e os bancos estatais passaram a temer um aumento de inadimplência, dado que incluíram na sua carteira indivíduos com maior risco de crédito.

Diversas intervenções foram feitas também no setor de infraestrutura. No campo ferroviário, o governo buscou mudar o modelo tradicional envolvendo direitos de propriedade conjuntos para um operador construir e operar a linha. Separam-se essas duas fases, colocando-se uma estatal, a Valec, para definir parâmetros de pagamento para a operação da linha e remuneração do ator responsável pela infraestrutura. Esse processo, em si, suscitou dúvidas sobre como os preços seriam estabelecidos e quais garantias seriam dadas pelo governo. Como resultado, houve baixo interesse pelo setor privado por novos investimentos no setor.

Efeito similar ocorreu em concessões de rodovias e aeroportos. Relembre nossa discussão anterior sobre a tendência dos governos de repassar capital público a concessionários e adquirentes de empresas privatizadas de forma a sinalizar à opinião pública que o processo foi um sucesso. Nesse caso, a pressão se deu no sentido de forçar tarifas mais baixas a serem cobradas dos usuários — o que ficou conhecido como a busca de "modicidade tarifária". Definiu-se um retorno esperado dos investimentos abaixo do que se esperaria em condições de mercado. E, para compensar os investidores e operadores pelo menor retorno esperado, o governo concordou em financiar grande parte dos projetos com recursos do BNDES e outros fundos ligados ao setor público, como o fundo de investimentos do FGTS e os próprios fundos de pensão. Lazzarini et al. (2017), analisando concessões nos setores rodoviário e aeroportuário, verificaram que a participação de fontes públicas no capital total desses projetos foi, em média, de 67% no caso de rodovias e 73% no caso de aeroportos. Ainda que os projetos estivessem sob controle privado, na prática o volume de recursos públicos configurava uma participação expressiva e majoritária.

No caso específico de aeroportos, a ideia inicial do governo Dilma seria preservar um *controle* majoritário pela Infraero, a estatal responsável pela gestão dos aeroportos brasileiros. Entretanto, não havendo interesse privado por esse modelo, definiu-se que a Infraero ficaria com 49% do capital acionário da sociedade de propósito específico criada para gerir os aeroportos. Vejamos o caso concreto da concessão do aeroporto do Galeão, no Rio de Janeiro, em 2013. A composição acionária final da concessão ficou da seguinte forma: 49% com a Infraero, 9,2% com o FGTS e 3,2% com o BNDESPAR. O restante ficou a cargo dos participantes privados do consórcio gestor, envolvendo a Odebrecht e a Changi, a empresa que administra o aeroporto de Cingapura. Considerando, entretanto, que projetos de infraestrutura são altamente alavancados, com elevada participação de dívida, a fração do capital vinda do governo acabou ficando ainda maior, dado que grande parte dos empréstimos contratados viria do BNDES.

Para suportar tamanha expansão das participações estatais, o Leviatã teve que acionar e capitalizar uma das suas principais controladas, o BNDES. De 1996 a 2007, os desembolsos anuais do BNDES equivaliam a aproximadamente 1,9% do PIB. Após aquele último ano, e até final de 2014, essa razão saltou para 3,3% (Lazzarini et al., 2017). Como descrito anteriormente, muito embora o BNDES se financiasse constitucionalmente via capital do Fundo de Amparo do Trabalhador (FAT), ao final do governo Lula e no transcorrer do primeiro mandato de Dilma Rousseff utilizou-se o expediente de emitir dívida pública e transferir títulos para o banco. Porém, ao contrário do que se esperava, o efeito nos investimentos se mostrou muito reduzido. Naquele mesmo período, apesar do substancial aumento dos empréstimos do BNDES, a formação bruta de capital fixo no Brasil pouco evoluiu. A expansão do Leviatã simplesmente se mostrou pouco efetiva e com elevado custo: não só via aumento da dívida bruta do país, como também da conta de subsídios paga anualmente (estimada em torno de R$ 35 bilhões em 2015).

Por que o investimento não reagiu, apesar de tanto subsídio? Uma explicação é que a própria intervenção governamental aumentou as percepções de volatilidade dos retornos, criando um risco não diversificável que não conseguiu ser compensado pelos subsídios embutidos no capital público. Além disso, após um certo momento, a própria expansão estatal, ao piorar os indicadores macroeconômicos do país, começou a ser percebida como parte do problema em vez da solução. Empresários que antes se alinhavam estrategicamente ao governo, no ciclo descrito pela Figura 2, passaram a criticar o excessivo ativismo e controle estatal da economia.

Um fato importante que permitiu ao governo Dilma realizar tantas intervenções diretas nos mercados foi o enfraquecimento das agências reguladoras estabelecidas durante o processo de privatização — um processo que já havia se iniciado durante o governo Lula. Logo que assumiu a presidência, em fevereiro de 2003, Lula disse ter ficado sabendo — segundo ele, pelos jornais — que as agências reguladoras de energia e de telefonia haviam autorizado aumentos de tarifas. Prontamente, queixou-se de que as agências estavam "mandando no país" e que havia uma "terceirização do Estado". Dilma Rousseff, então ministra das Minas e Energia, pediu à agência do seu setor (Aneel) que procurasse estabelecer "tarifas módicas" (Nunes et al., 2003).

Seguiu-se, daí, um progressivo enfraquecimento das agências e loteamento com indicados políticos. Em um levantamento dos diretores nomeados para as agências reguladoras entre 1997 e 2014, De Bonis (2016) mostra que o percentual de indicados com experiência no setor regulado foi de 48% no governo FHC, 16% no governo Lula e 17% no governo Dilma. Com agências mais enfraquecidas, aumentou o poder do Executivo de realizar intervenções discricionárias nos mercados. Moita e Paiva (2013), por exemplo, mostraram que o estabelecimento da Aneel reduziu a tendência dos governos de reduzir preços em época de eleição. Entretanto, com a posterior redução da força regulatória da agência, novas intervenções foram possíveis.

Um ajuste fiscal (e uma Lava Jato) no meio do caminho

O impeachment de Dilma Rousseff em 2016 ocorreu muito em função do uso excessivo e indiscriminado do aparato estatal, com mecanismos pouco transparentes de capitalização das estatais e repasses de recursos. Por meio de subterfúgios diversos, foi possível mascarar perdas das estatais e da União Federal com todas as transferências que estavam sendo feitas para o setor privado. No início do segundo mandato de Dilma Rousseff, entretanto, o ciclo de dispensa de benefícios se tornou cada vez mais frágil, dado que cada vez mais ficava evidente que a arrecadação não conseguiria suportar os desembolsos e gastos já contratados. Um economista ortodoxo, Joaquim Levy (que havia feito parte da equipe econômica no primeiro mandato do governo Lula), assumiu o Ministério da Fazenda com a missão de ajustar as contas do governo. Mas Levy foi um pouco além. No seu discurso de posse, parecendo ter Faoro (1957) em mente, se mostrou preocupado com as relações pouco transparentes entre o setor público e privado no Brasil, e declarou: "A antítese do sistema patrimonialista é a impessoalidade nos negócios do Estado, nas relações econômicas e na provisão de bens públicos, inclusive os sociais [...]. Essa impessoalidade fixa parâmetros para a economia, protegendo o bem comum e a Fazenda nacional." (Gerbelli, 2015).

Algumas medidas concretas foram tomadas para disciplinar um pouco mais o Leviatã, como por exemplo maiores restrições para a participação do BNDES em concessões com juros subsidiados. Levy, entretanto, não durou muito no cargo, muito em função do próprio grupo de Dilma não acreditar na importância do equilíbrio fiscal, mas também devido a uma disputa interna com Nelson Barbosa, então ministro do Planejamento, que tinha em mente um processo mais ameno e gradual de ajuste.

Em paralelo, avançaram as investigações da chamada Operação Lava Jato, que essencialmente mostrou casos sucessivos de uso de recursos das estatais para apoiar políticos e empresários, muito em linha com o descrito pela Figura 2. Em comparação com investigações anteriores, a Lava Jato avançou em pelo menos três importantes pontos. Primeiro, consolidou um mecanismo de ampla colaboração entre procuradores públicos, juízes e policiais federais, o que aumentou a celeridade do processo de coleta de provas e de julgamento dos envolvidos. Segundo, beneficiou-se com a introdução do mecanismo legal de delação premiada, gerando um efeito *à la* "dilema dos prisioneiros" ao criar incentivos para a confissão e apresentação de provas em troca de redução de pena. Terceiro, passou a contar com maciça aprovação da opinião pública, que, sensibilizada com inúmeros eventos de corrupção relatados, passou a pressionar por mais investigação e punição. A prisão de Marcelo Odebrecht, presidente da construtora que leva o seu sobrenome, foi um evento marcante por aumentar substancialmente a probabilidade percebida de punição em casos suspeitos de relação entre os setores público e privado.

É possível mudar o Leviatã brasileiro?

Enxergando os efeitos danosos e duradouros das relações público-privadas, com elevada resiliência ao longo de gerações, Faoro (1957) termina a sua seminal obra lamentando "a túnica rígida do passado inexaurível, pesado, sufocante". De fato, mais de meio século após a publicação da sua obra, inúmeros estudos e as revelações da Lava Jato indicaram que as suas preocupações permanecem atuais e relevantes. Sendo o Estado central na distribuição de rendas e benefícios ao setor privado e ao sistema político, uma pergunta fundamental é como mudar os incentivos e o regramento institucional brasileiros para que o Leviatã atue mais no sentido de promover desenvolvimento e ganhos de produtividade na economia.

Vale retornar ao ciclo da Figura 2. Em 2015, após o Supremo Tribunal Federal julgar as doações privadas de campanha inconstitucionais, o mecanismo tradicional suportando relações clientelistas entre o setor privado e o sistema político tornou-se mais frágil. Permaneceu, sem dúvida, a possibilidade de o sistema operar por meio das também comuns doações não contabilizadas. Porém, com o avanço da Lava Jato e o refinamento dos mecanismos de controle no Brasil, os empresários passaram a perceber esses elos informais com o sistema político como mais arriscados. Desta forma, as bases do ciclo na Figura 2 envolvendo relações entre empresas e sistema político se desestabilizaram ou, pelo menos, se tornaram mais custosas.

Há que se discutir, também, como muda a centralidade das entidades governamentais provendo recursos ao setor privado e recebendo influência do sistema político por meio do governo em exercício. Com a crise fiscal que se instalou em 2015 e as iniciativas de reforço das contas públicas, simplesmente sobrou menos espaço para distribuir crédito e subsídios aos mesmos níveis verificados após 2007. Um eventual risco, nesse âmbito, é de que os esforços de maior rigor fiscal não surtam efeitos imediatos, logo abrindo espaço para contestação tanto de grupos que pregam uma abordagem econômica mais heterodoxa quanto dos próprios empresários, que clamam por mais capital público e proteção. De toda forma, é muito difícil que haja muito espaço para retornar ao mesmo volume de desembolsos e intervenção pública que tanto criaram oportunidades para alguns empresários e setores selecionados.

Ainda assim, tudo dependerá de como os governos em exercício manterão seus direitos de controle sobre o aparato estatal distribuidor de benefícios. Será possível colocar limites a como o sistema político pode direcionar o Leviatã em benefício próprio e dos seus aliados? De fato, após a saída de Dilma Rousseff, foram encampadas algumas medidas de mudança institucional nessa linha. A chamada Lei de Responsabilidade das Estatais (Lei nº 13.303), aprovada em 2016, foi criticada por repetir várias provisões já presentes em outros marcos legais, mas teve o benefício de colocar limites à indicação de políticos e governantes na direção e conselho dessas empresas. As intervenções no governo Dilma ocorreram fundamentalmente porque ministros e afiliados políticos em conluio com o Executivo estavam amplamente presentes nos órgãos de gestão e deliberação das estatais. Dessa forma, a Lei nº 13.303 tenderá a colocar limites ao controle direto sobre o Leviatã majoritário, muito embora ainda seja necessário definir com mais clareza como garantir real independência de gestores e membros do conselho dos canais usuais de influência política.

Mas e o Leviatã minoritário, que, como vimos, se espalhou pela economia de forma tão ou até mais disseminada e diversa que as grandes estatais? Até o momento de elaboração deste texto, estava em tramitação um projeto para limitar indicações políticas nos fundos de pensão, de forma semelhante à Lei de Responsabilidade das Estatais. Um outro projeto em discussão estabelece que o BNDES deverá computar mais precisamente os subsídios embutidos nos seus empréstimos, a partir de uma comparação entre a taxa paga pelo tomador e a taxa que ele provavelmente obteria em condições de mercado. Mais ainda, o projeto propõe que o BNDES faça análises de impacto em grandes empréstimos. Por exemplo, ao emprestar para um frigorífico ou sociedade gestora de um aeroporto, quais são as externalidades socioambientais previstas? Elas compensam os custos dos subsídios envolvidos? Análises mais criteriosas nessa direção ajudam a disciplinar a dispensa de capital para empresários, por tornar mais transparentes os benefícios e custos das políticas de empréstimo e participação societária nos negócios.

Uma outra medida de grande importância é restaurar o arcabouço regulatório e competitivo das estatais. Com mais competição, as estatais tendem a se tornar mais produtivas, pois diminuem os recursos que podem ser capturados por gestores e políticos, além de pôr essas empresas à prova em condições equânimes de mercado (Bartel e Harrison, 2005). Por exemplo, ao tornar a Petrobras monopolista nos campos do pré-sal, o governo só fez aumentar os benefícios de sua captura por políticos e empresários conectados à sua cadeia de negócios. Da mesma forma, é fundamental reforçar a independência e força das agências reguladoras, que, como vimos anteriormente, acabaram perdendo relevância após 2003. As agências ajudam a criar freios e contrapesos a tentativas do governo de intervir nas estatais para fins políticos. Por exemplo, a petrolífera norueguesa Statoil se submete a uma agência reguladora, a Norwegian Petroleum Directorate, constituída por técnicos de notório conhecimento e reputação (Pargendler et al., 2013; Thurber e Istad, 2010). Algumas propostas em discussão aumentam as exigências para indicação de diretores das agências e colocam critérios mais transparentes de avaliação dos seus resultados.

Uma questão ainda mais profunda é se o Brasil conseguirá desenvolver setores competitivos com uma menor presença do Estado. Com mais de R$ 400 bilhões transferidos do Tesouro, o BNDES se avolumou além do que seria prudente, dado o aumento da dívida pública e o custo dos subsídios. Como cerca de 60% dos empréstimos do banco foram direcionados para grandes empresas, que podem se capitalizar via outros mecanismos de mercado, não é de estranhar que diversos estudos tenham mostrado um efeito limitado, senão nulo, dos empréstimos do BNDES sobre a taxa de investimento das firmas (Bonomo et al., 2015; Lazzarini et al., 2015). Ao mesmo tempo, há empreendedores com bons projetos que têm reais restrições de capital; sob condições adequadas de governança e transparência, a atuação do Leviatã pode, eventualmente, auxiliar na emergência de projetos produtivos que de outra forma não conseguiriam ver a luz do dia (Inoue et al., 2013).

A chave, portanto, está em criar um Leviatã mais eficiente e direcionado a reais falhas de mercado, atuando de forma complementar e sinérgica com o setor privado. Tomemos, por exemplo, o CORFO, instituição de desenvolvimento do Chile. Embora de escopo muito mais reduzido que o BNDES, o CORFO tem atuado mais na linha de fomentar empreendedorismo e inovação tecnológica. Em realidade, nem sequer tem linhas de crédito diretas para empresas. Um mecanismo utilizado pela instituição é o das garantias de crédito: em vez de emprestar diretamente para um empreendedor, este pode ir a um banco privado, com a promessa de que o CORFO irá garantir uma certa parcela do empréstimo. Além disso, a instituição canaliza recursos da exploração de cobre para financiar um programa denominado Start-Up Chile, apoiando empreendedores locais e estrangeiros em um sem-número de setores.

Uma crítica usual a propostas nessa linha é que o Brasil não tem ambiente para promover crédito de longo prazo para projetos estruturantes. Mas essa visão não se alinha com os fatos. Musacchio (2009) mostra que havia, no Brasil, um dinâmico mercado de crédito de longo prazo muito antes de o BNDES ser estabelecido. Entre 1890 e 1915, o estoque de debêntures sobre o PIB brasileiro representou quase 10% do PIB, chegando em alguns anos a até 18%. Um dos principais fatores que impulsionaram esse desenvolvimento foi a introdução de garantias legais aos credores e outros mecanismos institucionais que convidaram a entrada de capital privado. Esse ambiente institucional favorável ao investimento foi posteriormente revertido no governo Vargas, a partir de um conjunto de medidas retirando proteção aos credores e reduzindo padrões de governança das empresas.

Dessa forma, mais urgente do que discutir o tamanho do Leviatã é pensar em uma série de mudanças institucionais necessárias para que se criem alternativas mais eficientes ao financiamento e desenvolvimento dos negócios, ao mesmo tempo criando limites para o controle político da máquina estatal. Instituições que façam o Leviatã atuar de forma mais sinérgica com o empreendedorismo privado em prol de mais investimento e produtividade, em vez de simplesmente distribuírem capital e oportunidades para o sistema político e os caçadores de renda de ocasião.

Referências bibliográficas

Anuatti-Neto, F.; Barossi-Filho, M.; Carvalho, A. G. D.; Macedo, R. "Costs and Benefits of Privatization: Evidence from Brazil". In: Chong, A.; Lopez-de-Silanes, F. (orgs.). *Privatization in Latin America: Myths and Reality*. Washington, DC: World Bank and Stanford University Press, 2005.

Arvate, P.; Barbosa, K. D. S.; Fuzitani, E. "Campaign Donation and Government Contracts in Brazilian States". Texto para discussão 336. Rio de Janeiro: Fundação Getulio Vargas, 2013.

Bartel, A. P.; Harrison, A. E. "Ownership versus Environment: Disentangling the Sources of Public-Sector Inefficiency". *The Review of Economics and Statistics*, v. 87, n. 1, p. 135–147, 2005.

BNDES. *Privatização no Brasil*. Brasília: Ministério do Desenvolvimento, Indústria e Comércio Exterior, 2002.

Boas, T.; Hidalgo, F. D.; Richardson, N. "The Spoils of Victory: Campaign Donations and Government Contracts in Brazil". *The Journal of Politics*, v. 76, n. 2, p. 415–429, 2014.

Bonacich, P. "Power and Centrality: A Family of Measures". *American Journal of Sociology*, v. 92, n. 5, p. 1170–1182, 1987.

Bonomo, M.; Brito, R. D.; Martins, B. "The After Crisis Government-Driven Credit Expansion in Brazil: A Firm Level analysis". *Journal of International Money and Finance*, v. 55, p. 111–134, 2015.

Bremmer, I. *The End of the Free Market: Who Wins the War Between States and Corporations?* Nova York: Portfolio/Penguin, 2010.

Cardoso, F. H.; Faletto, E. *Dependencia y desarrollo en America Latina*. México: Siglo Veintiuno Editores, 1969.

Carvalho, D. "The Real Effects of Government-Owned Banks: Evidence from an Emerging Market". *Journal of Finance*, v. 69, n. 2, p. 577–609, 2014.

Carvalho, M. A. D. S. *Privatização, dívida e déficit públicos no Brasil*. Texto para discussão 487. Rio de Janeiro: IPEA, 2001.

Claessens, S.; Feijen, E.; Laeven, L. "Political Connections and Preferential Access to Finance: The Role of Campaign Contributions". *Journal of Financial Economics*, v. 88, n. 3, p. 554-580, 2008.

De Bonis, D. F. *Os limites do desenho institucional: uma investigação empírica dos mecanismos da influência presidencial sobre as agências reguladoras independentes no governo federal brasileiro*. Tese (Doutorado em Administração Pública e Governo). Rio de Janeiro: Fundação Getulio Vargas, 2016.

De Paula, G. M.; Ferraz, J. C.; Iootty, M. "Economic Liberalization and Changes in Corporate Control in Latin America". *The Developing Economies*, v. 40, n. 4, p. 467-496, 2002.

Evans, P. *Dependent Development: The Alliance of Multinational, State and Local Capital in Brazil*. Nova Jersey: Princeton University Press, 1979.

Faoro, R. *Donos do poder: formação do patronato político brasileiro*. Rio de Janeiro: Globo, 1957.

Gaspari, E. "A privataria quer mais dinheiro". *Folha de S.Paulo*, 20 ago. 2000.

Gerbelli, Luiz Guilherme. "Eliminar confusão entre público e privado vira meta para impulsionar economia". *Estado de S. Paulo*, 10 jan. 2015. Disponível em: <http://www.economia.estadao.com.br/noticias/geral,eliminar-confusao-entre--publico-e-privado-vira-meta-para-impulsionar-economia,1618136>. Acesso em: 11 nov. 2016.

Gupta, N. "Partial Privatization and Firm Performance". *Journal of Finance*, v. 60, n. 2, p. 987-1015, 2005.

Inoue, C. F. K. V.; Lazzarini, S. G.; Musacchio, A. "Leviathan as a Minority Shareholder: Firm-Level Performance Implications of Equity Purchases by the Government". *Academy of Management Journal*, v. 56, n. 6, p. 1.775-1.801, 2013.

"Íntegra do discurso de Dilma Rousseff no congresso do PT". *O Estado de S. Paulo*, 20 fev. 2010. Disponível em: <http://www.estadao.com.br/noticias/nacional,integra-do-discurso-de-dilma-rousseff-no-congresso-do-pt,513842,0.htm>. Acesso em: 26 fev. 2010.

Lazzarini, S. G. "Mudar tudo para não mudar nada: Análise da dinâmica de redes de proprietários no Brasil como 'mundos pequenos'". *RAE Eletrônica*, v. 6, n. 1, art. 6, jan-jun 2007.

_____. *Capitalismo de laços: os donos do Brasil e suas conexões*. Rio de Janeiro: Campus/Elsevier, 2011.

_____; Jank, M. S.; Inoue, C. F. V. "Commodities no Brasil: maldição ou bênção?" In: Bacha, E.; Bolle, M. (orgs.). *O futuro da indústria no Brasil: desindustrialização em debate*. Rio de Janeiro: Civilização Brasileira, 2013.

Lazzarini, S. G.; Lima, T.; Makhoul, P. F. "Como aumentar a atração de capital privado para financiar projetos de infraestrutura no Brasil?" In: Pastore, A. C. (org.) *Infraestrutura: Eficiência e ética.* Rio de Janeiro: Elsevier, 2017.

Lazzarini, S. G.; Musacchio, A.; Bandeira de Mello, R.; Marcon, R. "What Do State-Owned Development Banks Do? Evidence from BNDES, 2002-2009". *World Development,* v. 66, p. 237-253, 2015.

Mancuso, W. P. "O lobby da indústria no Congresso Nacional: empresariado e política no Brasil contemporâneo". *Dados — Revista de Ciências Sociais,* v. 47, n. 3, p. 505-547, 2004.

_____."Investimento eleitoral no Brasil: balanço da literatura (2001-2012) e agenda de pesquisa". *Revista de Sociologia e Política,* v. 23, n. 54, p. 155-183, 2015.

Martins, T. S.; Bortoluzzo, A. B.; Lazzarini, S. G. "Competição bancária: comparação dos comportamentos de bancos públicos e privados". *Revista de Administração Contemporânea,* v. 18, p. 86-108, 2014.

Moita, R.; Paiva, C. "Political Price Cycles in Regulated Industries: Theory and Evidence". *American Economic Journal: Economic Policy,* v. 5, n. 1, p. 94-121, 2013.

Musacchio, A. *Experiments in Financial Democracy: Corporate Governance and Financial Development in Brazil, 1882-1950.* Cambridge: Cambridge University Press, 2009.

_____;Lazzarini, S. G. *Reinventing State Capitalism: Leviathan in Business, Brazil and Beyond.* Cambridge, Mass.: Harvard University Press, 2014.

_____; Aguilera, R. V. "New Varieties of State Capitalism: Strategic and Governance Implications". *The Academy of Management Perspectives,* v. 29, n. 1, p. 115-131, 2015.

Nunes, E. N., Couto, C. C. C.; Andrade, H.; Burlamaqui, P. "O governo Lula e as mudanças nas agências reguladoras". Documento de trabalho 17. Observatório Universitário, 2003.

Oliveira, F. D. *Crítica à razão dualista / O ornitorrinco.* São Paulo: Boitempo, 2003.

Pargendler, M. "The Unintended Consequences of State Ownership: The Brazilian Experience". *Theoretical Inquiries in Law,* v. 13, n. 2, p. 503-524, 2012.

_____;Musacchio, A.; Lazzarini, S. G. "In Strange Company: The Puzzle of Private Investment in State-Controlled Firms". *Cornell International Law Journal,* v. 46, p. 569-610, 2013.

Pereira, T. R.; Simões, A.; Carvalhal, A. "Mensurando o resultado fiscal das operações de empréstimo do Tesouro ao BNDES: custo ou ganho líquido esperado para a União?" Texto para discussão 1665. Rio de Janeiro: IPEA, 2011.

Perkins, S.; Morck, R. K.; Yeung, B. "Innocents Abroad: The Hazards of International Joint Ventures with Pyramidal Group Firms". *Global Strategy Journal,* v. 4, n. 4, p. 310-330, 2014.

Samuels, D. "Pork-Barreling Is Not Credit Claiming or Advertising: Campaign Finance and the Sources of Personal Vote in Brazil". *The Journal of Politics*, v. 64, n. 3, p. 845–863, 2002.

Schneider, B. R. *Business Politics and the State in Twentieth-Century Latin America*. Cambridge: Cambridge University Press, 2004.

Souza, J. de "Reestatiza-se sob Lula o que FHC fingiu privatizar". *Folha de S.Paulo*, 8 mai. 2005.

———. "CUT e Cia. salvam a Petrobras de sujeito oculto". *Uol Notícias*, 13 mar. 2015. Disponível em: <http://josiasdesouza.blogosfera.uol.com.br/2015/03/13/cut-e-cia-salvam-a-petrobras-de-sujeito-oculto>. Acesso em: 11 nov. 2016.

Stark, D. "Recombinant Property in East European Capitalism". *American Journal of Sociology*, v. 101, n. 4, p. 993–1.027, 1996.

Sztutman, A. M.; Aldrighi, D. M. "Financiamento das campanhas eleitorais de 2006 por grupos econômicos e empréstimos do BNDES". In: XII Encontro Brasileiro de Finanças. Rio de Janeiro, 2013.

Thurber, M. C.; Istad, B. T. "Norway's Evolving Champion: Statoil and the Politics of State Enterprise". Documento de trabalho 92. Program on Energy and Sustainable Development, Stanford University, 2010.

4. A corrupção e as reformas anticorrupção no Brasil: um longo caminho

*Matthew M. Taylor**

Introdução

O aspecto positivo dos escândalos de corrupção política nos últimos anos no Brasil está nos indícios cada vez mais claros de que as instituições de *accountability* estão funcionando. Cresce o consenso entre os cientistas sociais e os jornalistas de que o Brasil fez importantes avanços contra a corrupção, de que nunca foi tão difícil esconder atos ilícitos e, o mais importante de tudo, de que a punição de práticas de corrupção é cada vez mais provável.[1] Este artigo não refuta essas interpretações otimistas, mas busca contextualizar os lentos avanços na luta contra a corrupção política, avaliar os obstáculos às reformas e identificar algumas limitações que prejudicam as reformas no campo da *accountability* ora em andamento em Brasília.

   O artigo se desenvolve em quatro seções. As duas primeiras resumem a literatura existente sobre corrupção política e *accountability* no Brasil, descrevendo primeiramente os custos da corrupção e, em seguida, passando a um breve resumo do consenso acadêmico sobre as suas origens. A terceira seção trata das recentes reformas e seus efeitos de coibição das práticas de corrupção. A última seção descreve de forma mais detalhada

* Cientista político, professor da School of International Service, American University.
[1] "Brazil's..." (2015) e Melo (2016).

as pressões sobre o sistema político decorrentes dos escândalos de corrupção dos últimos anos, da luta pelas reformas e da aplicação de novas leis e procedimentos por um grupo de agências concorrentes, de crescente autonomia. Em termos gerais, o artigo busca mostrar as estreitas relações entre a corrupção política de alto nível (corrupção "alta" ou "política") e o funcionamento do presidencialismo de coalizão existente no Brasil, assim como as consequentes limitações, reais e importantes, que embaraçam a realização de reformas.

A escala e os custos da corrupção

Uma pessoa de fora que leia apenas de relance as manchetes dos jornais sobre o Brasil pode achar difícil acreditar que houve qualquer melhora significativa na luta contra a corrupção política nos últimos trinta anos. Uma busca dos artigos do jornal *New York Times* sobre o Brasil revela que 13% dos 1.749 artigos publicados durante os cinco anos entre 2011 e 2015 trataram de corrupção. Os próprios brasileiros já se habituaram aos escândalos, em parte por conta do grande número de denúncias de práticas ilícitas, mas também em função dos parcos indícios de punição. O destaque constante dos líderes políticos implicados em práticas de corrupção e a sua manutenção na vida pública dão a impressão de que é assim que a política sempre foi feita, e é assim que continuará a ser feita.

Na última década, os brasileiros assistiram a denúncias legítimas de corrupção política em todos os níveis de governo, afetando políticos de todas as filiações. Em 2015, os líderes das duas casas do Congresso, Eduardo Cunha (PMDB), presidente da Câmara dos Deputados, e Renan Calheiros (PMDB), presidente do Senado, foram alvo de várias acusações apresentadas ao órgão máximo do poder judiciário, o Supremo Tribunal Federal (STF). No âmbito estadual, o governador do Distrito Federal José Roberto Arruda (do partido Democratas) foi preso em 2010 por aceitar propina de empreiteiras; em São Paulo, o ex-prefeito e ex-governador Paulo Maluf (PP) esteve até pouco tempo atrás impedido de viajar ao exterior por conta de mandados de prisão expedidos pela Interpol; em Minas Gerais, após um longo processo de julgamento, o ex-governador Eduardo Azeredo (PSDB) foi condenado por um tribunal de primeira instância, em 2015, por comandar um esquema de compra de votos. A situação no âmbito municipal não é muito melhor, considerando que as auditorias realizadas aleatoriamente pela Controladoria-Geral da União (CGU) encontraram irregularidades em mais da metade dos municípios examinados (Martini, 2014). O partido governante, o PT, foi abalado pelo escândalo do mensalão em 2005 e, mais recentemente, pela gigantesca investigação da corrupção na Petrobras, que causou ao país um prejuízo estimado em bilhões devido ao pagamento de propinas.

Os custos econômicos da corrupção no Brasil superam em muito os custos dos seus programas sociais tão conhecidos e representam uma parcela considerável da limitada capacidade de gastos discricionários do governo. Em uma das poucas tentativas de quantificar os custos da corrupção, a Federação das Indústrias do Estado de São Paulo (FIESP) calculou que ela pode ter custado ao país em torno de US$ 380 bilhões no período de dez anos até 2011.[2] É claro que nem todo esse dinheiro vai para o exterior, mas a Global Financial Integrity estima que US$ 217 bilhões saíram do país no período de dez anos até 2014 por meio de remessas ilegais de recursos.[3] Esses dois números superam o custo do Bolsa Família (US$ 10,2 bilhões em 2014), os gastos sociais (US$ 26,3 bilhões) e até mesmo a maior rubrica da despesa federal no Brasil, o sistema previdenciário (US$ 180,1 bilhões).[4]

Os custos não monetários da corrupção também são altos. O Barômetro Global da Corrupção de 2013, após entrevistar 114 mil cidadãos de 107 países (incluindo 2.002 brasileiros), revelou que 70% dos brasileiros acreditam que a corrupção é um problema sério no setor público, 29% opinam que o problema está piorando e 56% acham que o governo é ineficaz ou muito ineficaz no combate à corrupção.[5] Parcialmente em consequência disso, a confiança nas instituições é bem baixa: a mesma pesquisa constatou que 50% das pessoas entrevistadas consideram o Judiciário corrupto, 72% con-

---

[2] FIESP, (2010).

[3] As remessas ilegais de recursos podem abranger atividades criminosas não qualificadas como corrupção, tais como o subfaturamento de operações comerciais ou o tráfico de drogas.

[4] Valores orçamentários extraídos do Portal da Transparência, em 20 de janeiro de 2016, convertidos na data de 31 de dezembro de 2014 pela taxa de câmbio divulgada pelo Banco Central.

[5] Ver Transparency International. "Overview". Disponível em: <http://www.transparency.org/research/gcb/overview>. Acesso em: 24 ago. 2017.

sideram o Congresso corrupto e 81% acreditam que os partidos políticos são corruptos.

Essas percepções são reforçadas pelo fato de que, embora tenha havido denúncias de corrupção no governo de todos os presidentes desde a retomada da democracia em 1985 (Power e Taylor, 2011), a impunidade tem prevalecido. Conforme observado em parecer da ONG Transparência Internacional, "de modo geral, os políticos do alto escalão do governo acusados de crimes raramente são processados, e, quando processados, nunca são condenados, o que contribui para a opinião generalizada de que os casos de corrupção no alto escalão recebem tratamento especial do judiciário" (Martini, 2014). A condenação e detenção de membros do alto escalão do governo do PT em 2013, por envolvimento no mensalão, foi considerada à época uma aberração, sendo um dos poucos exemplos de investigação e punição em grande escala de corrupção no alto escalão. Isso só foi possível por uma combinação inédita de provas irrefutáveis de atos ilícitos gravados em vídeo, com uma imprensa antagônica, a atenção dada ao caso por agências independentes de combate à corrupção e as manobras de um ministro do Supremo Tribunal especialmente proativo. Da mesma forma, o escândalo da Petrobras identificou vários participantes importantes, *mas poucos políticos envolvidos foram condenados ou presos até hoje, e alguns dos empresários mais importantes envolvidos ganharam a liberdade até o julgamento.* O padrão de impunidade pode estar mudando, mas essa mudança ainda não é rápida o suficiente para mudar as percepções há muito arraigadas nem para apaziguar o profundo ressentimento do povo.

As origens da corrupção política sistêmica

As possíveis origens da corrupção política de alto nível no Brasil vão dos fatores macro-históricos aos fatores microinstitucionais. No nível estrutural mais amplo, a corrupção política está associada aos legados históricos da desigualdade e tendências patrimoniais de governo há muito estabelecidos no sistema político brasileiro (para ler uma recapitulação do assunto, ver Pereira, 2016; para ter acesso a uma crítica dessa literatura, ver Souza, 2016). No entanto, seja qual for a importância atribuída aos legados históricos ou explicações culturais, a retomada da democracia em 1985 criou, ao mesmo tempo, novas oportunidades para a prática da corrupção e pressões renovadas em favor de reformas. Tendo isso em mente, esta seção enfoca principalmente as instituições democráticas do regime pós-1985 capazes de gerar corrupção e impunidade, como as ferramentas do presidencialismo de coalizão, as nomeações políticas, o financiamento de campanha e um sistema judiciário complacente e ineficiente.[6]

O presidencialismo de coalizão

A política brasileira já foi descrita como presidencialista de coalizão (Abranches, 1988). Trata-se de um sistema que atribui grandes poderes ao presidente, enquanto o poder legislativo é fragmentado por um sistema multipartidário. Embora observadores antigos já fizessem previsões pessimistas sobre a inadequação do sistema presidencialista para a América Latina, sobre a instabilidade inerente dos regimes presidencialistas e sobre a ineficácia do fragmentado sistema político brasileiro (por exemplo, Linz, 1994; Linz e Valenzuela, 1994; e Mainwaring, 1999), no fim dos anos 1990 começou a surgir um consenso sobre a aparente governabilidade do modelo brasileiro. Grande parte da bibliografia acadêmica sobre o presidencialismo de coalizão tem se mostrado cautelosamente otimista sobre a funcionalidade e o potencial do sistema (por exemplo, Figueiredo e Limongi, 1999; Melo e Pereira, 2013, Montero, 2014).

Contudo, esse consenso sobre a governabilidade proporcionada pelo presidencialismo de coalizão se deve, por um lado, a um agnosticismo cultivado acerca dos custos éticos da formação de coalizões e, por outro, ao número relativamente baixo de crises que o sistema democrático brasileiro precisou enfrentar. Muito embora as três últimas décadas não tenham sido nada tranquilas para o Brasil — por exemplo, com as repercussões da crise da dívida de 1982, a hiperinflação do início dos anos 1990, as crises da balança de pagamentos do fim dos anos 1990 e o colapso econômico no segundo governo de Dilma Rousseff —, poucas crises realmente ameaçaram o núcleo do sistema político. A maioria dessas dificuldades poderia ser tratada no âmbito econômico, e a capacidade do presidente de obter regularmente o

---

[6] Não vamos tratar aqui diretamente de outros elementos que exercem influência, ainda que de forma mais indireta, como a concentração da imprensa ou o federalismo, mas o leitor pode consultar Taylor (2017) para uma discussão mais aprofundada.

apoio de três quartos a quatro quintos do Congresso para aprovar as reformas necessárias era praticamente inquestionável. Isso mudou desde as eleições de 2014, como explica Melo (2016) de forma bastante convincente: embora a coalizão de Dilma controlasse claramente mais de 68% da Câmara e 71% do Senado, o maior partido (PMDB) estava dividido, o número de partidos no Congresso aumentou para 35 em 2015, a fragmentação nos estados chegou a níveis sem precedentes no mundo (em cinco estados, nenhum partido ocupa mais de uma cadeira), e a identificação dos eleitores com os partidos estava no seu nível histórico mais baixo.

De resto, em situação de equilíbrio, o sistema presidencialista de coalizão opera em um regime de troca de favores, considerado por muitos como sendo propício ao aumento da corrupção. O (ou a) presidente precisa formar uma coalizão entre os trinta e tantos partidos representados no Congresso em dado momento, e o partido do presidente raramente ocupa mais de 15%–20% das cadeiras, motivo pelo qual ele (ou ela) precisa obter apoio de qualquer maneira. Entre as "ferramentas" de controle presidencial (Raile et al., 2011; Figueiredo e Limongi, 1999) usadas para resolver esse problema de governança, destacam-se tanto instrumentos formais para controlar a coalizão (como decisões por decreto e o controle processual sobre os votos do legislativo) quanto mecanismos informais que, por vezes, resvalam para a corrupção. Entre eles, vários estão normalmente associados à corrupção alta, como as nomeações políticas e o financiamento de campanha. Aliás, é possível sentir aqui o efeito de uma dinâmica que se reforça: no passado, os governos estimularam a criação de partidos capazes de sustentar sua coalizão, ao mesmo tempo que os políticos trocavam um partido por outro em busca de recursos públicos para agradar a seus eleitores ou de melhor financiamento para suas campanhas. Esses dois fatores contribuem para a fragmentação, que reforça ainda mais a importância do clientelismo e dos recursos de campanha na formação de uma coalizão.

Nomeações políticas

A distribuição de nomeações políticas é inerente ao sistema de coalizão. Há muito se estabeleceu que o grande número de pessoas nomeadas no Brasil contribui para a ineficácia do serviço público, bem como para a corrupção

(Martini, 2014; Instituto Millenium, 2013). Com base em dados recém-disponibilizados sobre as práticas de contratação no setor público, uma profusão de estudos recentes revela que as nomeações para cargos federais não são tão politizadas quanto se supunha (por exemplo, De Bonis, 2015; Lopez et al., 2014), observa que o Brasil tem uma forte tradição de contratação para cargos públicos por mérito[7] e encontra poucos indícios de que os ministérios sejam entregues inteiramente aos aliados da coalizão (Bersch et al., 2017). No entanto, existe pouca dúvida de que o número de nomeações políticas feitas no governo federal (em torno de 22 mil) seja significativo se comparado ao número de nomeações feitas na maioria dos países-membros da OCDE, e o problema pode ser ainda mais grave nas esferas estadual e municipal. Além disso, existem provas concretas de que o aumento do número de nomeações políticas está associado ao aumento da corrupção, que também produz efeitos negativos sobre a capacidade da máquina do governo (Bersch et al., 2017). Ademais, outros estudos constatam que os próprios servidores públicos estão bastante cientes da existência da corrupção e que mais de um terço deles já denunciou a prática regular de suborno no órgão onde trabalha (Filgueiras, 2011).

O escândalo do mensalão em 2005 foi um reflexo claro da lógica da barganha na formação de coalizões: quando o governo do PT decidiu preencher os ministérios mais importantes com seus próprios filiados, se viu obrigado a achar outro meio de compensar seus aliados. Os resultados foram dois: primeiro, a expansão canhestra do número de cargos ministeriais nos anos 2000, para um pico de 39 ministros em 2014; e os pagamentos regulares a congressistas aliados, que, supostamente, foram calculados para substituir os ganhos em potencial com as nomeações perdidas.

---

[7] Essa tradição tem sido bastante reforçada desde 1985. A Constituição de 1988 instituiu sólidas proteções à meritocracia e, mesmo no caso das nomeações políticas, estabeleceu a preferência pela contratação de servidores públicos (Artigo 37). Essa preferência pelo provimento de cargos em comissão com servidores de carreira foi reforçada pela emenda constitucional nº 19 de 1998 e, posteriormente, também pelo Decreto nº 5.497, de 2005, que determina que uma proporção fixa dos cargos em comissão sejam preenchidos por servidores de carreira.

Financiamento de campanha

As finanças políticas têm papel importante, considerando que o alto custo das campanhas motiva algumas das piores transgressões. No escândalo da Petrobras que começou a se desenrolar em 2014, há relatos de que 3% dos contratos da petroleira estatal eram desviados para o PT e seus aliados no PMDB e PP. Com efeito, embora as transgressões individuais e o enriquecimento ilícito sejam comuns, muitas vezes as formas mais organizadas de obtenção de renda na política brasileira estão associadas ao financiamento de campanha. Essas formas de corrupção podem seguir dois rumos. O primeiro é a extração de recursos do setor público, canalizando-os diretamente para as campanhas políticas (como ocorreu com o dinheiro desviado dos contratos da Petrobras). O segundo é a manipulação de compras de modo a beneficiar os financiadores de campanha. Até 2016, as empresas podiam doar até 10% da sua receita bruta para o financiamento de campanha (o STF julgou essa prática inconstitucional em 2015). Não chega a surpreender que os maiores doadores de campanhas políticas sejam historicamente empresas que mantêm grandes volumes de negócios com o governo. Paulo Roberto Costa, um ex-diretor da Petrobras que está no centro do escândalo, disse: "Esse negócio de doação oficial é a maior balela que tem no Brasil... Nenhuma empresa vai doar milhões porque gosta de fulano de tal. As doações não são doações, são empréstimos. A empresa está emprestando ao cara e depois vai cobrar dele" (Franco, 2015).

Os incentivos para a participação em ilícitos na forma de financiamento de campanha podem ser consideráveis. A fragmentação e a instabilidade do sistema eleitoral acarretam dificuldades para a consolidação de uma marca nacional pelos partidos para ser usada em sucessivas eleições, o que gera incentivos para o aumento dos gastos de campanha. Além disso, especialmente nas disputas eleitorais de representação proporcional com lista aberta para a Câmara dos Deputados, a concorrência dentro de um partido costuma ser tão acirrada quanto a concorrência entre partidos. Speck e Campos (2014) documentam o custo elevado do sistema: com base em dados das eleições de 2010 e 2012, concluíram que, além do custo estimado de R$ 25,9 bilhões em tempo de televisão no horário da propaganda eleitoral gratuita, R$ 1,2 bilhão do Fundo Partidário e entre R$ 4,7 e R$ 5,9 bilhões em doações oficiais de campanha, R$ 32,4 bilhões foram gastos com as eleições nesse ciclo eleitoral. Tomando a taxa de câmbio do fim do ano de 2012, isso significa que o Brasil gastou US$ 15,8 bilhões no ciclo eleitoral de 2010 a 2012. Para fins de comparação, as eleições de 2012 nos Estados Unidos, um país com uma população aproximadamente duas vezes maior do que a brasileira, custaram US$ 6,3 bilhões (Choma, 2013).

O Brasil assegura aos candidatos tempo de propaganda política gratuita na televisão. Paradoxalmente, isso pode aumentar o custo das campanhas, além de contribuir para a fragmentação dos partidos políticos. O maior acesso à televisão (97% da população tinha aparelhos de televisão em 2010, perante apenas 50% em 1980; Speck e Campos, 2014) cria uma enorme pressão para produzir propagandas políticas mais sofisticadas. Contudo, o tempo de propaganda política gratuita na televisão também gera incentivos para a nacionalização prematura dos partidos relativamente novos — que buscam ganhar acesso ao horário de propaganda gratuita na televisão em âmbito nacional mostrando que têm diretórios em todo o país, processo que tende a obstruir as tentativas de construção gradual e orgânica de apoio local e de uma verdadeira identidade. O resultado é que os partidos muitas vezes surgem como cascas artificiais, com apenas um pequeno núcleo de princípios norteadores revestidos por acordos eleitorais mais oportunistas, o que contribui para a fragmentação descrita acima.[8] Enquanto isso, a grande demanda por financiamento de campanha era suprida, principalmente, pelas doações de empresas, que mais do que triplicaram entre os anos de 2002 e 2010, chegando a R$371 milhões, e favorecendo majoritariamente os candidatos à reeleição (Mancuso e Speck, 2014, 2015; Mancuso, 2015).

Impunidade judicial

Os problemas gerados na esfera política são agravados por uma sensação generalizada de impunidade. O número de casos de corrupção, prevaricação e improbidade administrativa levados a juízo vem crescendo sistematicamente, chegando a quase 26 mil no ano de 2013.[9] Contudo, continuam a representar um percentual relativamente pequeno do conjunto de ações

---

[8] A recente criação do Partido da Mulher Brasileira é um bom exemplo: sua presidente é mulher, mas a maioria dos deputados que se filiaram é do sexo masculino.

[9] Machado (2015), citando relatório produzido pela Agência CNJ (2013).

judiciais, que totalizaram 95,2 milhões no mesmo ano. Além disso, embora o número de condenações também esteja em franco crescimento, o número de envolvidos em práticas de corrupção efetivamente encarcerados é extremamente baixo: no ano de 2014, havia 551 detentos cuja acusação principal havia sido o crime de corrupção[10] em uma população carcerária de 607,7 mil.[11]

Essas baixas proporções se explicam, em parte, pelo fato de que a corrupção pode ser tratada nas esferas cível e penal, e alguns dos infratores punidos nos últimos anos foram alvo de ações na esfera cível.[12] No entanto, só isso não configura a punição como um acontecimento raro. Como escreveu um promotor frustrado certa vez, "existe todo um aparato institucionalizado para possibilitar a impunidade, o que dificulta ou torna quase impossível a pretensão de responsabilizar penalmente de forma efetiva os criminosos" (Mattos, 2015). Citando as palavras do principal procurador da força-tarefa da Operação Lava Jato, a não aplicação de punição dá a impressão de que "é como se a corrupção jamais tivesse existido, embora tenha sido amplamente provada e os réus tenham sido condenados" (Dallagnol, 2015).

A impunidade judicial não é consequência de um poder judiciário fraco. Pelo contrário, as instituições judiciárias brasileiras, tais como o Ministério Público e os tribunais, são fortes, gozam de grande autonomia e são extremamente bem financiadas. Por outro lado, uma combinação de fortes proteções ao direito do acusado, timidez política, lentidão processual e leis lenientes conspiram para embaraçar o processamento de denúncias de corrupção, mesmo nos casos mais bem fundamentados (para uma explicação mais detalhada, ver Taylor, 2017).

Da Ros e Taylor (2017) levantam alguns fatores que tornam o sistema judicial lento e incerto: taxas de congestionamento elevadas (que chegam a 67% na justiça federal e 75% nas justiças estaduais); grande número de

---

[10] Incluídos aqui processos de corrupção passiva, corrupção ativa e peculato. Números extraídos de Depen (2015).

[11] Como observou Machado (2015), essa pode ser uma estimativa baixa, visto que normalmente se anotam os crimes mais graves. Um servidor público que tenha cometido assassinato, mas que também tenha praticado corrupção, tenderá a ser registrado como encarcerado pelo crime de assassinato, e não pelo crime de corrupção.

[12] A Lei 8.429, de 1992, permite que a corrupção seja tratada com fundamento no código civil, tais como os casos de improbidade administrativa, que pune a corrupção com a aplicação de multa, suspensão dos direitos políticos e indenização por danos sofridos.

casos não resolvidos (que totalizavam 66,9 milhões em 2013, além dos 28,3 milhões de novos casos iniciados naquele ano); procedimentos judiciários complexos; a autonomia decisória dos juízes entre si; uma grande proporção de processos com recurso às instâncias superiores (o STF julga 80 mil casos por ano); o formalismo do sistema do Código Civil e a possibilidade de apresentação de inúmeros recursos, não apenas às instâncias superiores, mas também ao mesmo juízo ou à mesma instância. O desenrolar é lento: a maioria dos processos leva cerca de dez anos do início ao fim, e, em casos de corrupção, a decisão final pode demorar até quinze anos.

Se essas barreiras processuais já não fossem suficientemente complicadas, os tribunais e a legislação são bastante tímidos. Embora os juízes e, em especial, os ministros dos tribunais superiores não tenham fugido dos debates sobre políticas públicas, eles têm se mostrado extremamente cautelosos com os processos de corrupção política. Isso se deve em parte ao fato de que qualquer processo contra um político federal em exercício recebe tratamento privilegiado e tem que ser julgado pelo STF. Quase 3/5 dos membros do Congresso já sofreram uma denúncia criminal ou foram acusados em processos atualmente em tramitação diante do tribunal, o que representa um problema espinhoso para um tribunal que ainda busca se consolidar em sua função institucional. Assim, não é de surpreender que, em face dessa combinação de lentidão processual com timidez política, a primeira condenação por corrupção de um político federal em exercício na era democrática brasileira só tenha ocorrido em 2010. Enquanto muitos enalteceram esse marco como uma vitória, o que muitos não sabem é que esse deputado foi solto quase imediatamente porque, até o STF finalmente chegar a uma decisão, o prazo prescricional havia vencido. A facilidade com que os políticos têm conseguido escapar graças ao prazo de prescrição aumentou em 1999, quando o STF "modificou um posicionamento antigo, estabelecido em 1964, e decidiu que os políticos, ao deixarem o cargo, perderiam o direito ao foro privilegiado e, assim, os processos envolvendo esses políticos seriam julgados por juízes distritais e não mais pelos tribunais de recurso" (Da Ros, 2014, p. 177). Embora isso tenha limitado o número de políticos protegidos pelo STF, a medida teve o efeito perverso de permitir que esses políticos exigissem o julgamento pelo STF, para então renunciar quando a decisão fosse iminente, levando assim os seus casos de volta às instâncias inferiores, onde o processo começava novamente do zero.

Assim, a timidez da lei é um fator importante: por um lado, a proteção conferida aos direitos democráticos é uma virtude do sistema judiciário, mas, por outro, a legislação que rege o combate à corrupção em si é bastante leniente. A pena máxima para a prática de corrupção é de doze anos, mas as sentenças proferidas costumam ficar mais próximas das penas mínimas, de dois a quatro anos. A lei é bastante permissiva no que se refere a prazos prescricionais, detenção progressiva e liberdade condicional, o que significa que, mesmo quando os promotores conseguem uma condenação, a pena pode ser relativamente leve. Além disso, embora uma proporção muito pequena dos recursos apresentados (possivelmente menos de 5%)[13] seja acolhida, até uma decisão do STF em fevereiro de 2016, a legislação brasileira só permitia a detenção após a condenação final e irrecorrível. A possibilidade de apresentar uma variedade de recursos, associada a um prazo prescricional curto, pode ser uma receita perfeita para a impunidade.

E, mesmo depois de proferida a sentença final, os prazos de detenção podem ser flexíveis para os condenados representados por advogados hábeis. Um bom exemplo disso é o caso de José Dirceu, ex-chefe da Casa Civil de Lula. Dirceu foi denunciado em 2005 por seu papel como mentor intelectual do escândalo do mensalão, no qual o governo Lula supostamente usava recursos ilícitos para pagar pelo apoio dos deputados no Congresso. Quando o STF finalmente julgou o processo, em novembro de 2013, seis anos após a apresentação inicial das denúncias, Dirceu foi condenado a dois anos e onze meses de detenção por formação de quadrilha, ao pagamento de uma multa e a uma pena adicional de sete anos e onze meses por suborno de deputados. Ele cumpriu a pena de detenção por onze meses, no decorrer da qual podia trabalhar em uma firma de advocacia durante o dia. De acordo com a lei, que permite que detentos com bom comportamento passem a gozar de condições menos restritivas depois de cumprido um sexto da pena (com possibilidade de reduções adicionais por bom comportamento), Dirceu passou a ter direito à progressão para um centro de reintegração social em outubro de 2014. Porém, como não existe centro de reintegração social em Brasília, Dirceu pôde passar diretamente para o regime aberto, que impõe algumas restrições ao contato com outros condenados e obriga os

---

[13] Dallagnol (2015).

detentos a passarem as noites em casa. Assim, menos de um ano depois de ser encarcerado para cumprir pena de dez anos, Dirceu já estava novamente dormindo na própria cama, onde ficou até agosto de 2015, quando foi mais uma vez detido por seu envolvimento no caso Lava Jato, por corrupção supostamente praticada durante os oito anos decorridos entre a sua renúncia do cargo de chefe da Casa Civil e a sua condenação no caso do mensalão.

Reforma e Contrarreforma

A seção anterior retrata como muito negativas as perspectivas de controle da corrupção e de estabelecimento de fato de *accountability*. Portanto, cumpre notar que os últimos trinta anos de democracia melhoraram em muito o panorama do combate à corrupção. Não vou repetir aqui a minha análise sobre esse aprimoramento (ver Praça e Taylor, 2014, para saber em detalhes o que mudou; e Power e Taylor, 2011, para informações detalhadas sobre os elementos integrantes da rede institucional de *accountability*), mas, em um breve resumo, a última geração desde a retomada da democracia testemunhou: a criação de órgãos mais fortes de combate à corrupção, como o Ministério Público; o aumento do financiamento e dos recursos humanos destinados aos órgãos de combate à corrupção; o maior enquadramento das máquinas administrativas brasileiras nas estruturas e acordos internacionais; a criação de melhores estruturas legais e o reforço das leis anticorrupção existentes; o aumento da transparência das contas do governo; a ampliação da cobertura pela imprensa de ilícitos cometidos e a pressão ativa da sociedade civil no sentido da priorização do combate à corrupção. O resultado vem sendo a melhoria gradual da capacidade de fiscalização e dos mecanismos de aplicação, com o apoio de órgãos governamentais mais qualificados, com maior autonomia, um forte senso de equipe burocrático e considerável apoio do público.

O processo de reforma não vem sendo realizado de forma linear e tem ocorrido a duras penas, em um processo incremental de *"problem-solving"*, em vez de avançar de maneira rápida e em larga escala (Bersch, 2016). O restante deste artigo busca avaliar as causas desse incrementalismo, bem como entender o que ele nos diz sobre as perspectivas para as reformas futuras. Remeto-me agora à experiência do governo Dilma Rousseff, que representa um ótimo exemplo das forças contrárias da reforma e da contrarreforma presentes durante a maior parte da experiência democrática recente.

Diz-se com frequência que Dilma não foi implicada pessoalmente nos escândalos de corrupção enquanto ocupava a presidência. Contudo, seus dois mandatos foram dominados pelas discussões sobre corrupção. Durante o seu primeiro ano como presidente, em 2011, Dilma chamou a atenção ao substituir vários ministros que ela havia herdado do governo anterior acusados de práticas de corrupção. O fim dos julgamentos do mensalão durante o segundo e o terceiro anos do seu mandato foi um importante sinal para o público da credibilidade das denúncias de corrupção feitas contra o PT e coincidiu com o início da desaceleração da economia. No terceiro ano do mandato, a insatisfação crescente do público com uma série de questões, como os serviços públicos precários, a deterioração da situação econômica, o excesso de gastos com a Copa do Mundo de 2014 e a corrupção, empurrou um assustado governo Dilma na direção de reformas.

Por três vezes, Dilma tentou aprovar reformas de combate à corrupção, destinadas a atacar as quatro causas da corrupção política descritas na seção anterior. Em 2013, à medida que a insatisfação do público começava a assumir a forma de manifestações nas ruas, às vésperas da Copa das Confederações, Dilma propôs um pacote de reformas, inclusive de combate à corrupção. Um ano depois, enquanto concorria à reeleição, Dilma deu uma entrevista coletiva para detalhar as propostas. E, uma vez reeleita, enviou um pacote de reformas ao Congresso em 18 de março de 2015, três dias depois de uma série de novos protestos em todo o país. Descrevo cada uma delas resumidamente a seguir.

Os grandes protestos nas ruas do Brasil em 2013 motivaram o primeiro grande anúncio de reformas do governo Dilma, que, em 24 de junho do mesmo ano, propôs a adoção de cinco "pactos" políticos,[14] sendo um de convocação de um plebiscito sobre a realização de assembleia constituinte visando à reforma política. A proposta deixou para o Congresso a

---

[14] Além da proposta de realização do plebiscito para tratar da reforma política, os outros quatro pactos tinham por objeto a responsabilidade fiscal e o controle da inflação; medidas na área da saúde e melhorias nos setores de transporte e educação.

definição da maior parte dos detalhes, mas o governo sugeriu a inclusão no plebiscito de uma discussão sobre o financiamento de campanhas por órgãos públicos ou o financiamento misto, por entes públicos e privados; mudanças no sistema eleitoral, como a adoção do voto distrital; modificações no sistema de "suplência" do Senado; alterações nas regras de coalizão dos partidos e a extinção do voto fechado no legislativo. Embora não estivesse entre os pactos propostos, Dilma também defendeu uma legislação mais rigorosa para combater a corrupção, inclusive com a tipificação da corrupção intencional como crime e não mais como contravenção, e a mudança das penalidades aplicáveis para aquelas reservadas aos crimes hediondos (inclusive uma progressão de sentença mais lenta). Em entrevistas coletivas posteriores, o governo expressou o desejo de que o plebiscito fosse realizado a tempo de permitir que as reformas entrassem em vigor durante as eleições de 2014. Não houve proposta legislativa concreta com referência às iniciativas de combate à corrupção. Contudo, o Congresso diluiu a proposta, eliminando todos os pontos exceto a discussão sobre o financiamento de campanha e alterações no calendário eleitoral (Langevin e Langevin, 2015). Mas, mesmo em sua forma mais enfraquecida, a proposta (PDC 1258/13) não avançou e está parada na Comissão de Finanças da Câmara desde abril de 2015.

Os protestos contribuíram para a aprovação da Lei nº 12.846 em agosto de 2013. Essa lei, conhecida simplesmente como a Lei Anticorrupção, é a primeira a criminalizar a corrupção empresarial, imputando responsabilidade civil a empresas praticantes de corrupção ou a empresas comprovadamente envolvidas com a defraudação de concorrências públicas. As sanções possíveis são bastante rigorosas: em princípio, a lei permite que as empresas sejam punidas com a aplicação de multas, restrições à concessão de empréstimos pelo governo (o que é muito importante no ambiente comercial brasileiro) e o impedimento de firmar contratos com o governo. Em casos extremos, a empresa pode até mesmo ser fechada. A nova lei torna a comprovação da prática de corrupção muito mais fácil, tendo em vista o padrão probatório baixo: os promotores não precisam comprovar que a empresa sabia da prática de um crime (por exemplo, suborno) nem que ela autorizou um diretor da empresa a negociar em seu nome. Precisam provar apenas que a empresa se beneficiou da prática. Essa nova possibilidade de punição das empresas representou uma grande mudança na legislação brasileira; porém, como a lei só agora começa a ser aplicada, não se sabe até que ponto ela se mostrará eficaz.[15]

Em segundo lugar, durante a campanha presidencial de 2014, Dilma passou a referir-se com frequência nos seus discursos à necessidade de reformas, e a sua campanha continuou a preconizar a realização de uma assembleia constituinte para tratar da reforma política.[16] No entanto, a ambiguidade do seu posicionamento era constantemente revelada pelos seus aliados no palanque, como em pelo menos uma ocasião em Alagoas, quando estavam presentes o ex-presidente Collor, que sofreu um impeachment, e o presidente do Senado, Renan Calheiros, envolvido em vários escândalos. Até o fim da campanha presidencial, no entanto, o número crescente de denúncias de corrupção na Petrobras levou Dilma a defender explicitamente as propostas anticorrupção do seu governo e a prometer reformas.[17] Ela prometeu regulamentar a Lei Anticorrupção, defender punições mais severas em caso de enriquecimento ilícito de servidores públicos e de caixa 2, aprovar leis

---

[15] Embora a lei amplie a capacidade do Estado de processar empresas corruptas, existem vários pontos de vulnerabilidade em seu texto. O primeiro é simplesmente o fato de que as punições são em grande parte "administrativas" e não judiciais: o governo (o Ministério Público ou a AGU) decide se o Estado foi prejudicado e impõe as multas e sanções administrativas cabíveis. O problema é que essas punições administrativas podem, em teoria, ser apeladas em juízo; assim, é difícil antecipar de que forma serão interpretadas pelos tribunais. A isso se soma o problema de obter uma decisão judicial final que mantenha a condenação quando essas decisões administrativas forem contestadas (como certamente serão) em juízo.

Um segundo problema é que a lei permite a celebração de acordos de leniência desde que a empresa faça um ajustamento e se comprometa a reparar os lapsos cometidos. Isso pode abrir uma enorme lacuna, que permitiria que bons advogados salvassem seus clientes a fim de evitar qualquer responsabilização real. Paradoxalmente, no entanto, existe outro problema com os acordos de leniência, já que podem ser interpretados como admissões de culpa e possivelmente usados no processamento de casos tramitando paralelamente na esfera cível ou penal, o que os torna pouco atraentes para os réus. Dessa forma, é difícil prever como serão usados efetivamente.

[16] "Uma Constituinte Exclusiva para a reforma política eliminará o financiamento empresarial privado nos processos eleitorais, que constitui uma das fontes da corrupção sistêmica que afeta o funcionamento de nosso sistema republicano." Ver <www.pt.org. br/wp-content/uploads/2014/05/DIRETRIZES-PROGRAMA-DE-GOVERNO-DILMA--PRESIDENTE-20141.pdf>. Acesso em: 25 ago. 2017.

[17] A décima propaganda política de Dilma, no primeiro turno das eleições, e a 19ª, no segundo turno, estão disponíveis em <www.youtube.com/watch?v=vt60zoO7Z1c> e <www.youtube.com/watch?v=Xkx9MTfFwRg&index=27&list=PLDEUiz7w9QhtGU8htZUPGA HtWGvC7_68k>. Acessos em: 27 jan. 2016.

prevendo o confisco de ganhos ilegais e medidas para acelerar a tramitação de ações em juízo nas instâncias inferiores e de processos políticos nas instâncias superiores. Em sua posse em janeiro de 2015, prometeu adotar um grande pacto contra a corrupção envolvendo todas as esferas do governo, além de propor cinco leis para cumprir as metas da sua campanha, e defender novamente a reforma política.

O pacote de reformas só foi enviado ao Congresso em março de 2015, quando houve uma nova onda de protestos. Uma série de projetos de lei e emendas constitucionais propunha criminalizar as doações ilegais para campanhas (caixa 2), em vez de tratá-las como uma "contravenção penal" mais leve (projeto de lei); criminalizar o enriquecimento ilícito de servidores públicos (retomando o moribundo projeto de lei de 2005); aprovar uma emenda que permitisse o confisco de bens dos servidores públicos que fossem incompatíveis com seus ganhos (proposta de emenda constitucional); criar uma lei da ficha limpa a ser aplicada a todos os nomeados para cargos políticos (projeto de lei); conferir urgência a um projeto de lei existente sobre a apreensão de bens obtidos pela prática de corrupção (projeto de lei de 2011) e criar um grupo de trabalho para tratar da eficiência do sistema judiciário. Em março de 2015, vinte meses após a aprovação da Lei Anticorrupção e em meio a manifestações nas ruas, Dilma assinou o Decreto nº 8.420, que regulamentava a lei e a colocava em vigor.

Langevin e Langevin (2015) observam que o avanço das reformas enfrentou forte resistência no Congresso em 2015. O Congresso queria que primeiro fosse aprovado um referendo popular sobre a reforma política, em substituição ao plebiscito proposto por Dilma. Enquanto isso, o governo não investia capital político algum para levar à frente nenhuma das propostas apresentadas, distraído que estava com o escândalo da Petrobras, a deterioração da situação fiscal e suas batalhas com o presidente da Câmara, Eduardo Cunha. Foi somente após o STF decidir, em setembro de 2015, que as doações de empresas para campanhas eram inconstitucionais e deveriam ser proibidas que Dilma assinou "o pacote de medidas para a reforma política da Câmara, porém com o veto notável da autorização de doações de empresas, evitando assim um confronto constitucional envolvendo o [STF] e abrindo caminho para a proibição completa desse tipo de doação a campanhas em eleições futuras" (Langevin e Langevin, 2015).

Como mostra a decisão do STF, uma vantagem da ampla diversidade institucional do Estado brasileiro é que, mesmo diante da falta de iniciativa do poder executivo, os outros poderes podem levar reformas à frente. Embora ruidoso, confuso e, por vezes, contraditório, esse sistema garante criatividade e movimento contínuo. Mais recentemente, o Ministério Público Federal aproveitou o sucesso das investigações da Operação Lava Jato para levar à frente um pacote anticorrupção de iniciativa popular. O esforço do MPF ajudou na colheita das assinaturas necessárias para a aprovação dessa iniciativa, que foi então forçosamente incluída na pauta do Congresso. Embora essa inclusão não garantisse a sua aprovação pelo legislativo, historicamente esse tipo de iniciativa tem grandes chances no Congresso, em parte pela certeza de contar com grande apoio popular. O pacote de dez medidas do MPF foi elaborado em março de 2015 e prevê penalidades mais rigorosas para práticas de corrupção, leis mais severas para a aplicação de sentenças, disposições para conferir mais celeridade aos julgamentos, a criminalização dos crimes eleitorais, a responsabilização dos partidos políticos por atos ilícitos e disposições prevendo a apreensão de ganhos ilegais.[18]

A falta de compromisso do governo Dilma em investir capital político nas reformas, a erosão gradual do seu capital político durante o primeiro mandato e a confusão associada ao processo de impeachment durante o segundo desaceleraram as propostas legislativas, tanto do sistema político quanto da legislação anticorrupção. Além desses desafios enfrentados no Congresso, as inovações no combate à corrupção vêm enfrentando dificuldades em outras duas frentes nos últimos anos: os advogados de defesa, que vêm expressando preocupações por vezes justificadas com a implementação das novas leis e procedimentos, e a mão do próprio governo pesando a balança.

Por causa dos repetidos impasses envolvendo as reformas que poderiam prejudicar políticos no exercício do cargo, as reformas mais importantes têm ocorrido de forma discreta, em um processo incrementalista (Praça e Taylor, 2014). O Brasil assinou todas as principais convenções anticorrupção internacionais no fim dos anos 1990 e início dos anos 2000 (Ferreira

---

[18] De acordo com o website do MP. Ver <www.combateacorrupcao.mpf.mp.br/10-medidas>. Acesso em: 27 jan. 2016. Porém, até a data de publicação, as dez medidas permaneciam em compasso de espera.

e Morosini, 2013).[19] Contudo, as disposições referentes aos compromissos de combate à formação de quadrilha e lavagem de dinheiro não tinham fundamento na legislação brasileira, o que ensejou a criação de soluções remendadas, inclusive importantes decisões constitucionais do STF, além da redação apressada de leis para regulamentar esses compromissos internacionais e colocá-los em vigor. As dificuldades enfrentadas pelas instituições brasileiras de *accountability* na investigação transnacional da corrupção, em uma variedade de outros casos importantes na Suíça, Jersey e Nova York, no entanto, resultaram em planos para simplificar a cooperação e os procedimentos investigativos transfronteiriços e, ao mesmo tempo, aprimorar a legislação nacional.

Talvez o exemplo mais emblemático dos efeitos desse incrementalismo de remendos seja o fato de que Alberto Yousseff, doleiro responsável por operações de lavagem de dinheiro investigadas pela Lava Jato, também foi investigado e preso pelo caso Banestado em 2003. Ele firmou o primeiro grande acordo de colaboração premiada redigido pelo MPF.[20] Os promotores desse caso seguiram ainda com outros vinte e poucos acordos de colaboração premiada, mesmo não havendo uma lei vigente à época para regulamentar o uso das colaborações, conseguindo quase cem condenações pelo uso ilegal das contas CC-5. Em função dos obstáculos enfrentados naquela investigação, os promotores pressionaram o Congresso a aprovar uma lei mais segura de regulamentação das colaborações premiadas. Ao mesmo tempo, algumas decisões judiciais — inclusive do STF — apontavam para a falta de uma definição clara na legislação brasileira para a expressão "crime organizado" ou "formação de quadrilha", apesar dos compromissos assumidos no âmbito dos tratados internacionais. Parcialmente em resposta a isso, o Congresso redigiu as Leis nos 12.694/12 e 12.850/13 e um grupo improvável de deputados do PT, PDT e PSDB fez com que elas passassem pelas duas casas do Congresso até serem aprovadas. Uma nova geração de jovens promotores e juízes também estava propondo e levando à frente reformas, atuando não apenas como arquitetos das novas leis, mas também como seus

---

[19] A adesão do Brasil aos tratados internacionais sobre o assunto teve início com a Convenção de Viena de 1988 sobre o tráfico de drogas, o Grupo de Ação Financeira Internacional (GAFI) de 1989 e a adoção de leis para o estabelecimento do GAFI em 1998.
[20] Ver "Caso Banestado". Disponível em: <http://www.lavajato.mpf.mp.br/atuacao-na-1a--instancia/investigacao/relacao-com-o-caso-banestado>. Acesso em: 15 dez. 2015.

principais usuários. Os enormes contratempos e desafios enfrentados em investigações passadas — inclusive durante o processo de impeachment de Collor, o caso Satiagraha, o caso Banestado e o mensalão — deixaram lições sobre os limites e riscos de vários instrumentos e estratégias legais.[21] Não é por coincidência que cinco dos nove procuradores originais da Operação Lava Jato tenham atuado na força-tarefa do Banestado, enquanto uma nova geração de juízes passa a ser representada por Sérgio Moro, um dos maiores especialistas do Brasil no combate à lavagem de dinheiro, tendo atuado como juiz de instrução do STF no importantíssimo processo de julgamento do mensalão.[22]

Não surpreende que a experiência histórica do Brasil com um regime autoritário e arbitrário (1964–1985) tenha levado ao estabelecimento na Constituição de sólidas proteções aos direitos civis. Políticos de todas as estirpes já professaram seu apoio ao direito ao contraditório, à ampla proteção por *habeas corpus*, ao direito à liberdade até a condenação final e ao estado de direito democrático. O aumento considerável do número de detentos no Brasil — mais de 600 mil em 2015, tornando o Brasil o quarto país em número de detentos do mundo — vem suscitando clamores justificados por equilíbrio. Mais recentemente, o presidente do Instituto de Defesa do Direito de Defesa, fundado pelo falecido advogado de defesa criminal e ex-ministro da Justiça Márcio Thomaz Bastos, criticou a prática de "caça às bruxas" e opinou ser importante combater abusos como o impedimento do acesso do réu à documentação processual e as fracas justificativas apresentadas para a detenção antes do julgamento (Reverbel, 2015).

Os advogados de defesa dos réus da Operação Lava Jato vêm assumindo um posicionamento bastante ativo no lobby junto a jornalistas e formadores de opinião. Uma petição assinada por 104 advogados de defesa criminal foi publicada na forma de anúncio pago nos principais jornais brasileiros em janeiro de 2015, gerando um intenso debate sobre a extensão do "abuso

---

[21] Cumpre notar que boa parte dos abusos processuais e policiais associados a investigações passadas, tais como a transmissão televisiva da colocação de algemas e detenção de réus, ou a ampla utilização de escutas para gravação de conversas, parece ter sido reduzida devido em parte a decisões bastante rigorosas proferidas pelo STF (por exemplo, proibindo o uso de algemas, a não ser em casos extremos, e revertendo decisões de instâncias inferiores em casos de abuso policial).

[22] Sérgio Moro, Fausto De Sanctis, Jorge Costa, Abel Gomes, Gerson Godinho Costa, Cassio Granzinolim e Danilo Fontenelle fazem parte dessa nova geração de juízes.

processual".[23] Os signatários da petição reclamaram que "os fins parecem justificar os meios", contribuindo para "um simulacro de julgamento". Essa "inquisição" já sabe aonde quer chegar, argumentaram os advogados, representando uma séria ameaça aos direitos individuais e ao estado de direito. Os advogados alegavam que haviam ocorrido vazamentos seletivos, que a imprensa estava sendo usada para pressionar os juízes das instâncias superiores, que o instrumento de prisão provisória vinha sendo usado para forçar as colaborações premiadas e que a documentação processual não vinha sendo disponibilizada aos advogados de defesa com antecedência suficiente. Separadamente, um dos advogados do magnata da construção civil Marcelo Odebrecht acusou o juiz Sérgio Moro de ser parcial e de haver usurpado a competência de outros tribunais (Carvalho e Zanini, 2016). Para fundamentar sua argumentação, apresentaram parecer jurídico de um escritório estrangeiro, de Sir Jeffrey Jowell (que posteriormente foi nomeado Comendador da Ordem Nacional do Cruzeiro do Sul pelo ministro do STF Gilmar Mendes). Assim como os advogados de defesa brasileiros, o escritório Blackstone Chambers, de Sir Jowell, manifestou seu desconforto com a nova forma de utilização das colaborações premiadas, que permitem aos réus se livrarem da prisão se conseguirem incriminar um outro infrator.

Os advogados de defesa têm forte incentivo para argumentar fervorosamente a favor de seus clientes e explorar dúvidas legítimas sobre a aplicação da lei. Além disso, no contexto brasileiro de mudanças legais açodadas, há algumas dúvidas razoáveis que podem ser levantadas. Os advogados vêm se mostrando particularmente incisivos em suas críticas a três inovações surgidas no combate à corrupção: as prisões preventivas, as colaborações premiadas e a teoria do "domínio do fato". A primeira tem uma longa relação com o direito brasileiro, mas tradicionalmente só era aplicada a detentos na ponta mais baixa da escala socioeconômica: com efeito, cerca de 40% da população prisional existente (240 mil detentos) encontra-se em regime de prisão provisória até o julgamento. Todavia, as elites que dispõem de acesso a bons advogados de defesa tradicionalmente conseguem evitar o encarceramento por meio de *habeas corpus* e recursos dilatórios. A chegada de uma nova geração de juízes mudou essa estatística: como observou o jornalista

---

[23] Ver <www.blackstonechambers.com/documents/27/Lava_Jato_Final_Opinion.pdf>. Acesso em: 25 ago. 2017.

Frederico Vasconcelos, o juiz Moro havia escrito há mais de uma década que o instrumento de prisão preventiva é uma forma de manifestar a gravidade das alegações e, ao mesmo tempo, mostrar que a justiça funciona, especialmente em sistemas judiciários lentos (Vasconcelos, 2015). Naturalmente, a utilização da prisão preventiva não agrada aos advogados de defesa.

Mais recente e por isso mesmo sujeita a discussão é a utilização da colaboração premiada e da teoria do "domínio do fato". Os críticos da colaboração premiada reforçam os elementos coercitivos do processo e reclamam das suas origens estrangeiras, que, segundo eles, não são compatíveis com o direito brasileiro. Mas, agora que o instrumento da colaboração premiada foi regulamentado em lei, parece que chegou para ficar. A Associação Nacional dos Procuradores da República (ANPR) observou que muito poucos acordos de colaboração premiada firmados na Operação Lava Jato foram efetivamente firmados com os réus em prisão preventiva, o que parece sinalizar que não houve coação. Observam ainda que, dos 413 recursos apresentados pelos advogados de defesa, apenas dezesseis foram acolhidos nas instâncias superiores (Kattah et al., 2016). A Associação dos Juízes Federais do Brasil (AJUFE) também respondeu, afirmando que a Lava Jato é resultado de um "processo lento e gradual de amadurecimento das instituições republicanas brasileiras, que não se colocam em posição subalterna aos interesses econômicos". E, para maior clareza, observou ainda que "aqueles que não podem comprovar seu ponto de vista pela via do Direito só têm uma opção: atirar ilações contra a lisura do processo [...] [Quando os meios legais não funcionam,] uma carta nos jornais parece um meio de dar satisfação aos próprios contratantes" (Juízes..., 2016).

A aplicação da "teoria do domínio do fato"[24] é um dos quesitos que vêm suscitando o debate jurídico mais acalorado. Foi aplicada pela primeira vez em uma ação de grande relevância no escândalo do mensalão, contra o ex-chefe da Casa Civil de Lula, José Dirceu, para estabelecer que, embora Dirceu não houvesse cometido o crime diretamente, em virtude da sua posição de poder, seria ele o autor intelectual do ato de corrupção. À época, essa teoria foi rejeitada pelos ministros do STF Ricardo Lewandowski e Dias

---

[24] Corresponde à noção de *"Tatherrschaft"* ou, livremente traduzido, "controle sobre o ato", usada contra oficiais nazistas em julgamentos de crimes de guerra. Ela sustenta que alguns oficiais teriam tido "controle" sobre os crimes cometidos, mesmo não tendo participação direta na sua perpetração.

Toffoli, que citaram a obra do jurista alemão Claus Roxin (um dos principais acadêmicos e criadores dessa doutrina) para sustentar que precisaria haver prova concreta de que o réu tomou a decisão de praticar o crime. Não bastaria, na opinião deles, argumentar simplesmente que o réu "deveria ter sabido" o que estava sendo feito por seus subordinados. Àquela época, o ministro do STF Joaquim Barbosa era um defensor bastante ativo da aplicação das disposições sobre formação de quadrilha e da teoria do "domínio do fato". Contudo, ele deixou o tribunal posteriormente e não se sabe como o STF julgará qualquer recurso nesse sentido apresentado futuramente.

A mão do governo pesando a balança

Os procuradores, por sua vez, reclamam das tentativas recorrentes de dificultar a tramitação de processos criminais (Onofre e Herdy, 2016). Entre elas, vale notar algumas tentativas recentes: PEC 37, MP 703, Lei nº 13.254.

PEC 37: Durante a maior parte do período pós-ditadura, a polícia e os promotores vêm travando uma batalha constante relacionada ao direito dos promotores de conduzir investigações: a polícia sustenta que a Constituição lhe confere o direito de investigar condutas criminosas; os promotores observam que, embora a Constituição não lhes atribua explicitamente o direito de investigar, ela tampouco proíbe essa investigação. O debate está no STF, que ainda não chegou a uma conclusão definitiva. Essa indecisão, por sua vez, ensejou a redação da proposta de emenda constitucional 37 (PEC 37), que daria à polícia um monopólio sobre as investigações criminais e o domínio sobre os poderes investigativos de uma diversidade de órgãos públicos, como o Ministério Público, a Secretaria da Receita Federal, os tribunais de contas (TCUs) e o Banco Central. A proposta de emenda avançou em junho de 2013, com grande apoio de deputados cada vez mais na mira do MPF, bem como de importantes advogados e líderes da OAB, que defenderam uma interpretação stricta da Constituição (Revista Consultor Jurídico, 2013). Contudo, a forte objeção dos procuradores, associada aos protestos de rua de 2013 — motivados em parte pela corrupção —, levou à derrota acachapante da proposta, por 430 votos a 9, em votação realizada em junho de 2013 na Câmara.

MP 703: A Lei nº 12.846, ou Lei Anticorrupção, entrou em vigor em fevereiro de 2014, mas, para isso, precisou sofrer algumas alterações. O governo

Dilma esperou até o fim de 2015 para que o Congresso deliberasse sobre os dispositivos legais de implementação, mas, diante da não aprovação desses dispositivos, expediu medida provisória (MP 703) para orientar os órgãos do governo sobre a execução de acordos de leniência. Esses acordos são, *grosso modo*, o equivalente empresarial dos acordos de colaboração premiada para pessoas físicas; em contrapartida da admissão do ato ilícito e da cooperação com o governo, as empresas recebem tratamento mais leniente. A nova medida provisória, no entanto, sofreu duras críticas por vários motivos: em primeiro lugar, se sobrepõe ao debate em andamento no Congresso, que já havia passado do Senado para a Câmara; em segundo lugar, atribui à CGU — um ente ministerial subordinado ao presidente — o direito exclusivo de negociar acordos de leniência, em vez de preferir órgãos independentes como o TCU ou o MPF; e, em terceiro lugar, permite que as empresas que fecharem acordos de leniência e admitirem a prática de atos ilícitos continuem a participar de concorrências públicas, não obstante as condutas indevidas do passado. O governo alega a preocupação de evitar a aplicação de punições excessivas que poderiam prejudicar a economia e de estabelecer maior segurança jurídica para as empresas que trabalham com o setor público, mas passa uma péssima impressão. O Instituto Não Aceito Corrupção já propôs ao MPF uma ação direta de inconstitucionalidade (ADIN) contra a MP; a MP 703 não foi aprovada pelo Congresso, e perdeu a validade em maio de 2016, atrasando em alguns anos os avanços na regulamentação.

Lei nº 13.254: A chamada lei da repatriação foi sancionada por Dilma Rousseff em janeiro de 2016, prevendo a anistia aos brasileiros que trouxeram do exterior para o Brasil recursos, bens e direitos não declarados, em troca do pagamento de uma multa de 30%. O governo alega ter agido por força de necessidade: os recursos repatriados — mais de US$ 12 bilhões — podiam melhorar a situação econômica e contribuir para a melhora das contas fiscais. Os defensores do governo argumentam que, sem essa lei, o dinheiro jamais voltaria, e o governo alega que usará o dinheiro para promover uma reforma há muito necessária do regime do ICMS. Além disso, os defensores da lei observam que alguns crimes não foram anistiados, como as doações ilegais para campanhas (caixa 2) e a formação de quadrilha. Por outro lado, os críticos sustentam que a anistia livra quem pratica a sonegação de impostos e a lavagem de dinheiro de qualquer responsabilização futura por essas práticas, favorecendo assim a impunidade.

Conclusão

A experiência dos últimos anos no Brasil tem sido traumática, já que a expansão da capacidade dos órgãos federais incumbidos de lutar contra a corrupção — incluindo burocracias tão diversas como a Polícia Federal, a CGU, o Ministério Público e os tribunais — atropelou antigas práticas políticas e a tradição de impunidade na política.

Este texto tentou ilustrar, porém, que, apesar de todo o tumulto dos últimos anos, o copo está meio cheio. As instituições democráticas continuaram a funcionar, mesmo que não sejam povoadas por anjos. O país já progrediu bastante na luta contra a corrupção, mesmo que muitas vezes pareça ser um caso de dois passos para a frente, um passo atrás, na medida em que o sistema político se esforça contra reformas que podem prejudicar interesses entrincheirados. Mas o incrementalismo do progresso do Brasil parece ter a função salutar de aliviar algumas preocupações legítimas sobre o poder crescente dos promotores e tribunais, bem como servir para adequar as reformas anticorrupção ao quadro legal existente.

Referências bibliográficas

Abramo, C. "Brazil: A Portrait of Disparities". *Brazilian Journalism Research*, v. 3, n. 1, p. 93–107, 2007.

Abranches, S. H. "Presidencialismo de coalizão: O dilema institucional brasileiro". *Dados — Revista de Ciências Sociais*, v. 31, n. 1, p. 5–38, 1988.

Aranha, Ana Luiza. *A rede brasileira de instituições de accountability: um mapa do enfrentamento da corrupção na esfera local.* Tese (Doutorado em Ciência Política). Universidade Federal de Minas Gerais, 2015.

Avritzer, L.; Filgueiras, F. (orgs.). *Corrupção e sistema político no Brasil.* Rio de Janeiro: Civilização Brasileira, 2011.

Bersch, K. "The Merits of Problem-Solving over Powering: Governance Reforms in Brazil and Argentina". *Comparative Politics*, v. 48, n. 2, p. 205–225, 2016.

_____; Praça, S.; Taylor, M. M. "State Capacity and Bureaucratic Autonomy Within National States: Mapping the Archipelago of Excellence in Brazil". In: Centeno, M. A.; Kohli, A.; Yashar, D. (orgs.). States in the Developing World. Cambridge: Cambridge University Press, 2017, p. 157–183.

"Brazil's Crisis May Have a Silver Lining: Rule of Law". *New York Times*, 25 nov. 2015.

Carvalho, M. C.; Zanini, F. "Moro é parcial contra acusados, afirma advogado de Odebrecht". *Folha de S.Paulo*, 19 jan. 2016.

Choma, R. "Election 2012: The Big Picture Shows Record Cost of Winning a Seat in Congress". *Open Secrets*, The Center for Responsive Politics, 19 jun. 2013. Disponível em: <https://www.opensecrets.org/news/2013/06/2012-overview/>.

Congresso em Foco. *Cargos de confiança facilitam corrupção.* Brasília, 31 jan. 2006.

Da Ros, L. *Mayors in the Dock: Judicial Responses to Local Corruption in Brazil.* Tese (Doutorado em Ciência Política). Universidade de Illinois, 2014.

Da Ros, L.; Taylor, M. M. *Opening the Black Box: Three Decades of Reforms to Brazil's Judiciary*. Documento de trabalho 3. Washington, DC: School of International Service, 2017.

Dallagnol, D. "Brasil é o paraíso da impunidade para réus do colarinho-branco". *UOL Notícias*, 1º out. 2015.

De Bonis, D. "Politicisation of the Federal Civil Service in Brazil: An Empirical Assessment". *The Public Sphere*, p. 4–15, 2015.

Depen (Departamento Penitenciário Nacional). *Levantamento nacional de informações penitenciárias Infopen — Junho de 2014*. Brasília: Ministério de Justiça, 2015.

Ferreira, L. V.; Morosini, F. C. "The Implementation of International Anti-Corruption Law in Business: Legal Control of Corruption Directed to Transnational Corporations". *Austral: Brazilian Journal of Strategy & International Relations*, v. 2, n. 3, p. 257–278, 2013.

FIESP (Federação das Indústrias do Estado de São Paulo). "Questões para discussão". In: _____. *Corrupção: Custos econômicos e propostas de combate*. Relatório, mar. 2010.

Figueiredo, A. C.; Limongi, F. *Executivo e Legislativo na nova ordem constitucional*. Rio de Janeiro: Editora FGV, 1999.

Filgueiras, F. "Transparência e controle da corrupção no Brasil". In: Avritzer, L.; Filgueiras, F. *Corrupção e sistema político no Brasil*. Rio de Janeiro: Civilização Brasileira, 2011. p. 133–162.

Franco, B. M. "'Investigar corrupção é abrir caixa de Pandora', diz subprocurador". *Folha de S.Paulo*, 18 set. 2015.

Instituto Millenium. "Brasil supera EUA e Alemanha em número de cargos comissionados". Rio de Janeiro, 1º out. 2013. Disponível: <http://www.institutomillenium.org.br/blog/brasil-supera-eua-alemanha-em-numero-de-cargos--comissionados/>.

"Juízes e procuradores rebatem carta de advogados sobre métodos da Lava Jato". JOTA, 16 jan. 2016. Disponível em: <https://www.jota.info/justica/juizes-e--procuradores-rebatem-carta-de-advogados-sobre-lava-jato-16012016>.

Kattah, E.; Macedo, F.; Brandt, R.; Chapola, R. "Cortes superiores revisaram menos de 4% das decisões do juiz Sérgio Moro". *O Estado de S. Paulo*, 24 jan. 2016.

Langevin, M. S.; Langevin, C. C. *Towards Accountability?: Corruption and the September 2015 Political Reform in Brazil*. BrazilWorks Analysis and Advisory, 2015.

Limongi, F.; Figueiredo, A. "Bases institucionais do presidencialismo de coalizão". *Lua Nova: Revista de Cultura e Política*, v. 44, p. 81–106, 1998.

Linz, J. J. "Presidential or Parliamentary Democracy: Does It Make a Difference?" In: _____; Valenzuela, A. *The Failure of Presidential Democracy*. Baltimore: Johns Hopkins University Press, 1994. p. 3–90.

_____; Valenzuela, A. *The Failure of Presidential Democracy*. Baltimore: Johns Hopkins University Press, 1994.

Lopez, F. G.; Bugarin, M.; Bugarin, K. "Rotatividade nos cargos de confiança da administração federal brasileira (1999-2013)". *Revista do Serviço Público*, v. 65, n. 4, p. 439-461, 2014.

Machado, M. R. "Crime e/ou improbidade? Notas sobre a performance do sistema de justiça em casos de corrupção". *Revista Brasileira de Ciências Criminais*, v. 23, n. 112, p. 189-212, 2015.

Mainwaring, S. *Rethinking Party Systems in the Third Wave of Democratization: The Case of Brazil*. Stanford: Stanford University Press, 1999.

Mancuso, W. P. "A reforma política e o financiamento das campanhas eleitorais". In: Ianoni, M. (org.). *Reforma política democrática: temas, atores e desafios*. São Paulo: Fundação Perseu Abramo, 2015.

_____; Speck, B. W. "Financiamento de campanhas e prestação de contas". *Cadernos Adenauer*, v. XV, n. 1, p. 134-150, 2014.

_____. "Financiamento empresarial na eleição para deputado federal (2002-2010): Determinantes e consequências". *Revista Teoria & Sociedade*, v. 23, n. 2, p. 1-23, 2015.

Martini, M. *Brazil: Overview of Corruption and Anti-Corruption*. Transparency International: Anti-Corruption Helpdesk, 2014.

Mattos, C. *A seletividade penal na utilização abusiva do habeas corpus nos crimes do colarinho-branco*. Dissertação (Mestrado em Ciência Jurídica). Universidade Estadual do Norte Pioneiro, 2015.

Melo, M. "Latin America's New Turbulence: Crisis and Integrity in Brazil". *Journal of Democracy*, v. 27, n. 2, p. 50-65, abr. 2016.

_____; Pereira, C. *Making Brazil Work: Checking the President in a Multiparty System*. Nova York: Palgrave/Macmillan, 2013.

Montero, A. P. *Brazil: Reversal of Fortune*. Cambridge: Polity Press, 2014.

Moro, S. "Considerações sobre a Operação Mani Pulite". *Revista CEJ*, v. 8, n. 26, p. 56-62, 2004.

Onofre, R.; Herdy, T. "Procurador da Lava-Jato: 'Governo tenta uma anistia de corrupção'". *O Globo*, 23 jan. 2016.

Pereira, A. W. "Is the Brazilian state 'patrimonial'?" *Latin American Perspectives*, v. 43, n. 2, p. 135-152, 2016.

Power, T. J.; Taylor, M. M. *Corruption and Democracy in Brazil: The Struggle for Accountability*. Notre Dame: University of Notre Dame Press, 2011.

Praça, S.; Taylor, M. "Inching Toward Accountability: The Evolution of Brazil's Anticorruption Institutions, 1985-2010". Latin American Politics and Society, v. 56, n. 2, p. 27-48, 2014.

Raile, E. D.; Pereira, C.; Power, T. J. "The Executive Toolbox: Building Legislative Support in a Multiparty Presidential Regime". *Political Research Quaterly*, v. 64, n. 2, p. 323-334, 2011.

Reverbel, P. "Advogado critica caça às bruxas na Operação Lava Jato". *Folha de S.Paulo*, 8 dez. 2015.

Revista Consultor Jurídico. "Juristas dizem que MP não pode fazer investigação". 30 mar. 2013.

Rosenn, K. S. "Separation of Powers in Brazil". *Duquesne Law Review*, v. 47, p. 839-70, 2009.

Silva, M. G. F. "The Political Economy of Corruption in Brazil". *RAE: Revista de Administração de Empresas*, v. 39, n. 3, p. 26-41, 1999.

Souza, J. *A tolice da inteligência brasileira*. Rio de Janeiro: Leya, 2016.

Speck, B. W.; Campos, M. M. "Incentivos para a fragmentação e a nacionalização do sistema partidário a partir do horário eleitoral gratuito no Brasil". *Teoria & Pesquisa*, v. 23, n. 2, p. 12-40, 2014.

Taylor, M. "Corruption and Accountability in Brazil". In: Kingstone, P. R.; Power, T. J. (orgs.). *Democratic Brazil Revisited*. Pittsburgh: University of Pittsburgh Press, 2017, p. 77-96.

Vasconcellos, J.; Euzábio, G. L. "Justiça condena 205 por corrupção, lavagem de dinheiro e improbidade em 2012". *Conselho Nacional de Justiça (CNJ)*. Brasília, 15 abr. 2013.

Vasconcelos, F. "Escrito em 2004, artigo de Moro sobre operação na Itália espelha Lava Jato". *Folha de S.Paulo*, 29 dez. 2015.

5. Tamanho do distrito eleitoral e corrupção: para além do lobby, os custos de campanha[1]

João M. P. de Mello* e Fernando Mello**

É mais barato pagar o exército mercenário do que dividir poder. É mais fácil alugar um deputado do que discutir um projeto de governo. É por isso. Quem é pago não pensa.

Roberto Jefferson, 2005

No Brasil, as empreiteiras definem a prioridade do Estado.

Adib Jatene, então ministro da Saúde do governo Collor

Uma das preocupações deste livro é entender se há relação mensurável entre lobby e corrupção. Esta é uma tarefa árdua por conta da natureza escondida da corrupção e da falta de dados comparáveis sobre lobby no mundo. Nos últimos anos, é verdade, a palavra "lobby" virou sinônimo de corrupção. Muitas vezes, a ligação relatada por jornais ou comentaristas se dá por meio de doações eleitorais, registradas ou não (caixa 2). Não por acaso diferentes delações premiadas da Operação Lava Jato apontaram que mesmo doações oficialmente registradas eram, na verdade, propina, em troca de favores do governo. Também abundam os depoimentos tornados públicos segundo os quais doações e pagamentos de propina foram usados para comprar legis-

---

[1] Agradecemos a Morgana Ferreira, da Fundação Brava e UFABC, pelo incansável trabalho na coleta de dados.

* Insper e Kennedy School of Government.

** Sócio do JOTA e doutorando pela Universidade da Califórnia, Los Angeles.

lações, como medidas provisórias. Essas evidências qualitativas apontam, portanto, uma ligação entre um certo tipo de lobby (ou melhor, certas práticas criminosas), corrupção e doações eleitorais. Ocorre que muitas dessas ligações são endógenas. Em outras palavras, é difícil dizer o que causa o quê. Os mais apressados apontam que o lobby é a causa da corrupção. Pode ser que sim. Pode ser que não.

Neste texto, tentamos investigar outro mecanismo. Pode-se dizer que buscamos uma explicação institucional. Se a corrupção é afetada pela necessidade de doações eleitorais e a necessidade de dinheiro para financiar campanhas leva ao aumento da corrupção, a pergunta que precisa ser respondida é quais regras do jogo (instituições) levam ao aumento dos custos de campanha e da corrupção. São os lobistas que se aproximam dos políticos e compram seu apoio por meio de doações? Ou são os políticos que na busca por financiamento de campanha extraem dinheiro de quem quer se relacionar com eles? E, se são as duas coisas, o que é possível medir?

Se, por definição, a corrupção é difícil de ser percebida, um dos objetivos de quem quer entendê-la é buscar mecanismos pelos quais a corrupção se manifesta. A corrupção é ampla e corretamente percebida como uma praga. Entre suas muitas consequências, a corrupção é empobrecedora. Há muitos mecanismos pelos quais é deletéria para o desenvolvimento econômico. Abaixo apresentamos uma lista não exaustiva.

Um dos objetivos perenes dos corruptores é criar regras que o insulem da competição. É mais barato subornar um agente público para criar uma barreira à entrada do que competir em condições de igualdade. Diminuição de competição se manifesta em menor produtividade e menor crescimento.

A corrupção aumenta o risco para investidores sérios, criando uma casta de gestores de "relações institucionais". Fatores de produção (capital, neste caso) são geridos por empresários talentosos em "administrar contratos", não necessariamente os qualificados para tocar os negócios.[2] "Administrar contratos" é um eufemismo para corromper o ente público na etapa de execução de um contrato — em geral obras públicas — de modo a extrair mais renda através de aditivos e revisões.[3]

[2] Não há evidência científica convincente sobre o tema, mas não seria especulação vazia postular que os talentos para gerir negócios andam na contramão dos talentos para administrar contratos.

[3] A seção seguinte contém uma definição formal do conceito de "renda".

A corrupção desvia recursos de áreas essenciais para o crescimento, como educação, para atividades cujo retorno social é baixo ou nulo. Por exemplo, Ferraz et al. (2012) mostram como a corrupção diminui o desempenho escolar das crianças brasileiras.

A corrupção desloca os esforços das empresas e pessoas para atividades de extração de rendas sem valor social, no melhor dos casos um jogo de perde e ganha. O escândalo do petrolão dará muitos exemplos dolorosamente concretos para este capítulo. A maior empreiteira brasileira, reconhecida por sua competência em engenharia, tinha toda uma divisão dedicada a "operações estruturadas", eufemismo inexpugnável para a contabilidade das doações para políticos e campanhas políticas.

A corrupção diminui a legitimidade do poder público, criando cinismo jurídico e diminuindo a aquiescência às regras legais, aumentando o crime e a corrupção, num ciclo vicioso. Em suma, corrupção não só apodrece os alicerces do contrato social, como atrapalha o desenvolvimento econômico.[4]

A corrupção perpassa segmentos inteiros da sociedade, mas é particularmente presente nas relações entre o poder público e o setor privado porque aquele tem poder para criar rendas para este. O esquema do petrolão ilustra eloquentemente a corrupção nas relações entre o poder público e o setor privado. Este artigo se concentra em um mecanismo de produção de corrupção na relação público-privado: o financiamento de campanha.

A corrupção nas relações entre o poder público e o setor privado, causada pelas rendas criadas pelo poder público, é mediada pelo sistema eleitoral. Novamente é difícil não se lembrar do petrolão. A ocupação do poder pela via eleitoral é cara. Competição política, que é em geral positiva, pode induzir altos gastos de campanha. Uma maneira de recuperá-los é gerando rendas, o que torna vulneráveis candidatos, representantes e formuladores de política. Daí a relação umbilical entre financiamento eleitoral e corrupção. O custo das campanhas eleitorais, por sua vez, depende das regras eleitorais, ou seja, do sistema político.

Este artigo testa empiricamente se o tamanho do distrito eleitoral para eleições parlamentares está associado à corrupção. A hipótese subjacente é

---

[4] Uma boa resenha sobre a relação entre corrupção e crescimento econômico está em: Mauro (1996).

de que, quanto maior for o distrito eleitoral, mais cara será a campanha eleitoral, e mais vulneráveis estarão os candidatos e representantes à influência corruptora do financiamento de campanha. Testamos essa hipótese usando um corte seccional de países que explora diferenças de tamanho de distrito eleitoral e de corrupção entre países.

O que é um distrito eleitoral? Os distritos são a divisão geográfica onde candidatos competem pelo voto. No caso do Brasil, os distritos são os estados. É nesta área que candidatos a deputados, senadores, governadores e presidente competem. No caso de deputados e senadores, eles competem em todo o estado pelos votos. Nas eleições municipais, o distrito é a cidade. Mas esse formato não é o único pelo mundo. Em outros países, por exemplo, há vários distritos dentro de um estado. Em muitos casos, os deputados concorrem apenas por uma vaga dentro do distrito. Todas as fórmulas que definem regras de campanha têm vantagens e desvantagens. Nos Estados Unidos, por exemplo, há uma intensa disputa entre os políticos que ocupam cargos públicos justamente para "desenhar" os distritos em formatos que vão lhes dar eleitores mais favoráveis. Aqui vale uma digressão rápida.

Esta prática de redesenhar os distritos ficou conhecida como *gerrymandering*. A palavra foi criada como uma "homenagem" a um governador de Massachusetts no século XIX, Elbridge Gerry. Ele redesenhou os limites dos distritos eleitorais para favorecer os candidatos do seu partido. Ocorre que o desenho ficou parecendo uma salamandra (em inglês, *salamander*), que deu origem ao termo *gerrymander*.

Muitos acadêmicos, no entanto, argumentam que a diminuição do tamanho do distrito eleitoral e a competição dentro desses distritos por apenas uma vaga permitem aos eleitores um maior controle da atividade dos seus representantes (Nicolau, 1999). A eleição de um único nome por área geográfica (distrito eleitoral) permite que os eleitores tenham mais facilidade para identificar e acompanhar seu representante.

A escolha do sistema eleitoral depende muito dos objetivos que se espera com esse sistema. Pode-se dizer que cada sistema tem seus prós e contras. Horowitz (2003) explica que cada sistema eleitoral contém um grupo diferente de vieses e que os políticos que decidem entre esses diferentes sistemas, na realidade, escolhem entre os diferentes vieses. O sistema distrital com apenas um candidato aumenta o controle dos eleitores sobre seus representantes. Outros sistemas aumentam a representatividade de minorias no Congresso. Não existe um sistema que irá trazer todos os benefícios e nenhum problema. Um sistema eleitoral é a forma de agregar preferências de uma população por meio do voto e transformar em resultados eleitorais. Neste capítulo estamos interessados em analisar uma variável que permeia diferentes sistemas eleitorais: o tamanho do distrito. Com isso, esperamos jogar luz na relação entre doações eleitorais e corrupção.

O capítulo está organizado em seis seções, incluindo esta introdução. A segunda seção define corrupção e descreve como a relação entre o poder público e o setor privado cria rendas que podem ser apropriadas por meio de esquemas corruptos. A terceira seção contém uma breve descrição dos mecanismos pelos quais o sistema eleitoral arrefece ou amplifica a corrupção nas relações entre o poder público e o setor privado. A quarta seção descreve os dados, as escolhas de mensuração de tamanho de distrito eleitoral e de corrupção, além de explicar a estratégia empírica. A quinta seção apresenta os resultados, e a sexta conclui com uma discussão.

Definindo corrupção e delineando os mecanismos

Antes de prosseguir, definamos corrupção. Seguindo Wallis (2006, p. 25), há dois sentidos e uma distinção, em tradução livre:

> O que eu defino como corrupção sistemática é uma forma concreta de comportamento político e uma ideia. Nas sociedades políticas associadas com a corrupção sistemática, um grupo de políticos deliberadamente cria rendas ao limitar a entrada de participantes em valiosas atividades econômicas, mediante concessões de monopólio, cartas corporativas restritivas, tarifas, cotas, regulações e outros mecanismos. Essas rendas vinculam os interesses dos destinatários aos políticos que os criam. O propósito é construir uma coalizão que possa dominar o governo. Manipular a economia para fins políticos é a corrupção sistemática. A corrupção sistemática ocorre quando a política corrompe a economia.
>
> Em contraste, a corrupção venal denota a busca de interesses econômicos privados através do processo político. A corrupção venal ocorre quando a economia corrompe a política. Pensadores clássicos

também se preocupam com a corrupção venal. Eles falaram muito sobre a corrupção moral e ética de povos e sociedades inteiras, bem como governos. Eles perceberam, no entanto, que a corrupção venal é um resultado inevitável da natureza humana. Então, eles concentraram sua empreitada intelectual em desenhar e depois proteger uma forma de governo que poderia resistir à corrupção sistemática. Ao eliminar a corrupção sistemática, eles esperavam mitigar também os problemas da corrupção venal.

A passagem menciona o termo "renda". Renda é o pagamento de um fator de produção em excesso àquilo que seria necessário para mobilizá-lo. Em linguagem mais simples: ganhar extraordinariamente, mais do que se espera que se ganhe razoavelmente. Exemplo: imagine que uma obra deveria custar X porque isso é o necessário para pagar os trabalhadores, os credores que emprestaram recursos e os acionistas que entraram com o capital. Qualquer valor acima de X é renda.

Para os propósitos deste artigo, define-se corrupção como a atividade ilegal de aquisição de rendas na interação entre o poder público e o setor privado. Não se distingue corrupção sistêmica de venal, não porque a distinção não seja relevante analiticamente, mas pela dificuldade de diferenciá-las empiricamente.

O poder público tem capacidade de criar rendas para o setor privado. Os mecanismos abundam.

Processos licitatórios são mal conduzidos ou, pior, conduzidos estrategicamente para fomentar cartelização entre os concorrentes. O petrolão é só o exemplo mais dramaticamente emblemático.

Um nível estratégico acima, a legislação e a política pública podem ser desenhadas para facilitar a criação de rendas. Por exemplo, políticas de conteúdo local ou margem de preferência diminuem a quantidade de empresas que podem prestar o serviço ou ofertar o bem. Às vezes criam monopolistas. O poder público, ou uma estatal controlada por ele, fica na parte compradora numa situação vulnerável. Mais uma vez o petrolão fala por si mesmo. Não por acaso um dos exemplos investigados atualmente é o de compra de medidas provisórias que beneficiariam empresas envolvidas no petrolão, por meio de doações e propinas não registradas como contribuições eleitorais.

No contexto do comércio exterior, tarifas alfandegárias, proteção tarifária, medidas antidumping, todas essas intervenções diminuem a competição externa, criando ou aumentando renda no mercado doméstico.

O poder de tributar, ou aplicar seletivamente a legislação existente, fazendo valer as regras seletivamente, cria rendas. Isenções tributárias têm consequências brutais sobre o lucro de uma indústria ou, melhor ainda, se for ela a escolhida. Está aí a Operação Zelotes, outro exemplo eloquente.

Em suma, o governo tem poder para criar renda para o setor privado. Essa renda é a fonte da corrupção no sentido usado neste artigo. A pergunta que fazemos é: como o sistema político, mais especificamente as regras eleitorais, amplifica, ou mitiga, a corrupção para a aquisição das rendas geradas pelo poder público?

Regras eleitorais e incentivos para corrupção

Diferentes autores tentaram encontrar mecanismos que expliquem a presença ou ausência da corrupção. Há quem siga explicações culturais. Nef (2001), por exemplo, encontra na cultura da América Latina voltada para particularismos, formalismos e expectativas para dispensar favores — em meio a uma estrutura de instituições de corporativismo, autoritarismo e centralismo — a explicação para altos níveis de corrupção. Outros autores ligam corrupção com identidades coletivas, senso de hierarquia e visões sobre autoridade, além do desejo de avançar em sociedades que oferecem poucas oportunidades (González-Fabre, 1996; Hooper, 1995; Morris e Blake, 2010).

Uma abordagem diferente para o estudo de corrupção é a visão institucional. Por essa abordagem, o foco está nas estruturas de governo, na burocracia e na sociedade. Certas instituições e leis podem direcionar comportamentos de forma mais adequada. Na famosa definição de Robert Klitgaard (1988), corrupção é igual ao nível de monopólio de poder *mais* a discricionariedade de autoridades *menos* o nível de *accountability*.

Uma explicação comum para o Brasil é de que o sistema de lista aberta e representação proporcional no país tende a criar incentivos para congressistas buscarem apoios pessoais por meio de emendas parlamentares e, em parte, corrupção. Mas o sistema de lista fechada e representação proporcional cria um tipo diferente de corrupção na Argentina e Bolívia, no qual líderes partidários usam recursos públicos para ajudar o partido (Morris e Blake, 2010).

Como conciliar essas diferenças? O poder público gera rendas por meio dos mecanismos descritos na Seção 2. A corrupção é um dos mecanismos pelos quais os agentes competem por essas rendas. É na arena eleitoral que se dá a competição pelo direito de decidir a distribuição da renda. Logo, é plausível que a arena eleitoral seja central na disputa pelas rendas.

O mecanismo de corrupção passa por contribuições eleitorais, legais ou ilegais. É plausível que parte do dinheiro de doações seja apropriado pessoalmente, mesmo que a doação seja legal.[5] No entanto, gasto de campanha é um mecanismo bem documentado de concorrência política.[6]

Na América Latina, Geddes (1994), Geddes e Neto (1992, 1999) e Gingerich (2006) argumentam que a causa da corrupção está nas instituições forjadas nas novas democracias da região, incluindo o poder nas mãos de presidentes, a descentralização do poder do Estado, os constrangimentos institucionais de presidentes para formar coalizões e o surgimento de líderes neopopulistas (Morris e Blake, 2010).

Analisando o governo Fernando Collor de Mello (1990–92), Geddes e Neto (1999) listam características do sistema político brasileiro que levaram ao aumento dos benefícios disponíveis por meio de práticas corruptas e as reduzidas probabilidades e custos de punição para aqueles pegos em corrupção durante os primeiros dez anos após a democratização. Eles focam no uso de listas abertas no Brasil. Como candidatos concorrem contra candidatos do próprio partido, além de outros partidos, há uma pressão maior para o uso de clientelismo e outras formas de trocas com o eleitor. Para os autores, a intervenção do Estado na economia e o sistema de lista aberta contribuíram para os tradicionais níveis de corrupção no Brasil, mas não para o provável aumento durante os anos Collor. Para eles, três fatores foram determinantes: crescente fragmentação partidária, decrescente disciplina partidária e aumento na representação no Congresso de partes do país onde os políticos dependem mais da política de trocas por voto (por meio de corrupção ou emendas).

---

[5] Há várias formas de canalizar os recursos de campanha para uso pessoal, como contratar empresas cujo verdadeiro dono é o candidato prestando serviços superfaturados.

[6] Ver Silveira e Mello (2011).

Em um vaticínio triste, Geddes e Neto (1999, p. 651) escreveram: "Se reformas para reduzir o número de partidos no Congresso, aumentar a disciplina partidária e estabelecer representações mais igualitárias de diferentes partes do país não forem realizadas, no entanto, outra janela de oportunidade será perdida. O Brasil provavelmente se encontrará novamente preso entre a Cila da corrupção de um lado e a Caríbdis do imobilismo de outro."

A redemocratização também aumentou os custos de campanhas, expandindo oportunidades para corrupção (Skidmore, 1998). Quanto mais caras as campanhas, mais importantes são as doações eleitorais. E, quanto maior a renda a ser apropriada na relação com o setor público, maior o valor de fazer doações cuja contrapartida é, explícita ou implicitamente, rendas a serem concedidas pelo candidato se eleito. Os ocupantes do poder também podem chantagear fornecedores do setor público para que façam doações. A chantagem só pode ser bem-sucedida se há renda a ser perdida. O esquema do petrolão é, novamente, ilustrativo. Em suma, a hipótese é de que a corrupção será maior quando os custos de campanha também forem maiores.

Já os custos de campanha dependem do sistema político e da legislação eleitoral. Mais especificamente, a hipótese é que, quanto maior o distrito eleitoral para disputas parlamentares, maior corrupção haverá, porque o custo de campanha fica muito alto quando o distrito é grande.

Em distritos pequenos, o método de campanha pode ser mais interpessoal. Já em campanhas em distritos eleitorais como o estado de São Paulo (colégio eleitoral de 20 milhões de eleitores), é impossível fazer campanha porta a porta.

A logística da campanha eleitoral é mais cara em distritos eleitorais maiores. Deslocamentos de avião têm mais valor para fazer campanha no estado de Minas Gerais (15 milhões de eleitores e 585 mil km²) do que na Ilha de Wight (108 mil eleitores e 381 km²), o maior distrito eleitoral da Inglaterra.

Em distritos eleitorais maiores, o valor de anúncios televisivos, que são caros, é grande. O valor da qualidade da comunicação — os famosos marqueteiros políticos — também é maior. Em suma, as economias de escala em distritos grandes aumentam o valor do financiamento de campanha.

A relação entre custos de campanha e tamanho do distrito depende do sistema eleitoral. Para um mesmo tamanho de distrito, digamos em população, mais barato será fazer campanha quanto mais representantes aquele distrito possuir. Num sistema proporcional de lista aberta, como o brasileiro, é concebível uma estratégia localizada de campanha. Um candidato à representante do estado do Rio de Janeiro na Câmara dos Deputados pode concentrar sua campanha em Nova Iguaçu, diminuindo a amplitude da campanha e tentando replicar um distrito majoritário pequeno. Segue sendo plausível, no entanto, que, na margem, o dinheiro importa mais em distritos maiores porque ele viabiliza estratégias de campanha amplas geograficamente. Em distritos pequenos, sendo o sistema proporcional ou majoritário, o valor do dinheiro será menor porque outros métodos de campanha são substitutos viáveis à compra de tempo de televisão.[7]

A relação entre tamanho do distrito eleitoral e a corrupção já foi explorada tanto na literatura de ciência política como de economia. Afinal, diferentes sistemas eleitorais podem gerar diferentes efeitos sistemáticos na corrupção. Chang e Golden (2007) investigam se os sistemas de lista aberta em representação proporcional tendem a gerar mais corrupção ou não dos que os de lista fechada. A conclusão dos autores é de que a corrupção política aumenta ou diminui dependendo da magnitude do distrito, mas está condicionada aos sistemas de representação proporcional com listas abertas ou fechadas. A corrupção se torna mais difundida em sistemas de lista aberta em comparação com os de lista fechada quando a magnitude do distrito ultrapassa um nível de 15, na medição proposta por eles.

Outros autores conectam corrupção com a ideia de voto personalizado. Ou seja, os incentivos para buscar dinheiro para campanha (possivelmente de maneira ilegal) aumentam com a magnitude do distrito em sistemas com lista aberta. É o caso de John Carey e Shugart (1995). Para eles, nos sistemas com competição intrapartidária (listas abertas), quando a magnitude do distrito aumenta, aumenta também o valor da reputação pessoal, o que afeta os incentivos para financiamento e corrupção. Quando não há competição intrapartidária, o valor da reputação pessoal declina com o aumento do distrito. Por isso, os autores argumentam que é necessário diferenciar entre sistemas com listas aberta e fechada.

---

[7] A alocação do tempo de televisão é centralizada em alguns sistemas eleitorais, sem a possibilidade de comprar tempo de televisão no mercado. O brasileiro é um deles (ver Silveira e Mello, 2011). O caso brasileiro ilustra bem o paradoxo da tentativa de regulamentar os gastos de campanha. Em tese, a propaganda na TV e no rádio é "gratuita" para os candidatos. Na prática, as coalizões que determinam o tempo de TV são formadas com pagamentos feitos com dinheiro arrecadado em esquemas corruptos. O esquema do mensalão é ilustrativo.

O argumento é diferente do apresentado por Persson et al. (2003). De acordo com os autores, o sistema de lista fechada é mais suscetível à corrupção por uma menor *accountability* individual por parte dos políticos. Afinal, o voto vai para a lista, diminuindo o conhecimento dos candidatos por parte do eleitor. Os autores argumentam que distritos maiores (e, consequentemente, barreiras menores de entrada na competição) estão associados com menos corrupção.

Dados, mensuração e estratégia empírica

A estratégia empírica é comparar tamanho de distrito eleitoral e corrupção. Para isso, usa-se um modelo de regressão linear. Ele produz uma correlação "controlada" para fatores que possam estar relacionados à corrupção e ao tamanho do distrito eleitoral.

O modelo é:

$$Corrupção_i = \alpha + \beta\ Tamanho\ Distrito_i + Controles_i + \varepsilon_i$$

O subscrito *i* denota um país. *Corrupção i* e *Tamanho Distrito i* são, respectivamente, medidas de percepção de corrupção no país *i*. *Controles* é um conjunto de fatores que podem estar associados tanto à corrupção como ao tamanho do distrito. Ou seja, a estratégia empírica usa um corte seccional de países para avaliar se há relação empírica entre o tamanho do distrito e corrupção. Em ambos os casos, fazemos a média da média de 1995 até 2014, usando os anos disponíveis, o que ajuda a diminuir o ruído dos dados.

Comentários sobre mensuração e identificação são necessários.

A mensuração da corrupção e do tamanho do distrito eleitoral não é trivial. A corrupção é medida pelo Índice de Percepção de Corrupção (CPI, iniciais de *Corruption Perception Index*), da Transparência Internacional. Carrasco e Mello (2015) descrevem assim os problemas do CPI: "O CPI é um índice de percepção de corrupção, construído a partir da avaliação de especialistas em governança. Como qualquer índice, ele tem problemas. Presentear funcionários públicos pode ser corrupção em uns países, mas não em outros. Ainda assim, o CPI produz um *ranking* sensato. Em 2014 o país mais corrupto do mundo era a Somália, terra dos piratas; a Venezuela, o 11º;

a Espanha, o 125º. A Dinamarca era o país menos corrupto." Mesmo com todos os seus problemas, o CPI é comumente usado na literatura. Persson et al. (2003), Chang e Golden (2007) são apenas dois exemplos.

O tamanho do distrito eleitoral é medido pela seguinte fórmula:

$$Tamanho\ Distrito_i = \frac{Número\ de\ eleitores_i}{Número\ de\ Distritos\ Eleitorais_i}$$

Ou seja, a medida é uma média entre os distritos do país i. Por exemplo, no caso do Brasil, $\quad Tamanho\ Distrito_{Brasil} = \dfrac{144\ milhões}{27} \cong 5,4\ milhões.$

Uma questão central para analisar a questão, portanto, passa a ser como medir os distritos. Chang e Golden usam como medida da magnitude do distrito o número médio de legisladores eleitos para as câmaras baixas em cada distrito eleitoral. Para isso, se valem da base de dados sobre instituições políticas, documentadas em Beck et al. (2001).

Persson et al. (2003) usam uma medida diferente. A magnitude média é resultado do número de distritos dividido pelo número de cadeiras nas câmaras baixas. Portanto, ela varia de 0 a 1. Quando a eleição é por distritos com apenas um membro, como no Reino Unido, o valor será igual a 1, já que será o resultado de X números de distritos, dividido por X número de cadeiras. Quando há apenas um distrito nacional, como em Israel, o número se aproximará de 0, pois será o resultado de 1 dividido por centenas de cadeiras.

Acreditamos que a medida proposta neste texto é mais adequada, pois se refere ao número de eleitores que são alvo de atenção dos políticos. Quanto maior este número, mais espalhada a campanha geograficamente e, em tese, mais cara. A medida permite comparar o tamanho do alvo de eleitores por parte dos políticos.

O que é o parâmetro β? Idealmente o interpretaríamos como o efeito causal do tamanho do distrito sobre a corrupção. Na prática, é preciso cuidado com a interpretação causal, por isso chamamos β de uma "correlação controlada". Afinal, é difícil garantir que não há outras variáveis não incluídas no nosso modelo que explicam a relação.

Antes de apresentarmos o resultado, é preciso reafirmar um ponto. O sistema eleitoral não é desenhado aleatoriamente. Basta pensarmos em um exemplo. Legisladores em países onde a capacidade do Estado de fazer impor a lei é baixa podem escolher um sistema eleitoral que facilite a corrupção. A manutenção de um sistema eleitoral com distritos grandes interessa àqueles que prosperam nesse sistema, e prosperam, em parte, porque a corrupção pode ser endêmica. Nesse caso, a corrupção causaria distritos grandes, e não o contrário. Estabelecer causalidade rigorosamente está fora do escopo deste artigo. Seria necessário explorar mudanças na legislação que não fossem motivadas pela vontade de diminuir (ou aumentar) a corrupção, algo que não medimos nas próximas páginas. Nossa estratégia é calcular uma correlação controlada para a maior quantidade possível de fatores para que β se aproxime ao máximo de algo cuja interpretação seja causal. De resto, essa é a estratégia típica da literatura (ver Persson et al., 2003, e Chang e Golden, 2007).

Entre os *Controles* incluímos: 1) características do país, como tamanho, renda per capita, qualidade institucional (World Development Indicator e World Governance Indicators, ambos do Banco Mundial); 2) tamanho de distrito (coleta dos autores); 3) informações sobre o sistema político e eleitoral (International Institute for Democracy and Electoral Assistance e Central Intelligence Agency); 4) indicador de grau de democratização (Economist Intelligence Unit); e 5) índice de corrupção (Transparência Internacional). Temos uma base de dados com 151 países para os quais temos informação para todas as variáveis.[8, 9]

---

[8] As variáveis são: índice de corrupção (CPI), renda per capita, número de eleitores, população, índice de respeito às leis (*rule of law*), existência de proibição de doações privadas para partidos ou candidatos, participação em eleições parlamentares e índice de democracia.

[9] Os países na amostra são: Afeganistão, África do Sul, Albânia, Alemanha, Angola, Argélia, Argentina, Armênia, Austrália, Áustria, Azerbaijão, Bahrein, Bangladesh, Belarus, Bélgica, Benim, Bolívia, Botsuana, Brasil, Bulgária, Burkina Faso, Burundi, Butão, Cabo Verde, Camarões, Camboja, Canadá, Cazaquistão, Chade, Chile, Chipre, Cingapura, Colômbia, Comores, Costa do Marfim, Costa Rica, Croácia, Dinamarca, Djibouti, Egito, El Salvador, Equador, Eslováquia, Eslovênia, Espanha, Estados Unidos, Estônia, Etiópia, Finlândia, França, Gabão, Gana, Geórgia, Grécia, Guatemala, Guiana, Guiné, Guiné-Bissau, Gâmbia, Haiti, Honduras, Hungria, Iêmen, Índia, Indonésia, Irã, Iraque, Irlanda, Islândia, Israel, Itália, Jamaica, Japão, Jordânia, Kosovo, Kuwait, Laos, Lesoto, Letônia, Libéria, Lituânia, Líbano, Líbia, Luxemburgo, Macedônia, Madagascar, Malásia, Malawi, Mali, Malta, Marrocos, Maurícia, Mauritânia, México, Moçambique, Moldávia, Mongólia, Montenegro, Namíbia, Nepal, Nicarágua, Níger, Nigéria, Noruega, Nova Zelândia, Países Baixos, Panamá, Papua Nova Guiné, Paraguai, Peru, Polônia, Portugal, Quênia, Quirguistão, Reino Unido, República Centro-Africana, República da Coreia, República Democrática do Congo, República Dominicana, República Tcheca, Romênia, Ruanda, Rússia, São Tomé e Príncipe, Senegal, Serra Leoa, Sérvia, Seychelles, Síria, Sri Lanka, Sudão, Suécia, Suíça, Suriname, Tailândia, Tajiquistão, Tanzânia, Timor-Leste, Togo, Trinidad e Tobago, Tunísia, Turcomenistão, Turquia, Ucrânia, Uganda, Uruguai, Uzbequistão, Venezuela, Vietnã, Zâmbia e Zimbábue.

Resultados

A Tabela 1 contém estatísticas descritivas e alguns comentários sobre elas. Para a maioria das variáveis há considerável dispersão na amostra. Especialmente importante, há muita dispersão de tamanho do eleitorado (desvio-padrão três vezes a média) e de tamanho de distrito eleitoral (também desvio-padrão três vezes a média). A amostra contém países mais ricos do que a média mundial (US$ 10 mil em média durante o período 1995–2014). Isso reflete a existência de eleições e a disponibilidade de dados, que seleciona países relativamente mais ricos. Há uma fração relevante de países que proíbem doações privadas a partidos ou candidatos (por volta de um quarto). A participação em eleições parlamentares é de quase 70%.

Tabela 1: Estatísticas descritivas

Variável	Média	Desvio-padrão
Índice de corrupção	4,32	2,49
Tamanho do distrito (em milhares)	761	2220
Respeito à lei	−0,59	1,02
Renda per capita (média 1995–2014 em milhares de US$)	10,62	15,64
Número de eleitores (em milhões)	2,44	7,45
Proíbe doação a candidato? (em %)	25,37	
Proíbe doação a partido? (em %)	29,10	
Participação eleições parlamento	67,97	28,91
Índice de democracia	5,93	2,10

A Tabela 2 contém os pares de correlações entre as variáveis. Em geral, os sinais das correlações são o esperado (nos casos para os quais há algum sinal esperado). Respeito à lei está fortemente correlacionado com renda per capita. Os países que banem doações privadas para partidos em geral também o fazem para candidatos. Em países onde a democracia é mais estabelecida há mais respeito à lei (e são países mais ricos). A participação em eleições parlamentares é maior em países mais democráticos, mas a relação não é forte, o que reflete o fato de que o voto é optativo em muitas democracias maduras. Ou seja, os dados fazem sentido.

Tabela 2: Correlações entre as variáveis

	Índice de corrupção	Tamanho do distrito (em milhares)	Respeito à lei	Renda per capita (média 1995–2004, em milhares de US$)	Número de eleitores (em milhões)	Proíbe doação partido? (em %)	Proíbe doação candidato? (em %)	Participação eleições parlamento	Índice de democracia
Índice de corrupção	1								
Tamanho do distrito (em milhares)	−0,1131	1							
Respeito à lei	0,8259	−0,1171	1						
Renda per capita (média 1995–2004, em milhares de US$)	0,7088	−0,0536	0,8225	1					
Número de eleitores (em milhões)	−0,043	0,0807	0,0298	0,0021	1				
Proíbe doação partido? (em %)	0,1272	−0,0444	0,1724	0,0744	0,0099	1			
Proíbe doação candidato? (em %)	0,0661	−0,0374	0,1389	0,1201	0,0439	0,5703	1		
Participação eleições parlamento	0,0402	−0,0243	0,0461	0,0973	−0,0453	−0,124	−0,0354	1	
Índice de democracia	0,6479	−0,0964	0,8224	0,6619	0,1011	0,1725	0,143	0,0025	1

A Tabela 3 contém as estimativas dos parâmetros do modelo (1) para a amostra inteira e para algumas subamostras que excluem países pequenos. As variáveis estão em logaritmos naturais (exceto as variáveis dicotômicas de proibição de doações). As estimativas são, portanto, elasticidades.

Tabela 3: Corrupção e tamanho do distrito

	Amostra completa	Excluindo 25% menores	50% maiores	25% maiores
Tamanho do distrito	−0,013	−0,027	−0,041	−0,059
	(0,014)	(0,015)*	(0,017)**	(0,030)*
Império da lei (*rule of law*)	0,417	0,410	0,302	0,326
	(0,084)***	(0,089)***	(0,079)***	(0,074)***
Renda per capita	0,091	0,126	0,130	0,174
	(0,026)***	(0,019)***	(0,019)***	(0,029)***
Número de eleitores	-0,024	-0,027	-0,029	0,016
	(0,019)	(0,020)	(0,027)	(0,048)
Proíbe doação a partido?	0,042	0,043	0,080	-0,069
	(0,069)	(0,080)	(0,071)	(0,098)
Proíbe doação a candidato?	-0,037	-0,077	-0,059	0,104
	(0,059)	(0,070)	(0,064)	(0,107)
Participação eleições parlamento	0,082	0,039	0,126	0,254
	(0,071)	(0,053)	(0,079)	(0,175)
Índice de democracia	0,028	-0,034	0,052	-0,244
	(0,098)	(0,100)	(0,066)	(0,196)
R^2	0,77	0,84	0,86	0,89
N	134	101	67	34

* $p<0,1$; ** $p<0,05$; *** $p<0,01$.

Na primeira coluna consideramos a amostra toda. Há uma relação negativa entre tamanho do distrito e corrupção: em países onde o distrito eleitoral é maior, há mais corrupção.[10] Mas a relação não é estatisticamente significativa, e a magnitude é pequena. As outras variáveis ou não são estatisticamente significativas ou têm o sinal esperado: a corrupção é menor em países mais ricos e com maior respeito à lei. As variáveis, conjuntamente, explicam 77% da variação do índice de corrupção entre países.

---

[10] O Índice de Corrupção é construído de tal modo que um aumento no índice significa uma redução na corrupção.

A coluna 2 apresenta os resultados obtidos depois de excluir os países pequenos (25% menores da amostra, população maior do que 4 milhões de habitantes). O coeficiente aumenta sua magnitude e se torna marginalmente significativo (p-valor = 7%). O coeficiente segue pequeno. Sua interpretação quantitativa é a seguinte: 25% dos países têm distrito eleitoral menor do que 71 mil eleitores (o percentil 25% da distribuição de tamanho de distrito), e 75% menor do que 453 mil eleitores (o percentil 75% da distribuição de tamanho de distrito). O coeficiente estimado significa que o índice de corrupção é 5% maior em um país cujo distrito eleitoral é de 453 mil eleitores do que em um país cujo distrito eleitoral é de 71 mil eleitores.

Retirar os países pequenos da amostra faz sentido porque há economias de escala na representação parlamentar. Os distritos tendem a ser pequenos porque há um número mínimo de representantes. Logo, observações desses países não são muito informativas. De fato, a partir de 10 milhões de habitantes, já não há relação entre população e tamanho do distrito.

A coluna 3 apresenta os resultados obtidos usando apenas 50% dos países maiores (população maior do que 10 milhões de habitantes). O coeficiente aumenta ainda mais sua magnitude e se torna significativo estatisticamente apesar de a amostra ser pequena (p-valor = 2%). Agora, o índice de corrupção é 8% maior em um país cujo distrito eleitoral é 453 mil eleitores do que em um país cujo distrito eleitoral é 71 mil eleitores.

A coluna 4 apresenta os resultados obtidos usando apenas 25% dos países maiores (população maior do que 10 milhões de habitantes). O coeficiente novamente aumenta sua magnitude e ainda é marginalmente significativo estatisticamente apesar de a amostra ter apenas 33 países (p-valor = 6%). Agora, o índice de corrupção é 13% maior em um país cujo distrito eleitoral é de 453 mil eleitores do que em um país cujo distrito eleitoral é de 71 mil eleitores.

Discussão

A literatura sobre a relação entre magnitude de distritos eleitorais e corrupção apresenta resultados variados. Para alguns autores (Chang e Golden, por exemplo), o motivo é a não diferenciação entre o sistema de listas abertas e fechadas. O objetivo deste capítulo é testar uma proposição mais geral: a de que o tamanho do distrito aumenta a probabilidade de corrupção por conta dos custos de campanha.

A diferença está na forma como o tamanho do distrito é medida. Argumentamos que focar no número médio de eleitores captura melhor o grau de competição necessária para um candidato se eleger. A campanha do Brasil em 2014, por exemplo, teve custo declarado de R$ 5 bilhões, de acordo com as prestações de contas dos candidatos. Desse total, R$ 1,2 bilhão foi declarado por candidatos a deputado estadual e R$ 1 bilhão por candidatos a deputado federal.

A literatura aponta diferentes mecanismos que podem aumentar ou diminuir a presença de corrupção. Mas o debate está longe de ter chegado a um consenso. Persson et al. (2003) e Kunicova e Rose-Ackerman (2005) argumentam que o sistema de lista fechada (onde os partidos controlam a lista e a ordem de candidatos) gera mais corrupção. Para Persson e seus coautores, distritos maiores levariam a menos corrupção porque a barreira de entrada para candidatos seria menor e a competição entre eles levaria a menor corrupção. O argumento de Chang e Golden (2007) é justamente o oposto: a corrupção irá aumentar com o tamanho dos distritos em sistemas de lista aberta, exatamente o caso do Brasil.

Usando diversos métodos estatísticos, Treisman (2007) discorda de estudos que tentam conectar sistemas eleitorais e corrupção. De acordo com o autor, não existem informações suficientes nas bases de dados internacionais para uma comparação confiável. O autor diz que suas regressões e comparações não produziram resultados significativos. Para Treisman, o principal problema é que os argumentos dos estudos citados estão preocupados com a *accountability* dos políticos, mas os índices de percepção de corrupção focam muito mais na venalidade de servidores públicos e burocratas, sobre os quais, argumenta o autor, os legisladores têm pouco controle.

Os resultados de Treisman apontam que a percepção de corrupção, medida por índices comumente usados na literatura, é menor em países economicamente desenvolvidos, democracias liberais estabelecidas por muitos anos, com imprensa livre e consumida por grande parte da população, maior parcela de mulheres no governo e uma história de economia aberta ao comércio. Juntos, esses fatores explicam 90% da variação entre países. Porém, índices de exposição à corrupção, baseados em pesquisas com empresários e cidadãos nas quais se perguntou se foram alvo de pedidos de propina, estão correlacionados apenas com menor desenvolvimento econômico e possivelmente com dependência de exportação de combustíveis e regulações econômicas mais intrusivas.

Os resultados apresentados neste texto, somados aos apresentados por diferentes estudos, mostram que há várias possíveis causas para a corrupção. Por isso mesmo, a ideia de que regulamentar o lobby ou simplesmente proibir empresas de tentarem influenciar o poder público diminuirá a corrupção precisa ser debatida mais profundamente, como fazem outros autores deste volume. Qualquer discussão sobre doações eleitorais, por meio de lobby ou não, deve necessariamente passar por análises sobre regras eleitorais como as propostas neste trabalho.

Referências bibliográficas

Beck, T.; Clarke, G.; Groff, A.; Keefer, P.; Wash, P. "New Tools and New Tests in Comparative Political Economy: The Database of Political Institutions". *World Bank Economic Review*, v. 15, p. 165–176, 2001.

Carey, J. M.; Shugart, M. S. "Incentives to Cultivate a Personal Vote: A Rank Ordering of Electoral Formulas". *Electoral Studies*, v. 14, n. 4, p. 417–439, 1995.

Carrasco, V.; Mello, J. M. P. de. "Corrupção comparada: os dados da Transparência Internacional 2015 e do desempenho do Brasil". Insper, 2015. Disponível em: <https://www.insper.edu.br/noticias/corrupcao-comparada-os-dados-da-transparencia-internacional-2015-e-o-desempenho-do-brasil/>. Acesso em: 25 ago. 2017.

Chang, E. C. C.; Golden, M. "Electoral Systems: District Magnitude and Corruption". *British Journal of Political Science*, v. 37, n. 1, p. 115–137, 2007.

Ferraz, C.; Finan, F.; Moreira, D. B. "Corrupting Learning: Evidence from Missing Federal Education Funds in Brazil". UC Berkeley: Center for Effective Global Action, 2012. Disponível em: <http://escholarship.org/uc/item/82h2t5sf>.

Geddes, B. *Politician's Dilemma: Building State Capacity in Latin America*. Berkeley: University of California Press, 1994.

_____; Neto, A. R. "Institutional Sources of Corruption in Brazil". *Third World Quarterly*, v. 13, p. 641–661, 1992.

_____. "Institutional Sources of Corruption". In: Rosenn, K.; Downes, R. *Corruption and Political Reform in Brazil: The Impact of Collor's Impeachment*. Miami: North-South Center Press, 1999.

Gingerich, D. W. "Illicit Campaign Finance and the State in Latin America: Rethinking the Role of Electoral Rules". In: Encontro da Associação de Estudos Latino-Americanos. San Juan, Puerto Rico, 15–18 mar. 2006.

González-Fabre, R. "Las estructuras culturales de la corrupcion en Venezuela". In: Zañartu, M. *Eficiencia, corrupcion y crecimiento con equidad*. Bilbao: Universidad de Deusto, 1996.

Hooper, J. *The New Spaniards*. Londres: Penguin Books, 1995.

Horowitz, D. L. *Electoral Systems and Their Goals: A Primer for Decision-Makers*. Durnham: Duke University, 2003.

Klitgaard, R. *Controlling Corruption*. University of California Press, 1988. Disponível em: <http://www.jstor.org/stable/10.1525/j. cttlpnj3b>.

Kunicova, J.; Rose-Ackerman, S. "Electoral Rules and Constitutional Structures as Constraints on Corruption". *British Journal of Political Science*, v. 35, n. 4, p. 573–606, 2005.

Mauro, Paulo. "The Effects of Corruption on Growth, Investment, and Government Expenditure". IMF Working Paper n° 96/98, set. 1996. Disponível em: <http://papers.ssrn.com/sol3/papers.cfm?abstract_id=882994>. Acesso em: 30 ago. 2017.

Morris, S. D.; Blake, C. H. *Corruption & Politics in Latin America: National and Regional Dynamics*. Boulder: Lynne Rienner Publishers, 2010.

Nef, J. "Government Corruption in Latin America". In: Caiden, G.; Dwivedi, O. P.; Jabbra, J. (orgs.). *Where Corruption Lives*. Bloomfield, CT: Kumarian Press, 2001.

Nicolau, J. *Sistemas eleitorais*. Rio de Janeiro: Fundação Getulio Vargas, 1999.

Persson, T.; Tabellini, G.; Trebbi, F. "Electoral Rules and Corruption". *Journal of the European Economic Association*, v. 1, n. 4, p. 958–989, 2003.

Silveira, B. S. da; Mello, J. M. P. de. "Campaign Advertising and Election Outcomes: Quasi-natural Experiment Evidence from Gubernatorial Elections in Brazil". *The Review of Economic Studies*, v. 78, n. 2, p. 590–612, 1° abr. 2011. Disponível em: <https://doi.org/10.1093/restud/rdq012>.

Skidmore, T. E. *Uma história do Brasil*. Rio de Janeiro: Paz e Terra, 1998.

Treisman, D. "What Have We Learned About the Causes of Corruption from Ten Years of Cross-National Empirical Research?" *Annual Review of Political Science*, v. 10, p. 211–244, 2007.

Wallis, J. J. "The Concept of Systematic Corruption in American History". In: Glaeser, E. L.; Goldin, C. *Corruption and Reform: Lessons from America's Economic History*. Chicago: University of Chicago Press, 2006.

Weyland, K. G. "The Politics of Corruption in Latin America". *Journal of Democracy*, v. 9, n. 2, p. 108–121, 1998. The Johns Hopkins University Press, 1998. Disponível na database do Project MUSE. Acesso em: 8 jul. 2017.

6. Relações governamentais: significado, funcionamento e problemas da democracia no Brasil

*Carlos Melo**

Introdução

Como tem sido em quase todo o mundo, também no Brasil a política tem má fama; a atividade é malvista pela maioria dos cidadãos, entendida como "coisa de malandros" e sistematicamente relegada a considerações de segunda ordem. A maioria das pessoas não consegue perceber o quanto ela faz parte e influencia a sociedade; não reconhece seu cotidiano e seus destinos atrelados a ela. A diferença em relação a outros países é, talvez, o fato de esse sentimento ser antigo, ancestral, estrutural mesmo, e não se vincular apenas ao momento de baixa histórica mundial.

Todavia — e isso parece mesmo contraditório —, grande parte dessas pessoas que desprezam a atividade política supervalorizam o papel do Estado — dizem "o governo" — no dia a dia, na órbita de suas vidas. O Estado no Brasil, para o bem e para o mal, tem um papel relevante, fundamental: controla pelo menos 40% da riqueza nacional; interfere, estimula e atrapalha o desenvolvimento. Retira recursos da sociedade, inibe a criatividade e o investimento. Mas também abriga contingentes enormes de pessoas desassistidas de condições mínimas de saúde, segurança ou educação.

* Cientista político e professor do Insper.

Fornece esses serviços, mas, na maioria das vezes, não o faz com a qualidade, transparência e eficiência necessárias.

As empresas brasileiras não estão fora dessa realidade: percebem cotidianamente a presença do Estado — taxando, incentivando, induzindo, atrapalhando — como um obstáculo burocrático, um entrave ao desenvolvimento, uma barreira ao ganho e ao lucro. Mas também o enxergam como fonte de recursos e oportunidade de negócios; algumas como uma espécie de "pote de ouro no alto da montanha".

O Estado tem essa importância e essa ambiguidade, mas nem por isso as pessoas e as empresas demonstram se importar com a dinâmica do processo: a política. Seu funcionamento, suas características, seus problemas e a possibilidade de, compreendendo-os, solucionar todos os entraves e disfuncionalidades mais evidentes.

Este texto busca o esclarecimento; propõe-se compreender o funcionamento da política brasileira e explicá-la. Contribuir para reduzir o grande desconhecimento e enorme estranhamento que há entre dois mundos: o do Estado e o das empresas. Estas não sabem ao certo como se dá a lógica e o funcionamento do Estado; desconhecem as características do sistema político que o dirige e nem mesmo têm consciência da qualidade (ou precariedade) da democracia nacional.

Enfim, o objetivo é dar a conhecer a dinâmica e o funcionamento da política no Brasil, demonstrando características mais gerais, problemas estruturais e limites históricos, de modo a diminuir preconceitos. Não porque se aceitou candidamente o balanço e a turbulência dessas águas, mas também porque se quer saber navegar nesses mares. E é imperativo que o barco funcione.

Uma relação de confusão e estranhamentos

Antes de tudo, é necessário "limpar a área" para questões que agem menos no âmbito do conhecimento — ou desconhecimento — do que no campo da confusão e do preconceito. A primeira missão para quem pretende discutir política no Brasil é buscar o esclarecimento a propósito de seu funcionamento. É necessário analisar aspectos imemoriais de uma secular relação de estranhamento entre os setores público e privado, no Brasil, que têm como o subproduto o patrimonialismo, o clientelismo e o corporativismo, que não estão especialmente nem em um campo nem no outro, mas em ambos e na mesma medida.

Vícios que prejudicam o funcionamento da ação tanto das empresas como do Estado e que causam o mau entendimento da ideia de democracia, entre nós. Questões que residem no desconhecimento de muitos profissionais de relações governamentais, que nascem de aspectos sociológicos e condições mais propriamente políticas do que meramente formais.

Por conta disto, neste artigo, mais vale compreender o funcionamento e os problemas do sistema político do que reproduzir espécies de "manuais básicos" cuja função é descrever e detalhar coisas do tipo: "o Estado brasileiro está organizado em três poderes...", ou "a quantidade atual de partidos", ou ainda "o quórum necessário ou a tramitação para votações no Congresso Nacional".

Isto, o leitor mais esclarecido dispensaria — até abominaria, ao mesmo passo que leitores em estágios elementares de formação poderiam perfeitamente buscar em centenas de sites da internet, nos regimentos internos da Câmara e do Senado; em cartilhas de formação política básica à disposição de iniciantes. Tampouco parece ser este o caso de "ensinar" quem quer que seja a "construir análises de conjuntura"; isto não se ensina, aprende-se apenas com o tempo — no transcorrer de anos —, com observação, paciência, disciplina e vivência.

As questões aqui presentes serão de outra natureza: o conhecimento e o esclarecimento do funcionamento de aspectos fundamentais da política nacional.

Política, lobby, patrimonialismo e corporativismo

Antes de tudo, parece razoável afirmar que, no Brasil, os termos "sociedade", "política", "Estado" e "governo" se confundem. Correndo o risco de definições muito básicas e elementares — esquemáticas —, mostra-se necessário definir as diferenças. A "sociedade" consiste num agregado de indivíduos que ocupam determinado espaço geográfico, interagem compartilhando valores, crenças e normas — pode ou não se confundir com "nação". O "Estado", por sua vez, é o pacto dessa sociedade: a forma de sua organização, suas leis, seus recursos reunidos para o bem coletivo, a força e a busca de uma ordem que dê sentido ao seu funcionamento.

Já o governo, grosso modo, é a administração do Estado; um grupo de pessoas que terá a responsabilidade de conduzir o Estado com vistas ao bem-estar da sociedade. A política é a dinâmica pela qual surgem os conflitos, as diferenças de pontos de vista quanto ao encaminhamento do Estado e à melhor forma de fornecer o bem-estar a todos. Mas é também por ela que se negociam esses conflitos e se constroem ou se estabelecem consensos por meio de uma relação de forças chamada políticas públicas.

Esta separação, por esquemática que pareça, não está clara para os cidadãos brasileiros e para uma considerável quantidade de empresas do país. Ainda é muito comum que não se consiga distinguir governos de Estado; fazendo crer que os governos sejam mesmo o Estado. Isto, inadvertidamente ou não, dá desmedido poder aos governos. O fato de que comumente surjam notícias a respeito da confusão entre "público" e "privado" não está, portanto, *apenas* nos deslizes éticos ou na visão pouco republicana de governantes e partidos. Essa confusão surge também na própria sociedade.

A história da política no Brasil reside nessa confusão: a percepção e expectativa da ausência de limites claros entre "governos" e "Estado" — o que ocorre na União e em todos os níveis da federação (27 estados e 5.561 municípios). O patrimonialismo, no Brasil, é uma prática e mesmo uma lógica herdada dos portugueses que colonizaram o país e que condicionam uma forma de pensar; estava na corte, mas estava também no coração do povo.

Ora, como seria de imaginar, esse sentimento também abraçaria o que com o tempo veio a ser conhecido como a atividade de lobby, no Brasil. O senso comum, então, reconhece essa atividade como esteio de relações pouco transparentes, capazes de confundir interesses públicos e privados — na verdade, substituindo os primeiros pelos segundos; submetendo o Estado a interesses particularistas.

Assim, por mais corretos e transparentes que sejam em suas relações governamentais, os profissionais da área e a prática do lobbying no Brasil pagam um alto preço reputacional; em grande medida, pelos inúmeros casos que revelam promiscuidade dessas transações ao longo da história do Brasil, mas também como produto do preconceito e de uma visão bastante condicionada pelas sombras dessa mesma história e da cultura.

Confusão democrática

A democracia, como veremos mais adiante, é uma relativa novidade na vida política do país. Sendo assim, é natural que se lhe depreenda falsos sentidos, apropriações incorretas de sua natureza divorciadas da realidade vivida e do significado genuíno de seu conceito que sociedades realmente democráticas não comportam. Há um sentimento que em tudo que há no país vê "direitos" ao mesmo passo que se nega a enxergar "deveres" e obrigações naturais de uma vida em sociedade.

Quase que exclusivamente restritos às elites e a grupos específicos de poder — com grande capacidade de mobilização de recursos e opinião —, esses "direitos" se tornam "privilégios" na escassez e na carência de um país pouco desenvolvido e desigual. Uma sociedade de privilégios é certamente o oposto de uma sociedade democrática, onde a igualdade se processa no "universalismo de procedimentos" por parte do Estado; na igualdade de todos os indivíduos perante a lei. Todavia, a defesa de particularismos, como se fosse isto algo plenamente natural da democracia, faz com que se conforme no Brasil uma grande confusão: a sua "confusão democrática".

Sérgio Buarque de Holanda, que figura entre os maiores nomes da intelectualidade nacional, já em 1936 afirmava em seu clássico *Raízes do Brasil* que "a democracia no Brasil sempre foi um lamentável mal-entendido" (Holanda, 1993). Esta frase se vinculava ao patrimonialismo ancestral na cultura política brasileira, na substituição de uma burocracia impessoal, insulada e profissional, pelo "burocrata patrimonial", capaz de confundir os bens públicos como patrimônio privado; capaz de dispor desses bens em benefício de suas relações pessoais ou em favorecimento de grupos privados. Nos termos de Sérgio Buarque, grupos "de interesses particularistas" que submetem o Estado.

Um dos maiores problemas da democracia brasileira reside na incapacidade de se consolidar um regime baseado no "universalismo de procedimentos", onde todos os cidadãos se submetem, igualmente, sem distinção, ao império da lei em que direitos e deveres são notadamente os mesmos, independentemente das origens ou de quaisquer características do indivíduo. O mesmo Sérgio Buarque apontava um elemento característico da psicologia do colonizador ibérico que implicava um deletério culto à personalidade — o "personalismo" —, que faz com que o indivíduo se acredite superior aos demais.

Nessa lógica, as regras, as normas e as leis se destinariam, antes, "aos outros", jamais ao próprio indivíduo, personalista; torna-se uma determinante psicológica geral, que se constitui mesmo num traço cultural. É dessa concepção personalista "que resulta largamente a singular tibieza das formas de organização, de todas as associações que impliquem solidariedade e ordenação desses povos [ibéricos]. Em terra onde todos são barões não é possível acordo coletivo durável, a não ser por uma força externa e temida" (Holanda, 1993). Que, impliquem, melhor dizendo, a igualdade de todos perante a lei.

Esse sentimento de superioridade, desde sempre presente na sociedade colonial brasileira, patriarcal, rapidamente se alastra e assume essa dinâmica coletiva. Agora não é mais o indivíduo, no singular, que carrega esta postura, mas seu grupo social, de identidade primária, local ou categoria profissional que passa a crer piamente que as regras servem para os "outros", não para si; que a lei sempre há de ser adaptada ao seu interesse. Grupos que, por convicção íntima, se consideram superiores aos demais, incapazes de se submeter às leis e mais: crentes de que podem não apenas subvertê-las como também criá-las à imagem e semelhança de seus interesses, sob encomenda.

Isto, é claro, se transferirá para uma grande parte das empresas nacionais[1] — que não aceitam se submeter às leis —, e a grupos e setores empresariais que se aproximarão de agentes públicos motivados antes pelo sentimento da superioridade e da distinção do que pela igualdade de direitos e deveres, acreditando piamente que, de fato, são distintos. Mais ainda, acreditam que são merecedores de toda esta distinção; sendo a defesa desse seu "direito" — interessante notar como a palavra "interesse" é substituída por "direito" — uma questão de "democracia". Regime que, nesta concepção, não define igualdade, mas, sobretudo, a garantia dos particularismos de grupos que rapidamente se transformam em privilégios, se alastram e contaminam parte das relações entre público e privado. E, assim, se atiram às sinecuras do Estado, submetendo-o.

Em virtude disto, o entendimento da tarefa dos profissionais do conhecido lobby assumiu no país um sentido muito diverso do que a realidade e

---

[1] Grande parte das empresas estrangeiras, em princípio, estranha esse padrão mental, mas rapidamente tende a se adaptar, adotando as mesmas métricas de "direito" e relacionamento com o setor público.

o dia a dia da atividade, na verdade, significam. Os termos "lobista" e "patrimonialista", em virtude dessa interpretação, infelizmente não demoram a se confundir. Desenvolve-se, por conta disto, um até certo ponto justificado preconceito em relação ao que o Brasil compreende por lobby: a defesa de interesses particulares, sim, porém legítimos — como deveria ser o caso —, assume, no país, conotação pejorativa.

Ora, é preciso que se diga que defender interesses é legítimo e que isto não depõe contra qualquer indivíduo ou organização empresarial individual ou de representação. Há na própria Constituição Federal o "direito de petição", o direito de invocar atenção dos poderes públicos. Desde que o interesse seja legal e não confronte o interesse nem a moralidade públicos, não haveria por que ignorá-lo ou omitir sua existência.

Nos últimos anos, com a eclosão de grandes escândalos envolvendo uma significativa quantidade de empresas de grandíssimo porte — cujas relações com o Estado são não somente tradicionais como em certa medida obscuras —, essa confusão se tornou ainda maior, fazendo com que o conjunto de empresas e profissionais de relações governamentais arque com os custos dos desvios de algumas partes: a desconfiança e o preconceito se alastraram; basta abrir os jornais desta quadra da história brasileira para ler entre matérias a respeito de processos, delações e prisões de corruptos, que tal e qual "lobista" estaria envolvido com a trapaça, com o crime. "Fulano de tal, lobista, foi preso", informam diariamente os jornais.

A realidade precisa ser transformada e a confusão, urgentemente, desfeita. Todavia, ela não é única. Também por parte das empresas — na maioria, empresas sérias e que nada têm a esconder — há confusão e preconceito.

Infelizmente, com alguma dose de razão, é voz corrente no país que seu setor público é ineficiente, carregado de privilégios, má-fé e incompetência. Malgrado certa profusão de casos que confirmem esse sentimento, há, no todo, muita injustiça nessa visão. A atuação do Estado no Brasil tem em muitas áreas não apenas um papel fundamental — dadas as carências do país — como também retrata a existência de setores e profissionais sérios, honestos, honrados e comprometidos; e, sim, eficientes. Há, em várias áreas, corpos burocráticos qualificados, modernos e transparentes que em nada podem ser confundidos com contextos específicos de corrupção e ineficiência, ou mesmo com a tradição brasileira de patrimonialismo e clientelismo.

Contudo, não apenas estes parecem ser os problemas dessa relação de estranhamento mútuo — entre Estado e empresas — que se encontra no Brasil. Há condições mais gerais que também merecem atenção, há confusões de outros tipos, que estão ligadas não apenas ao entendimento do significado, mas ao próprio funcionamento da democracia e do sistema político no Brasil.

Se, como se viu acima, há uma incompreensão do que vem a ser a democracia — um regime de qualidade, não apenas de maioria; um regime também de deveres, não apenas de direitos, menos ainda de privilégios —, e tampouco há reconhecimento a respeito da juventude e da fragilidade em que este regime se encontra no país. Entender seu estágio assim como seu funcionamento parece ser tão importante para os profissionais de relações governamentais quanto afastar os equívocos de seu entendimento. Este será o objetivo das próximas seções deste artigo.

A jovem democracia brasileira

O regime democrático é uma relativa novidade no mundo — excetuado o período ateniense e da República Romana, e salvo pequenas exceções entre os nórdicos, ele praticamente desapareceu ao longo dos séculos até que ressurgisse com força a partir de 1776, com a experiência da Independência dos Estados Unidos, retomada pelos franceses a partir de sua revolução em 1789.

No Brasil, a experiência democrática é ainda muito mais recente e nem se pode dizer que já se trata de uma prática consolidada. A história do país demonstra que este é um regime ainda em teste, com oscilações e turbulências amiúde. É um regime jovem e relativamente frágil.

Pedagogicamente, para compreender a fragilidade dessa juventude, é necessário retomar de maneira sintética o processo histórico de formação do Brasil. O território que viria a ser o país foi descoberto pelos portugueses em 22 de abril de 1500. Logo, sua existência para o mundo ocidental e conhecido soma 517 anos; pouco mais que cinco séculos. Comparado com a Europa, por exemplo, isto é quase nada. Ainda assim, esta condição não o difere de quase todo o continente americano, de norte a sul.

Destes 517 anos de história, 308 podem ser contabilizados à realidade da colônia escravagista — o primeiro navio negreiro chegou por aqui em torno de 1530. Pensando a democracia em termos da participação e da autonomia de seus indivíduos, uma colônia não poderá de modo algum ser classificada nessa categoria. Menos ainda se pensarmos em igualdade, um regime escravocrata poderá ser compreendido pelas lentes democráticas.

A condição política de colônia somente se desfaz em 1808, quando a corte portuguesa, fugindo ao bloqueio continental imposto por Napoleão Bonaparte, vem aportar no Rio de Janeiro, e o Brasil é decretado como parte do Reino Unido de Portugal, Brasil e Algarves. Havia relativa autonomia política, ainda assim com a permanente ameaça de sua revogação.

Vencido Bonaparte pelos ingleses, superado o bloqueio e em virtude de conflitos em Portugal, o rei D. João VI volta à Europa, deixando por aqui seu filho como regente — não por muito tempo, pois divergências com Portugal farão com que o príncipe Pedro de Alcântara declare a independência do país, sendo aclamado Pedro I, imperador do Brasil.

De modo que, dos 517 anos de sua história, o Brasil é uma nação independente há apenas 195. Somente em 1824 o país teve sua primeira Constituição, ainda assim outorgada pelo imperador, D. Pedro I. Para simples efeito de comparação, lembre-se de que os norte-americanos conquistaram sua independência em 1776, com a automática definição do regime republicano.

Em 1831, tendo em vista retomar o trono português, Pedro I abdica ao reino do Brasil em favor de seu filho de apenas 5 anos de idade. Segue-se um período de regências definidas pelo parlamento — basicamente formado por grandes proprietários agrários —, até que a emancipação do novo imperador seja decretada em 1840 e o agora Pedro II assuma efetivamente o trono aos 14 anos. Ao longo desse período, a unidade territorial do país é mantida a partir da força armada da Guarda Nacional, que reprime diversas revoltas e tentativas de separação.

O país e o império se consolidam ao longo do século XIX, o governo é centralizado e as províncias — os estados, como os conhecemos hoje — têm quase nenhuma autonomia; o regime escravocrata se mantém. Apenas em 1888 ele será abolido, o que também marcará a queda do Império; no ano seguinte, 1889, o imperador D. Pedro II será deposto por setores militares que proclamarão a República. Uma nova Constituição será escrita (a segunda do país).

De modo que — ainda como base para comparação — o fim da escravidão e a república no Brasil serão definidos somente 113 anos após os norte-americanos, sendo o Brasil o último país das Américas a abolir a escravidão. Voltando àquela conta básica: dos 517 anos de história, por 388 o Brasil foi ou uma colônia ou um império escravagista. Portanto, somente há apenas 129 anos temos a igualdade ainda que meramente formal entre os seres humanos. O número é cruel: três quartos de nossa história são uma história de escravidão e poder monárquico. Como, com isto, se poderia falar em democracia?

Com a instituição da chamada Primeira República, no entanto, as condições democráticas melhoraram significativamente. Os negros não foram incorporados à sociedade do trabalho; muitos se tornaram uma espécie de párias vagando em torno das cidades que se formavam. Não houve inclusão nem reconhecimento objetivo dos direitos. A herança rural, da sociedade patriarcal, desigual e escravocrata se fez sentir — como se faz em grande medida até hoje.

O primeiro presidente civil do Brasil foi José Prudente de Morais Barros (1894–98). A partir de seu sucessor, estabelece-se o que no país ficou conhecido como a "política do café com leite", em que, basicamente, as oligarquias agrárias dos dois maiores estados, São Paulo (produtor de café) e Minas Gerais (produtor de leite), se sucediam no controle do Estado. Embora os governantes fossem efetivamente eleitos, a imensa maioria da população estava apartada do processo; algo em torno de apenas 5% da população votava e ainda assim sob controle de "coronéis" (lideranças civis) regionais, com o chamado "voto de cabresto".

A oligarquia tão restrita a poderes regionais despertou muito descontentamento dos vários estados da federação, mas só foi efetivamente derrubada a partir de um processo revolucionário, em 1930, comandado por Getúlio Vargas. Sua disposição será transformar as bases da sociedade e da política brasileiras a partir da ação de um governo forte, com uma proposta de profunda modernização do país.

Mais uma vez, voltando à equação político-matemática básica da história do país, dos 517 anos de sua existência, o Brasil conviveu por 417 anos ou com regimes colonial e monárquico escravagistas, ou com uma república oligárquica incapaz de promover a democracia. A escravidão, mesmo abolida 42 anos antes da proclamação da República Nova (1930), nem assim foi totalmente superada.

Todavia, à parte a esperança que sobreveio a partir da *revolução getulista*, nem assim a democracia se estabeleceu. Foram inúmeros os conflitos. O primeiro deles se deu pela revolta dos paulistas, que haviam perdido poder com a queda da república oligárquica e exigiam uma nova Constituição e o fim do governo provisório de Vargas. O país pegou em armas.

Derrotados os paulistas, mesmo assim se estabeleceu uma nova Constituição, em 1934 (a terceira da história do país), com a definição de que uma nova eleição (direta e democrática) ocorreria dali a quatro anos, em 1938. Evidentemente, isto não ocorreu: em 1937, por um gesto de força, Vargas liderou um golpe político que define a centralização administrativa, o ainda maior enfraquecimento dos estados e o fechamento político. Com a proclamação do chamado "Estado Novo", uma nova Constituição é aprovada (a quarta) e uma ditadura de verdade irá se estabelecer.

Cabe aqui um parêntese sobre o regime varguista: é também verdade que Getúlio, malgrado sua inegável condição de ditador, tentou estabelecer — até pela capacidade de *enforcement* que um regime autoritário propicia — alguma eficiência de gestão e racionalidade administrativa até então ausentes no Brasil; criou o Departamento Administrativo do Serviço Público (DASP).

Diretamente subordinado ao presidente, o DASP pretendia separar o serviço público da dinâmica e da irracionalidade políticas; primando pela busca da igualdade, diante da lei, entre os cidadãos, o "universalismo de procedimentos", sendo condição para isto a constituição de um corpo técnico impessoal, uma "burocracia insulada" — ambos, "universalismo" e "insulamento", o oposto do "corporativismo" e do "clientelismo" tradicionais no Brasil (Nunes, 1997). Claro que, ao final do processo, os vícios desta empreitada foram maiores do que as virtudes e o regime democrático de igualdade perante a lei e de impessoalidade não se estabeleceu.

Fecham-se os parênteses.

Nos anos 1940, o mundo vive a experiência de mais uma guerra mundial (a Segunda, 1939–45), e, embora o regime varguista fosse abertamente simpático às potências do eixo (Alemanha, Itália e Japão), por uma série de circunstâncias, o Brasil se junta aos Aliados e declara guerra aos regimes totalitários da Europa, enviando tropas àquele continente.

Evidentemente, um país que manda soldados à guerra em nome da democracia não pode conviver em âmbito doméstico com uma ditadura. Em 1945, militares derrubam Getúlio Vargas, convocam-se eleições presidenciais e uma nova Constituinte. Em 1946, o país terá um novo governo e outra Constituição (a quinta).

Vários pensadores da política do Brasil incluem o período que se inicia aqui como primeiro momento da democracia no Brasil — que se somará ao atual, iniciado em 1985. Trata-se de uma afirmação, no mínimo, controversa: como veremos, a quadra da história nacional que se estenderá até 1964 é bastante polêmica, cheia de turbulência e tentativas de golpes — até que o golpe militar de 1964 seja efetivamente concretizado.

Vamos ao processo: as urnas de 1945 dão vitória a um militar, o marechal Eurico Gaspar Dutra, que havia sido ministro da Guerra do ditador Vargas; não apenas não se trata de um civil, como foi Dutra um dos líderes que depuseram Vargas. Ainda assim, o marechal-presidente governa (colocando na ilegalidade os partidos comunistas) e conclui seu mandato.

Em 1950, o país passará novamente por um processo eleitoral amplo e aberto — o segundo, apenas, excetuando o período da República oligárquica que, como se viu, carecia de participação e representatividade. Ironicamente, será eleito o chamado "ditador" do período anterior, caído em desgraça e enviado ao ostracismo menos de cinco anos antes: Getúlio Vargas volta ao poder, agora democraticamente eleito e amparado por representativa coligação de partidos.

Num regime democrático mais aberto, com ampla participação eleitoral, será a primeira vez na história do país que um presidente eleito receberá a faixa presidencial de outro presidente igualmente eleito. Vargas, no entanto, não conclui seu mandato: emparedado por uma profunda crise política, o presidente comete suicídio na manhã de 24 de agosto de 1954. O gesto paralisa a oposição e impede que um golpe civil-militar seja executado.

Com o país ainda envolvo no drama da morte de Vargas, em 1955 elege-se em pleito direto, amplo e democrático o governador de Minas Gerais, o médico Juscelino Kubitschek de Oliveira, assumindo no ano seguinte. JK, como era chamado, no entanto, somente assume o cargo e o governo até o fim de seu mandato em virtude da força e da intervenção legalista de seu ministro da Guerra, o então general Henrique Teixeira Lott, futuro marechal.

Ainda assim, JK conclui seu mandato e, pela segunda vez na história do país, transmite o cargo ao ex-governador paulista, Jânio da Silva Quadros (1961), igualmente eleito num processo amplo e democrático. Todavia, com ganas de fechar o Congresso Nacional e forçar que o país passivamente aceite sua condução política, em agosto do mesmo ano (1961) Jânio renuncia à presidência da República.

O gesto cria grande confusão — havia enormes restrições civis e militares ao vice-presidente, João Goulart (Jango), que somente assumiu o cargo mediante um acordo que lhe retiraria poderes e estabeleceria o parlamentarismo no Brasil. O sistema tem vida curta; em 1963, um plebiscito revoga o acerto de circunstância e restabelece o poder a Jango.

As condições políticas no país se agravam; há muita agitação, greves, inflação; denúncias de corrupção. A direita teme um golpe da esquerda; a esquerda, igualmente, espera um golpe da direita. Os militares entram em campo, e o ensaio de processo democrático que se iniciara em 1946 chega ao final triste e melancólico. Um novo regime autoritário, desta vez militar, se estabelecerá no país a partir de abril de 1964 e permanecerá por longos 21 anos.

A primeira fase do regime implantou uma série de mudanças, e entre elas não se furtou de apresentar ao país uma nova Constituição (a sexta), que ao longo de tempo receberia uma série de Atos Institucionais que endureceriam ainda mais o regime. À parte isto, até o final da primeira metade da década de 1970, a experiência militar foi *economicamente* exitosa: o país cresceu em níveis extraordinários para sua história. Mas, independentemente disto, concentrou renda.

Em paralelo, a ditadura prendeu, assassinou e expulsou seus opositores do país; seu lema foi "Brasil, ame-o ou deixe-o"; o regime perdeu racionalidade e, em que pese ter literalmente destruído a oposição, começou a fracionar-se por dentro, com conflitos internos que poderiam aprofundar o terror. Somente na segunda metade dos anos 1970 teve início um processo de abertura lenta e gradual, considerada segura pela ótica dos militares.

Após seu ocaso econômico e intensa mobilização popular — a extraordinária campanha das Diretas Já, em 1984 —, o regime militar chega ao final em março de 1985, com a eleição *indireta* do governador de Minas Gerais, Tancredo Neves. O país se prepara para a democracia; Tancredo promete convocar uma nova Assembleia Nacional Constituinte e consolidar um regime de liberdade e igualdade no país.

Voltando à conta básica: dos 517 anos de sua existência, o Brasil viveu 485 deles sob regimes colonial ou monárquico escravagista, sob uma república oligárquica, sob uma ditadura fascista, sob um breve interregno de uma democracia que nunca conseguiu se consolidar ou sob um regime autoritário militar-civil tão cruel quanto a ditadura anterior.

Para muitos analistas brasileiros, a democracia no Brasil começa, portanto, em 1985, e em 2017 estaria completando meros 32 anos de vida. Ainda assim, não parece tão simples. O período — também este — precisa ser relativizado.

Tancredo Neves, à véspera de sua posse como presidente da República, adoece gravemente, o que o levará à morte um mês e sete dias mais tarde. Refém de um destino irônico, assume em seu lugar o vice, José Sarney — um político do Nordeste do Brasil que havia sido parlamentar, governador e mais tarde presidente do partido que dera sustentação ao regime militar (Arena/PDS).

Claro que José Sarney será um governante fraco, carente de legitimidade política, frequentemente questionado e dependente de figuras mais vistosas e representativas daquilo que, de verdade, foi a oposição ao regime militar. Ainda assim, cumprindo a promessa de Tancredo, o novo presidente convoca a Constituinte que, em 1988, promulgará uma nova Constituição — a sétima da história do país.

Sarney teve um importante papel na transição do regime autoritário para a democracia que se implantou no país nos anos seguintes; a nova Constituição — considerada "a Constituição cidadã" —, a tolerância política, a abertura para a legalização dos partidos comunistas e o temperamento sereno do presidente ainda serão reconhecidos pela história.

Ainda assim, o governo de José Sarney foi no mais um governo tortuoso: envolvido numa terrível crise econômica — que, ao final, viu março de 1990 apontar inacreditáveis 84,23% de inflação (sim, no mês!), chegando a estratosféricos 4.853% no ano (março a maio) (Safatle, 2017) — e em diversas denúncias de corrupção, não reuniu condições para sequer apresentar um candidato à sucessão do presidente.

Em 1989, chegaram ao segundo turno da primeira eleição direta, após o regime militar, os dois maiores antagonistas de Sarney: Fernando Collor de Mello (PRN) e Luiz Inácio Lula da Silva (PT). O clima foi de festa democrática, sim, mas também de muita divisão de forças políticas e apelos ideológicos de lado a lado.

Nessa disputa acirradíssima, Fernando Collor foi o vitorioso. O presidente, porém, teria contra si o fato de pertencer a um minúsculo partido com quase nenhuma importância no Congresso Nacional, o que lhe deixou vulnerável desde logo. Além disso, o estilo impetuoso do jovem presidente o estigmatizou e atraiu contra si sindicatos, empresários, artistas e, mais tarde, toda a mídia do país.

Não tardou, uma série de denúncias de corrupção vinculadas ao financiamento de sua campanha eleitoral bem como a apropriação de recursos do Estado levaram Collor ao isolamento popular e à desgraça política, vendo-se o presidente obrigado a renunciar na undécima hora de um processo de impeachment que lhe cassaria o mandato e lhe retiraria os direitos políticos por oito anos.

A estabilidade democrática demorava a se consolidar. Seria apenas o primeiro impeachment do Brasil no curto período que vai de 1992 a 2016.

Depois de um período de importantes ajustes econômicos durante o governo Itamar Franco (PMDB) — o vice de Fernando Collor que assumiu a presidência após sua queda —, Fernando Henrique Cardoso (PSDB), ministro da Fazenda de Itamar, vence a eleição presidencial de 1994 e torna-se o responsável por um período de importantes e profundas transformações econômicas, tecnológicas, sociais e políticas no Brasil.

Mas tal projeto de FHC só foi possível porque o presidente e seu grupo souberam expressar a continuidade do poder. O poder sempre requer mais poder, e, dadas as características do sistema político no país, seria importante expressar à maioria do Congresso Nacional que Fernando Henrique e seu grupo teriam um período de continuado poder.

Em virtude disto, em 1996, o legislativo do Brasil aprovou o instituto da reeleição para os cargos majoritários — presidente, governadores e prefeitos —, a qual, do ponto de vista formal, não deveria caber aos mandatários eleitos anteriormente por outras regras. Foi um evidente casuísmo que FHC e todos os governadores pudessem se beneficiar da mudança — mas, ao que parece, visto em perspectiva, aquela era uma importante condição para o avanço do processo econômico que, ao seu modo, poderia comprometer o próprio processo político. Não por coincidência, Fernando Henrique Cardoso foi reeleito em 1998.

Finda a "Era FHC", como foi batizado pela mídia o período, o país experimentou de fato alternância de poder. Após ter sido derrotado em três eleições consecutivas — 1989, 1994 e 1998 —, Luiz Inácio Lula da Silva foi eleito presidente do Brasil, sucedendo a FHC. Novamente, desde Jânio–Juscelino, um presidente eleito receberia a faixa presidencial de outro presidente igualmente eleito por um processo eleitoral amplo, livre e democrático.

O processo de transformações no Brasil não foi interrompido por Lula, o que de certo modo causou surpresa a seus críticos. O governo do temido Partido dos Trabalhadores (PT) deu, pragmaticamente, continuidade ao processo de estabilização da economia iniciado por Itamar e levado a termo por Fernando Henrique. Mais: em vista da estabilidade econômica e dos bons ventos da economia internacional, Lula pôde ampliar a ação de seu governo incluindo milhões de pessoas à economia.

Ainda assim, já em meados do primeiro mandato, percebia-se que Lula claudicava na política, no trato com o Congresso Nacional. Não conquistando maioria no Legislativo, o governo do PT foi acusado de "comprar parlamentares mediante o pagamento de uma mesada oriunda do desvio de recursos públicos". A isto se deu o nome de "mensalão".

Ora, se o mensalão de fato aconteceu — e a Justiça, a partir da suprema corte brasileira, o Supremo Tribunal Federal (STF), entendeu que sim, condenando os principais envolvidos —, o mandato do próprio presidente deveria ser questionado e um processo de impeachment não poderia ser descartado. Contudo, se acima foi-se condescendente com a reeleição de FHC, por questão de camaradagem estenda-se a mesma condescendência a Lula. Em 2006, Lula foi reeleito.

Será a primeira vez na história do país — em um processo democrático não oligárquico, realmente amplo e participativo — que a nação assistirá à continuidade de quatro mandatos, sem interrupção por suicídio, renúncia, golpes ou impeachment. Um avanço que o país conheceu somente em 2006, há pouco mais de dez anos.

Em que pese o aparecimento de problemas que comprometerão a história do governo do PT, em 2010 Lula elege sua sucessora, Dilma Rousseff. Não se trata apenas do ineditismo de uma quinta eleição e de um quinto mandato sem interrupção, mas do fantástico feito para a história nacional de que, em 2010, Lula foi o primeiro presidente da República — excetuado o período oligárquico de 1889 a 1930 — que recebeu a faixa de um presidente eleito e a repassou a outro presidente igualmente eleito por um processo democrático amplo, livre e participativo.

Isto se deu apenas em 2010, há cerca de sete anos, idade da primeira infância. Dilma se reelege em 2014, mas, infelizmente, o próximo presidente da República a ser eleito em 2018 não receberá a faixa presidencial de um antecessor igualmente eleito e titular. Como se sabe, em 2016, um processo de impeachment — o segundo em menos de 25 anos — cassou o mandato da presidente, envolvida numa série de denúncias que precisarão ser mais bem compreendidas.

Governabilidade e presidencialismo de coalizão

Seja no sistema presidencialista ou sob o regime parlamentarista — ainda mais o parlamentarista —, em qualquer país do mundo democrático, os poderes Executivo e Legislativo precisam se compor. Sem maioria no Congresso, o chefe de governo (ou de Estado) correrá riscos; estará condenado à inação, à paralisia e, assim, ao fracasso. A relação é inevitável e até mesmo salutar, quando se pensa num sistema de controle mútuo, de freios e contrapesos.

A composição dos governos com forças do parlamento é, portanto, do jogo político democrático. Em sistemas multipartidários mais ainda isto tende a ocorrer, uma vez que dificilmente o partido do presidente da República conseguirá eleger maioria de deputados e/ou senadores. Em vários casos é normal que seja proposta uma coalizão de forças com vistas a garantir a imprescindível *governabilidade.*

Caso os governos precisassem efetivar apenas leis menos complexas e cotidianas, eles precisariam apenas de maioria simples: metade mais um dos números dos parlamentares efetivamente presentes nas duas Casas. Nesse caso, interessaria ao governo até mesmo um certo esvaziamento do Congresso.

Mas um governo não se faz de leis ordinárias; programas e promessas de campanha exigem leis complementares, o que requer maiorias absolutas — que na Câmara dos Deputados significa 257 votos e no Senado, 41. Além disso, não pode ficar exposto e precisa de vigilância e maioria de modo a evitar agendas contrárias a seus interesses políticos e/ou fiscais (as chamadas "pautas bombas"), evitando a formação de Comissões Parlamentares de Inquérito (CPIs) e atentados ao orçamento público. É o que pode ser compreendido como uma governabilidade defensiva: o governo tem maioria para se defender.

No entanto, numa realidade como a do Brasil, cuja Constituição, repleta de detalhes, ordena quase tudo na vida nacional, essa governabilidade se torna ainda mais complicada, pois a maioria para reformas constitucionais é, naturalmente, mais elevada e custosa de atingir, situando-se no patamar dos 2/3 dos votos — 308 na Câmara, 49 no Senado. Claro que se o Poder Executivo tiver esses votos ele tem quase todo o poder. A maioria constitucional é a expressão máxima do poder de um governante.

Já para se proteger de processos de impeachments, por exemplo, o quórum cairá bastante, mas tampouco serão favas contadas: um governo não poderá ter menos do que 172 votos na Câmara e 28 votos no Senado. Na democracia brasileira — multipartidária e com alto grau de fragmentação: 28 partidos estão representados na Câmara dos Deputados — esses números nunca são alcançados, individualmente, pelo partido do presidente da República, que — desde a formação de coligações eleitorais — terá que compor coalizões para garantir a governabilidade.

Se nada disso for possível, só restará ao Executivo algum tipo de externalidade que implique força de coerção sobre o Congresso; o apoio das ruas, por exemplo. Claro que isto implica quebra de normalidade democrática, turbulência política e imprevisibilidade. Trata-se de um processo evidentemente indesejado pela maioria dos países e dos governantes.

A tabela abaixo sistematiza os tipos de governabilidade:

Tipo de governabilidade/ Quantidade de votos	Câmara dos Deputados	Senado Federal
Defensiva	172	28
Ativa	257	41
Plena	308	49
Coercitiva	Externalidades — Apoio das ruas, por exemplo	

A governabilidade, portanto, é condição *sine qua non* de qualquer governo; pode-se dizer que não há governo sem governabilidade. Um sem o outro seria mesmo uma grande contradição em termos. A governabilidade baseada numa maioria no parlamento implica que o governo poderá agir com maior liberdade: propor leis — eventualmente, reformas constitucionais — e mesmo se proteger de pautas hostis vindas da oposição.

Essa maioria pode ser formada de várias formas: 1) uma composição exclusivamente programática; 2) uma composição programática com participação nos cargos do governo, ou 3) uma composição basicamente fisiológica — em que as questões programáticas, embora apareçam nos discursos, são relevadas.

Na história do Brasil, os interesses fisiológicos sempre tiveram grande relevância nas relações entre Executivo e Legislativo. Não foram "inventados" na última década. Ainda assim, há um marco de sua explicitação: ocorreu entre 1986 e 1988, durante o governo de José Sarney, ao longo do processo constituinte que definiria a redução do mandato do presidente da República de seis para quatro anos.

Contrariado pela disposição da Assembleia de reduzir seu mandato, Sarney recorreu ao chamado "Centrão" — grupo conservador que se opunha às iniciativas da esquerda, durante a elaboração da Constituição — para garantir que, no seu caso, a duração do governo seria, excepcionalmente, de cinco anos. O Centrão não faltou a Sarney, mas exigiu, para isto, a liberação de cargos e recursos. O processo foi marcado por uma frase do antigo deputado Roberto Cardoso Alves (PTB-SP), que, recorrendo a São Francisco de Assis — "é dando que se recebe" —, marcou o período, explicitou e simbolizou o caráter fisiológico, cultural, da política brasileira.

Minoritário no Congresso Nacional — seu partido era minúsculo e sua eleição foi descasada de um pleito legislativo — e personalista, Fernando Collor de Mello (arrogante de sua vitória e vaidoso de seu poder) demonstrou fatal inexperiência ao acreditar poder enfrentar os políticos, governando autocraticamente, sem concessões desta natureza aos partidos, sobretudo o PMDB. Quando resolveu recuar, era tarde. Não durou muito tempo, sendo — também mas não apenas em virtude disto — cassado pelo Congresso.

Fernando Henrique Cardoso parece ter aprendido com a inexperiência de Collor e o trauma do impeachment. Presidente, fez várias concessões ao fisiologismo. Contudo, à parte isto, conduziu um profundo processo de estabilidade econômica (o Plano Real), reformas constitucionais — que requerem voto de maioria qualificada (três quintos, nas duas Casas) — e privatizações. O fisiologismo foi um preço a pagar por algo efetivamente entregue.

Luiz Inácio Lula da Silva também sabia disto: precisaria de maioria, de modo que pudesse governar. Contudo, parece ter optado por relações mais heterodoxas do que FHC. A considerar o evento do mensalão, seu governo teria buscado relações não institucionais, com adesões e fidelidades pessoalmente mais comprometidas — Lula se recusou, no primeiro momento, a ter o PMDB no governo. Ao mesmo tempo, os compromissos seriam muito menos programáticos; o que daria enorme liberdade de ação ao governo.

Revelado o esquema do mensalão, a prática de Lula passa a ser mais "ortodoxa", digamos assim, quanto à sua natureza fisiológica. Recorre à distribuição de cargos e recursos de modo mais explícito, sistêmico e institucional, na relação com a miríade de partidos que passam a apoiar seu governo — na mesma dinâmica franciscana do "é dando que se recebe" de Roberto Cardoso Alves.

Dilma Rousseff deu prosseguimento a pelo menos esta última fase de seu antecessor e patrocinador, Lula. Presidente do Brasil, Dilma pouco ou nada fez para mudar as bases de seu relacionamento com o Congresso. Com um agravante: não sendo um governo de alternância de poder, antes continuidade — o terceiro mandato do PT —, não pôde contar com a possibilidade de uma renovação de pactos e acordo. No limite daquilo de que o Estado dispunha nesta fase, foi adiante distribuindo recursos num momento em que a crise fiscal brasileira — a mais profunda de sua história — já se desenhava.

Os ciclos do presidencialismo de coalizão

A questão é saber se esse sistema de composição política e formação de maioria funciona. Do ponto de vista dos resultados alcançados, há vasta literatura na ciência política brasileira mostrando que a eficiência desse sistema de "cooptação política" tem sua efetividade. A resposta é simples: funciona apenas em certa medida.

Com efeito, no primeiro mandato ocorre aquilo que no Brasil chamamos "lua de mel" entre o novo governante e a classe política. No que isto se baseia? Há, sim, um pouco da credibilidade e da legitimidade das urnas, o apoio da opinião pública. Mas não só. Na verdade, o que se tem aí é o que pode ser considerado como a renovação do ciclo fisiológico.

Com a alternância de poder, tem-se uma realidade em que o novo governo herdará de seu antecessor — ao qual ele fez oposição — dezenas de milhares de cargos[2] de livre ocupação, cujos critérios de preenchimento serão, sobretudo, políticos. O poder de barganha do Executivo sobre o Congresso, nesse momento, é enorme. Podemos chamá-lo de "Presidencialismo de coalizão 1.0" (de "Alternância de poder") — o momento inaugural. Partidos e mandatos precisam desesperadamente contemplar pressões nas suas bases por cargos e recursos provenientes dos ministérios; e por isso se abrem à generosidade do governo em troca de seus votos e apoios. Requerem para isto a chamada "participação no governo". Isto, evidentemente, não se dá em torno de programas e projetos, pelo menos não só. Dá-se, sobretudo, pela destruição de cargos e liberação de recursos públicos.

Trata-se de um processo que compreende uma lógica vinculada a um ciclo de poder que carece de melhor entendimento. Pode ser compreendido e nominado pelo que passaremos a chamar de "o ciclo vicioso da grande bancada" e está simbolizado pela figura abaixo:

Figura 1

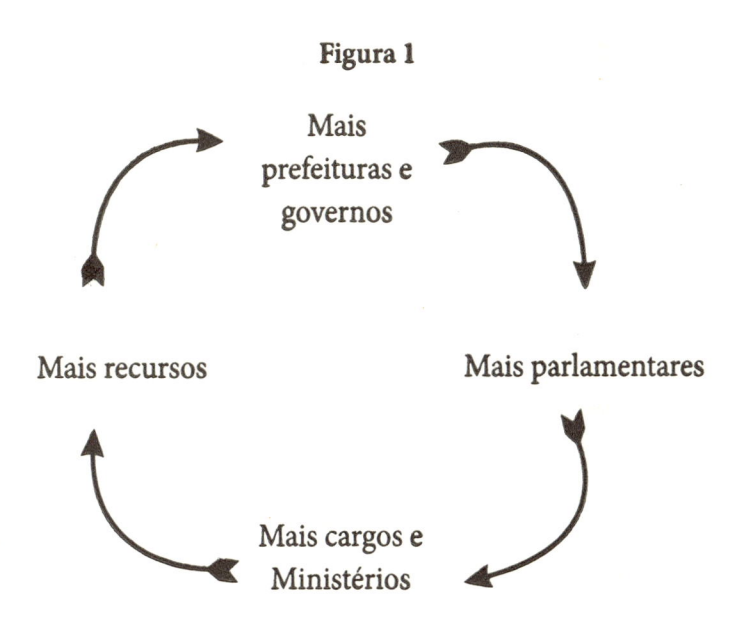

Mais prefeituras e governos

Mais recursos

Mais parlamentares

Mais cargos e Ministérios

---

[2] Esses números são incertos. Há estimativas que falam em algo entre 25 e 30 mil cargos para preenchimento por critérios políticos. No final do governo do PT, seus opositores mencionavam que esse número teria chegado a estratosféricos 98 mil.

Uma grande bancada de um determinado partido — como no caso do PMDB, que elegeu 68 deputados federais — exigirá o maior número possível de ministérios, cargos e recursos. Na queda de braço com o Executivo, poderá, por hipótese, abocanhar meia dúzia de ministérios.[3] Esses ministérios significarão mais recursos que serão destinados a estados e municípios do interesse da bancada, fazendo assim o maior número de governadores, prefeitos e vereadores nas eleições. Quanto mais prefeituras e governos, maior será a bancada do partido no próximo pleito. A lógica é tão simples e visceral: a sobrevivência das bancadas coletivamente e de cada parlamentar, em particular, depende desse ciclo.

É do jogo que se joga no Brasil e já nem deveria causar espanto. É tão natural que os governos busquem fazer maiorias quanto é natural que partidos e políticos busquem a sobrevivência política e o maior número possível de reeleições. Numa relação meramente utilitária, funcionando a contento, os governos terão maiorias e os projetos consagrados pelas urnas serão levados a termo.

No entanto, é necessário olhar para a qualidade de uma democracia baseada exclusivamente em instrumentos de cooptação deste tipo: o quanto ela será sustentável?

Em primeiro lugar, avilta-se o Parlamento, que se torna mero apenso do Poder Executivo. Como num jogo de cartas marcadas, não haverá mais disputa, não haverá contraditório, debates nem possibilidade de aperfeiçoamento de projetos ou instituições. A oposição, sem recursos, desaparece; a competição será desigual.

Torna-se interessante perceber que a política, como forma de disputa e formação de consensos, desaparece. Para o parlamentar profissional, os únicos instrumentos importantes passam a ser 1) o cargo; 2) a emenda; 3) a visita às bases. O tribuno desaparece nesse processo; os embates no parlamento não terão mais a menor efetividade: como mudar corações e mentes num processo em que todos estão fechados em torno de interesses situados muito aquém dos debates e do interesse geral?

---

[3] Além de centenas de cargos espalhados pela estrutura do Estado, em posições estratégicas, como o Tribunal de Contas da União, os conselhos de agências de controle ou de regulação, as cortes superiores e espaços afins, configurando desse modo um poder tentacular, o poder real e verdadeiro.

Mas tampouco a questão é apenas de princípios. O próprio funcionamento do sistema estará comprometido a médio e longo prazos. Há de se considerar o efeito voracidade sobre esse processo. Uma relação despolitizada, assim cultivada por meio da distribuição de recursos, tende a estimular e cultivar vícios crescentes. O parlamentar desse modo cooptado se transformará num poço sem fundo, exigindo sempre mais e mais.

A própria competição nas bases potencializará o processo, levando-o à exaustão. Um aspecto interessante — e complicador — é que a liberação de cargos e recursos do orçamento não se faz exatamente por partidos. Na maior parte dos casos, a negociação se dá pelas direções partidárias e pelas lideranças de bancada, mas os beneficiados são mesmo os parlamentares, individualmente. Por mais metódico que sejam os controles a que alguns governos se propõem, o processo será sempre relativamente caótico.

Isto levará à significativa autonomia de cada deputado ou senador, à fragmentação dos acordos e à sujeição das operações a lógicas regionais e/ou setoriais específicas. Disputas locais — exemplo: parlamentar "A" versus parlamentar "B" (ou algum novo entrante) — interferem diretamente na relação com o Poder Executivo; a competição política tende a fazer com que a exigência de novos e mais amplos espaços e recursos seja sempre crescente; sem fim, provavelmente.

De modo que, se há "lua de mel" no primeiro ano de mandato, nos anos subsequentes a história de amor já não será exatamente esta. O fato é que, quando chega a possibilidade de o chefe do Executivo disputar a reeleição, novas rodadas de negociações e concessões serão feitas. O presidente, no caso, precisa de apoio, realizações e, sobretudo, do tempo de televisão, para propaganda política, que pertence aos partidos. Terá que renegociar tudo novamente.

Nesta fase, que chamo de "Presidencialismo de coalizão 2.0" (de "Reeleição"), já não há mais cargos na máquina direta. O governo terá que apelar para "as joias da coroa", as diretorias em empresas estatais e autarquias; empresas que negociam diretamente com empresas, que movimentam contratos grandiosos — em muitos casos, mais vultosos que os dos ministérios. Para ficar em uns poucos exemplos desse tipo de empresas, podemos citar o Banco do Brasil, a Caixa Econômica Federal, autarquias do setor elétrico e a mais simbólica de todas, a Petrobras — a maior empresa nacional.

E "não pode ser qualquer diretoria não; tem que ser aquela que faz o buraco e acha o petróleo",[4] exigiu certa vez o então presidente da Câmara, o deputado Severino Cavalcante (PP-PE), numa de suas demandas junto ao governo. Nesse estágio, os esquemas financeiros e os desvios de recursos públicos — para enriquecimento pessoal ou financiamento de campanhas, não importa — se ampliarão. Ainda assim, a maior tendência é a de que o chefe do Executivo (no caso, o presidente da República) se reeleja.[5]

A eleição de Dilma Rousseff, consagrada às urnas pelas mãos e pela influência de Luiz Inácio Lula da Silva, inaugura uma nova etapa no presidencialismo de coalizão do Brasil: a sucessão, após a eleição e a reeleição — aquilo que pode ser entendido como "Presidencialismo de coalizão 3.0" (de "Continuidade"). Note-se que não se trata exatamente de um novo presidente e um novo grupo no poder, como ocorre na primeira fase mencionada anteriormente; não há alternância de poder. Embora o país seja, então, governado por um novo presidente, é o mesmo partido e o mesmo grupo que continua no poder.

Para recordar: nas fases anteriores — os dois mandatos, a eleição e a reeleição —, para formação de maioria, o Executivo já distribuiu ministérios, cargos e recursos; também já permitiu que se avançasse em direção às empresas estatais, seus recursos e seu potencial financeiro e de negócios. Agora, naquilo que poderá ser compreendido como "terceiro mandato", no entanto, há muito pouco ainda a compartilhar — em que pese o fato de a voracidade de partidos e parlamentares por mais e mais recursos não cessar. Houve um processo de exaustão; o país chegou à antessala de uma crise de governabilidade.

O primeiro ano do primeiro mandato da presidente Dilma Rousseff demonstrou exatamente isso: um colapso no sistema distributivo político, digamos assim. A alocação de cargos e recursos tornou-se impossível diante do efeito voracidade: os dois mandatos anteriores haviam distribuído tudo o que se tinha. Mesmo assim, os agentes políticos permaneciam insatisfeitos; queriam mais.

---

[4] Ver Felix (2015).
[5] A reeleição foi estabelecida no Brasil em 1996. De lá para cá, três presidentes da República concorreram a ela (FHC, Lula e Dilma); sintomaticamente, todos foram reeleitos.

De olho em ministérios e recursos alocados a outros grupos ou partidos, um segundo grupo ou partido — da mesma aliança, da mesma base majoritária do governo — passa a "vazar" para a imprensa denúncias de malfeitos de seus aliados de base — mas adversários no sistema de distribuição. A denúncia do Grupo A gera a demissão do ministro do Grupo B, que reage e desestabiliza o ministro do Grupo C, que, em retaliação, destina munição para o Grupo B, que afetará a tranquilidade do Grupo A. Um ciclo.

Se conseguir arbitrar o conflito e for pressionado pela mídia e pela opinião pública, o chefe de governo se vê obrigado a demitir tantos nomes quantos forem envolvidos. Foi o que aconteceu com Dilma, que no primeiro ano de seu mandato demitiu sete ministros. A imprensa qualificou a ação da presidente como "faxina ética" — supostamente, Dilma estaria moralizando seu governo, rompendo os acordos feitos pelo antecessor, Lula. Bobagem. Não demoraria muito para que os agentes políticos repactuassem a divisão de espaço e a presidente tornasse a renomear todos os grupos, antes desalojados, para novas posições no ministério.

O Brasil crescia, a popularidade presidencial era elevada, Lula estava no auge do prestígio político — o PT elegeu candidatos a prefeitos em vários municípios importantes.[6] Ademais, havia espaço fiscal para gastar ou, pelo menos, criatividade para maquiar a contabilidade dos números e dos resultados fiscais do governo,[7] a possibilidade de elevar gastos e satisfazer as demandas da base, por pelo menos um tanto mais. Dilma chegou ao final de seu primeiro mandato.

Trôpega e cambaleante, no entanto. O choque de commodities, que favoreceu o país nos primeiros anos da década de 2000, não apenas chegara ao fim como agora teria efeito inverso; o governo de Dilma — amparado na ideologia desenvolvimentista (a chamada "Nova Matriz de Desenvolvimento") — recusava-se ao ajuste; as bases em que era plantado o presidencialismo de coalizão continuavam a exigir mais. Se não cargos e recursos diretos — o Brasil chegava à estrondosa conta de 39 ministérios —, pelo

---

[6] São Paulo, o maior deles, por exemplo, elegeu o petista Fernando Haddad, até então desconhecido do grande eleitorado, chamado, na ocasião, de "mais um poste de Lula" — o "poste" anterior seria a própria Dilma.

[7] No princípio, essa "maquiagem" de números foi chamada, eufemisticamente, de "contabilidade criativa" e, mais tarde, de "pedaladas fiscais". As "pedaladas" foram a causa para o impeachment de Dilma, em 2014 — pelo menos, a justificativa jurídica.

menos liberdade para operar esquemas de financeiros ilícitos no Executivo e mesmo no Legislativo.[8]

O processo de sua reeleição se deu a duras penas: Dilma foi reeleita por um processo eleitoral de muito conflito social, de intensa polarização política, que levou à divisão do eleitorado e, mais tarde, da própria sociedade. No quarto mandato do PT — sem alternância de poder — a história não poderia mesmo acabar bem. Tem-se o "Presidencialismo de coalizão 4.0" (de "Crise"). A avidez fisiológica comandada por Eduardo Cunha, deputado do PMDB do Rio de Janeiro, eleito presidente da Câmara, exigiria ainda mais recursos — continuaria a exigir — no momento em que tudo que o Poder Executivo poderia dar era crise econômica e aperto fiscal.

Incapaz de controlar o processo — por seus defeitos, mas também pela própria natureza fisiológica voraz do sistema —, Dilma foi apeada do poder. Sem governabilidade, em 31 de agosto de 2016, a presidente reeleita em 2014 e o partido político que ocupava o governo central desde 2003 são apeados do Poder. O ciclo do presidencialismo de coalizão não resistiria a quatro mandatos.

A experiência do PT, num longo e continuado período de poder, nos ensinou que há esses ciclos num presidencialismo de coalizão mantido quase que exclusivamente por meio da distribuição de recursos do Estado; se não vazio, pelo menos anêmico de programas e projetos de transformação política e econômica mais profundos. Enquanto os recursos do Estado são, evidentemente, finitos, a elasticidade do fisiologismo parece exceder os limites da racionalidade — matar a galinha dos ovos de ouro não parece ser racional — e da razoabilidade.

Culpa exclusiva de um projeto de poder, da miopia do Partido dos Trabalhadores, da voracidade de seus membros, em particular, ou da pouca habilidade de Dilma Rousseff? Difícil dizer. A democracia no Brasil, como se verificou anteriormente, é muito jovem e o país jamais viveu outra ex-

---

[8] Para ficar em apenas dois exemplos, para os "esquemas" no Executivo — nesse caso, numa estatal —, ver Operação Lava Jato, com atuação em torno dos contratos da Petrobras, ou Operação Zelotes, no âmbito do Conselho Administrativo de Recursos Fiscais (Carf); para esquemas vinculados ao Legislativo, na venda de emendas, os exemplos são fartos e datam, pelo menos, desde 2011. Uma rápida pesquisa na internet revelará um sem-número de casos envolvendo a Câmara dos Deputados.

periência democrática tão longa de continuidade no poder.[9] Sob domínio de qualquer outro partido o sistema também chegaria a esta exaustão após quatro eleições e três mandatos? Igualmente difícil afirmar que sim ou que não. Em política não há *ceteribus paribus*, nada é "tudo o mais constante". O fato é que, sob aquelas condições, o sistema se exauriu. A ciência política brasileira, na maior parte do tempo e dos trabalhos que produziu, se esmerou em apontar que, a seu modo, o sistema funcionava, pois, ao final, o Legislativo aprovava os projetos do Executivo e assim os poderes conviviam dentro de uma especial harmonia. Todavia, apenas um número muito menor de trabalhos e analistas se preocupou em discutir a qualidade do processo, a qualidade da democracia.

O dado concreto é que o presidencialismo de coalizão forjado em recursos eminentemente fisiológicos e esvaziado de elementos políticos e programáticos, nessa experiência igualmente concreta, demonstrou seus limites, sua fragilidade e, por fim, fracassou. O que se pode efetivamente afirmar é que sobre tal alicerce, ele desmorona, produzindo escândalos, gerando descrédito, tornando-se prenúncio de crises econômicas e políticas.

Como se disse, a história da democracia brasileira é curta — é jovem a democracia. Não há, portanto, séries históricas que permitam afirmações definitivas, menos ainda uma *tipologia* segura e irrefutável. Um ciclo de quatro mandatos consecutivos, como esta experiência recente, com o PT, nunca se deu — é bom enfatizar. Logo, não seria possível afirmar que, no futuro, essa mesma dinâmica se repetirá *necessariamente* — também é importante demarcar este aspecto.

Ainda assim, tendo por base *exclusivamente* a experiência recente, a experiência que se pode, hoje, retirar dos mandatos dos presidentes antes mencionados, para efeito explicativo da aventura petista, arrisca-se aqui falar em "tipos" — sem a rigidez de uma taxonomia ou de uma "tipificação" de influência weberiana. Na verdade, uma classificação das "fases" do presidencialismo de coalizão como se pode observar concreta, porém episodicamente, no contexto recente da história brasileira:

---

[9] O primeiro período de Getúlio Vargas (1930–45) e o regime militar (1964–85) são experiências de poder mais longevas que a do PT. Ainda assim, foram ditaduras que, cada uma ao seu modo, submeteram o Congresso Nacional e forjaram maiorias por outros meios (o Pacote de Abril de 1977 é um exemplo eloquente) e, por isso, não podem ser comparadas ao período recente da história que, a despeito de seus defeitos, deve ser compreendido como democrático.

Tipo ou fase	Mandato	Acordos
De "Alternância de poder"	Primeiro	Novo pacto e distribuição
De "Reeleição"	Segundo	Aprofundamento da distribuição
De "Continuidade" (sucessão da reeleição)	"Terceiro" (i. e., sem alternância)	Início da escassez de recursos; aumento de conflitos na base
De "Crise" (reeleição da sucessão)	"Quarto"	Colapso distributivo; crise de governabilidade

Operação Lava Jato

Entre os muitos possíveis espaços potenciais para manifestação, esse sistema de peculiar modo de funcionamento foi demonstrar suas piores características na maior empresa do Brasil, a Petrobras. Foi ali que o loteamento de cargos em resposta às necessidades de formação de maiorias deu as mãos ao tradicional patrimonialismo nacional, o elemento mais ativo de nosso tradicional mal-entendido democrático.

O envolvimento dos políticos com a Petrobras resultou no maior e mais complexo escândalo público da história, responsável por vários bilhões de prejuízo para a empresa e para os cofres públicos em geral; assim como os processos levaram à prisão dezenas de funcionários da estatal, diretores de prestadoras de serviços (privadas), operadores financeiros, dirigentes partidários, ex-ministros, ex-deputados e até um ex-governador de estado.[10] Esse extraordinário e inédito processo ficou conhecido no Brasil por Operação Lava Jato.

Não foi apenas ali, na Petrobras, que uma cadeia de interesses e de esquemas de corrupção se efetivou no país. Parece evidente e seria mesmo legítimo afirmar que outras empresas e órgãos estatais foram igualmente submetidos a esquemas de corrupção e desvios de recursos públicos. Os exemplos são cotidianamente revelados pela imprensa brasileira, mas nem

---

[10] Todos aqui mencionados não possuem — ou não mais possuem — foro privilegiado. Cogita-se a existência de mais de uma centena de outros operadores, parlamentares, ministros ou demais detentores de mandatos eletivos que, nos termos da lei, serão investigados mediante autorização do Supremo Tribunal Federal ou processados exclusivamente por ele.

todos são tão profundamente investigados como ocorre com a Operação Lava Jato, provavelmente por falta de recursos técnicos e orçamentários, além de disposição política para investigar, indiciar, julgar e punir, é claro.

Esquemas de corrupção como o que desembocou na Lava Jato nascem, evidentemente, da propensão individual à corrupção e ao enriquecimento ilícito pessoal, mas não só. Estão na grande maioria das vezes também vinculados a interesses partidários, ao financiamento de campanhas eleitorais — cada vez mais onerosas —, assim como ao financiamento da atividade política — cada vez mais profissional — e ao fortalecimento de projetos de poder, pensados de uma forma mais ampla do que o episódico momento eleitoral.

Esse tipo de corrupção é elemento importante — às vezes fundamental — no esforço de arrecadação de recursos financeiros para a manutenção de grupos políticos e até para o fortalecimento das estruturas partidárias. Nesse sentido, adquire caráter sistêmico: partidos indicam agentes de sua confiança para preencher importantes e decisivos cargos no Estado, estes operam com dirigentes partidários os esquemas de favorecimento a empresas prestadoras de serviços; as empresas, favorecidas de algum modo pela ação desses operadores, financiam os partidos. Um ciclo se estabelece. Evidentemente, parte desses operadores, mediante módicas comissões, enriquece.

Tudo parece bastante simples e, pior, a impressão que se tem é que esquemas dessa natureza até se naturalizaram ao longo do tempo, tornando-se parte do "jogo" da política real, comandada por atores políticos igualmente reais, motivados por seus reais interesses. Evidentemente, esquemas assim não nasceram ontem; ainda que subsistam suspeitas de que tenham, durante os anos do Partido dos Trabalhadores no poder, se ampliado, adquirindo caráter sistêmico.[11]

---

[11] Esta, no entanto, será sempre uma afirmação temerária, principalmente porque a corrupção exitosa — "bem-feita", digamos assim — não aparece, não é descoberta e tampouco punida. Logo, não se pode afirmar que foi, um dia, maior ou menor em comparação a determinado momento. Não há dados, apenas a maior percepção amparada na maior publicização dos fatos — eventualmente, na maior punibilidade dos envolvidos. Desse modo, teremos que conviver com a seguinte dúvida: o caráter sistêmico que se percebeu na experiência da era petista se dá porque este partido e seus aliados foram, de fato, "os mais corruptos da história" ou apenas foram os menos "competentes" para realizar esse tipo de operação? Qualquer afirmação taxativa a este respeito — a favor ou contra o PT — será baseada em suposição e juízos de valor. A despeito disto, o mais grave mesmo é ter que admitir que, infelizmente, a cultura política brasileira sanciona esse tipo de questão.

Outras iniciativas na direção da investigação, acusação, julgamento e condenação da corrupção tiveram vida na história recente do país, antes da Operação Lava Jato. Mas não foram tão a fundo nem tiveram o mesmo êxito. A "CPI do PC Farias" (1992), que buscava apurar a corrupção no governo de Fernando Collor, ficou pelo meio do caminho ao não investigar as empresas envolvidas com o tesoureiro da campanha do então presidente. No ano seguinte, a "CPI dos Anões do Orçamento" (1993) tampouco resultou em punição para grupos empresariais eventualmente envolvidos.

Mais recentemente, novas tentativas ficaram pelo meio do caminho. Operações levadas a cabo pela Polícia Federal (PF), como Satiagraha (2004) e a Castelo de Areia (2009), foram frustradas por questionamentos burocrático-legais, vinculados à licitude da obtenção de provas ou à qualidade da instrução de processos, e sedimentaram, assim, na PF e no Ministério Público (MP), tanto a preocupação com esse tipo de detalhes como a maior determinação em apurar e punir esquemas dessa natureza.

A Operação Lava Jato é, sem dúvida, um marco histórico; significa o rompimento com a secular impunidade em relação à promiscuidade das relações empresa e Estado, no Brasil. Ela também pode ser explicada por uma interessante conjugação de fatores que nascem da promulgação da Constituição Brasileira, em 1988. Com efeito, a partir desse novo estatuto, o Ministério Público Federal passa a ter proeminência, e sua autonomia em relação a qualquer dos Três Poderes é realmente incontestável.

Não apenas isto, ao longo do tempo, uma série de importantes modificações se estabeleceu na sociedade brasileira: houve um interessante rejuvenescimento do Poder Judiciário; novos juízes substituíram, naturalmente, os velhos que, aos poucos, saem de cena. Esses jovens trazem um conjunto de novas experiências; da sociedade globalizada mundial, assimilam novos critérios; processam de modo inovador o antigo Direito Romano; sobre antigos problemas e questões, estabelecem outro olhar.

Também a Polícia Federal foi, ao longo dos anos, transformando-se mais em uma carreira de Estado do que em instrumento de governos. Sua liberdade para investigar é hoje incomparavelmente maior em relação ao Brasil do passado. Igualmente, órgãos de fiscalização e controle ganharam estatura e autonomia — Controladoria-Geral da União (hoje, Ministério da Transparência, Fiscalização e Controladoria-Geral da União), os Tribunais de Contas, o Cade (Conselho Administrativo de Defesa Econômica), entre outros, elevam o nível do controle e da *accountability* nacional.

Insira-se neste contexto também a maior preocupação internacional com processos de corrupção, não raro vinculados ao crime organizado e também ao terrorismo. Uma vigilante e restritiva legislação, em vários países, que visa a inibir, combater e punir a corrupção, e que faz com que as empresas se preocupem com seus processos de compliance, trazendo a países como o Brasil os efeitos desse novo mundo.

Por fim, a diversificação dos meios de comunicação e a fragmentação da imprensa numa miríade de novos órgãos que disputam entre si a atenção e a confiança dos leitores. Para tanto, é preciso lutar pelo "furo", construir credibilidade. Impossível, no mundo moderno, pensar em acordos envolvendo toda a mídia para acobertar ou proteger quem quer que seja. Mesmo que grupos — mais ou menos relevantes — busquem isto, a investigação e as denúncias transbordarão a partir da internet, por meio de redes sociais.

A realidade mudou e isto fez com que o Brasil também mudasse e, assim, se confrontasse com seu sistema político anacrônico e viciado. Todavia, a difusão da tese de que, em virtude disso tudo, as instituições do país estariam sólidas e fortalecidas não parece ter sustentação nos fatos. Fossem eficientes as instituições nacionais, a situação não chegaria ao ponto a que chegou (Latif et al., 2016). A boa teoria das instituições (North, 1990) busca, antes de tudo, a eficiência econômica do conjunto de instituições de um país, sua capacidade de garantir segurança e previsibilidade, e isto, objetivamente, não ocorre no Brasil.

Ademais, Poder Executivo, Poder Legislativo e partidos políticos também compõem o quadro de organizações institucionais e não se pode afirmar que, no Brasil, esses atores funcionem eficientemente. E, mesmo quando analisado o Poder Judiciário na sua inteireza — e não apenas no âmbito da Operação Lava Jato —, também ele deixa muito a desejar para empresas em geral e para o cidadão comum. Creditar o que ocorre no Brasil — todos os colapsos anteriormente apontados — como símbolo de bom funcionamento institucional pode ser resultado de algum tipo de *wishful thinking*.

Outro aspecto é que o empoderamento de setores do Ministério Público e do Poder Judiciário traz notórios ganhos, mas embute em si notórios riscos. Uma democracia não se faz apenas de promotores e juízes. Nem deve caber exclusivamente a eles a definição do certo e do errado na vida nacional, muito menos a condução de seu debate. Uma democracia exige visão mais ampla, com participação dos mais variados setores, tolerância política e a perspectiva de construção de consensos vinculados à busca do bem comum. Uma sociedade baseada na lei é óbvia, mas ainda assim — e até em virtude disto — plural.

Além desse aspecto mais voltado para a questão eminentemente democrática, há também outro, vinculado à "confusão democrática" discutida anteriormente. O empoderamento de grupos, mesmo pelo bom motivo do combate à corrupção, não pode justificar e menos ainda permitir a distinção desses grupos em relação ao conjunto da sociedade. No Brasil de 2016, ainda se observam distorções fiscais em benefício de juízes, por exemplo. Não necessariamente aqueles vinculados a operações dignificantes quanto à moralidade pública, mas que eventualmente possam se favorecer de todo o efeito positivo e de opinião pública gerado pela Lava Jato.

Conclusão

As relações entre a iniciativa privada e o poder público são permeadas por uma série de pequenas e grandes confusões: residem já na existência de um patrimonialismo tão atávico quanto renitente, mas também na confusão conceitual-oportunista de que um regime democrático implica defesa de interesses particularistas, transformando-os em privilégios; assim como a prevalência desses particularismos sobre o interesse geral.

Empresas têm direitos e é legítimo que defendam seus interesses; é absolutamente admissível que busquem lucros e que movimentem vultosos recursos — empresas criam empregos, produzem bens e serviços e, na verdade, são elas, e não os governos, as responsáveis pela economia, base para o desenvolvimento social.

Que busquem encaminhar demandas e projetos junto a governos e quaisquer órgãos públicos é algo absolutamente natural. Muito valeria se a sociedade de um modo geral superasse clichês e preconceitos em relação às empresas em geral e à obtenção de lucro e riqueza, em particular. No Brasil, desafortunadamente, ainda se carrega certa aversão arcaica e religiosa a este respeito.

No entanto, é igualmente legítimo que esses interesses não se restrinjam ao natural egoísmo nem que se sobreponham a interesses mais amplos da sociedade. O nome disto não é lobby — na origem histórica da palavra —, menos significa promover boas e saudáveis "relações institucionais". Isto pode, antes de tudo, ser chamado de favorecimento, clientelismo, corporativismo ou, diretamente, corrupção.

Os interesses da empresa devem ser entendidos, sobretudo, em contexto e interação social, no conjunto de todos os interesses sociais e na interação da sociedade. Dirigentes empresariais e profissionais de relações governamentais precisam urgentemente compreender que dois indivíduos, quando interagem, podem fazer muito bem para si próprios. Mas também podem fazer muito mal para todos, inclusive para si próprios; que "agir racionalmente é fazer tão bem para si próprio quanto se é capaz" (Elster, 1994), mas esta capacidade é limitada por coerções físicas, morais, sociais e políticas. E é bom que assim seja.

Outro aspecto a considerar é que entre o mundo empresarial, privado, e o mundo estatal, público, há uma infinidade de diferenças, e é natural que assim seja, embora uma aproximação entre esses mundos seja tão desejável quanto necessária. Nesse sentido, para encurtar distâncias, é necessário conhecer e compreender as dinâmicas, as razões e os limites de um e de outro mundos.

Afirmar que o Estado não compreende a dinâmica das empresas é tão verdadeiro quanto dizer que as empresas não compreendem a dinâmica do Estado, do setor público, do mundo político. Assimilar as diferenças é fundamental para navegar nesses entremundos; perceber os conflitos, as contradições e as disputas aí existentes também.

Desse modo, torna-se necessário atinar para o funcionamento da política: as características, o potencial, os limites e disfuncionalidade do sistema político; as questões vinculadas à qualidade das lideranças e à deficiência das instituições. Ao potencial profissional de relações governamentais, é um imperativo compreender isto tudo rapidamente. A análise política, das condições estruturais do país, assim como de seu contexto conjuntural, é ferramenta fundamental para isto.

Referências bibliográficas[1]

Abranches, S. H. "Presidencialismo de coalizão: O dilema institucional brasileiro". *Dados — Revista de Ciências Sociais*, v. 31, n. 1, p. 5–38, 1988.

Cheibub, J. A.; Figueiredo, A.; Limongi, F. "Partidos políticos e governadores como determinantes do comportamento legislativo na Câmara dos Deputados, 1988–2006". *Dados — Revista de Ciências Sociais*, v. 52, n. 2, 2009.

Elster, J. *Peças e engrenagens das ciências sociais*. Rio de Janeiro: Relume-Dumará, 1994.

Felix, Rosana. "Um governo, um mandato". *Gazeta do Povo*, 27 nov. 2015. Disponível em: <http://www.gazetadopovo.com.br/vida-publica/colunistas/rosana-felix/um-governo-um-mandato-6ortkjby1s60jd37d31giuj47>. Acesso em: 30 ago. 2017.

Figueiredo, A. C.; Limongi, F. *Executivo e Legislativo na nova ordem constitucional*. 2. ed. Rio de Janeiro: Fundação Getulio Vargas, 2001.

_____. "Instituições políticas e governabilidade. Desempenho do governo e apoio legislativo na democracia brasileira". In: Melo, C. R.; Saez, M. A. *A democracia brasileira: balanço e perspectivas para o século 21*. Belo Horizonte: UFMG, 2007.

Holanda, S. B. *Raízes do Brasil*. Rio de Janeiro: José Olympio, 1993.

Latif, Z.; Lisboa, M.; Melo, C. "Como chegamos até aqui?" *O Estado de S. Paulo*, fev. 2016.

Lazzarini, S.; Melo, C.; Seligman, M. "O lobby e a política". JOTA, mar. 2016.

Marques, M.; Rocha, F. *Introdução ao risco político: conceitos, análises e problemas*. Rio de Janeiro: Elsevier, 2014.

---

[1] Nem todos os autores e obras mencionados nas referências foram utilizados ao longo do texto, que não reflete necessariamente concordância com visões por eles discutidas. Esta bibliografia serve, principalmente, como uma rápida e sumaríssima catalogação de importantes reflexões a respeito das questões aqui levantadas. Indica-se sua leitura.

Melo, C.; Seligman, M. *Relações governamentais no Brasil: ontem, hoje. E amanhã?* JOTA, 29 mai. 2015.

Netto, V. *Lava Jato: O juiz Sérgio Moro e os bastidores da operação que abalou o Brasil.* Rio de Janeiro: Primeira Pessoa, 2016.

North, D. *Institutions, Institutional Change and Economic Performance.* Cambridge: Cambridge University Press, 1990.

Nunes, E. *A gramática política no Brasil: clientelismo e insulamento burocrático.* Rio de Janeiro: Zahar, 1997; Brasília: ENAP, 1997.

Pinto, T. S. "Governo Sarney — Economia". *Brasil Escola.* Disponível em: <http://brasilescola.uol.com.br/historiab/governo-sarney.htm>. Acesso em: 30 ago. 2017.

Safatle, C. "A experiência amarga do cruzado". *Valor,* 26 fev. 2017. Disponível em: <http://www.valor.com.br/especial/planocruzado/>. Acesso em: 12 dez. 2017.

Souza, H. J. D. *Como se faz análise de conjuntura.* 34. ed. Petrópolis: Vozes, 2014.

7. As empresas conseguem migrar do *crony capitalism* para práticas íntegras de interação com o governo?

Alana Rizzo* e Joel Velasco**

> *A publicidade é justamente elogiada como um remédio para doenças sociais e industriais. A luz do dia é considerada o melhor dos desinfetantes. A luz elétrica, o policial mais eficiente.*
>
> Louis Brandeis, juiz da Suprema Corte dos EUA, 1913

O cerne deste livro é a relação entre corrupção e lobby, atividades que muitos, especialmente no Brasil de hoje, infelizmente acreditam ser intercambiáveis. O lobby não é corrupção. A corrupção, é verdade, pode se utilizar de mecanismos similares aos de relações governamentais, ou seja, lobby (como demonstrado em outros capítulos). Os autores deste artigo acreditam que simplesmente restringir o relacionamento entre os setores privados e público não seria a solução. A cura da corrupção endêmica no Brasil não será feita via extinção da prática da defesa de interesses, individuais ou coletivos, tão essencial em qualquer sociedade. Não existe remédio milagroso para acabar

---

* Ex-diretora da Abraji (Associação Brasileira de Jornalismo Investigativo) e jornalista residente do The Stigler Center Journalists in Residence Program, da escola de administração da Universidade de Chicago.

** Vice-presidente do Albright Stonebridge Group. Foi assessor da Casa Branca.

com a corrupção. A solução está no aperfeiçoamento e cumprimento das regras claras do jogo, ou seja, na interação ética saudável entre governantes e governados na formulação de políticas públicas.

Pensemos em um exemplo. Muitas das transações corruptas são flagradas em gravações telefônicas. Uma solução ingênua poderia ser simplesmente proibir o uso do telefone. No limite, dizer que a corrupção é culpa da interação entre setores público e privado, e simplesmente proibir a atividade de lobby, seria como acabar com o telefone. Continuando a metáfora, o telefone pode ser barrado apenas nos casos em que ele é claramente usado para atividades criminais. É o caso das antenas que bloqueiam sinais telefônicos em prisões, para evitar o uso de celulares por bandidos. Outra opção, ao nosso ver mais sensata, é estabelecer regras claras para uso do telefone, deixando claro que certos usos não são aceitáveis e serão punidos.

O lobby pode ser uma ferramenta capaz de melhorar os resultados de empresas privadas e a eficácia do setor público (como mostrado na segunda parte do livro). Porém, no Brasil e até mesmo nos Estados Unidos e em outros países desenvolvidos, são inúmeros os casos em que a ferramenta é mal usada. Como então criar incentivos para que esse "telefone" seja mais bem utilizado e não simplesmente bloqueado? Seria o caso de regulamentar a atividade ou aplicar punições para aqueles profissionais pegos usando a ferramenta de forma criminosa?

Neste capítulo, vamos analisar como empresas interagem com o setor público e como podem melhorar, à luz da lei, essa relação. O objetivo aqui é traçar um quadro que ajude a entender e identificar questões que ainda precisarão ser enfrentadas pelo setor privado, pelo poder público e, principalmente, pela sociedade. É possível mudar a cultura de relacionamento entre setor público e setor privado? Será que as empresas conseguem — de fato — corrigir o rumo de sua atuação depois de um escândalo de corrupção? Acreditamos que sim.

É possível, de fato necessário, que empresas e Estado estabeleçam um *modus operandi* que deva trazer não só mais honestidade aos políticos e empresários, mas políticas públicas eficientes que beneficiem a sociedade como um todo. Na democracia moderna, o mercado de ideias não pode ser limitado a um grupo seleto de "campeões nacionais" ou, pior ainda, àqueles que pagam uma mesada a um parlamentar ou mantêm um departamento de operações estruturadas para atender a pedidos de políticos. Da mesma forma que somente a competição aberta e justa gera melhores produtos e menores preços na economia capitalista, acreditamos que a ampla competição de ideias pode gerar melhores políticas públicas bem como confiança ao setor privado, gerando assim um ciclo virtuoso.

Na primeira parte do capítulo, após uma breve definição dos termos relevantes utilizados no texto (*corrupção, lobby* e *crony capitalism*), vamos traçar um histórico das iniciativas de combate à corrupção no Brasil. Em seguida, vamos analisar, então, a possibilidade de transição no modelo de governança das empresas após a exposição pública de práticas ilegais de relacionamento com agentes públicos e com o mercado. Definir os limites dessas relações não é fácil e passa por conhecer e atender às normas legais e estabelecer engajamento interno e externo com a cultura da empresa.

O mundo corporativo bem como político hoje está sob intenso julgamento, e o comportamento ético é cada vez mais cobrado. E a dependência do setor privado em relação ao setor público é a mesma, ou até mesmo maior, em alguns países, depois de episódios como a crise financeira de 2008. Só para exemplificar: uma pesquisa feita em 2016 pela consultoria PricewaterHouseCoopers com CEOs de 79 países revelou que o excesso de regulação é a segunda maior preocupação dos executivos (80%), perdendo por pouco somente para a incerteza do crescimento econômico (82%). Portanto, não podemos esperar por crescimento sustentável da economia e sociedade se não colocarmos a relação entre o governo e o setor privado nos trilhos.

Definições

Corrupção. O Banco Mundial a define como o "mau uso do serviço público para fins privados". De acordo com o Banco, indivíduos e empresas pagam propina a agentes públicos para facilitar transações legais, como acelerar licenças concedidas pelo governo, evitar regulações custosas para os negócios ou assegurar contratos lucrativos com o poder público.

Também é considerado corrupção o ato de manipular ilegalmente doações eleitorais, seja para burlar as regras de campanha, seja para direcionar pagamento de propina. E não é só no Brasil que o dinheiro nas campanhas eleitorais acaba em corrupção. Nos Estados Unidos, vistos como mais modernos e avançados, a influência das doações eleitorais e de grupos privados criados para influenciar processos políticos tem gerado enorme debate.[1] De acordo com uma pesquisa, aproximadamente 85% dos eleitores acreditam que o sistema eleitoral americano precisa de reformas fundamentais ou ser completamente reconstruído.

Lobby. Consideramos lobby aquela atividade que tem como objetivo defender interesses privados legítimos e influenciar a tomada de decisões públicas. A defesa de interesses é fundamental para o processo democrático, assim como a interação entre setor público e setor privado. Reconhecemos que causas específicas defendidas por um grupo podem não representar o bem geral da nação ou a melhor política pública. Porém, acreditamos que, no processo de debate, a competição entre as partes (isto é, ideias) gera, em sua maioria, melhores políticas públicas. Neste capítulo, nosso enfoque não será provar que essa competição de ideias gera boas políticas públicas, mas sim refletir sobre o relacionamento entre setores públicos e privados e sobre a importância da transparência nesse processo, após sucessivos escândalos provocarem distorções e desconfiança.

Como visto nos capítulos anteriores, não há regras claras sobre a interação entre poder público, iniciativa privada e outros grupos de interesse. Tomemos o caso dos Estados Unidos novamente: quatro leis de regulamentação do lobby foram implementadas nos EUA nos últimos cem anos, sendo aperfeiçoadas e adaptadas pela experiência e jurisprudência.[2] A experiência americana demonstra que as normas relativas à interação entre governo, sociedade civil e setor privado são processos interativos. Podem sempre ser aprimorados, mas nunca perfeitos por si sós. Como na maioria das religiões, o perfeito é algo a aspirar, mas só possível no mundo do além. Ou, para usar o ditado, no processo político e de relações governamentais o perfeito é inimigo do bom.

Crony capitalism. O *crony capitalism* (capitalismo de laços) é o modelo econômico em que o sucesso dos negócios depende de relações próximas

---

[1] Ver LaRaja (2015).
[2] Ver <fas.org/sgp/crs/misc/R44292.pdf>. Relatório do Congresso Americano sobre leis de lobby.

entre empresários e representantes do governo. As escolhas por parte dos governantes são feitas por favoritismo. Na visão do economista Luigi Zingales, professor da Universidade de Chicago, alguns fatores contribuem para a expansão desse modelo, entre eles lobby desproporcional, falta de competição, nepotismo e poder político. Todos esses fatores, segundo Zingales, provocam distorções nessas relações, que podem ser escancaradas com distribuição de licenças, financiamentos, descontos em impostos ou outras formas de intervencionismo.[3]

No *capitalismo de laços*, o governo decide quem ganha e quem perde com base no interesse político. Essas distorções não necessariamente envolvem transações financeiras nem atos ilegais à luz da lei, como doações para campanhas eleitorais. Zingales sustenta que o favorecimento com base nas relações pessoais restringe a concorrência e facilita a formação de cartéis. "Não se trata de criminalizar o relacionamento. Há muito valor nas relações sociais e o fluxo de informações é melhor, mas esses dois aspectos precisam ser observados."

Da mesma forma que a competição entre produtos gera melhores produtos a menores preços, a competição no debate entre partes interessadas e governo melhora a formação de políticas públicas. O *crony capitalism* gera políticas públicas injustas que provocam desigualdade na sociedade e crescimento lento na economia.

A corrupção, de acordo com Zingales, seria a continuidade do cronismo. Quanto mais difusa, mais aumenta a demanda por corrupção. Os abusos acabam gerando um equilíbrio próprio que é difícil de mudar. Não impossível. O ex-diretor-presidente da Odebrecht, Marcelo Odebrecht, preso pela Operação Lava Jato, afirmou, em sua delação premiada, que no relacionamento da empresa com o setor público havia três vertentes: *contratos, pessoas e propina.*

---

[3] Ver Zingales (2012). Para um artigo mais recente sobre o assunto, ver Zingales (2016).

Parte 1: Contexto das iniciativas de combate à corrupção no Brasil

Em outubro de 1997, véspera da visita do presidente dos Estados Unidos Bill Clinton ao Brasil, o governo americano, através de seu Departamento de Comércio, publicou um relatório no qual dizia que "a corrupção ainda é endêmica na cultura brasileira".[4] Após reações furiosas do governo, de políticos e da mídia brasileira, o embaixador americano pediu desculpas e o termo foi retirado do relatório. Desde lá, vários brasileiros, inclusive o procurador-geral da República Rodrigo Janot e o juiz federal Sérgio Moro, identificaram a corrupção no Brasil como atividade endêmica e sistêmica.[5]

No Brasil, corrupção não é nada diferente e novo. O que é novo é o avanço da corrupção dentro de uma jovem democracia. Se a democracia brasileira está em sua infância, como demonstra Carlos Melo no capítulo 6 deste livro, a nossa corrupção é um câncer que se expande antes dos primeiros passos da criança. O que a Lava Jato, o mensalão e outros escândalos nos trouxeram foi a realidade que até agora não admitíamos ou rejeitávamos, como foi o caso do embaixador americano. Se não quebrarmos o ciclo vicioso da corrupção sistêmica, a democracia representativa e a economia de mercado não irão prosperar no Brasil.

A inovação no combate aos abusos entre setor público e setor privado veio com a Lei nº 12.846, de 1º de agosto de 2013 — a chamada Lei Anticorrupção. Para entender o ambiente em que essa lei foi aprovada, é preciso voltar um pouco no tempo. O Brasil era cobrado há mais de uma década para estabelecer mecanismos de combate à corrupção que atendessem aos acordos internacionais dos quais era signatário. A população havia lotado as ruas em junho de 2013, demonstrando insatisfação com a classe política, após o julgamento do mensalão. Os protestos de junho daquele ano cobravam a melhoria nos serviços públicos e um basta nos desvios de dinheiro. A Lei Anticorrupção representou, então, a resposta do governo de Dilma Rousseff às ruas e aos organismos internacionais que pressionavam o país.

---

[4] Ver "EUA mudam..." (1997) e Tognolli (2014).
[5] Ver Bulla (2016) e Costa (2016).

A Operação Lava Jato estouraria poucos meses depois de a lei entrar em vigor, no início de 2014, expondo práticas ilegais de relacionamento entre grandes empresas do país e o governo, eclodindo numa crise política e institucional sem precedente. Ainda em curso em 2017, a maior investigação do país é terreno fértil para a aplicação da lei. São mais de 1,4 mil procedimentos de investigação, dezesseis empresas envolvidas, 413 investigados só no Supremo Tribunal Federal (STF), 269 denúncias, 158 acordos de delação premiada, mais de R$ 6 bilhões pagos em propina. O tamanho da organização criminosa e a ramificação do esquema assustaram, até mesmo, os investigadores mais experientes. A Lava Jato escancarou a necessidade de responsabilização da pessoa jurídica, ou seja, a empresa, que cometa ato lesivo contra a administração pública, exatamente como previsto na Lei Anticorrupção.

Inspirada em leis americanas (Foreign Corrupt Practices Act — FCPA) e inglesas (Bribery Act), a lei brasileira é parte do empenho mundial de reduzir a corrupção e de intensos debates sobre o impacto dos desvios nos negócios e o aumento da desigualdade social. O FCPA e o Bribery Act proíbem oferta, pagamento, promessa ou autorização de vantagem indevida a fim de induzir agente público a conceder vantagens indevidas, como a troca de licenças; alteração de norma regulatória ou apressamento de benefícios fiscais, ainda que devidos. Seguindo a tendência mundial, a lei brasileira codificou a doutrina jurídica de *respondeat superior*, na qual a empresa pode ser responsável por atos de seus diretores, funcionários e até outros agentes, como consultores e lobistas.

A cruzada internacional contra a corrupção ganhou força em 1997, com a Convenção da Organização para a Cooperação e Desenvolvimento Econômico (OCDE) sobre o Combate da Corrupção de Funcionários Públicos Estrangeiros em Transações Comerciais. Em 2003, foi a vez de a Convenção das Nações Unidas contra a Corrupção, também chamada de Convenção de Mérida, colocar o tema no centro da agenda. Em 2004, a Organização das Nações Unidas incluiu o 10º Princípio no Pacto Global no qual diz que empresas devem combater a corrupção em todas as suas formas, inclusive extorsão e propina. Estudos da OCDE estimam que a corrupção aumente até 10% o custo de fazer negócios e até 25% o preço de contratos públicos em alguns países.

Foi nesse contexto que diversos países passaram a adotar normas que garantem mais transparência nas relações entre empresários e o setor público. No Brasil, as mudanças caminharam de forma mais lenta, até a aprovação da Lei Anticorrupção. O país assinou a Convenção da OCDE em 2000, mas só em 2010 o Executivo apresentou o anteprojeto ao Congresso.

Nos quase quinze anos que separam a assinatura da convenção da OCDE e o início da vigência da Lei Anticorrupção no Brasil, foram feitas alterações no Código Penal, o Congresso aprovou a nova Lei de Lavagem de Dinheiro e foram adotadas iniciativas no Executivo federal para garantir mais transparência nos gastos públicos, bem como fortalecer a cooperação internacional entre polícia, investigadores e judiciário de vários países. Essas medidas foram importantes subsídios para o combate à corrupção no Brasil.

Mas o que diz a Lei Anticorrupção e por que ela é tão importante para o nosso debate sobre a interação entre setor público e setor privado? A Lei Anticorrupção de 2013 estabelece parâmetros legais para o relacionamento entre setor público e setor privado e considera crime:

1. prometer, oferecer ou dar, direta ou indiretamente, vantagem indevida a agente público ou a terceiros relacionados a ele;
2. financiar, custear, patrocinar ou subvencionar a prática de atos ilícitos previstos na lei;
3. utilizar-se de terceiros para ocultar ou dissimular reais interesses ou a identidade dos beneficiários dos atos praticados;
4. dificultar a investigação dos atos;
5. frustrar ou fraudar o caráter competitivo de contratos e licitações;
6. impedir ou fraudar ato licitatório, afastar ou tentar afastar licitante por meio de fraude ou oferecimento de vantagem;
7. usar empresas-fantasmas para participar de licitação ou para celebrar contrato administrativo;
8. manipular o equilíbrio econômico-financeiro dos contratos celebrados com a administração pública; e
9. obter vantagem ou benefício indevido de modificações ou prorrogações na licitação ou nos contratos.

Algumas dessas práticas eram consideradas ilícitas antes da Lei Anticorrupção. Só que agora independe da responsabilização de um dirigente da empresa ou do agente público. Isso significa que a empresa que cometa esses crimes pode ser responsabilizada, mesmo que nenhum de seus executivos esteja diretamente envolvido. Ou seja, a ignorância do não cumprimento da Lei Anticorrupção por parte de um funcionário não exime a empresa de penalidades,[6] da mesma forma que falcatruas financeiras por funcionários podem gerar responsabilidades aos diretores da empresa, que não podem mais se esconder atrás da ignorância de evidências de corrupção.

Segundo a Lei Anticorrupção brasileira, caso comprovado que a empresa burlou qualquer uma das regras, ela pode ser punida com multa de até 20% do faturamento bruto do exercício anterior ao da abertura da investigação, reparação integral do dano, perda dos bens, direitos ou valores que representem vantagem ou que tenham sido obtidos da infração, suspensão ou interdição parcial de suas atividades, dissolução compulsória da pessoa jurídica e proibição de receber incentivos, subsídios, subvenções, doações ou empréstimos de órgãos públicos e de instituições financeiras públicas pelo prazo de um a cinco anos.[7]

Mesmo com o baixo número de punições administrativas, não há motivos para suspeitar da efetividade da Lei Anticorrupção no Brasil. Assim como legislações internacionais semelhantes, a norma brasileira deve levar um tempo para se consolidar. É o tempo de adaptação dos operadores da lei e das empresas, que agora precisarão demonstrar que têm políticas e efetivamente implementam práticas para inibir a corrupção em todos os níveis.

O FCPA, por exemplo, é instituído em 1977, mas só no fim da década de 1990 ganha força para se transformar no modelo que conhecemos hoje, que

---

[6] Para uma discussão de "good faith compliance" e doutrina jurídica de *respondeat superior*, ver Cassin (2008).

[7] Conforme a Lei Anticorrupção brasileira, as empresas punidas também passam a integrar o Cadastro Nacional de Empresas Punidas (CNEP). A lista é pública — está disponível em <http://www.portaldatransparencia.gov.br/cnep> —, com o intuito de aumentar a exposição pública e o impacto negativo sobre os infratores. Porém, no cadastro, há somente oito nomes de empresas "sujas", sendo seis microempresas e duas sociedades limitadas. No âmbito da Lei Anticorrupção, até agora, só houve punições aplicadas pelo governo do Espírito Santo e pela Infraero. Nenhuma empresa da Lava Jato foi penalizada. A microempresa William de Andrade Bullerjahn inaugurou a lista e pagou multa de 6 mil reais por fraudar licitação.

inspira legislações no mundo. A lei representa uma tentativa de estabelecer um ambiente mais justo nos negócios e recuperar a confiança da sociedade no mercado:

> O suborno corporativo é um negócio ruim. Em nosso sistema de mercado livre, é essencial que a venda de produtos se realize com base em preço, qualidade e serviço. O suborno corporativo é fundamentalmente destrutivo deste princípio básico. O suborno corporativo de funcionários estrangeiros ocorre principalmente para ajudar corporações a ganhar negócios. Assim, o suborno corporativo estrangeiro afeta a própria estabilidade do negócio no exterior. Os subornos corporativos estrangeiros também afetam nosso clima competitivo doméstico quando as empresas domésticas se envolvem em práticas como um substituto para uma concorrência saudável para empresas estrangeiras. (Senado dos Estados Unidos da América, 1977)

Ainda assim, o FCPA vive sob constante fogo cruzado. Há quem defenda que a lei é muito dura com as empresas e que acaba atrapalhando os negócios. De acordo com dados oficiais americanos, as investigações do FCPA já resultaram em 99 punições entre 2010 e março de 2017. As denúncias vão do pagamento de propinas milionárias a viagens de luxo pagas a funcionários públicos estrangeiros.

Mas o número de punições do FCPA (e similarmente a lei de lobby) não faz jus à importância e ao efeito prático dessas leis. Não existe empresa que mantenha negócios dentro ou fora dos EUA que não tenha estabelecido processos internos para não cair na mira dos investigadores. O medo de ser pego pela malha fina do combate à corrupção gera enorme apreensão e, por isso, o esforço das empresas em evitar qualquer ação que aparente corrupção.

Na Inglaterra, o UK Bribery Act, que entrou em vigor em 2011, também sofreu várias críticas do mercado. O Serious Fraud Office (SFO), responsável pela aplicação da norma, tem hoje 33 casos sob investigação. A regra se aplica a todas as organizações estabelecidas no Reino Unido e a quem com elas realize negócios. O Bribery Act tipifica a corrupção, inclusive de agentes públicos estrangeiros, e a falha na prevenção por parte das empresas.

Os casos de corrupção raramente chegam a um tribunal nos EUA e na Europa devido ao estímulo à colaboração de empresas e ao envolvimento de denunciantes (ou *whistleblowers*, como são chamados em inglês).[8] Isso gera incentivos (financeiros e de relações públicas) para as empresas fecharem acordo ainda no âmbito administrativo, sem chegarem ao público no tribunal de justiça. Também se incentiva que denunciantes apareçam, contribuam e recebam por isso. Nos Estados Unidos, por exemplo, utilizando uma lei originalmente do século XIX (False Claims Act), o denunciante pode receber entre 10% e 30% do dinheiro que for recuperado em virtude das informações fornecidas por ele.[9] O programa norte-americano já pagou US$ 149 milhões a 41 denunciantes. As investigações resultaram, conforme a SEC, em mais de US$ 935 milhões poupados aos cofres públicos.

Os dados apresentados no relatório *Foreign Bribery*, da OCDE, revelam que, em 69% dos casos, a sanção aplicada é o acordo. Somente em 31% dos casos há condenações. A pesquisa apresenta um mapa da propina pelo mundo e comprova a importância da colaboração empresarial na luta contra a corrupção. Um terço dos casos foram relatados pela própria empresa às autoridades, talvez já demonstrando o efeito da lei e programas de "compliance". E os casos que chegaram até o conhecimento da empresa foram oriundos de auditoria interna (31%), diligência durante processo de fusão e aquisição (28%); denunciantes (17%). De acordo com o relatório da OCDE, apenas 1% dos casos de corrupção identificados envolve investigação criminal.

No Brasil, a denúncia privada e remunerada (*whistleblowing*) ainda enfrenta forte resistência no Congresso Nacional, apesar das inúmeras propostas em tramitação. A Estratégia Nacional de Combate à Corrupção

---

[8] Peter B. Jubb (1999) define esse tipo de denunciante da seguinte forma: "Whistleblower é a pessoa que, detendo posição privilegiada de acesso a dados e informações de uma organização, sem ter obrigação legal, voluntariamente relata a uma competente autoridade pública, um ato de interesse público, sobre fatos que entende ilegais, não triviais, ou outras irregularidades sob o controle de uma organização e que podem configurar atos de corrupção, fraudes ou violação de um sistema normativo ou regulatório."

[9] Ver Doyle (2009).

(ENCCLA)[10] defende a criação de um programa com regras claras para o recebimento de informações e para a proteção dos denunciantes.[11]

Enquanto se debate o papel do denunciante privado, a Lei Anticorrupção brasileira traz o instituto do acordo de leniência, um instrumento de delação para empresas investigadas. O acordo de leniência permite às empresas se livrarem de punições em troca da confissão de irregularidades e da colaboração com as autoridades. Assim, poderão continuar participando de licitações, celebrando contratos públicos e terão multas reduzidas. Esse recurso já é usado com reconhecido sucesso pelo Conselho Administrativo de Atividade Econômica (Cade) nos casos que envolvem formação de cartel. Mas, três anos após a Lei Anticorrupção começar a valer e o esquema de corrupção na Petrobras ser revelado, o governo ainda não conseguiu se entender sobre a competência para assinar os acordos de leniência no Executivo, e apenas uma colaboração foi formalizada.

Os acordos de leniência da Lava Jato, por exemplo, só foram concluídos com o Ministério Público Federal e estritamente no âmbito criminal. Marcelo Muscogliati, subprocurador da República e responsável por validar os acordos no MPF, sustenta a seguinte posição: "Acordo de leniência não é método de salvamento para empresas. É técnica de investigação. Se o sujeito não entrega nada, não é leniência."

A matemática dos acordos não é nada simples, e o impasse dentro do governo está longe de acabar. No centro da disputa está o valor que deverá ser devolvido aos cofres públicos e a destinação dos recursos. Isso ocorre já que a Lei Anticorrupção não definiu critérios para ressarcimento dos valores nem para aplicação da multa. Sem tabela ou parâmetros claros, cada órgão apresenta um número distinto. A cifra da discórdia vai de milhões a bilhões, dependendo do caso.

O tamanho da conta é fundamental para a sobrevivência financeira. Após a fase das delações, a assinatura do acordo é a etapa decisiva para a

---

[10] Ver <http://www.enccla.camara.leg.br>. Acesso em: 28 ago. 2017.

[11] O desembargador Márcio Antônio Rocha define o *whistleblower* como aquela pessoa que chama a atenção de autoridades públicas para atos ofensivos à ordem jurídica. No estudo "Subsídios ao debate para a implantação de programas de *whistleblower* no Brasil", o magistrado sustenta a importância da ferramenta como garantia dos direitos humanos e com o objetivo de auxiliar o Estado. Rocha, no entanto, alerta para a necessidade de garantir a integridade física e moral daquele que resolve reportar o ato ilícito. O sucesso do programa depende ainda da credibilidade e da confiabilidade das instituições.

"virada de página". Pela regra, a leniência é acompanhada de medidas de integridade e compromissos públicos de boas práticas empresariais. Vale ressaltar as palavras de Valdir Moysés Simão e Marcelo Pontes Vianna, autores do livro *Acordo de leniência na Lei Anticorrupção*:

> O acordo de leniência visto isoladamente como instrumento de investigação pode não provocar a esperada mudança cultural no ambiente corporativo. O acordo deve se inserir numa política de combate à corrupção. Não se trata apenas de porta de saída para a empresa que, no curso de processo instaurado em seu desfavor, se mostra arrependida. Deve ser também meio de recompensar as corporações que implementaram as medidas de controle e integridade que dela se esperam e, quando detectaram a ocorrência de uma irregularidade, reportaram de forma voluntária e tempestiva ao Estado. Esse é o espírito do acordo de leniência na sua forma mais pura. Todavia, acordos feitos sem regras previsíveis, transparentes e com pouca segurança jurídica desestimulam a verdadeira colaboração espontânea das pessoas jurídicas. (Simão e Vianna, 2017)

Dez empresas envolvidas na Lava Jato já assinaram acordo de leniência com o Ministério Público. Os valores ressarcidos somam pelo menos R$ 9 bilhões e elas se comprometeram a colaborar permanentemente para ampliar e aprofundar, em todo o país, as investigações. Com a assinatura, as empresas se comprometem a cessar a participação em esquemas ilícitos, implementar regras de compliance e portar-se com "honestidade, lealdade e boa-fé". O acordo da Odebrecht prevê ainda a participação de um monitor externo para fiscalizar o cumprimento do acordo.

Parte 2: Por que uma empresa ou pessoa vai reportar corrupção?

Depois de analisar a classificação de 480 corporações feita pela organização não governamental Transparência Internacional, os professores Paul Healy e George Serafeim, de Harvard, no estudo "An Analysis of Firms' Self-Reported Anticorruption Efforts" (2016), concluem que empresas com maior índice de reportamento de casos de corrupção são originárias de nações com menor índice de corrupção e que atuam em indústrias consideradas de alto risco (pesca, indústria pesada, indústrias farmacêuticas e serviços de saúde, energia e transmissão, mineração, petróleo). Essas empresas têm sede em países com poderoso combate à corrupção, são listadas nos Estados Unidos ou na Europa, tiveram alguma experiência recente de corrupção, são auditadas por alguma das quatro maiores firmas de auditoria no mundo e têm percentual mais alto de diretores independentes.

Para os pesquisadores de Harvard, a corrupção está relacionada a vários fatores complexos, como tamanho do setor público, presença de regimes autocráticos, regulações fracas e baixa competição econômica, além de variáveis culturais. Healy faz menção ao chamado "custo de transação", a que os executivos submetem os negócios. O cálculo do custo-benefício considera, entre outras variáveis, o poder de execução (*enforcement*, em inglês) e a possibilidade de ser pego. Países como o Brasil, onde a regulação é um problema, e burocratas podem trocar vetos por dinheiro, aumentam o custo.

Em "An Empirical Study of Corruption in Ports" (2010), Simeon Djankov e Sandra Sequeira detalham a dificuldade e o custo das empresas para evitar portos que cobram mais propina. O estudo revela que a maneira como os burocratas do serviço público se organizam deixa brechas para diferentes formas de corrupção, que, em alguns casos, reduzem para as empresas o custo do uso dos portos, mas, em outros, o aumentam. A escolha do porto depende então não só do valor da despesa, mas também do tempo que a mercadoria fica presa em cada um. Outra revelação significativa feita pelo estudo é que, quanto maior a corrupção, menor o investimento que as empresas realizam para melhorar a infraestrutura e os serviços locais. A pesquisa revela o empenho para driblar a corrupção e sua influência nos negócios.

Na segunda parte deste capítulo, vamos discutir como o excesso de regras decorrente da máquina burocrática favorece o *capitalismo de laços* e como as empresas podem se esquivar desse tipo de relacionamento.

No *capitalismo de laços*, a *overdose* de normas regulatórias estimula as relações pessoais para destravar a burocracia imposta — muitas vezes propositalmente — pelo serviço público. O resultado, então, é o confronto entre interesse público e interesse privado, comprometendo o coletivo ou influenciando, de maneira imprópria, o desempenho da função pública. Não deve ser surpresa para o leitor brasileiro que o governo federal tem mais de 2 milhões de servidores públicos (Executivo, Legislativo e Judiciário), e que uma minoria desse contingente se sente "superempoderada", criando dificuldades para soluções via corrupção. Conforme descrito anteriormente, bem como por outros economistas, em países nos quais o governo é excessivo a corrupção ocorre como alternativa para driblar a regulação, o favoritismo e a tributação.

A regulação e a dificuldade de fazer negócios no capitalismo de laços são fatores que movem a corrupção. O excesso de regras, além de caro, consome muito tempo das empresas. A divulgação dos relatos dos executivos da Odebrecht revelou que a empreiteira pagou propina a integrantes do Legislativo e do Executivo em troca de, pelo menos, uma dúzia de medidas provisórias. As medidas provisórias editadas pelo Executivo, que precisavam da aprovação do Congresso, traziam benefícios fiscais, além de desoneração na folha de pagamento e perdão ou redução de dívidas. Ora, o intuito dessas medidas provisórias pode até ter sido meritório, porém não há como ignorar o fato de que estamos falando de desonerar a um grupo seleto obrigações que incidem a muitos. Conforme qualquer economista ou contador pode confirmar, até um certo nível de tributação, o incentivo é pagar. Atingido esse limite, o incentivo é burlar o imposto, de um jeito ou de outro.

Em um de seus depoimentos, Marcelo Odebrecht detalha como essa relação funcionava. "Se você vai para o Congresso e pede alguma coisa, cria-se a expectativa de apoio", explica o ex-diretor-presidente do grupo. Ele conta que sua boa relação pessoal com os ministros garantia o destravamento e o financiamento de projetos. "É uma grande parceria", como ele mesmo define, só que baseada em dinheiro. "Empresas que não tinham o mesmo acesso não conseguiam levar seus pleitos adiante."

No estudo "The Concept of Systematic Corruption in American Political and Economic History" (2006), John Joseph Wallis afirma que a corrupção sistêmica incorporou a ideia de que os atores políticos manipulam o sistema econômico para criar regras que lhes assegurariam o controle do governo. O CEO da JBS, Joesley Batista, delator de cinco esquemas diferentes de corrupção, afirmou que fazia doações de campanha para garantir o acesso privilegiado e a empatia dos políticos na resolução das demandas do grupo. Entre as benesses: reuniões fora da agenda com o presidente da República, encontros semanais com ministros e aprovação de normas que beneficiassem os negócios.

O conflito de interesses é um dos efeitos mais perversos da relação corrupta entre setor público e setor privado, já que coloca em risco a imparcialidade das decisões governamentais e a justiça dos negócios. Ocupantes de cargo público com acesso a informações privilegiadas e a rede de contatos responsável por tomar decisões interessam às empresas. Algumas áreas são tidas como mais sensíveis e as chamadas zonas cinzentas costumam estar nas instituições financeiras, nas agências reguladoras e nos ministérios com maior orçamento.

A Lei de Conflito de Interesses no Brasil foi aprovada em julho de 2013, no mesmo contexto da Lei Anticorrupção, e tenta sanar dúvidas sobre os limites da atuação do servidor público. Em 2015, o Ministério da Transparência, Fiscalização e Controle recebeu mais de 2 mil consultas sobre atividades que poderiam gerar conflitos. As dúvidas mais comuns estavam relacionadas com a possibilidade de atuação como consultor em paralelo a atividades no serviço público, além de viagens e presentes.

Em 2016, a Controladoria-Geral da União e a Comissão de Ética Pública redigiram uma nota de orientação sobre a participação de agentes públicos em eventos (Orientação Normativa Conjunta nº 1, de 6 de maio de 2016). Porém, a falta de fiscalização e as lacunas no texto da CGU deixam margem a diferentes interpretações. A norma dispõe que a viagem deve ser custeada preferencialmente pelo serviço público, mas, excepcionalmente, pode ser custeada pela instituição promotora do evento, se observado o interesse público. A nota também diz que as autoridades devem dar publicidade ao custeio das viagens relativo a transporte, alimentação, hospedagem e inscrição em evento e os detalhes do patrocinador, além da lista de brindes e presentes recebidos. Basta uma rápida navegada nas páginas do governo federal para se descobrir que a norma é ignorada. O Executivo tampouco fornece essas informações em atendimento à Lei de Acesso à Informação.

Se o conflito de interesse é um dos efeitos negativos na relação corrupta entre setor público e setor privado, a transparência é peça-chave na construção de relacionamento íntegro com o serviço público. Não existe fórmula nem modelo pronto para essa relação, somente princípios e boas práticas, e o conceito do que é certo e errado está em constante transição. Como destacado por Eugene Soltes (2016) no livro *Why They Do It: Inside the Mind of the White-Collar Criminal*, até pouco tempo, alguns atos hoje passíveis de longas temporadas na cadeia, de *inside trading* à manipulação de demonstrativos financeiros, eram aceitáveis. No livro, Soltes aborda a importância da gestão e de regras claras nas empresas, apesar de saber que, muitas vezes, a pessoa tem ciência delas e ainda assim as ignora. Ele conta o caso de Scott London, um ex-executivo da KPMG que foi preso por vender informações. "Uma vez que eu vi que nada estava acontecendo, meus padrões ficaram mais baixos", explicou London sobre sua ação criminosa.

A implementação de programas de conformidade (*compliance*, em inglês) contribui no sentido de estabelecer as regras para o relacionamento da empresa com o poder público. A literatura sobre esse tema e as entrevistas conduzidas com profissionais da área ressaltam a necessidade de se focar na mudança da cultura corporativa e incluir, já do topo da empresa, o efeito cascata do engajamento das lideranças no assunto na empresa. Multinacionais estão acostumadas com o compliance até pelo arcabouço jurídico, discutido anteriormente neste texto. Já as empresas brasileiras estão em processo de adaptação ao novo ordenamento e às transformações culturais pelas quais a sociedade passa nos últimos anos. O filósofo e economista Adam Smith, em seu livro *Teoria dos sentimentos morais*, já observava como as leis geralmente acompanham a moralidade.

Antes de a Lei Anticorrupção entrar em vigor e da explosão da Operação Lava Jato, mesmo grandes empresas brasileiras não adotavam ferramentas de compliance. Algumas até tinham um departamento voltado para governança e ética, mas a área não era levada a sério, tampouco recebia investimentos. A realidade hoje é outra. E, ainda que algumas empresas venham a exercer práticas ilegais, o que se percebe é uma corrida pela correção do rumo de atuação e o fortalecimento de ferramentas de controle e comando. O mercado anticorrupção cresceu significativamente no país com oferta de variados serviços por escritórios de advocacia e empresas de consultoria. As corporações também passaram a dar publicidade a sua missão, que são os valores defendidos pela empresa em sua atuação.

É preciso destacar uma particularidade do mercado brasileiro: 90% das empresas são familiares, segundo o Instituto Brasileiro de Geografia e Estatística (IBGE). Nesse modelo, a gestão costuma ser pautada em relacionamentos e confiança. Isso pode ser positivo para consolidar valores, mas pode tornar mais difícil o processo de virada de página, como no caso da Odebrecht. A retomada da reputação passa, muitas vezes, pela troca de comando e de toda a diretoria da empresa. A mudança na administração da empresa ajuda a transformar a percepção do mercado e o processo de restruturação da empresa, como aconteceu com a escolha de Pedro Parente, um ex-servidor público reconhecido pela capacidade de administrar temas sensíveis e complexos, para a presidência da Petrobras. Basta lembrar que na época da primeira grande crise do setor elétrico em 2001, o presidente FHC escolheu Parente para adotar medidas de racionamento de energia a fim de evitar um apagão no país. No caso das empresas familiares, a mudança de executivos pode ser mais difícil seja pela dificuldade de alterações dentro do núcleo familiar ou mesmo do reconhecimento da necessidade de mudar.

No artigo "Ethical Breakdowns", Max Bazerman e Ann Tenbrunsel (2011) defendem que líderes empresariais adotem diversas formas de ações de combate à corrupção, entre elas a elaboração de um código de conduta, treinamento de equipe, e até a eliminação de brechas nas normas, que facilitem a corrupção. Os autores, entretanto, dizem que leis em mercados emergentes podem não ser suficientes, se não forem apropriadamente aplicadas. E, para que as iniciativas internas não se transformem em papo furado, dizem que é preciso investir e muito. Uma pesquisa recente feita com 217 grandes empresas indica que, para cada bilhão de receita, a empresa investe US$1 milhão em ações de compliance. Os autores rebatem, no entanto: "se esses esforços funcionassem, poder-se-ia argumentar que o dinheiro — uma gota no balde para muitas organizações — foi bem gasto. Mas isso é um grande 'se'. Apesar de todo o tempo e dinheiro que têm ido para esses esforços e todas as leis e regulamentos que foram promulgados, o comportamento antiético observado está em ascensão."

De acordo com Bazerman e Tenbrunsel, é muito comum que empregados quebrem regras éticas porque o comando está "cego" ou até mesmo encorajem, sem saber, essas práticas. São raros, de acordo com o pesquisador, casos em que a corrupção é incentivada do topo, como visto na Odebrecht. Os experimentos feitos também indicam que somos mais lenientes no nosso julgamento quando a ação não ética foi delegada a alguém e cometida por um intermediário. De fato, segundo a OCDE, 75% dos casos de pagamento de propina envolvem intermediários. Na maioria das vezes, a liderança corporativa está envolvida, ou ao menos consciente, da prática de suborno e corrupção.

No Brasil, talvez como demonstração da rigidez burocrática, o governo estabeleceu em 2015 diretrizes para a implementação dos programas de compliance através do Decreto nº 8.420, de 18 de março de 2015, no qual definiu, em seu art. 41, o que é programa de integridade: "programa de integridade consiste, no âmbito de uma pessoa jurídica, no conjunto de mecanismos e procedimentos internos de integridade, auditoria e incentivo à denúncia de irregularidades e na aplicação efetiva de códigos de ética e de conduta, políticas e diretrizes com o objetivo de detectar e sanar desvios, fraudes, irregularidades e atos ilícitos praticados contra a administração pública, nacional ou estrangeira."

As empresas, além de obterem reconhecimento quanto à reputação, têm incentivo jurídico para adotar o programa de integridade. A lei estabelece punição mais branda e redução da multa, caso implementem esses mecanismos. O compliance de boa-fé também protege a empresa, já que, muitas vezes, é ponto de entrada das denúncias e demonstra a tentativa de inibir atividades ilícitas. Ações efetivas, não só políticas escritas no papel, são necessárias para o bom compliance, que na maioria das vezes está a reboque de regulações.

Nos Estados Unidos, os primeiros programas de compliance surgiram para reduzir riscos concorrenciais (antitruste) e também para controlar as instituições financeiras. Mais recentemente, foi a vez do setor de saúde popularizar as normas de integridade para combater fraudes e atender regulações cada vez mais duras.

No Brasil, tudo ainda é muito novo. O governo defende a necessidade de uma política de relacionamento do setor privado com o setor público para mitigar riscos, especialmente na área de contratos, regulação e *revolving door* (expressão utilizada para designar o fluxo entre ocupantes de cargos no setor público e no privado). A CGU defende a adoção de regras internas que imponham, por exemplo, a rotatividade de empregados da empresa que tenham contato com agentes públicos, que determinem a necessidade de mais de um profissional na reunião com oficiais do Estado e que estabeleçam que atividades de alto risco passem pelo conselho de administração da empresa. Algumas dessas práticas já são adotadas, como a obrigatoriedade de mais de um profissional em reuniões e redação de atas das reuniões com representantes do setor público. Alguns órgãos públicos, alvos recentes de escândalos, passaram, também, a gravar as reuniões, como é o caso da Agência Nacional de Vigilância Sanitária.

O fator transparência se mostra, então, não apenas como complemento para a aplicação das leis, mas também como fator primordial para que a relação se construa de forma íntegra. A interação precisa existir, é fundamental no processo democrático. O poder das corporações hoje é algo sem precedente. Em 2016, uma pesquisa feita pela organização não governamental Global Justice mostrou que, das cem maiores entidades mundiais, 69 eram empresas privadas. Elas emergiram como instituições de governança dominantes no planeta, excedendo a maioria dos governos em tamanho e poder (Korten, 1995).

Conclusão

Começamos este artigo com algumas frases de 1913 do juiz americano Louis Brandeis. A frase-chave, que a luz do dia é o melhor desinfetante para os problemas da sociedade, é vista como a origem do movimento a favor de políticas de transparência para reduzir a corrupção no governo.[12] Ironicamente, Brandeis não escrevia sobre corrupção política, mas sobre práticas de conluio entre bancos de investimentos da época. No texto, Brandeis ataca uma forma de capitalismo selvagem que levava banqueiros a usarem dinheiro de pequenos depositários para investir e controlar boa parte da economia americana, criando um ciclo vicioso no qual o cidadão comum não tem controle sobre suas contas e seu futuro. Mas, para Brandeis, a melhor forma de combater o câncer da corrupção é através do livre acesso à informação, o que na época ele chamava de "publicidade" e hoje chamaríamos de transparência.

No Brasil, a Operação Lava Jato demonstrou claramente que a corrupção passou dos limites de tolerância até para o brasileiro. A maior investigação da história não aconteceu por acaso e é resultado da construção de uma série de regras imperativas e momentos singulares. Quem imaginou que um mero posto de gasolina na capital federal levaria à queda de tantos políticos?

Como a Lava Jato vai acabar (ou se vai) é para historiadores contarem, mas o que está claro é que somente essa geração de cidadãos e governantes pode resolver pôr fim ao capitalismo de laços e virar a página para um Brasil em que as melhores ideias ganhem força no traçar de políticas públicas.

---

[12] Ver "Brandeis..." (2009).

As empresas precisam abraçar as normas contra a corrupção. Defendê-las interna e externamente. Ter um programa de compliance não é suficiente. É preciso fazer valer as regras para todos e criar engajamento para se estabelecer uma nova forma de relacionamento com o governo. Os programas de compliance, como defendidos por Christine Parker (2002) em *The Open Corporation*, precisam ser orientados por metas, que incluem a criação de um ambiente de negócios mais saudável, com mais competição, consumidores bem informados e um espaço de trabalho mais justo e equilibrado.

E, através da transparência, mas não somente dela, poderemos continuar o longo processo de construir uma democracia mais honesta e uma economia mais justa.

Referências bibliográficas

Bazerman, M. H.; Tenbrunsel, A. E. "Ethical Breakdowns: Good People Often Let Bad Things Happen. Why?" *Harvard Business Review*, v. 89, n. 4, p. 58–65, 2011.

Berger, A. "Brandeis and the History of Transparency". *Sunlight Foundation*, 26 mai. 2009.

"Brandeis and the History of Transparency". *Sunlight Research*, 26 mai. 2009. Disponível em: <http://www.sunlightfoundation.com/2009/05/26/brandeis--and-the-history-of-transparency>. Acesso em: 31 ago. 2017.

Brasil. *Lei nº 12.846/13*, de 1º de agosto de 2013. Dispõe sobre a responsabilização administrativa e civil de pessoas jurídicas pela prática de atos contra a administração pública, nacional ou estrangeira, e dá outras providências. Brasília: Diário Oficial da União, 2013.

_____. *Decreto nº 8.420, de 18 de março de 2015*. Regulamenta a Lei nº 12.846, de 1º de agosto de 2013, que dispõe sobre a responsabilização administrativa de pessoas jurídicas pela prática de atos contra a administração pública, nacional ou estrangeira e dá outras providências. Brasília: 2015.

Bulla, B. "Janot diz que Lava Jato 'envergou a vara' da corrupção endêmica no país". *O Estado de S. Paulo*, 11 nov. 2016.

Cassin, R. L. "Justice for Corporate Defendants?" *The FPCA Blog*, 10 jun. 2008. Disponível em: <http://www.fcpablog.com/blog/2008/6/10/justice-for-corporate--defendants.html>. Acesso em: 30 ago. 2017.

Conselho Editorial. "EUA mudam relatório com crítica ao Brasil". *Folha de S.Paulo*, 10 out. 1997.

Costa, R. "Em Cuiabá, Moro vê corrupção endêmica no país". *Gazeta Digital*, 6 dez. 2016.

Djankov, S.; Sequeira, S. "An Empirical Study of Corruption in Ports". *Munich Personal RePEc Archive*, n. 21.791, 2010.

Doyle, C. *Qui Tam: The False Claims Act and Related Federal Statutes*. Congressional Research Service, 2009.

"EUA mudam relatório com crítica ao Brasil". *Folha de S.Paulo*, 10 out. 1997. Disponível em: <http://www1.folha.uol.com.br/fsp/brasil/fc101005.htm>. Acesso em: 30 ago. 2017.

Global Justice Now. *10 Biggest Corporations Make More Money than Most Countries in the World Combined*. 12 set. 2016.

Healy, P.; Serafeim, G. "An Analysis of Firms' Self-Reported Anticorruption Efforts". *The Accounting Review*, v. 91, n. 2, p. 489–511, 2015.

Jubb, P. B. "Whistleblowing: A Restrictive Definition and Interpretation". *Journal of Business Ethics*, v. 21, n. 1, p. 77–94, 1999.

Korten, D. *When Corporations Rule the World*. Sterling: Kumarian Press, 1995.

LaRaja, R.; Schaffner, B. "Want to Reform Campaign Finance and Reduce Corruption? Here's how". *The Washington Post*, 26 out. 2015. Disponível em: <http://www.washingtonpost.com/news/monkey-cage/wp/2015/10/26/want-to-reform--campaign-finance-and-reduce-corruption-heres-how>. Acesso em: 30 ago. 2017.

Parker, C. *The Open Corporation: Effective Self-regulation and Democracy*. Cambridge: Cambridge University Press, 2002.

PwC US. *20 Years Inside the Mind of the CEO... What's Next?* 2017. Disponível em: <https://www.pwc.com/gx/en/ceo-agenda/ceosurvey/2017/us.html>.

Senado dos Estados Unidos da América. *Foreign Corrupt Practices Act*. Washington, DC: 1977.

Simão, V. M.; Vianna, M. P. *Acordo de leniência na Lei Anticorrupção*. São Paulo: Jurídicos Trevisan, 2017.

Smith, A. *A teoria dos sentimentos morais*. São Paulo: Martins Fontes, 1999.

Soltes, E. F. *Why They Do It: Inside the Mind of the White-Collar Criminal*. Nova York: PublicAffairs, 2016.

Tognolli, Claudio. "Sobre como os EUA estavam corretos sobre a corrupção no Brasil". *Yahoo Notícias*, 22 nov. 2014. Disponível em: <http://br. noticias. yahoo. com/blogs/claudio-tognolli/sobre-como-os-eua-estavam-corretos-sobre-a--corrupcao-no-131422685.html>. Acesso em: 30 ago. 2017.

Vieira, A. G. "'Leniência não existe para destravar crédito', diz PGR". *Valor Econômico*, 10 mar. 2017.

Wallis, J. J. "The Concept of Systematic Corruption in American History". In: Glaeser, E. L.; Goldin, C. *Corruption and Reform: Lessons from America's Economic History*. Chicago: University of Chicago Press, 2006.

Zingales, L. *Capitalism for the People: Recapturing the Lost Genius of American Prosperity*. Nova York: Basic Books, 2012.

_____. "Donald Trump, Crony Capitalist". *The New York Times*, 23 fev. 2016. Disponível em: <http://www.nytimes.com/2016/02/23/opinion/campaign-stops/donald-trump-crony-capitalist.html>. Acesso em: 30 ago. 2017.

PARTE 2

MANUAL DE MELHORES PRÁTICAS EM RELAÇÕES INSTITUCIONAIS

Milton Seligman* e Mateus Affonso Bandeira**

---

* Engenheiro eletricista, professor do Insper, em São Paulo, e Global Fellow do Brazil Institute no Woodrow Wilson International Center for Scholars, em Washington.
** Administrador, conselheiro de administração e consultor de empresas.

1. Por que se relacionar com o Estado é importante?

O que é lobby? Por que fazer lobby? Lobby é bom ou ruim para a democracia? É possível tentar influenciar o governo ou uma política pública no Brasil sem medo de ser preso? O objetivo desta segunda parte do livro é apresentar, de forma didática, um manual sobre como se relacionar com o poder público no Brasil de forma legal, ética e eficiente. Não é *a* única forma, mas a maneira que os autores acreditam ser a mais adequada, baseada em anos de experiência no poder público e na iniciativa privada, além da experiência de ensino, pesquisa e publicações de um grupo de estudos sobre o tema no Insper.

Em geral, empresas e ONGs não têm conhecimento significativo sobre o setor público. Da mesma forma, as autoridades públicas do Estado e até mesmo os membros dos Legislativos não sabem muito sobre o mundo corporativo, e sobre o universo das ONGs. Antes de examinar o Estado para entender se há ou não a possibilidade de uma organização não governamental desenvolver suas atividades sem se relacionar com ele, vamos olhar, mesmo que rapidamente, o que é o Estado.

Há uma Teoria Geral do Estado, que, nas palavras de Paulo Jorge de Lima (1971), é a disciplina de caráter teórico e geral, que tem por objeto o estudo do Estado como fenômeno social e histórico, não só quanto ao seu conteúdo econômico-social, como no tocante às suas formas jurídicas e, inclusive, às suas manifestações ideológicas. Para que essa teoria tenha sentido, devemos adotar alguma definição sobre sociedade, e aí podemos aproveitar a definição formulada pelo filósofo Regis Jolivet, segundo quem a sociedade é "a união moral estável, sob uma única autoridade, de várias pessoas, físicas ou morais, que tendem a fim comum" (Acquaviva, 2010, p. 8).

Essa definição se aproxima da do jurista e filósofo italiano Giorgio Del Vecchio (apud Acquaviva, 2010, p. 9) "um complexo de relações, graças ao qual vários seres individuais vivem e trabalham conjuntamente, daí surgindo nova e superior unidade". A vida comunitária pressupõe uma interação ou ação recíproca, pois, para que um conjunto de indivíduos possa ser qualificado como sociedade, é indispensável a característica de permanência, vale dizer, estabilidade. Para classificar as sociedades, de modo que se possa alcançar o que particularmente nos interessa, o Estado, teremos que passar pelas dificuldades encontradas pelos grandes teóricos.

Classificar as sociedades é tão difícil quanto defini-las, mas os sociólogos Ferdinand Tönnies e Max Weber chegaram próximo. Tönnies classificou as sociedades em dois grandes grupos, as comunidades e as associações. A comunidade seria um produto subjetivo, espontâneo da vida social, correspondente à vida real, orgânica, enquanto a associação resultaria de um impulso racional, de uma vontade tangida pela razão, diante de um interesse material. Marcello Caetano (apud Dezen Jr., 2015, p. 10) conclui, a partir dos estudos sobre Tönnies, que "na comunidade os membros se acham unidos, apesar de tudo quanto os separa; na associação, permanecem separados, apesar de tudo quanto fazem para se unir".

Segundo o jurista italiano Norberto Bobbio, a palavra foi utilizada pela primeira vez, com o seu sentido contemporâneo, no livro *A arte da guerra*, pelo general estrategista Sun Tzu, e posteriormente em *O príncipe*, de Nicolau Maquiavel. Para Bobbio et al. (2004, p.50), o Estado "é organizado política, social e juridicamente, ocupando um território definido onde, normalmente, a lei máxima é uma constituição escrita. É dirigido por um governo que possui soberania reconhecida tanto interna quanto externamente". Um Estado soberano é sintetizado pela máxima "Um governo, um povo, um território". O reconhecimento da independência de um Estado em relação aos outros, permitindo, ao primeiro, firmar acordos internacionais, é uma condição fundamental para estabelecimento da soberania. O Estado é responsável pela organização e pelo controle social, pois detém, segundo Max Weber, o monopólio da violência legítima. Conforme a divisão setorial sociológica mais comum, considera-se o Estado o Primeiro

Setor, ficando o Mercado e as Entidades da Sociedade Civil respectivamente como Segundo e Terceiro Setores.

Muitos conceitos se embaraçam nesse tipo de análise. Neste livro, consideramos o Estado como o *locus* do poder, o aparato de poder. Não é coincidência que os estudiosos do Estado também se debruçam sobre a burocracia, como o fez Weber. O Estado é diferente de um regime, que são as regras que definem como o poder é exercido (democracias, ditaduras etc.). Em outras palavras, regimes institucionalizam normas e regras para o acesso e o exercício do poder. Por fim, governos são as pessoas que controlam o Estado.

Quando organizações dos três setores buscam alianças e parcerias para desenvolver suas ações com vistas ao interesse público, o resultado geralmente é positivo para todos. Um processo de benefícios mútuos aparece para qualquer organização pela simples adequação de seus planos a caminhos de menor resistência. A questão ética nesses relacionamentos é importante, e será devidamente abordada no contexto das alianças, mostrando os requerimentos necessários para garantir o devido compromisso com as normas que emanam de limites morais. A responsabilidade social das empresas (RSE) é parte importante dessa abordagem, pois permite uma narrativa mais completa sobre a importância social da existência de empresas privadas em cada sociedade. Também é possível construir a reputação de uma organização a partir de novas características da sociedade e de uma apresentação que contemple o conjunto das influências da organização na área econômica, social e ambiental.

Organizações privadas, portanto, também se relacionam com a sociedade civil. Ao discutir a consolidação de democracias, o professor de Stanford Larry Diamond (1994) argumenta que a antinomia simplista entre sociedade civil e Estado, como se fosse uma disputa de soma zero, não faz mais sentido. Para ele, a sociedade civil está preocupada com fins públicos, e não privados. Por essa definição, nem toda associação ou grupo pertence à sociedade civil. Em vez de uma visão generalista da sociedade civil, Diamond (1994, p. 5) define: "A sociedade civil é concebida aqui como o reino da vida social organizada, que é voluntária, autogerada, (em grande parte) autossustentada, autônoma do Estado e limitada por uma ordem legal ou um conjunto de regras compartilhadas. Ela é distinta da 'sociedade' em geral, na medida em que envolve cidadãos atuando coletivamente em uma esfera pública para expressar seus interesses, paixões e ideias, trocar informações, alcançar metas mútuas, fazer demandas para o Estado e controlar os funcionários do Estado. A sociedade civil é uma entidade intermediária, situada entre a esfera privada e o Estado."

Cláudio Acquaviva (2010, p. 146) sustenta que "as concepções que têm idealizado o Estado de Direito, prescindindo do direito natural e encerrando-se nas perspectivas estreitas do positivismo jurídico, reduzem o direito à lei, não distinguem o que é legal do que é legítimo, e não vão além de um Estado de legalidade, que nem sempre é um Estado de justiça". Em outras palavras, para que o Estado seja de direito, ele deve garantir que a justiça devida a outro seja exercida, uma vez que a lei não cria o direito, mas o reconhece e estabelece as condições de exercício dos direitos subjetivos.

Para isso, os princípios do Estado de Direito devem ser absolutamente garantidos, e eles são (Acquaviva, 2010):

- princípio da supremacia da lei (*rule of law*), com a limitação do poder pelo direito positivo;
- princípio da legalidade, mediante o qual ninguém será obrigado a fazer ou deixar de fazer alguma coisa senão em virtude de lei;
- princípio da irretroatividade da lei, para resguardo dos direitos adquiridos;
- princípio da igualdade jurídica ou isonomia, pelo qual a lei vale para todos e, portanto, a todos deve ser aplicada;
- princípio da independência funcional dos magistrados, consolidado pelas garantias inerentes ao Judiciário.

Diferentes visões do Estado

Existem, portanto, várias concepções sobre o Estado. Enquanto a tradição liberal na economia sempre defendeu a ausência do Estado nas relações econômicas, revolucionários como Lenin (1979, p. 112) diziam que o "Estado é órgão de dominação, submissão, opressão de uma classe sobre outra", e por isso é sempre "Estado da classe mais poderosa" (econômica e politicamente dominante), que "cria uma 'ordem' que legaliza e consolida essa submissão, procurando amortecer a colisão das classes" (Lenin, 1979, p. 14) a partir de meios de oprimir e explorar a classe dominada.

Para efeito das discussões sobre as relações institucionais contemporâneas, o aparelho estatal é bastante complexo e intrincado. Os professores Aldo Musacchio e Sérgio Lazzarini (2015) apresentam uma interessante visão sobre como se organiza e atua o Estado moderno no Brasil. Eles mostraram que "a onda de liberalização que varreu os mercados mundiais nas décadas de 1980 e 90 permitiu o surgimento de novas espécies de capitalismo de Estado em que os governos interagem com investidores privados, quer como majoritários ou minoritários em companhias abertas, ou como financiadores de empresas puramente privadas (os chamados 'campeões nacionais')" (Musacchio e Lazzarini, 2015, p. 62).

Essa nova modalidade de presença do Estado na economia tem uma relação direta com o tema que estamos examinando. Os autores identificaram duas caraterísticas importantes. A primeira é que o capitalismo está presente, e por isso existem os elementos da liberdade de ação dos investidores. A segunda é a presença muito ativa dos agentes públicos. Enfim, há uma relação importante e decisiva entre os agentes públicos e privados. Nas palavras dos autores, no início, "os investidores se defrontavam com algo que era, sem dúvida, capitalismo de Estado, mas não se podia negar que não era o mesmo capitalismo de Estado com que estavam acostumados" (Musacchio e Lazzarini, 2015, p. 4).

Os estudos de Musacchio e Lazzarini desvendaram a dinâmica e as formas como investimentos públicos e privados se entrelaçam para influir na governança das empresas e induzir caminhos e áreas para o desenvolvimento nacional. O modelo clássico e tradicional de participação do Estado na economia é aquele no qual o Estado atua como investidor majoritário, possibilitando a participação minoritária de investidores privados. Mas, como os autores observam, mais recentemente, o Estado renuncia ao controle de suas empresas em favor de investidores privados, mas continua presente, com participações acionárias minoritárias, por meio de fundos de pensão, de fundos soberanos, e do próprio governo. Nesse último modelo, também está incluída a autorização de empréstimos a empresas privadas por bancos de desenvolvimento e outras instituições financeiras estatais.

O novo capitalismo de Estado seria uma "influência difusa do governo na economia, seja mediante participação acionária minoritária ou majoritária nas empresas, seja por meio do fornecimento de crédito subsidiado e/ou de outros privilégios a negócios privados. As novas variedades de capitalismo de Estado diferem dos modelos mais tradicionais, em que os governos são proprietários e gestores de empresas estatais" (Musacchio e Lazzarini, 2015, p. 4).

Não há dúvidas, portanto, da impossibilidade e da falta de plausibilidade em se falar de um não relacionamento entre setores públicos e privados. Relacionar-se é preciso. Lazzarini (2011) indica fatos importantes para qualquer profissional de relações governamentais e membros do governo:

- A redundância de acionistas no Brasil é relevante, ou seja, existem proprietários e grupos participando, com laços cruzados, em muitas empresas. Em aliança com proprietários ligados ao governo, temos vários grupos privados nacionais que também têm uma presença transversal na economia.
- O fenômeno de concentração de acionistas não é uma exclusividade brasileira, mas o Brasil apresenta um índice de cruzamentos societários maior do que outras economias, tanto em países desenvolvidos quanto em países emergentes.
- Essa aglomeração de proprietários indica, por um lado, que vários donos estão juntando capital e reduzindo riscos em empreendimentos conjuntos. Mas, por outro lado, pode significar que nós temos um ambiente menos competitivo.
- Em relação ao Estado, fica a questão sobre a necessidade de termos participações acionárias em muitos setores da economia, ao mesmo tempo que nós ainda não resolvemos questões básicas, como o saneamento e a segurança.

De tudo isto, resta a indagação: é possível desenvolver uma atividade empresarial, empreender de forma autônoma, em uma sociedade que criou um organismo com tal complexidade e tal interferência nas relações de praticamente todos os membros dessa sociedade, sem se relacionar com esse organismo? Em outras palavras, é possível desenvolver uma atividade produtiva — com ou sem fins lucrativos, sem se relacionar com o Estado?

A resposta, claramente, é não. Não é possível.

O que fazer diante disso?

O que aprendemos neste capítulo

- Em geral, empresas e ONGs não têm conhecimento significativo sobre o setor público.
- As autoridades públicas do Estado e até mesmo os membros dos Legislativos também não sabem muito sobre o mundo corporativo.
- Um processo de benefícios mútuos aparece para qualquer organização pela simples adequação de seus planos a caminhos de menor resistência.
- A questão ética nesses relacionamentos é decisiva.
- Não é possível falar de um não relacionamento entre setores públicos e privados.
- No Brasil, o novo capitalismo de Estado é uma "influência difusa do governo na economia".

2. História do lobby e definições

Uma anedota ajuda a explicar a importância de analisar a atividade das relações institucionais, governamentais ou de lobby por uma perspectiva prática e acadêmica. Quando o Insper começou seu curso de relações governamentais, a Operação Lava Jato estava apenas engatinhando. Rapidamente, as classes ficaram lotadas, com as inscrições se preenchendo em pouco tempo. O motivo? As pessoas realmente queriam saber como atuar de forma ética, profissional e eficiente, sem correr o risco de serem presas. Uma coisa estava clara. Se estivessem interessadas apenas em saídas jurídicas para se protegerem de crimes cometidos como lobistas (a visão mais comum sobre esses profissionais), as pessoas que ali estavam certamente procurariam advogados. Não era o caso. Todas buscavam uma escola respeitada de negócios, com foco no crescimento profissional para uma atividade legítima e importante no mundo das relações entre empresas e governo.

É possível dizer que o lobby passou a fazer parte da política durante a Era Moderna. Mais precisamente, a discussão sobre o lobby começa a tomar forma no período que antecede o aparecimento das primeiras democracias modernas. Será essa uma coincidência? Historicamente, o direito de peticionar mandatários do Estado aparece em documentos ingleses como a Magna Carta e, mais claramente, no Bill of Law, de 1689, que define os assuntos que podem ser peticionados ao rei. No processo de independência dos Estados Unidos, o tema surge nas primeiras declarações das treze colônias. Essas treze colônias que lideraram o processo de independência argumentavam que "o direito de petição ao Rei, ou ao Parlamento, para a reparação de injustiças [...] é um direito inerente a cada indivíduo". O desejo de peticionar ao monarca também é citado na Declaração de Independência de 1776. Os então colonos criticavam a falta de resposta da metrópole em relação ao que os americanos apontavam como injustiças identificadas.

Alguns anos mais tarde e após uma guerra pela independência, os Estados Unidos ratificaram em 1791 o direito de os interesses privados peticionarem medidas e políticas públicas ao governo. Essa regulamentação foi feita já na primeira emenda à Constituição, de 1789.[1] A medida proíbe o Congresso de cercear "o direito do povo [...] de requerer do governo uma reparação a injustiças".[2] Por consequência, estava criado o direito de os interesses privados se relacionarem com o Parlamento e outras instâncias de governo para influenciar políticas públicas.

A sociedade liberal norte-americana, que começava a ser criada, abriu nos seus primeiros anos de vida espaços para que objetivos privados fossem representados por terceiros, pessoas ou entidades que falavam em nome dos interessados em influenciar determinadas ações do Estado. Até os anos 1920, mais de cem anos após a primeira emenda, este direito estava restrito às políticas da União, reservando aos estados a liberdade de tratar do assunto de forma independente.

A partir de 1920, a Suprema Corte começou a criar uma nova doutrina ao interpretar como válidos para todas as esferas os direitos anteriormente previstos somente para a União. Este processo foi conhecido como Incorporação da Carta de Direitos (Incorporation of the Bill of Rights). Com a nova doutrina, em 1925, a Suprema Corte interpretou a 14ª emenda de uma nova forma. Segundo os juízes, a maioria dos direitos previstos na Carta de Direitos deveriam ser incorporados em todas as esferas do governo, e não apenas a União.

Um ponto fundamental dessa nova jurisprudência se referia à 14ª emenda da Constituição, aprovada após o final da Guerra da Secessão. Trata-se da emenda que assegurou aos cidadãos que o Estado não poderia tirar a vida,

---

[1] A Declaração dos Direitos dos Cidadãos dos Estados Unidos foi criada em 1789 e ratificada em 1791.
[2] Texto original: "O Congresso não legislará no sentido de estabelecer uma religião, nem proibir o livre exercício de uma; nem cerceando a liberdade de expressão, ou de imprensa; ou o direito de o povo se reunir pacificamente e dirigir petições ao governo para reparação de injustiças."

a liberdade, ou a propriedade sem estar amparado em um devido processo legal. O grande objetivo da 14ª emenda era garantir direitos iguais às pessoas negras e a proteção aos escravos recém-libertos.

Ocorre que as decisões da Suprema Corte nos anos 1920 abriram espaço para que as corporações conseguissem nos tribunais os mesmos direitos das pessoas físicas, arguindo que também elas eram pessoas, mas um outro tipo de pessoas, as jurídicas. Estava garantido, assim, em todas as esferas, o direito de os interesses privados peticionarem o poder público buscando a reparação de injustiças ou alterações de decisões que não lhes favorecessem.

Essa decisão abriu espaço para a criação de atividades de representação desses interesses nos organismos da administração pública e do Congresso. A essas atividades se deu o nome genérico de lobby ou lobbying. Pode-se simplesmente definir lobby como a atividade de pressão de um grupo social organizado com o objetivo de interferir diretamente nas decisões do poder público e, consequentemente, criar um novo cenário regulatório em favor de suas causas ou interesses específicos. O nome em inglês já sugere uma certa inclinação para interesses e causas de grupos ricos e com interesses contrários à maioria. O próprio termo remete a antessalas, corredores e informalidades.

A origem do nome é disputada por duas versões distintas, mas próximas. Uma delas, apresentada no *Dicionário Oxford de inglês*, sustenta que o lobbying se originou a partir dos encontros entre parlamentares e nobres britânicos nos corredores (lobbies) "do Parlamento Britânico antes e depois dos debates parlamentares".

Outra versão, mais popular nas Américas, garante que a expressão lobbying ou lobby se refere a salões na entrada dos grandes hotéis, onde frequentemente residiam os parlamentares e as autoridades do Estado. Especificamente, há quem identifique a origem do nome na época do governo do presidente americano Ulysses S. Grant, entre março de 1869 e março de 1877. Grant foi o grande vencedor militar da Guerra da Secessão, na famosa Batalha do Appomattox, em abril de 1865. Apenas seis dias após a rendição dos confederados, o presidente Abraham Lincoln foi assassinado pelo ator e simpatizante confederado John Wilkes Booth. O vice-presidente Andrew Johnson assumiu o cargo.

Grant venceu as eleições e sucedeu a Johnson, tornando-se o 18º presidente norte-americano. Nascido em Point Pleasant, estado de Ohio, o novo presidente mudou-se para Washington e fixou residência no Hotel Willard, próximo à Casa Branca, já então sede da administração da União. As principais autoridades do novo governo, seguindo o exemplo do presidente, elegeram o mesmo hotel como residência na capital. Com tantas autoridades morando sob o mesmo teto, o Hotel Willard converteu-se no local preferido para os encontros de cafés da manhã e happy-hours das pessoas que tinham interesses para tratar com a nova Administração. O hábito de frequentar o lobby do Hotel Willard virou moda em Washington, e a expressão transformou-se em verbo, o famoso sinônimo de exercer pressão para buscar influenciar autoridades do Estado.

O ministro Said Farhat, que ocupou a pasta de Comunicação Social no governo do general Figueiredo, propôs para lobby uma definição ampla que contempla o conjunto da atividade de representação de interesses com as autoridades públicas. Segundo Farhat (2007, p. 50), lobby é "toda atividade organizada, exercida dentro da lei e da ética, por um grupo de interesses definidos e legítimos, com o objetivo de ser ouvido pelo poder público para informá-lo e dele obter determinadas medidas, decisões, atitudes".

Nessa definição, alinhada a outras apresentadas por inúmeros autores, o profissional dessa atividade, o lobista, seria simplesmente um intermediário, um despachante de interesses junto a organismos do Estado. O lobista emprestaria aos contratantes o seu conhecimento sobre os meandros dos organismos estatais, os caminhos que deveriam ser seguidos para o atendimento da demanda e a identificação dos personagens-chave que deveriam ser buscados para influir em determinada política pública.

Ao preparar o material com os interesses de seus clientes, o lobista costuma agregar informações dos interesses representados, bem como pareceres técnicos especializados. Em outras palavras, mostra aos tomadores de decisão com influência sobre políticas públicas o ponto de vista de um determinado segmento que será afetado por ela.

Independentemente dessas definições e do histórico da influência de grupos da sociedade sobre as políticas de Estado, poucas atividades trazem consigo uma carga de preconceito negativo tão forte quanto a ação de fazer lobby. Por isso, seus executores, os lobistas, são percebidos como agentes de atos limítrofes da legalidade, atores de ações impuras frente às rígidas instituições jurídico-formais. Certamente são percebidos como agentes de atividades exercidas em nome de grupos organizados da sociedade, que teriam menos legitimidade do que o conjunto social completo. Será esta uma verdade indiscutível?

Para evitar confusões, é importante compreender a importância e o papel dos grupos organizados da sociedade.

O *Dicionário de política* escrito pelos italianos Norberto Bobbio, Nicola Matteucci e Gianfranco Pasquino (2004) sugere um instigante debate sobre os grupos de interesse ou grupos de pressão. A discussão proposta pelos autores resgata o papel de grupos que não costumam fazer parte das categorias consideradas na Teoria Geral da Política. Pela linha proposta por Bobbio, Mateucci e Pasquino, deve-se buscar as origens do lobby fora do Estado. Define-se lobby, portanto, como a atividade de representar interesses de grupos com o objetivo de influir em políticas públicas e mudar cenários regulatórios.

Os autores do *Dicionário de política* fazem importantes perguntas para quem quer estudar o assunto sem preconceitos. Primeiro, a democracia funcionaria melhor ou pior sem os grupos de pressão? Segundo, quais são as garantias necessárias a fim de que os grupos de pressão operem como instrumento de estabilidade e desenvolvimento democrático, e não como fator de degeneração? A resposta dos autores é clara (Bobbio et al., 2004, p. 517):

Na maior parte dos casos, para responder à primeira questão, os sistemas democráticos contemporâneos funcionariam pior se não existissem os grupos de pressão. Na verdade, os partidos tendem atualmente a concentrar os problemas políticos em larga escala numa medida não muito frequente e em ocasiões limitadas às eleições. Assim fazendo, os partidos muitas vezes não ficam em sintonia com as novas questões vigentes na sociedade. Os grupos de pressão operam, de uma forma mais constante e mais específica, e atuam numa tramitação eficaz entre os grupos sociais organizados e o governo. Além disso, eles podem proporcionar uma participação mais significativa a seus associados do que a atividade que eles têm no seio do partido. Não se pode avaliar com segurança se as decisões tomadas por intervenção dos grupos de pressão são mais consoantes com o interesse público ou geral. Primeiro porque é difícil determinar o que seja interesse público, segundo porque não dispomos de outro termo de comparação. Pode-se supor que as decisões tomadas sem a intervenção dos grupos de pressão teriam sido menos custosas em termos de tempo e de complexidade de consultas, mas mais custosas para a aquisição de informações e de conhecimentos necessários, e muito mais custosas em termos de aplicação frente à resistência dos grupos não consultados.

Autores como Arthur Bentley e David Truman também estudaram a influência dos grupos organizados dentro da sociedade e mostraram, cada um a seu modo, que essas atividades sempre fizeram parte do processo de tomada de decisões pelos gestores do Estado. As medidas tomadas não se explicam somente pela ação desses grupos organizados, já que existem influências de outras categorias do ordenamento jurídico-formal, da política e da psicologia. Com poucas exceções, os grupos de pressão conseguem se organizar e atuar na plenitude dos regimes de liberdade. Em poucas palavras, os grupos de pressão conseguem atuar em democracias.

O papel desses grupos em democracias ganha cada vez mais destaque na academia internacional — seja por aspectos positivos ou negativos. A cientista política Sarah Anzia (2014), de Berkeley, escreveu um premiado livro sobre o papel do grupo de interesse inclusive na definição de datas de eleições locais nos Estados Unidos. O trabalho mostra como grupos organizados se aproveitam do baixo índice de presença nas urnas em eleições locais que não ocorrem simultaneamente com a eleição presidencial. Como nos Estados Unidos o voto não é obrigatório, nessas situações, membros de grupos organizados têm uma proporção muito maior do total da votação. Os políticos que são eleitos acabam respondendo muito mais a esses grupos, como sindicatos de professores, um dos exemplos do livro. Ao mesmo tempo, esses próprios grupos pressionam para que eleições ocorram fora do período presidencial.

Diferentes acadêmicos olham para grupos de interesse como atores-chave na democracia. Os acadêmicos que integram a chamada Escola de Partidos da Universidade da Califórnia, em Los Angeles (UCLA), apontam como grupos de pressão são fundamentais nos partidos americanos. Primeiro, os eleitores comuns não prestam muita atenção nas primárias. Por isso, no argumento desses acadêmicos (Bawn et al., 2012), os principais atores nas nomeações de candidatos são grupos de interesse, lobistas e ativistas. Em um livro recente chamado *Democracy for Realists,* Achen e Bartels (2016, p. 301) concluem: "Se os eleitores têm que ter os seus interesses representados no processo de políticas públicas, então grupos de interesse e partidos têm que fazer o seu trabalho. E as organizações que representam interesses diferentes têm que ter o poder no processo de política pública proporcional à sua presença no eleitorado." A grande questão é evitar influências desproporcionais de diferentes grupos. Os autores concluem citando Zaller (2012 apud Achen e Bartels, 2016, p. 324), segundo o qual "o que pode ser chamado como visão da democracia como política de grupos não é tão otimista. Grupos organizados para demandar políticas rotineiramente conseguem o que eles querem à custa dos desorganizados. Mas grupos organizados de eleitores comuns — se suficientemente numerosos, coesos, atentos e com papel central em determinadas questões essenciais — também conseguem o que eles querem".

Grupos de pressão na prática

Em termos práticos, os grupos de pressão necessitam de duas formas de autorização para poderem operar. Em primeiro lugar, ter a possibilidade de organização, não apenas permitida por lei, mas consentida pela prática social. Mais do que isso, eles necessitam da viabilidade legal e real de peticionar e pressionar contra decisões tomadas por autoridades do Estado.

Assim, os grupos de pressão são organizações típicas dos sistemas democráticos, mesmo que, em alguns países e em determinadas fases da vida política, não sejam totalmente aceitos. De qualquer modo, é quase impossível imaginar nos dias de hoje um regime democrático sem a presença dos grupos de pressão envolvidos no processo político, respondam eles pelo nome de movimentos sociais organizados, grupos empresariais ou outros. O ponto principal é que todos esses são grupos de pressão. Qual a diferença entre a pressão de um sindicato ou de uma empresa?

Reconhecendo então esses grupos de pressão como parte do universo da política, cabe, por fim, discutir formas para dar expressão e garantir equilíbrio aos interesses não organizados, mais fracos e eleitoralmente de menor interesse para os políticos e autoridades públicas.

Nesse ponto, surge a questão da transparência, de modo que se possam conhecer todos os interesses envolvidos quando grupos de interesse se encontram com autoridades públicas com o objetivo de negociar assuntos de interesse comum. A transparência não é um conceito abstrato, mas algo que deve ser reforçado no dia a dia das relações com o poder público. A legitimidade desses encontros, mediados ou não por lobistas, somente se dá se o interesse público for considerado, e somente será possível determinar isso se houver divulgação desses encontros. Como e por quê? Quando a sociedade é informada sobre os encontros, abre-se caminho para debater o interesse envolvido neles. Um exemplo contemporâneo: o Brasil discutiu a reforma da previdência entre 2016 e 2017, e diversas reportagens apontaram o encontro de membros do governo responsáveis por essa reforma com representantes do setor privado, como agentes do mercado financeiro. Ora, o simples fato de essas informações serem públicas permitiu um debate sobre a natureza do encontro e sobre a reforma em si. Ganha a sociedade, ganham os membros do governo, ganham os membros do setor privado.

Os grupos de pressão assemelham-se à atividade do lobby, se não pela forma, pelo menos pelo objetivo de influenciar políticas públicas. Assim como no Brasil, em boa parte do mundo, o lobby é percebido de maneira negativa e situado em região limítrofe entre a legalidade e a corrupção. Provavelmente, as duas exceções são também os dois espaços em que a democracia e o desenvolvimento se encontram e se influenciam: os Estados Unidos e a Europa.

A grande diferença que permite a Washington e Bruxelas conviverem sem sobressaltos com a presença de associações e grupos organizados para defender interesses legítimos é a regulamentação da atividade do lobby e o reconhecimento profissional do lobista. Fruto da experiência norte-americana e europeia, a Organização para a Cooperação e Desenvolvimento Econômico (OCDE) tem sugerido que a atividade de lobby seja regulamentada com o objetivo de trazer mais transparência e aumentar, assim, a possibilidade de controle social sobre os agentes públicos. A OCDE sugere o respeito a alguns princípios para que o processo de regulamentação do lobby seja bem-sucedido.

1. Todos devem ter acesso aos mesmos canais de informação para atuar nos processos de formulação de políticas públicas.
2. As regras impostas ao lobby devem ser formuladas dentro do contexto social e político da nação, respondendo às demandas da sociedade nesse setor.
3. A regulamentação do lobby deve estar inserida nos mesmos princípios jurídicos da boa governança pública.

4. Os países devem claramente definir os termos lobby e lobista para fins regulatórios.

5. Os cidadãos, empresas e burocratas do país devem ter acesso a informações suficientes sobre o funcionamento do lobby.

6. O público tem o direito de amplo escrutínio sobre as atividades de lobby.

7. Os países devem criar uma cultura de integridade na tomada de decisão por agentes públicos.

8. Os grupos de lobby devem agir de forma profissional e transparente.

9. Os países devem envolver todos os grupos interessados no lobby para desenvolver estratégias de cumprimento da ética e das metas de transparência.

10. As normas sobre lobby devem ser periodicamente revistas e adaptadas à realidade e à vontade da nação.

O Brasil e a maior parte dos países latino-americanos não atendem às recomendações da OCDE, pois não regulamentaram a atividade por meio de lei que ofereça padrões claros de conduta para funcionários públicos em suas interações com lobistas e representantes de grupos de pressão.

Há propostas tramitando para a regulamentação do lobby no país, mas, considerando a lentidão do processo, a maior novidade são os códigos de autorregulamentação que empresas e associações empresariais começam a determinar nos seus âmbitos de atuação. Será a partir da combinação dessas iniciativas que o Brasil caminhará para dar mais clareza e diminuir o preconceito sobre a atividade do lobby.

O que aprendemos neste capítulo

- Os Estados Unidos ratificaram em 1791 o direito de os interesses privados peticionarem medidas e políticas públicas ao governo.
- Novos estudos apontam grupos de interesse como atores-chave em democracias.
- O Brasil não atende às recomendações da OCDE, pois não regulamentou a atividade por meio de lei que ofereça padrões claros de conduta.

3. O propósito das relações governamentais: principais questões e alguns dilemas

Na segunda-feira, 28 de abril de 2014, em São Paulo, a Câmara Americana de Comércio (AmCham) organizou um seminário sobre relações governamentais. Um dos principais convidados foi o ex-governador do Rio Grande do Sul, ex-deputado e ex-ministro Antônio Britto, presidente da Associação da Indústria Farmacêutica de Pesquisa (Interfarma). Britto foi direto: o setor privado precisaria ser mais assertivo na defesa de interesses próprios, desde que respeitando os limites legais e dentro de um contexto multissetorial. "Temos a obrigação de defender interesses específicos, mas também de ajudar a construir uma agenda que privilegie o bem coletivo", afirmou para a plateia presente.

Os profissionais que trabalham diretamente no relacionamento entre o setor público e privado têm poucas dúvidas sobre a importância do tema para a agenda do desenvolvimento. Jack Correa é um desses profissionais, que Brasília aprendeu a respeitar em seus muitos anos de experiência, trabalhando com empresas como Fiat e Coca-Cola Company. Jack também dividiu suas observações sobre o significado da atividade do lobby e sua reputação. "A palavra lobby me causa uma estranha sensação de impotência. Penso em tudo o que pude viver em viagens de trabalho em Washington, DC, Londres, Cidade do México, Viena e Roma, e a atrocidade que fizeram com o conceito de lobby no Brasil. Rendo-me à força da mídia que foi capaz de transformar uma palavra de significado valioso num conceito que rotula, no nosso país, o intermediário de interesses legítimos como um nefasto autor de ações escusas e de operação de propinas", afirmou em uma das entrevistas para este livro.

Jack vai adiante: "Ao longo dos meus quarenta anos de trabalho de lobby, convivi com pessoas do porte de Said Farah, Oscar Dias Corrêa, Fernando Lyra, Marco Maciel, com os quais discuti como fazer para que a palavra fosse retomada no seu sentido original de prática relevante de defesa dos interesses e constatei que todos, embora respeitosos com a atividade, não enxergavam uma forma de recuperar o real sentido do vernáculo. Ninguém melhor do que nós, profissionais do lobby, sabemos que a conotação adotada no Brasil foge completamente do sentido original, histórico e relevante da atividade. Sempre coube a nós o dever de retirar e recuperar a conotação correta do termo lobby, mas, com o passar das décadas, fomos perdendo a batalha até nos encurralar nessa incômoda sensação de impotência."

Quando perguntado se é legítimo que interesses privados influenciem políticas públicas, Jack Correa é claro: "Se o público e o privado fossem porções estanques e cada um cumprisse o seu papel, poderíamos negar que essa influência fosse necessária. Todavia, a relação entre público e privado é, na essência, uma relação de complementação necessária. Melhor explicando: um Estado cada vez mais regulador das atividades econômicas precisa ser 'balizado' e informado para que a sua mão pesada não estrangule a gestão dos agentes produtivos. Os profissionais de lobby são, na verdade, verdadeiros tradutores que intermediam uma troca estratégica de informações de lado a lado, buscando o equilíbrio entre o privado e o público."

Para ele, o principal e mais claro exemplo dessa atividade é a situação vivida logo após a implementação de planos econômicos. Ao decidir implantar novas medidas econômicas, diferentes governos no Brasil definiram regulamentações em sigilo — elemento importante para o sucesso do plano. Ocorre que, ao conhecer o teor do novo plano, diferentes forças econômicas são instadas a levar ao conhecimento do governo o que Jack define como "erros grotescos", que poderão gerar falência de setores, eliminação de produtos, redução drástica de mão de obra e evasão de divisas. Conhecedor das relações entre empresas e diferentes governos no Brasil, figura simpática e de conversa fácil, Jack faz as perguntas para logo depois responder:

"Por que acontece tal fato? Simplesmente porque é impossível à autoridade que cria um plano econômico conhecer a fundo os meandros dos setores e quais são os nervos sensíveis ou não. E assim acontece em toda a relação regulatória. Por isso entendo que não cabe a um setor privado influenciar uma política pública em proveito próprio. Mas é absolutamente imprescindível que o setor privado possa intercambiar conhecimentos e experiências com os formuladores de políticas públicas, procurando evitar que normas novas possam desequilibrar o mercado e a produção."

Outro profissional muito respeitado em Brasília é o paulista Guilherme Farah, presidente da empresa de relações governamentais Semprel SA. Para Guilherme, a definição da palavra lobby é mais simples: Trata-se de uma atividade organizada com o objetivo de convencer tomadores de decisão sobre um ou outro ponto de vista. A matéria-prima fundamental da atividade de lobby é a informação, e seu exercício é basicamente informar para convencer. Para Farah, influenciar políticas públicas não só é legítimo, como necessário:

"Eu acho legítimo e necessário que interesses privados possam influenciar na elaboração de políticas públicas. O exercício da atividade de lobby e a consequente influência sobre as políticas públicas são para mim espinha dorsal da democracia. Governos fechados, repelentes às influências vindas do mundo privado (incluídos aí empresas, sindicatos, ONGs, grêmios, igrejas e todas as formas de associação de interesses), estão destinados a tomar decisões mal informadas e, no mais das vezes, erradas. A influência da sociedade é aceitável desde que exercida dentro dos limites legais. A atividade de lobby deixa de ser legítima — assim como qualquer outra atividade — quando deixa de se pautar estritamente dentro dos limites impostos pelas leis do país."

Diretor da Agencia Uruguaya de Noticias (Uypress), o jornalista e empresário ítalo-uruguaio Esteban Valenti já discutiu o tema das relações governamentais tanto na América Latina quanto na Europa. Para ele, lobby pode ser definido a partir das palavras do ex-presidente americano John Kennedy, segundo o qual um lobista explica um problema a um político em 15 minutos, enquanto um assessor necessita de várias horas. "Eis a visão americana. Mas, na América Latina, lobby soa como tráfico de influência, manipulação à beira da legalidade, por vezes dentro e, por vezes, fora da lei. Em outras palavras, corrupção. Esses são os extremos desta palavra, que em espanhol se chama *cabildeo*. É impossível que os interesses privados não influenciem políticas públicas em todos os setores. A aceitação por parte da sociedade depende da história dessas relações. Se elas estão maculadas por favoritismos e enriquecimento ilícito de funcionários e empresários, é óbvio que haverá uma grande rejeição social. Quando as sociedades se acostumam a esse sistema perverso, a democracia perde qualidade e decência. Na América Latina, essas relações patológicas entre os setores público e privado têm uma longa história, e muitas vezes têm sido apresentadas como um mal necessário e inevitável. É falso, é o primeiro passo para uma corrupção generalizada nos mais diversos níveis. Sociedades são como os peixes, apodrecem pela cabeça."

Influenciar políticas públicas e marcos regulatórios

Todos os profissionais entrevistados para este livro concordam que simplesmente igualar relações governamentais com corrupção é não apenas errado de forma teórica e prática, como contraproducente. Como, então, se relacionar com o poder público?

Uma organização da iniciativa privada deve se relacionar com autoridades do governo com um objetivo principal: influenciar políticas públicas que configuram o cenário regulatório sob o qual operam. A razão de ser de uma atividade de relação governamental ou lobbying é peticionar o poder público para mudar o cenário regulatório, alterar normas que afetem o funcionamento de setores nos quais a organização atua. Do ponto de vista estratégico, quando uma organização busca autoridades governamentais, o seu objetivo é passar de um cenário regulatório a outro dentro de um determinado espaço de tempo, permitindo melhores condições para aumentar a sua produtividade.

Figura 1

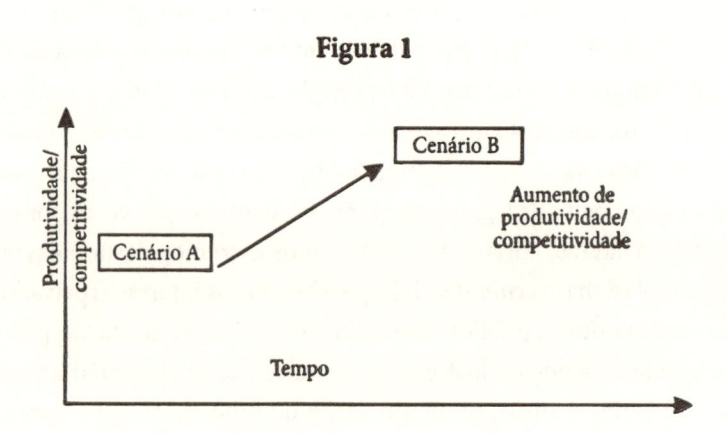

Essa não é uma situação hipotética ou de fácil resolução. Após a operação da Polícia Federal que investigou frigoríficos e que chegou a ser criticada por misturar joio e trigo, empresas com práticas sérias com suspeitas de irregularidades, o jornalista Geraldo Samor escreveu o texto "A 'marvada carne' é a burocracia", com exemplos claros de como alterar o cenário regulatório pode aumentar a produtividade e o ganho de empresas e da sociedade. Uma das personagens centrais da investigação é Maria do Rocio, a chefe do Serviço de Inspeção de Produto de Origem Animal do Ministério da Agricultura no Paraná. Ela viajou a trabalho à Europa em 2011 com as despesas pagas por uma grande empresa brasileira. Nas palavras de Samor, o objetivo da viagem ilumina, mais uma vez, a influência da burocracia na vida empresarial brasileira. Antes da viagem, o Ministério da Agricultura não permitia a velocidade de abate acima de 10 mil aves/hora. Com base na opinião da fiscal, o Ministério autorizou o aumento da velocidade de abate na Brasil Foods (BRF) para 12 mil aves/hora. No fim, a mudança beneficiou a empresa, o governo e o país, pois permitiu o aumento de exportações, por exemplo. Como questiona o jornalista: "E que tal o dilema da empresa? Para ter a máquina, a BRF precisava do carimbo, e, para ter o carimbo, a fiscal tinha que viajar, mas o ministério não tinha dinheiro. Como faz?"

A definição de um cenário normativo se dá de diferentes modos. Na relação entre diferentes países, os cenários são definidos pelos acordos internacionais e regulamentos comunitários. Em cada país, os cenários regulatórios são definidos pela constituição nacional, leis complementares, leis ordinárias, decretos e portarias. Já nos estados e municípios, este cenário é dado pela constituição estadual, leis de cada estado, leis municipais, decretos emanados dos poderes estaduais e municipais, e portarias publicadas por cada órgão.

Independentemente do âmbito sobre o qual cada organização deseja alterar o cenário regulatório, três grandes questões vão nortear a atividade de influenciar políticas públicas. E, como no exemplo descrito por Samor, as três questões que envolvem as relações entre a administração pública e a livre iniciativa são verdadeiros dilemas. Mas não existe saída fácil: essas três questões precisam ser respondidas, permanentemente, pelas organizações e por seus representantes.

a) Como garantir o direito de grupos organizados influenciarem a elaboração de políticas públicas, dentro do marco institucional?

b) Como regular adequadamente o exercício desse direito de modo a garantir que os interesses da sociedade sejam garantidos?

c) Como formular e executar uma estratégia de relacionamento entre autoridades públicas e agentes de interesses privados de modo a garantir ganhos reais a cada uma das partes, tendo presente que o conjunto da sociedade deve ser o grande beneficiário da sinergia gerada?

Ao se relacionar com organismos de governo, uma empresa ou uma organização pública de direito privado estará sempre limitada pelo espaço criado por essas respostas. As legislações que regulamentam esse relacionamento costumam ser vagas e imprecisas em quase todo o mundo, e os limites acabam sendo impostos pela resolução desses três dilemas. Há aqui um método para nos auxiliar a alcançar nossos objetivos, fazendo as coisas da maneira certa. Como temos dilemas para enfrentar, precisamos escolher processos e métodos que nos auxiliem a avançar sobre uma linha de ação preestabelecida e que responda a cada momento a essas três interrogações.

Tanto do ponto de vista prático gerencial quanto do ponto de vista da garantia do cumprimento dos limites legais e éticos, um passo fundamental é sistematizar as atividades com vistas a diminuir a distância entre o cenário normativo atual e aquele que a organização busca alcançar. O que isso significa e como fazê-lo na prática? O uso de processos e métodos para o alcance dos objetivos propostos pode permitir responder positivamente às questões que se colocam a partir dos dilemas anteriormente mencionados. Caberá sempre à organização privada conquistar a legitimidade para responder afirmativamente a essas questões.

a) É legítimo interesses privados influenciarem políticas públicas?
b) Existem condições políticas para tanto na América Latina? E no Brasil?
c) Há sinergia neste relacionamento, e ela pode ser distribuída para toda a sociedade?
d) É possível relacionar-se de maneira ética e profissional?

Para responder afirmativamente a cada um desses pontos, é importante analisar a situação política e econômica de cada nação, levando em conta as práticas reais de relações governamentais. Quais os reais interesses da organização privada, e como eles se relacionam com o interesse público? Em outras palavras, o que querem alcançar, e como fazem para atingir os seus propósitos?

A equipe de relações governamentais, então, deverá ser capaz de demonstrar interna e externamente que a atividade de relacionamento governamental está integrada com a estratégia de negócios ou com a missão da organização. Internamente, caberá à equipe de relações governamentais mostrar que suas ações são desdobramentos do planejamento geral da organização, e que suas metas precisam ser alcançadas para que as metas gerais também o sejam.

Esse desafio é ainda mais importante na medida em que essas áreas são relativamente novas nas companhias e organizações da iniciativa privada, e não costumam ter a devida compreensão de sua função e dos objetivos que buscam alcançar. Isso significa que os motores da equipe de relações governamentais são os interesses da organização, a busca de seus resultados, e a tentativa de construir um ambiente de negócios mais adequado para que possa aumentar a sua produtividade.

E o que move os representantes do poder público, as autoridades políticas responsáveis pela gestão do Estado? Qual o motor que os impulsiona para negociar com representantes da iniciativa privada?

Alexis de Tocqueville (2003), pensador político, historiador e escritor francês, que viveu na primeira metade do século XIX, reconheceu que há muitos homens de princípios nos partidos políticos, mas não há nenhum partido de princípios. Enfim, não foi para defender princípios que os partidos políticos foram criados, mas para lutar pela direção da sociedade, por meio do controle do Estado. Foi para defender interesses que os partidos políticos existem, e são os interesses vinculados a cada partido que controlam o Estado quando esse grupo vence uma eleição. As autoridades públicas escolhidas pelos partidos vencedores para gerir o Estado estão lá para defender interesses. Alexis de Tocqueville (2003, p. 417) foi ainda mais claro quando afirmou que "mais que as ideias, são os interesses que separam as pessoas".

Está claro que as empresas e os organismos não governamentais, quando buscam o contato com um organismo de governo, são movidos por interesses genuínos de alcançar os resultados que estão buscando, ou seja, tornarem-se mais competitivos e com maior produtividade. Diferentes empresas precisam e querem mudar o cenário regulatório, seja ele a Constituição, as leis, os decretos ou portarias, porque entendem que, assim, e só assim, poderão aumentar a produtividade de seus negócios ou alcançar os objetivos públicos para os quais foram criadas. Neste ponto não há distinção de propósitos entre empresas que buscam o lucro e as organizações públicas de direito privado, as ONGs. O que as distingue e particulariza o problema são os interesses específicos que movem cada uma dessas organizações.

Examinar a legitimidade desses interesses é importante, e um bom começo é o que disse Henri-Benjamin Constant de Rebecque, mais conhecido como Benjamin Constant, um pensador, escritor e político francês de origem suíça que viveu entre 1767 e 1830. Perguntou Benjamin Constant (2007, p. 17): "o que é o interesse geral senão a negociação efetivada entre os interesses particulares? O que é a representação geral senão a representação de todos os interesses parciais, que devem transigir naquilo que lhes é comum?"

Indiscutivelmente, o que leva uma organização de direito privado a buscar interlocução com organismos governamentais são os seus interesses particulares. Os representantes da sociedade, os agentes públicos, estão aí para representar todos os interesses parciais, tratando de encontrar caminhos que alcancem o que, segundo uma análise de momento, possa ser caracterizado como o bem comum. Essa análise, entretanto, precisa levar em conta todos os interesses envolvidos, estejam eles representados ou não no encontro e na interlocução particular.

Todo o organismo social se relaciona com inúmeras outras organizações, todas tendo interesses particulares que podem ou não estar alinhados em certo espaço de tempo. É quase trivial aceitar que, para alcançar seus interesses mais próprios, uma organização necessita se relacionar com inúmeros grupos de interesse, de outros interesses, é bom que se diga.

Esses grupos sociais — que podem afetar ou ser afetados pelas ações de uma organização — são certamente as partes interessadas no seu desenvolvimento. Muito provavelmente o futuro dessas partes interessadas será afetado seja pelo sucesso, seja pelo insucesso da organização. Também elas têm interesses que merecem ser reconhecidos e considerados por quem tem o dever de buscar o bem comum. Ora, se essas partes interessadas são afetadas de alguma forma, elas devem interferir no processo de relacionamento entre a organização da qual estamos tratando e os organismos de governo.

Os termos "partes interessadas" e "partes intervenientes" chamaram a atenção de autores de estudos acadêmicos e acabaram sendo caracterizados pelo nome em inglês *stakeholders*. O conceito de *stakeholder* foi usado pela primeira vez em 1963 na Universidade de Stanford, e dizia respeito, explicitamente, a "grupos sem cujo apoio a organização deixaria de existir" (Freeman e Reed, 1983, p. 89). Essa caracterização foi posteriormente aprofundada por R. Edward Freeman na década de 1980. Desde então, ganhou ampla aceitação no mundo dos negócios, em teorias de gestão estratégica, governança, missão corporativa e, finalmente, nos debates mais recentes sobre a responsabilidade social das corporações privadas.

O termo foi ampliado para incluir quaisquer pessoas, organismos ou grupos que tenham interesse em qualquer materialidade que diga respeito à organização. Essa definição facilitou a compreensão das organizações sobre a necessidade de conhecer os seus *stakeholders*, para efeito de gerir seu relacionamento. Toda organização deveria montar uma *matriz de* stakeholders, respondendo a duas perguntas:

1. Quem são as partes interessadas, os *stakeholders* clássicos de sua organização?
2. Quais os interesses de cada parte?

Uma matriz de *stakeholders* clássica é a seguinte:

Tabela 1

Stakeholders	Interesses dos *stakeholders*
Governos	Tributação, legislação, geração de empregos, investimento, credibilidade, diversidade, formalidade da cadeia produtiva, externalidades em outras cadeias
Empregados	Número de salários, segurança no emprego, valor do salário, comunicação respeitosa, assistência médica
Consumidores	Preço, qualidade, preocupação com o consumidor, produtos elaborados com compromissos éticos
Fornecedores	Serem reconhecidos como fornecedores de produtos e serviços utilizados no produto final para o cliente, terem oportunidades de negócio justas
Credores	Pontuação positiva de crédito, novos contratos, liquidez
Comunidade	Criação de empregos, proteção do meio ambiente, novos investimentos, comunicação com credibilidade
Sindicatos	Qualidade de emprego, proteção aos trabalhadores, criação de empregos
Acionistas controladores	Rentabilidade, longevidade do investimento, Market-share, reputação das marcas no mercado, planejamento de sucessão, aumento de capital, crescimento, metas sociais (CSR)
Investidores	Retorno sobre o investimento, lucro

Um dos grandes dilemas das relações governamentais é como envolver os interesses de todas essas partes interessadas sem perder o foco de seu próprio interesse e convencer o governo a aceitar as mudanças sugeridas.

A atividade de se relacionar com organismo de governo, em si, não traz nenhuma novidade. Sempre poderá ser percebida como a atividade na qual pessoas e instituições se encontram, se comunicam e se conectam na busca por atender aos seus interesses específicos ou, no mínimo, aos dos grupos de interesse que existem em torno de cada uma das instituições envolvidas. O que o relacionamento governamental tem de distinto com outras formas de relacionamento é que ele é caracterizado como a forma como pessoas e organizações tratam e se comunicam com o poder público e com os organismos de governo. Por sua vez, esses organismos de governo têm o mandato legítimo e irrevogável de defender os interesses do conjunto da sociedade. Em outras palavras, os representantes do poder público não têm nem devem ter interesses próprios, seus, de grupos, que não sejam os interesses da sociedade que lhes conferiu mandatos para ali estarem.

Sendo assim, esse relacionamento tem duas características bem especiais. A primeira delas é que um dos interlocutores é pessoa pública que tem por natureza defender o conjunto do interesse da sociedade. A segunda característica é que este relacionamento é inevitável. O fato de o interlocutor governamental ser representante do conjunto dos interesses da sociedade traz para o relacionamento a necessidade de um cuidado todo especial para não o eivar de suspeita e de falta de legitimidade.

O que essa autoridade pode, e é legitimo que o faça, é esperar que a sociedade que lhe deu o mandato a reconheça como capaz de encontrar soluções para os seus problemas, a partir do envolvimento mais ativo de outros atores da sociedade.

A relação e a conexão entre uma organização social e um organismo de governo com o objetivo de modificar uma política pública somente se justificam se gerar uma sinergia, que significa cooperação, e é um termo de origem grega (*synergía*). Sinergia pode ser definida como um trabalho ou esforço para realizar uma determinada atividade cujo resultado é o momento em que o todo é maior que a soma das partes.

A grande discussão é quem tem legitimidade para se apropriar dessa nova energia criada.

Dois aspectos podem ser analisados a partir dessa relação: o papel da autoridade pública e a possibilidade de evitar que esse encontro se realize.

A primeira questão parece ser mais complexa. O que ganham as autoridades públicas para participar desse processo? As autoridades que participaram dessa parceria contribuíram para a criação de um processo que pode trazer benefícios para o conjunto da sociedade, e é legítimo que sejam reconhecidas por esta ação. Esse é o seu bônus por terem participado do processo. O bônus do reconhecimento pode se refletir em aumento da possibilidade de seguir participando da direção do Estado, uma vez que consideramos o regime democrático de eleição dos dirigentes.

A segunda característica, entretanto, é bem mais simples. Considerando as dimensões e a interferência do Estado em quase todos os aspectos da atuação social, é muito difícil que uma atividade empresarial possa se desenvolver sem essa interlocução.

Na América Latina, mas não só, os governos têm imenso poder de influenciar a vida e os negócios das empresas, seja por meio de legislação, de decisões de natureza macroeconômica, de normas para a atuação de seus agentes, e das mais variadas formas de regulação. De um modo geral, há um notável desconhecimento mútuo entre a realidade do mundo empresarial e a ação de governo. Esse desconhecimento faz com que as empresas tenham dificuldade de expor suas demandas e também de compreender os limites de ação dos agentes públicos. Do outro lado, ocorre o mesmo processo. Autoridades e agentes públicos desconhecem o funcionamento das organizações regidas pelo direito privado e tendem a simplificar exageradamente seus propósitos e ações, não compreendendo, de um modo geral, as diferenças entre as estratégias que buscam resultados de curto e de longo prazos.

Essas diferenças de conhecimento acabam limitando a compreensão mútua e atrapalhando a possibilidade de construir parcerias com objetivos públicos, que possam beneficiar a sociedade. A busca de um clima propício para que a regulamentação de qualquer área traga o máximo do benefício pretendido sem criar dificuldades para outros setores e interesses impõe um ambiente de consultas e conhecimento da realidade externa à sua área.

Esse ambiente de consultas e considerações deve, no mínimo, buscar a audiência dos demais interesses envolvidos, dos *stakeholders* que existem em torno das instituições afetadas pela regulamentação. Isso se justifica porque vivemos em uma sociedade em rede, e as influências são cruzadas.

Várias instituições, como organismos de comunicação e associações de classe, por exemplo, devem igualmente receber a devida atenção e serem foco de iniciativas bem planejadas.

Para vencer esses obstáculos é muito importante explicar bem, comunicar com clareza e criar boa vontade em diferentes instâncias decisórias, dos poderes públicos, notadamente nos poderes Executivo e Legislativo. Essa é também a função e um dos focos do relacionamento governamental.

O grande desafio existente para que esse processo se desenvolva dentro da legislação existente, de padrões éticos aceitáveis e com a devida transparência, está também na forma como se dá esse relacionamento, e não somente em seus propósitos.

Para alcançar sucesso, esse diálogo precisa ser periódico, para que as partes se conheçam, e isso pode criar uma familiaridade nem sempre desejável. Por essa razão, esse diálogo deve ser um processo que envolva técnicas, ritos e regras. Para começar, o sucesso do diálogo depende da definição clara dos objetivos, da capacidade de medi-los e da capacitação, habilidade e talento dos profissionais responsáveis por esse tipo de relacionamento.

Esta não é uma questão simples, e muitas vezes as partes, autoridade e interesses privados, não têm interesse em dar grande transparência ao processo. Mesmo evitando usar como exemplo os casos mais críticos — em que a corrupção já foi desmascarada, alguns relatos mostram essas características.

Em maio de 2017, *Politico Magazine* publicou o artigo "When CEOs Visit the White House, Their Companies Profit",[1] escrito pelos pesquisadores Jeffrey R. Brown e Jiekun Huang. Brown é professor e diretor do College of Business da Universidade de Illinois, e Huang é professor assistente de finanças da mesma universidade. O texto é baseado no ensaio, escrito por ambos, "All the President's Friends: Political Access and Firm Value". Os dois estudaram os registros de acesso à Casa Branca e calcularam como uma visita ao presidente influenciou os resultados das companhias.

---

[1] Ver Brown e Huang (2017).

Nesse artigo, os autores mostram a importância da transparência nessas relações, uma vez que é incontestável que as empresas conseguem melhorar os seus ambientes de negócios quando se relacionam com os dirigentes do Estado que têm poder para alterar os ambientes regulatórios. Algumas conclusões dos autores merecem ser transcritas (Brown e Huang, 2017):

"Por que o acesso a formuladores de políticas de alto nível é tão valioso?

Comparando as empresas com acesso ao governo com as empresas com acesso menor, encontramos evidências de vários conjuntos diferentes de benefícios. Em primeiro lugar, as empresas com acesso à Casa Branca receberam um aumento maior nos contratos do governo após suas reuniões com funcionários federais do que as empresas sem acesso. O acesso à Casa Branca torna os contratos do governo mais prováveis, o que, para as corporações envolvidas, significa maiores lucros."

Além disso, quando comparadas às empresas sem acesso, as empresas que agendam reuniões na Casa Branca conseguem, em média, ações regulatórias mais favoráveis. As ações reguladoras afetadas, ainda por cima, são aquelas voltadas para empresas específicas, e não para setores inteiros.

Finalmente, as empresas que têm conhecimento do funcionamento interno do governo e do processo de formulação de políticas podem ser mais capazes de mitigar as incertezas políticas e melhorar a tomada de decisões corporativas.

Usando uma medida de incerteza política criada por economistas, os autores do estudo descobriram que as empresas cujos executivos visitaram a Casa Branca se tornaram menos propensas a cortar os investimentos durante os períodos de maior incerteza política em relação às empresas que não a visitaram. Isso sugere que as empresas politicamente conectadas podem ser mais capazes de navegar a incerteza por ter melhores informações. É óbvio que as empresas se beneficiam quando têm acesso político à Casa Branca. É menos claro se o valor criado para os acionistas de uma única empresa também é bom para o público em geral.

Há, naturalmente, casos em que o público pode se beneficiar dessas reuniões, na medida em que executivos fornecem aos funcionários do governo informações relevantes que permitem que os decisores políticos tomem decisões mais bem informadas.

E concluem: "Os fatos por trás desses encontros (quem se reuniu, quando, onde e quantos compareceram etc.) devem ser disponibilizados para que os cidadãos estejam cientes das possíveis questões que possam surgir dessas reuniões, positivas ou negativas. As empresas veem um benefício tangível nessas reuniões, negociando o poder e a influência de funcionários que aparentemente trabalham para o benefício do povo dos Estados Unidos. Mas o povo dos Estados Unidos deve pelo menos ter a oportunidade de saber quem está se reunindo, e decidir por si mesmo exatamente quem se beneficia. O desafio da transparência é que aqueles que estão abertos, que disponibilizam informações, se colocam em risco de serem atacados por conta do que é encontrado nesses dados. Os atores menos transparentes, entretanto, não assumem o risco da responsabilidade, e o público sofre no escuro como resultado. Não é exatamente surpreendente que contribuições de campanha e esforços de lobbying possam abrir portas em Washington. No entanto, o público merece saber quem caminha através dessas portas."

A busca por uma mudança no cenário normativo é mais legítima quando uma organização já esgotou todas as possibilidades de aumentar a sua produtividade, naquele aspecto pretendido, dentro do marco normativo corrente. Trata-se então de uma decisão que envolve a estratégia da organização em seu mais alto nível. Mais ainda, envolve a própria existência da organização, na medida em que estará trabalhando nos limites da legislação corrente e buscando ampliá-los de maneira legal e legítima. Este esforço na defesa de seus interesses esbarrará com interesses de terceiros e afetará a sua reputação.

Para que o objetivo possa ser alcançado, é muito importante que ele seja claro e preciso, desde o início do processo. A pergunta é: o que a organização precisa para melhorar a sua produtividade e que, segundo ela, não provocará prejuízos para os demais interesses considerados?

Além da clareza de propósitos, é essencial que a organização saiba como medir o alcance desse objetivo de modo a ter indicadores que lhe permitam, a cada passo, decidir sobre alternativas que surgem nas inúmeras negociações que farão parte do processo. Do mesmo modo, somente os indicadores poderão permitir navegar com algum controle para alcançar o porto de chegada. A existência de indicadores é ainda mais importante se a proposta que parte da organização privada for percebida como a solução de um problema para o seu desenvolvimento. Os indicadores, então, representam a medida da distância entre a situação atual e a situação desejada pela organização e facilitarão o uso de metodologia para solução de problemas.

Igualmente relevante é a habilidade, capacitação e o talento dos profissionais responsáveis por esse tipo de relacionamento em nome da organização. Há uma tendência a imaginar que bastaria um perfil de negociador e algum talento diplomático para cumprir a tarefa a contento, mas a realidade tem mostrado que também são necessárias habilidades estratégicas e de leitura da realidade política, além de uma cultura geral sobre assuntos institucionais.

Afinal de contas, como deixam claro os relatos no início deste capítulo, a atividade não recebe uma avaliação social muito positiva. As expressões "lobby", "grupos de pressão" e "grupos de interesse", especialmente após os grandes escândalos de corrupção envolvendo grandes empresas prestadoras de serviços ao Estado, remetem a atividades associadas a corrupção, tráfico de influência e uso de meios ilícitos. Igualmente, essas expressões e atividades sugerem influência com uso de poder econômico, político e abuso de relacionamento pessoal, além de troca de favores.

A própria Associação Brasileira de Comunicação Empresarial (Aberje) afirma que "as relações governamentais no Brasil, principalmente o lobby, tornaram-se sinônimo de corrupção, tráfico de influência e marginalidade. No entanto, quando feitas de maneira transparente e ética, devem ser encaradas como atividade legítima".

A questão do relacionamento faz parte do desafio das sociedades democráticas contemporâneas de fortalecer as instituições criadas pela sociedade. As instituições têm um papel enorme no desenvolvimento de uma sociedade regida pelas leis. Não há nenhum benefício adicional que o relacionamento entre público e privado possa trazer que exceda aquele produzido por instituições sólidas. O que são instituições?

Vencedor do Prêmio Nobel de Economia em 1993, o professor norte-americano Douglass North acreditava que as mudanças institucionais eram mais importantes para explicar o desenvolvimento econômico de uma região do que as próprias mudanças tecnológicas. "As instituições são as regras do jogo em uma sociedade ou, mais formalmente, são as restrições concebidas pelas pessoas para moldar as interações entre as partes. Em consequência, as instituições estruturam incentivos para as interações humanas, sejam elas políticas, sociais ou econômicas. Mudanças institucionais moldam a forma como as sociedades evoluem através do tempo e, portanto, são a chave para compreender as mudanças históricas. Não há mais controvérsia sobre o fato de as instituições afetarem o desempenho das economias. Que o desempenho diferencial das economias ao longo do tempo é fundamentalmente influenciado pela forma como as instituições evoluem também não é mais controverso" (North, 1990, p. 3).

Na América Latina, a maioria dos países seguem os requisitos democráticos formulados por Robert A. Dahl (2005) em seu ensaio "What Political Institutions Does Large-Scale Democracy Require?". São eles:

1. As autoridades públicas são eleitas.
2. Os poderes da República são independentes.
3. As eleições são livres, justas e frequentes.
4. A liberdade de expressão é plena.
5. O acesso às fontes alternativas de informação é amplo.
6. A autonomia associativa é total.
7. O exercício da cidadania é pleno.
8. Os processos de inclusão social estão em curso.

Esses quesitos, de um modo ou de outro, estão presentes na região, e diferentes sociedades começam a aprender a valorizá-los e protegê-los. Os ataques a algumas dessas liberdades, promovidos por governos populistas ou de cunho autoritário, mostram que para que as instituições possam seguir se aprimorando há ainda grandes desafios pela frente. Alguns desses desafios são de tal forma arraigados na tradição de nossas sociedades que certamente ainda vai demorar alguns anos para que possamos alcançar o grau de desenvolvimento já experimentado por outras sociedades.

O primeiro deles é o patrimonialismo, ou a falta de distinção entre os limites do interesse público e do interesse privado. Quem trata bem sobre esse tema é Rubens Goyatá Campante (2003) em seu artigo "O patrimonialismo em Faoro e Weber e a sociologia brasileira". Campante analisa o clássico *Os donos do poder: formação do patronato político brasileiro*, de Raymundo Faoro (2012), leitura obrigatória para entender alguns dos problemas das relações governamentais: "O Estado não assume o papel de fiador e mantenedor de uma ordem jurídica impessoal e universal que possibilite aos agentes econômicos a calculabilidade (termo caro a Weber, amplamente usado por Faoro) de suas ações e o livre desenvolvimento de suas potencialidades; ao contrário, intervém, planeja e dirige o mais que pode a economia, tendo em vista os interesses particulares do grupo que o controla, o estamento. Não há 'regras do jogo' estáveis na economia, pois elas atendem ao subjetivismo de quem detém o poder político. Esse tipo de capitalismo adota do moderno capitalismo a técnica, as máquinas, as empresas, sem lhe aceitar, todavia, a 'alma' — a racionalidade impessoal e legal-universal. Um arranjo tradicional, mas maleável em face da modernidade capitalista, a qual aceita seletivamente, mas sem vender a alma — conformada à racionalidade personalista e casuística. O capitalismo não brota espontaneamente na sociedade, mas vicia-se no estímulo e na tutela estatal: tire-se do capitalismo brasileiro o Estado, e pouco ou nada sobrará, adverte Faoro" (Campante, 2003, p. 153).

A segunda grande oportunidade que as sociedades latino-americanas têm para se aprimorar é a falta de formalidade nas relações entre as partes que representam interesses distintos. No artigo "Instituições e cooperação social em Douglass North e nos intérpretes weberianos do atraso brasileiro", publicado na revista *Estudos Econômicos*, Hélio Afonso de Aguilar Filho e Pedro Cezar Dutra Fonseca (2011), da Universidade Federal do Rio Grande do Sul (UFRGS), ressaltam: "Douglass North inicia sua análise econômica buscando entender os mecanismos que estruturam as relações sociais. O fundamental passa a ser a compreensão de que sem instituições não há intercâmbio político, social e econômico. As instituições reduzem as incertezas inerentes à interação humana, fornecendo, por conseguinte, os incentivos para a cooperação. Dependendo do tipo de cooperação social que é estabelecido, pode-se ter incentivos maiores ao crescimento ou à estagnação econômica no longo prazo. Os tipos de cooperação existentes podem basear-se em mecanismos impessoais ou pessoais. Segue daí uma proposição importante da teoria de North: as instituições formam-se com diferentes graus de eficiência de sociedade para sociedade para promover a cooperação entre os agentes" (Aguilar Filho e Fonseca, 2011).

Sendo assim, a busca de relações sem a devida formalidade, e mais, o elogio ao improviso e ao regional "jeitinho brasileiro" podem ser uns dos importantes fatores a explicar a dificuldade nacional, e também regional, para cooperar para o desenvolvimento.

Não parece ser coincidência que o ambiente de negócios na América Latina seja muito pouco amigável em relação às instituições da livre iniciativa. A publicação do Grupo Banco Mundial (2017) *Doing Business 2016: Equal Opportunity for All* mostra, por exemplo, que o Brasil, uma das dez maiores economias do mundo, situa-se na 123ª posição em um ranking de 190 países. Os indicadores atestam as dificuldades para a livre iniciativa no país. A performance no Brasil comparada a outros países pode ser observada no documento publicado pelo Banco Mundial e encontrado no site http://www.doingbusiness.org/rankings

É nesse ambiente que a atividade de relações governamentais serve como um instrumento para a criação de um novo cenário regulatório, que, do ponto de vista da organização, seja mais adequado para que ela aumente a sua produtividade. Mas como isso pode ser feito? É o que respondemos nos próximos capítulos.

O que aprendemos neste capítulo

- O relacionamento com governos tem duas características bem especiais. A primeira delas é que um dos interlocutores é pessoa pública que tem por natureza defender o conjunto dos interesses da sociedade. A segunda característica é que este relacionamento é inevitável.
- Para que o objetivo possa ser alcançado, é muito importante que ele seja claro e preciso, desde o início do processo.
- A organização deve medir o alcance desse objetivo de modo a ter indicadores que lhe permitam, a cada passo, decidir sobre alternativas que surgem nas inúmeras negociações que farão parte do processo.
- As organizações precisam conhecer os seus *stakeholders*, para efeito de gerir seu relacionamento.
- Toda organização deveria montar uma matriz de *stakeholders*, respondendo a duas perguntas: Quem são as partes interessadas, os *stakeholders* clássicos de sua organização?; e quais os interesses de cada parte?

4. Queremos falar com o governo. Quem somos nós?

Victório Carlos de Marchi é um empresário de sucesso e com uma ampla experiência no mercado de consumo de produtos de massa. Victório conhece o mercado brasileiro e suas nuances regionais. Mas ele também conhece os governos com quem negociou interesses setoriais ao longo de vários anos.

Questionado sobre a legitimidade de interesses privados influenciarem políticas públicas, Victório explica:

"A iniciativa privada integra as sociedades que se organizam nos Estados democráticos. Isso lhes assegura legitimidade propositiva, inclusive em políticas públicas. Essas propostas devem ser discutidas com os demais integrantes da sociedade. Esse direito deve ser sempre aceito no contexto geral das proposições. É claro também que o interesse público deverá sempre prevalecer sobre o interesse particular."

A posição defendida por Victório revela a importância que a iniciativa privada empresta para os interesses da sociedade e o valor de um processo de desenvolvimento socioeconômico que possa ser compartilhado pela iniciativa privada e pelo conjunto da sociedade. Essa posição pressupõe a existência de limites para que uma relação sistemática entre uma organização da livre iniciativa e um órgão do poder público possa ser publicamente aceita. A respeito dos dilemas de natureza ética, Victório é igualmente didático:

"O grande dilema que se estabelece nesse relacionamento é que o interesse público deve sempre prevalecer sobre o interesse particular. Entretanto, há muitos assuntos que podem caminhar juntos e resultar em benefícios tanto para o interesse público quanto para o particular. A primeira questão é a legitimidade dos interlocutores. A desconfiança ou a percepção de que as partes querem 'tirar vantagem' elimina o diálogo. Como conseguir essas condições básicas? Discussão aberta, sem restrições mentais, e com respeito aos princípios legais e à ética."

Em outras palavras, as relações governamentais somente se legitimam quando o seu propósito e objetivo é *criar valor* compartilhado para a *sociedade*, para as *organizações*, tornando-as mais competitivas, e para os *agentes políticos*, que tornaram esse relacionamento possível, concedendo-lhes o reconhecimento público.

Como discutido no capítulo anterior, do ponto de vista da empresa, ou mais genericamente da organização, o seu interesse no relacionamento com governos é alterar o cenário de leis, normas e regulamentos, de modo a se tornar mais competitiva. A organização deve saber que somente haverá legitimidade nesse relacionamento se ele for capaz de gerar uma sinergia, gerar um valor ainda não considerado, que trará benefícios para o conjunto da sociedade, pois essa deverá ser a principal beneficiária dos compromissos negociados.

Ainda do ponto de vista da empresa, a busca é por um cenário que lhe permita aumentar sua competitividade e melhorar seus resultados, mas sabe que dificilmente conseguirá alcançar este objetivo se não mostrar os ganhos que a sociedade terá com o acordo que está buscando negociar.

A atividade de relações governamentais, dentro de uma organização, tem assim duas tarefas permanentes. A primeira é desenhar qual é este cenário que lhe dá maiores e melhores condições de competitividade, e a segunda é identificar, de modo objetivo, quais são os ganhos da sociedade nesse acordo. Mas, para que isso seja possível, é importante que a equipe responsável pela atividade de se relacionar com os setores da administração pública e também com outros *stakeholders* (como definido no capítulo anterior) tenha compreensão atualizada dos interesses estratégicos de sua organização.

Essa afirmação pode parecer óbvia, mas está longe de ser. No mundo contemporâneo, com o fantástico dinamismo apresentado tanto pela sociedade quanto pelos mercados, a estratégia das organizações muda com certa periodicidade, o que afeta o interesse das organizações perante o governo e também as possibilidades de oferecer ganhos para a sociedade. Para que essa função possa ser efetiva e eficiente, é necessário que ela seja integrada à equipe responsável pela gestão estratégica da organização, de modo a compreender as urgências e as mudanças que ocorrem periodicamente.

O ponto inicial, e um dos pontos mais importantes da atividade de relacionamento governamental, é a clareza quanto aos objetivos a serem alcançados e a capacidade de expor esses objetivos para seus interlocutores. Isso somente será possível se a equipe de relações governamentais conhecer profundamente a sua própria organização. Em poucas palavras, para uma equipe de relações institucionais do século XXI, é preciso voltar a um dos aforismos gregos de Delfos: "Conhece a ti mesmo." Muitas empresas falham nesse quesito.

Um dos grandes exemplos de liderança em relações governamentais é Ron Withem, da Universidade de Nebraska, nos Estados Unidos. Em 2013, Withem foi reconhecido com o Government Relations Achievement Award, consolidando seu prestígio como líder na área de relações governamentais. Antes de entrar para a equipe da Universidade de Nebraska, Withem foi senador estadual e reconhecido por todos como um grande estrategista. Seus colegas o consideram um dos grandes responsáveis pelo sucesso da universidade nas inúmeras batalhas públicas para obter aumentos no orçamento estadual direcionado a ela. J. B. Milliken foi presidente da Universidade de Nebraska na época em que o prêmio foi conferido ao colega. Entrevistado sobre qual seria o grande diferencial de Withem, não teve dúvidas: além de grande estrategista, ele conhece profundamente a instituição para a qual trabalha.

Conhecer a instituição para a qual se trabalha e ter condições de descrevê-la sucintamente, mas sem deixar de mencionar nenhum aspecto importante para o seu interlocutor, é a primeira das grandes características de uma equipe de relações governamentais. Para facilitar a busca de um novo cenário regulatório, vamos propor um modelo de uma instituição que sirva para organizar as informações a seu respeito e permita uma descrição eficiente para cada um de seus públicos de interesse.

Um modelo é a representação abstrata, conceitual, gráfica ou visual de fenômenos, sistemas ou processos, com o propósito de analisar, descrever, explicar, simular, explorar, controlar e prever esses fenômenos, sistemas ou processos. Nosso objetivo é apresentar um modelo que sirva para representar empresas, fundações, instituições sem fins lucrativos, com ou sem vínculos com o poder público. Enfim, todas as organizações envolvidas na produção ou circulação de bens ou serviços.

Antes de criar qualquer modelo, duas definições são fundamentais. Primeiro, para efeito de relacionamento, é muito importante distinguir as organizações de seus proprietários, mesmo sabendo que as autoridades públicas preferem dialogar com represes empresariais ou institucionais que sejam "donos" de seus negócios, pois esses têm capacidade para transigir sobre os princípios e objetivos em nome de interesses maiores, e com isso buscar pontos de convergência para encontrar soluções possíveis. Para que essa confusão não exista, vamos definir que as nossas instituições ou organizações são atividades de produção ou circulação de bens ou serviços, enquanto o "dono" é o sujeito de direito que detém o controle sobre a instituição ou organização.

Além de diferenciar donos e organizações, o sucesso de uma equipe de relações institucionais depende muito de métricas. William Edwards Deming[1] é criador de um dos lemas da gestão de empresas contemporâneas:

"Não se gerencia o que não se mede, não se mede o que não se define, não se define o que não se entende, e não há sucesso no que não se gerencia."

Esse lema vai nos servir de inspiração para a construção de nosso modelo institucional, que servirá como estímulo para buscarmos indicadores objetivos, sempre que possível numéricos, para a definição de cada uma das partes do modelo.

Existem vários modelos para descrever uma organização, e todos servem ao propósito de ter uma representação mental que auxilie a narrativa e permita quantificar e medir cada um de seus aspectos. Para nosso propósito, assim, comparar uma instituição com uma casa é interessante por particularizar a função de relacionamento com *stakeholders* não comerciais, dos quais os organismos públicos são a parte mais visível, mas certamente

---

[1] Deming foi um estatístico, professor universitário, autor, palestrante e consultor norte--americano que viveu 93 anos e faleceu em 1993. Dedicou-se a estudar e propor melhorias em processos produtivos, sendo, porém, mais conhecido pelo seu trabalho no Japão. A partir de 1950, no imediato pós-guerra, Deming estudou e aprimorou processos voltados a melhorar projetos, qualidade de produtos, testes e vendas por meio da aplicação de métodos estatísticos como a análise de variantes e o teste de hipóteses. Além de um grande estudioso sobre gestão de empresas e emprego de técnicas e metodologias matemáticas na administração, Deming foi um grande frasista.

não a única. O modelo da casa, como apresentado na Figura 1, sugere a existência de alicerces que a sustentam, pilares que garantem a sustentação de seus grandes objetivos e metas, e um telhado, que representa as parcerias e os entendimentos que permitirão defender a casa de ameaças vindas dos agentes regulatórios, e também receber os apoios necessários para capturar as oportunidades que possam advir de um novo cenário regulatório. Nas próximas páginas, apresentamos separadamente cada elemento do modelo.

Figura 1

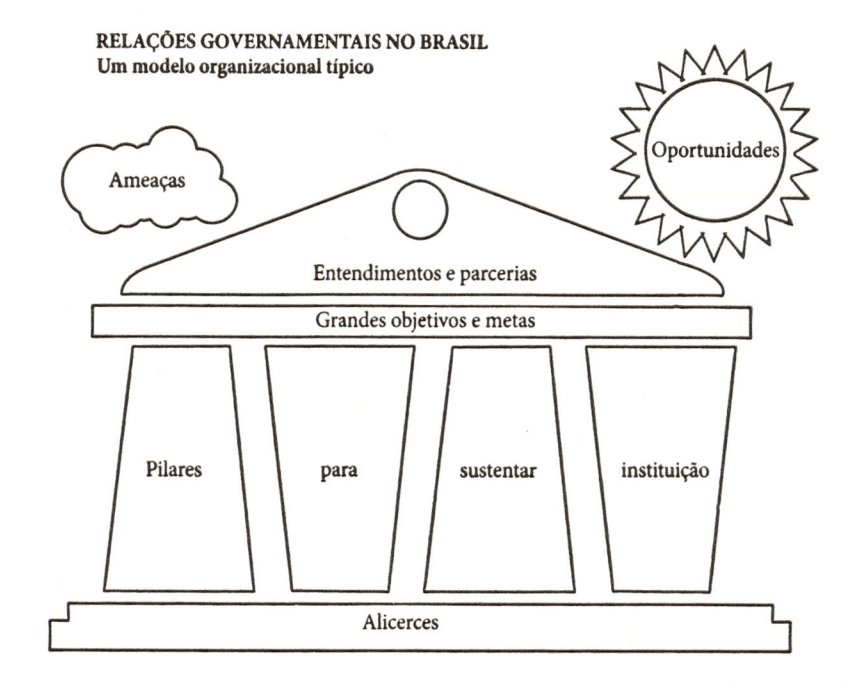

RELAÇÕES GOVERNAMENTAIS NO BRASIL
Um modelo organizacional típico

Ameaças

Oportunidades

Entendimentos e parcerias

Grandes objetivos e metas

Pilares — para — sustentar — instituição

Alicerces

a) Alicerces

Sandro Magaldi é CEO do projeto Geração de Valor e tem uma experiência de mais de 25 anos na área de vendas, além de um sólido currículo acadêmico. Seu livro *Vendas 3.0: uma nova visão para crescer na era das ideias* (Magaldi, 2013b) foi definido por Philip Kotler, na apresentação, como "um daqueles livros que nos fazem pensar". Magaldi também é autor do livro *Movidos por ideias: insights para criar empresas e carreiras duradouras*, escrito em parceria com José Salibi Neto (2010). Em artigo publicado no site da Endeavor em 16 de dezembro de 2013, Magaldi incentiva seus leitores a refletir sobre qual é a essência de seu negócio. Segundo ele, é fundamental saber qual é o valor essencial que você leva ao mercado, e qual é o valor que seu cliente percebe ao interagir com sua empresa. Em um de seus textos, falando para vendedores, Magaldi (2013a) aconselha:

"Pode parecer um conselho muito básico, mas lhe asseguro que a maior parte das organizações e, como consequência, seus profissionais de vendas, não sabem responder a essa questão. Ou melhor, não sabem o que vendem de fato. Mergulhados na operação do dia a dia e tendo como principal foco sua sobrevivência, muitos dos próprios líderes não conseguem investir tempo para refletir sobre o valor essencial de seu negócio. E, consequentemente, me arrisco a dizer que quem busca incorporar esses conceitos pode sair na frente.

Se você e seus colaboradores não têm uma visão clara de sua essência, como você imagina que seja a reação de seus clientes? Sempre que o cliente comoditiza sua oferta é sinal de que ele não entendeu o valor que você está criando. Em síntese, é sinal de que ele não entendeu o valor essencial do seu negócio."

Magaldi estimula seus leitores a buscar a essência de seu negócio.

"O grande paradoxo é que, para olhar para fora, é necessário olhar para dentro, resgatando sua origem, crenças e os fundamentos de tudo o que construiu. Essa reflexão lhe trará pistas incríveis sobre o valor essencial de seu negócio. Aproveite essa oportunidade e faça uma imersão na visão de mundo de sua organização. Tente chegar às entranhas de suas crenças e valores para, a partir daí, analisar suas interações com seus clientes" (Magaldi, 2013a).

Se isso é verdade para a área de vendas, é ainda mais importante para a equipe que vende a ideia de mudar o cenário normativo para que a instituição se torne mais competitiva, enquanto promete criar valor para a sociedade.

O que Magaldi chama de essência da empresa, nós chamamos de alicerces de nosso modelo.

Os alicerces da casa representam a base da instituição, o motor, a engrenagem que a trouxe até um determinado momento. É importante conhecer profundamente a essência da instituição, de modo a colocar sobre essa fortaleza os desafios mais importantes que possam surgir em qualquer processo de negociação. Os alicerces representam a engrenagem que trouxe a organização até este momento de sua existência, e também a engrenagem que seguirá levando a instituição adiante.

Nem sempre é simples identificar a engrenagem de uma empresa, mas existem métodos que podem ajudar. Uma instituição, uma empresa, uma ONG fazem diversas atividades ao longo de sua vida e, se olharmos cada um de seus departamentos e descrevermos o que eles produzem, talvez não se tenha uma ideia clara do que é a essência da organização. Mas a equipe editorial do site Mind Tools[2] nos relembra de uma antiga parábola grega que foi usada para ajudar a encontrar o âmago de uma instituição. Diziam os gregos que "a raposa sabe muitas coisas, mas o porco-espinho, também chamado de ouriço, sabe uma grande coisa". A razão dessa parábola é a eterna luta entre a raposa e o porco-espinho, cujo resultado é sempre o mesmo, independentemente da variedade de estratégias usada pela raposa. No final, o astuto animal vai embora, derrotado, com o corpo cheio de espinhos. A raposa não compreende que ela pode atacar de inúmeras maneiras, inclusive inovando e surpreendendo, mas o ouriço fará a única coisa que sabe fazer com perfeição: se defender.

Com base nessa parábola, Sir Isaiah Berlin, filósofo e político britânico, considerado um dos principais pensadores liberais do século XX, escreveu o famoso ensaio *The Hedgehog and the Fox* (Berlin, 1953). Berlin dividiu as pessoas em dois grupos: raposas e ouriços. Em seu ensaio, ele argumenta que as raposas são animais elegantes e sagazes que perseguem muitos objetivos e interesses ao mesmo tempo. Devido a esta grande variedade de interesses e estratégias, o seu pensamento está disperso e sem foco, e elas são limitadas no que podem alcançar em longo prazo. Os *hedgehogs*, porcos-espinhos ou ouriços, no entanto, são lentos e constantes, e as pessoas muitas vezes os ignoram porque são tranquilos e despretensiosos. Mas, ao contrário da raposa, são capazes de simplificar o mundo e se concentrar em uma visão abrangente. É esse o princípio que orienta tudo o que eles fazem, e os ajuda a ter sucesso contra todas as formas de ataque da raposa.

---

[2] Ver "The Hedgehog Concept". Mind Tools. Disponível em: <http://www.mindtools.com/pages/article/hedgehog-concept.htm>. Acesso em: 31 ago. 2017.

O consultor de negócios e professor de Stanford Jim Collins desenvolveu ainda mais essa ideia em seu clássico livro de 2001 intitulado *Good to Great: Why Some Companies Make the Leap... And Others Don't*. De acordo com Collins, as organizações são mais propensas a ter sucesso se conseguirem se concentrar em uma coisa e fazê-la bem. Ao fazer isso, elas podem vencer os seus concorrentes e tornar-se verdadeiramente grandes empresas. Uma organização pode encontrar o seu "conceito *hedgehog*" fazendo três avaliações separadas.

1) Descobrindo o que o seu pessoal é realmente apaixonado por fazer.
2) Identificando o que a equipe faz melhor do que ninguém.
3) Identificando qual das atividades que estão em sua área de negócios é boa para a geração de receita.

O espaço onde está a essência dessa instituição é o conjunto intersecção em que todas as três respostas se cruzam, como mostra a figura a seguir.

Figura 2

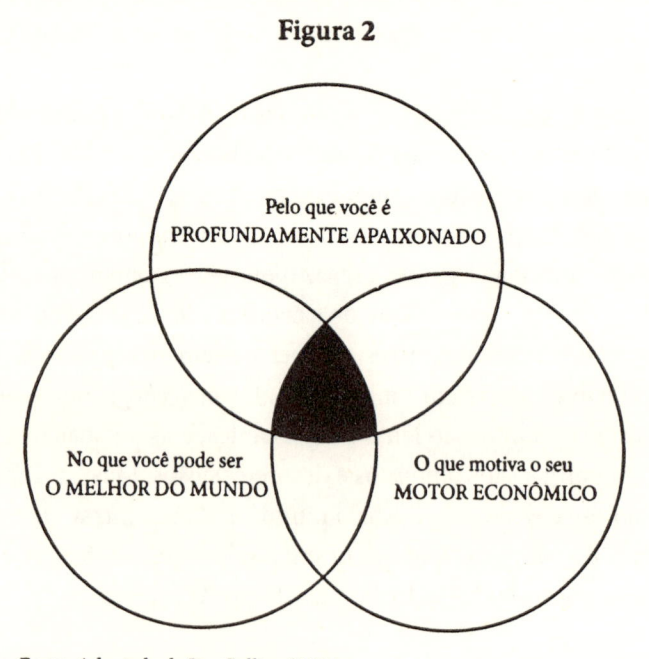

Fonte: Adaptado de Jim Collins (2001).

O trabalho proposto tanto por Jim Collins quanto pelo pessoal da Mind Tools busca identificar a área na qual uma instituição deve se concentrar para que ela possa ter sucesso. Segundo Collins, quando uma instituição identificar o seu conceito *hedgehog*, seus líderes devem dedicar toda a sua energia e recursos para focar naquilo em que são realmente excepcionais. Collins ainda argumenta que, quando as coisas ficam difíceis, são as organizações que se concentram sobre as suas potencialidades, em vez de procurar estratégias alternativas, que sobrevivem e prosperam (MindTools, [s. d.]).

Nós, no entanto, estamos propondo uma utilização do método e do conceito de *hedgehog* para tentar encontrar a essência da instituição, e não necessariamente onde ela presentemente se concentra. Algumas companhias conseguem dizer claramente qual é o mecanismo que alicerça o seu desenvolvimento, e outras não o fazem de maneira explícita, quer por desconhecimento quer por acreditarem que se trata de uma informação estratégica.

Figura 3

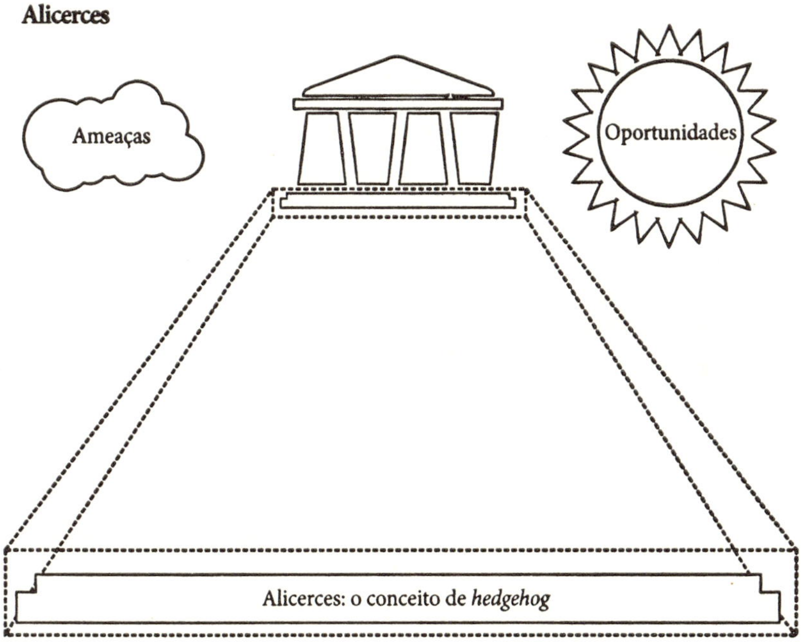

Alicerces

Ameaças

Oportunidades

Alicerces: o conceito de *hedgehog*

b) Pilar econômico

O pilar econômico é o primeiro dos pilares que sustentam o modelo de representação de uma instituição. Ele representa o desempenho econômico-financeiro da organização e dá a medida da criação de valor econômico da instituição.

Se a instituição for uma empresa, portanto com fins lucrativos, este pilar dará conta da geração de valor para seus acionistas.

Caso a instituição seja voltada para o interesse público e, portanto, não gere ganhos para os seus instituidores, esse pilar mostra o volume de recursos carreados pelos instituidores para o cumprimento de suas funções.

Um aspecto importante para o nosso objetivo é lembrar que, independentemente do objetivo da instituição, este pilar permite mostrar aos interlocutores do lado do governo a dimensão econômica e financeira, bem como a extensão dos negócios gerados pela instituição.

Os principais indicadores econômicos para descrever a geração de valor para os acionistas e a contribuição para o desenvolvimento econômico podem ser escolhidos entre os parâmetros financeiros mais usados pelas organizações. O site Investopedia[3] dá as seguintes definições:

a) EBITDA é a sigla de *earnings before interest, taxes, depreciation and amortization*, que significa "lucros antes de juros, impostos, depreciação e amortização". O EBITDA é um indicador financeiro que representa quanto uma empresa gera de recursos por meio de suas atividades operacionais, sem contar impostos e outros efeitos financeiros. O EBITDA é importante para os empresários e administradores, pois dá a possibilidade de analisar e comparar o desempenho operacional de empresas em um mesmo setor, olhando não apenas o resultado final da organização, mas o processo como um todo. O EBITDA é utilizado essencialmente

---

[3] Ver Investopedia. Disponível em: <http://index.investopedia.com/index?q=market+share&qsrc=1&qo=serpSearchTopBox&o=40186&l=&ad=&ap=investopedia.com>. Acesso em: 31 ago. 2017.

para analisar o desempenho das organizações, pois ele é capaz de medir a produtividade e a eficiência da empresa, sua capacidade gerencial, um ponto que é vital para o empresário que pretende investir. O EBITDA e a margem EBITDA (a relação entre o EBITDA e a receita) são bastante utilizados por analistas financeiros na avaliação de demonstrações financeiras de empresas de capital aberto.

b) EPS é a sigla de *earnings per share*, ou "lucro por ação", e é a parte do lucro da empresa alocado a cada ação em circulação. O lucro por ação serve como um indicador da rentabilidade de uma empresa.

c) ROI é a sigla de *return on investment*, ou "retorno do investimento", e é uma medida de desempenho usada para avaliar a eficiência de um investimento ou para comparar a eficácia entre diferentes aplicações. O ROI mede o retorno financeiro de um investimento em relação ao seu custo. Para calcular o ROI, o benefício (ou retorno) de um investimento é dividido pelo custo do investimento, e o resultado é expresso como uma percentagem ou uma relação.

d) *Market share*, ou cota de participação no mercado, representa a fatia de mercado ocupada por uma indústria ou empresa, em particular ao longo de um período de tempo especificado. A cota de mercado é calculada tomando as vendas da empresa durante o período e dividindo-as pelo total das vendas da indústria no mesmo período. Esta métrica é usada para dar uma ideia geral do tamanho de uma empresa em relação ao seu mercado e seus concorrentes. O *market share* pode ser calculado por volume de vendas ou pelo valor monetário do volume vendido.

e) Receita é a quantidade de dinheiro que uma empresa recebe em troca da venda de seus produtos e prestação de serviços. A receita recebida por uma empresa é normalmente listada na primeira linha da demonstração do resultado como receita, vendas, vendas líquidas ou receita líquida.

Figura 4

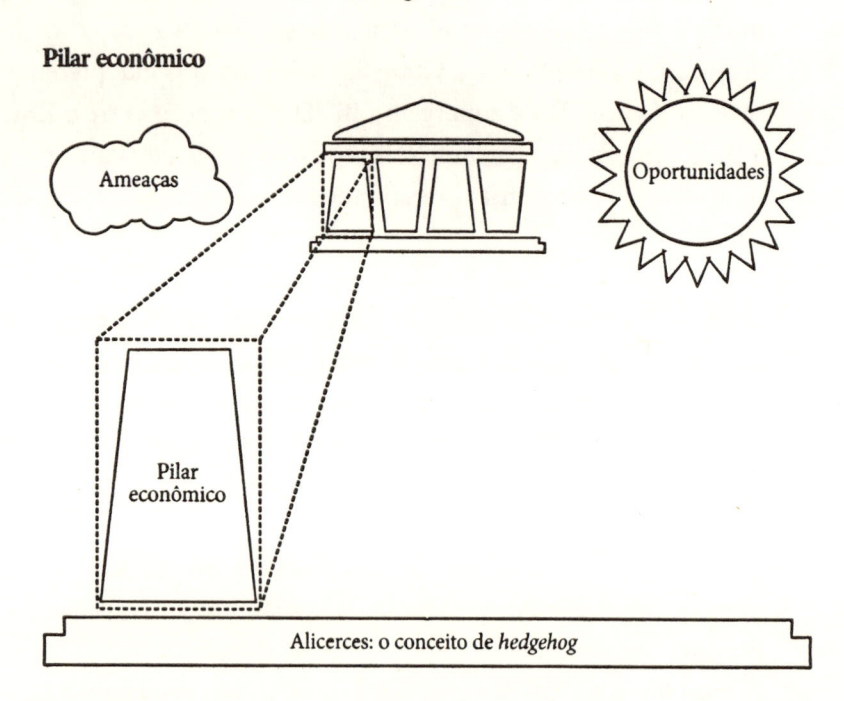

Pilar econômico

Ameaças

Oportunidades

Pilar econômico

Alicerces: o conceito de *hedgehog*

c) Pilar social

O pilar social, ou a descrição do valor que a instituição gera para a sociedade, é o segundo pilar de sustentação do modelo que descreve a organização. Todas as empresas, de um modo ou de outro, geram valor para a sociedade. Algumas vezes, entretanto, as informações referentes a essas ações e atividades não são organizadas de modo a permitir uma narrativa que seja aceita e considerada pelos *stakeholders*.

A grande dificuldade é que a narrativa empresarial sobre suas responsabilidades sociais deve ser feita a partir de indicadores que sejam reconhecidos e aceitos fora da organização. É importante considerar que não basta descrever ações e eventos que não possam ser comprovados, ou cuja importância não possa receber a consideração de terceiros. Por essa razão, sugere-se buscar indicadores clássicos e internacionalmente reconhecidos, como os descritos entre os Objetivos de Desenvolvimento do Milênio.[4]

---

[4] Ver "Os objetivos de desenvolvimento do milênio". ODM Brasil. Disponível em: <http://www.odmbrasil.gov.br/os-objetivos-de-desenvolvimento-do-milenio>. Acesso em: 31 ago. 2017.

Esses objetivos, apresentados na "Declaração do Milênio" das Nações Unidas e adotados pelos 191 Estados-membros no dia 8 de setembro de 2000, foram atualizados em 2016. Seguindo esses objetivos, são boas iniciativas de responsabilidade social todas aquelas que mostrem medidas concretas e efetivas para:[5]

a) erradicação da pobreza;
b) fome zero e agricultura sustentável;
c) saúde e bem-estar;
d) educação de qualidade;
e) igualdade de gênero;
f) água potável e saneamento;
g) energia limpa e acessível;
h) trabalho decente e crescimento econômico;
i) indústria, inovação e infraestrutura;
j) redução de desigualdades;
k) cidades e comunidades sustentáveis;
l) consumo e produção responsáveis;
m) ação contra a mudança global do clima;
n) vida na água;
o) vida terrestre;
p) paz, justiça e instituições eficazes; e
q) parcerias e meios de implementação.

É importante observar que todas as empresas e instituições têm responsabilidades de gerar valor tanto para os acionistas ou instituidores quanto para a sociedade. Caso a instituição não consiga descrever quais são os seus compromissos de geração de valor social, não quer dizer que eles não existam. Significa, sim, que a instituição não sabe narrá-los ou então que não os cumpre. O que seria um ativo para o relacionamento passa, então, a constituir-se um passivo que, a seu momento, cobrará um preço.

---

[5] Para saber mais, ver o vídeo da ONU em: <http://www.youtube.com/watch?v=Toiu7aWYdv4>.

Figura 5

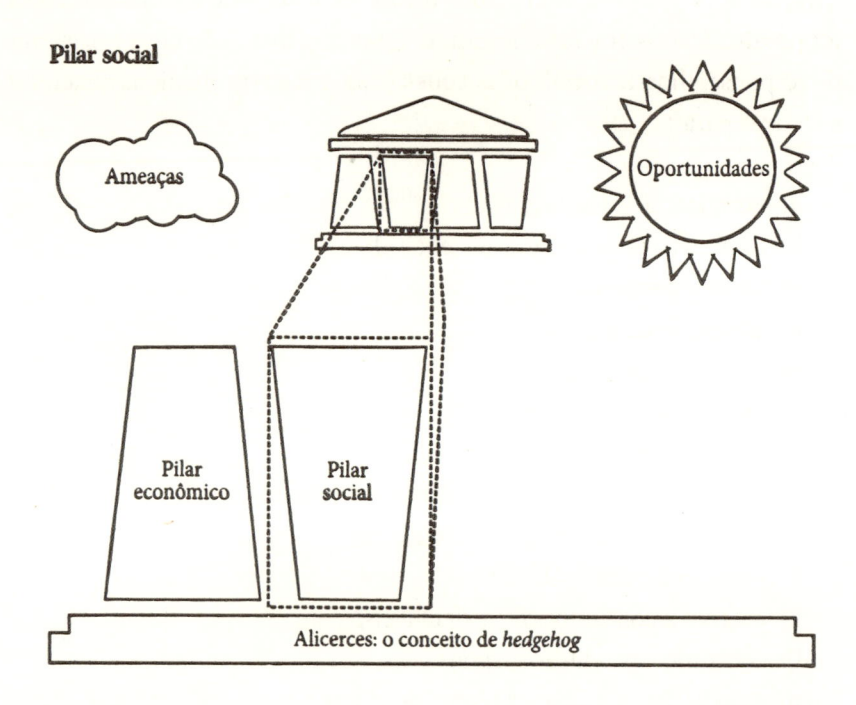

d) Pilar ambiental

O terceiro pilar é o ambiental, ou o conjunto das atividades e iniciativas que a instituição faz para contribuir com a sustentabilidade ambiental. Do mesmo modo que no pilar social, é importante identificar indicadores que sejam socialmente reconhecidos, e que permitam à instituição apresentar uma narrativa crível sobre a sua responsabilidade ambiental.

Para escolher os indicadores que permitam descrever os compromissos assumidos pela organização, os mesmos Objetivos de Desenvolvimento do Milênio são um bom guia. O documento da ONU afirma:

"Um bilhão de pessoas ainda não têm acesso a água potável [...]. A água e o saneamento são dois fatores ambientais que são chaves para a qualidade da vida humana, e fazem parte de um amplo leque de recursos e serviços naturais que compõem o nosso meio ambiente — clima, florestas, fontes energéticas, o ar e a biodiversidade —, e de cuja proteção dependemos nós e muitas outras criaturas neste planeta."

Bons indicadores nascem daí, tais como os compromissos institucionais com:

a) Resíduos sólidos — diminuir, tratar e dar adequado destino aos resíduos sólidos da instituição.

b) Água — reduzir o consumo total de água, aproveitar a água da chuva, tratar todo o descarte para reuso. Ter estações de tratamento de efluentes.

c) Emissões de gases — reduzir, reaproveitar, filtrar e medir os gases emitidos nos processos industriais.

d) Desmatamento — reduzir e reflorestar as áreas de manejo.

e) Certificação — usar produtos certificados e obtidos dentro de processos auditados.

f) Frota verde — uso de combustível de biomassa na frota de veículos etc.

Igualmente, é importante considerar que qualquer organização tem compromissos com o desenvolvimento ambiental, uma vez que utilize bens naturais para transformá-los em produtos que serão comercializados no mercado.

Empresas de prestação de serviços, por sua vez, também têm responsabilidades ambientais, dado que seus serviços, direta ou indiretamente, relacionam-se com o desfrute da natureza. Assim, a inexistência de uma narrativa sobre os compromissos ambientais de uma instituição certamente irá se constituir passivo a ser cobrado pela sociedade, em termos de regulamentação limitante à sua atividade ou impondo custos adicionais.

Figura 6

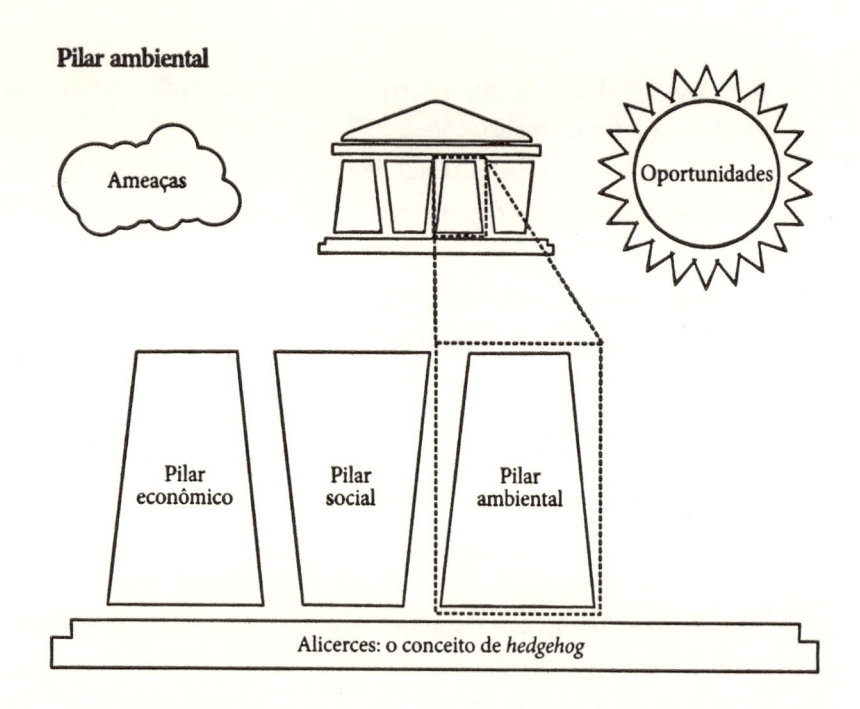

e) Pilar da reputação

O quarto pilar do modelo que descreve uma instituição é a reputação ou, em outras palavras, o esforço para construir a confiabilidade que a instituição necessita ter entre o seu grupo de *stakeholders*. A Wikipédia define reputação como: "A opinião (ou, mais tecnicamente, uma avaliação social) do público em relação a uma pessoa, um grupo de pessoas ou uma organização. Constitui-se um importante fator em muitos campos, tais como negócios, comunidades online ou status social."[6]

Em seu livro *A reputação na velocidade do pensamento*, o jornalista Mario Rosa resume a importância da reputação para uma instituição: "A reputação não garante a escolha, mas a ausência dela pode servir como um passaporte para o descarte. Por isso é tão importante lutar pela reputação, defendê-la,

---

[6] Ver artigo "Reputação". Disponível em: <http://www.pt.wikipedia.org/wiki/Reputa%C3%A7%C3%A3o>. Acesso em: 31 ago. 2017.

protegê-la, olhar o impacto que as inúmeras estratégias e iniciativas que tomamos terá sobre ela" (Rosa, 2006, p. 132).

Na mesma publicação, o autor observa que importantes mudanças ocorreram recentemente no processo de construção e manutenção da reputação institucional, fruto do avanço da tecnologia da informação e particularmente da avassaladora popularização das redes sociais. Em função disso, Mario Rosa (2006) adverte as instituições para que se preparem:

a) para uma ética mais auditável;
b) para estar mais devassadas;
c) para uma coerência mais testada;
d) para ter um DNA simbólico;
e) para entender que a parte é o todo;
f) para incorporar a mídia como premissa;
g) para ter a reputação como antídoto;
h) mais para a crítica inevitável;
i) para as marcas-seres (marcas são quase pessoas); e
j) para os seres-marcas (pessoas corporativas).

Assim como os demais pilares, e como tudo o que se refere à gestão de organizações, a reputação tem que ser mensurada e comparada com outras instituições existentes no mesmo mercado ou grupo social. Para tanto, é importante encontrar formas de medir a reputação de uma organização. A pesquisa de opinião é o mecanismo mais adequado para conhecer a percepção de um grupo social sobre uma instituição. O grande desafio é fazer as perguntas corretas para que a reputação aferida possa ser corretamente quantificada.

Além dessa medida, é importante identificar quais são as alavancas que modificam a reputação de uma instituição. A Edelman, por exemplo, é uma das grandes empresas globais de relações públicas. Anualmente, ela divulga o "Edelman Trust Barometer" (Barômetro de Confiança da Edelman), no qual revela o crescimento da confiança nas instituições. O levantamento, que considera a credibilidade no governo, empresas, ONGs e mídia em 28 países, traz um índice global de confiança de 50 pontos em uma escala de 0 a 100 e pondera a porcentagem obtida por cada um desses quatro grupos.

A Edelman[7] sugere cinco grupos de atitudes e dezesseis atributos que são relevantes para a construção da confiança de uma instituição:

Grupo Engajamento

1. Escute as necessidades dos consumidores e seus *feedbacks*.
2. Trate bem os empregados.
3. Considere os consumidores antes dos lucros.
4. Comunique frequentemente e honestamente a situação de seu negócio.

Grupo Integridade

5. Siga práticas empresariais éticas.
6. Assuma responsabilidades e tome iniciativas para enfrentar um assunto ou uma crise.
7. Seja transparente e aberto em suas práticas empresariais.

Grupo Produtos e Serviços

8. Ofereça produtos e serviços de alta qualidade.
9. Seja inovador em seus produtos, serviços e ideias.

Grupo Propósito

10. Trabalhe para proteger e melhorar o meio ambiente.
11. Considere as necessidades da sociedade no cotidiano de seus negócios.
12. Crie programas que tenham impacto positivo na comunidade local.
13. Alie-se com ONGs, governos e outros parceiros para ajudar a resolver as necessidades da sociedade.

Grupo Operacionais

14. Seja uma liderança visível e amplamente admirada.

---

[7] Ver "Building Trust". Disponível em: <http://www.edelman.com/insights/intellectual--property/trust-2013/building-trust>. Acesso em: 31 ago. 2017.

15. Compare-se com as melhores empresas e instituições. Saiba seu "ranking".
16. Entregue consistentes resultados financeiros positivos para os investidores.

Segundo a Edelman, esses atributos têm finalidade importante na construção da reputação das instituições: "Para as empresas que procuram construir ou restaurar a confiança em si mesmas e em suas inovações, o '2015 Edelman Trust Barometer' oferece *insights* sobre os atributos e comportamentos que moldam a confiança" (Edelman, 2015).

A confiança é construída por meio de atributos específicos, que podem ser organizados em cinco grupos de desempenho: integridade, engajamento, produtos e serviços, propósito e operações. Desses aglomerados, o Barômetro de Confiança revela que a integridade é mais importante, seguida de perto pelo engajamento. Áreas como a excelência nas operações ou produtos e serviços, embora importantes, são simplesmente o que é esperado.

Diz o relatório de 2015 do Barômetro de Confiança: "A oportunidade de construção de confiança para os negócios, portanto, reside justamente na área de integridade e engajamento. Essas áreas abrangem ações como seguir práticas empresariais éticas, ter responsabilidade de abordar questões delicadas ou crises, ter práticas comerciais transparentes e abertas, ouvindo as necessidades dos clientes e dando *feedback*, tratar bem os funcionários, considerar os clientes antes do lucro e comunicar frequentemente sobre o estado dos negócios — as mesmas qualidades também ajudam a construir a confiança em inovação" (Edelman, 2015).

Figura 7

**Engajamento e integridade: áreas prioritárias para
as companhias construírem confiança**
Importância declarada *versus* performance declarada em 16 atributos de confiança

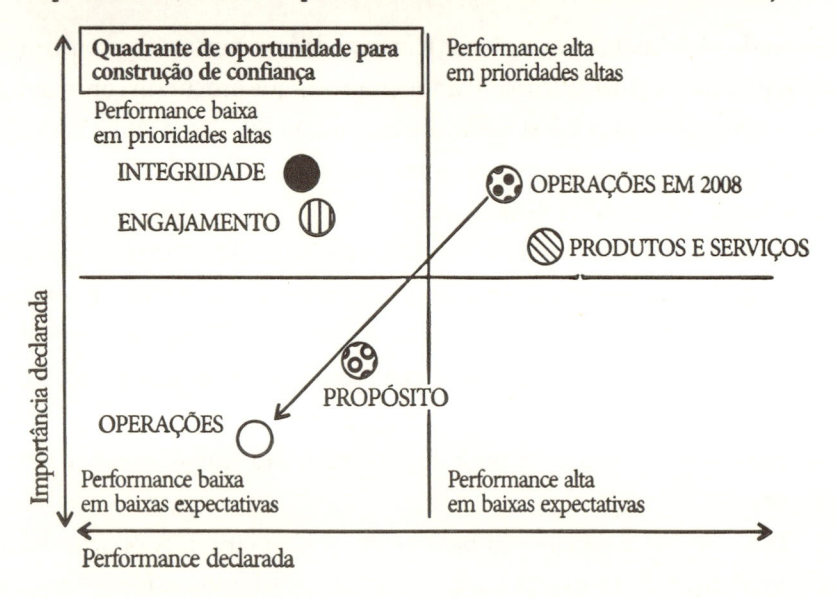

Fonte: Adaptado de Edelman (2015).

Um grande construtor de reputação é o reconhecimento público que a instituição recebe ao longo de sua existência. Prêmios, concursos e rankings são importantes para demonstrar por meio do testemunho de terceiros os compromissos assumidos pela instituição em várias de suas áreas de atuação.

Exemplos desses prêmios são os concursos de Melhores Empresas para Trabalhar, Empresas do Ano, Empresas Mais Lembradas etc.

Figura 8

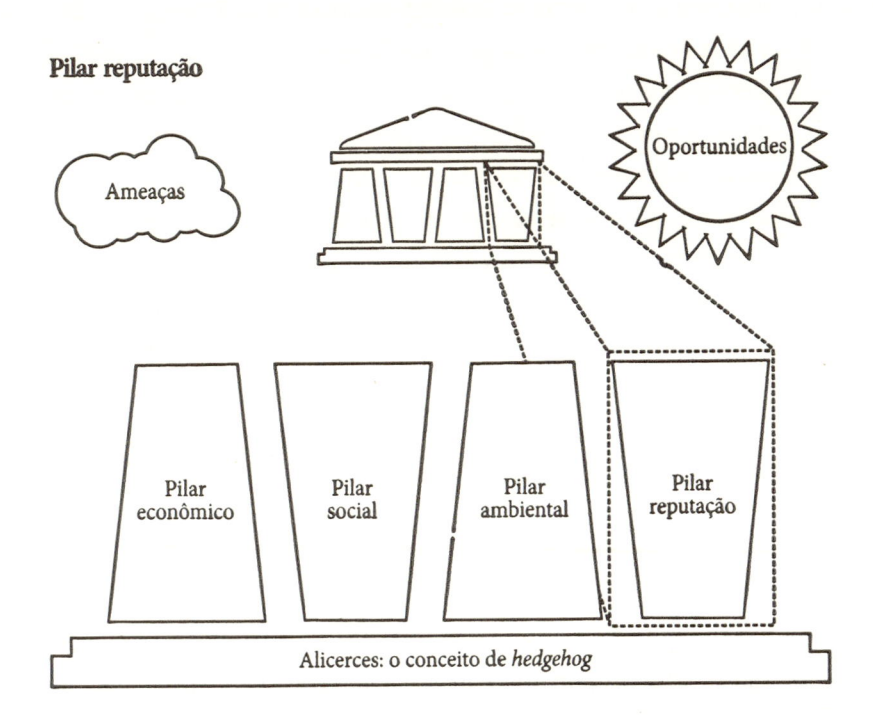

f) Grandes objetivos

Acima dos pilares se coloca a viga mestra de uma organização, que é a sua razão de ser, o seu sonho grande, ou simplesmente o seu Grande Objetivo.

Um grande objetivo energiza a todos e faz a equipe da instituição trabalhar na mesma direção, buscando alcançar os mesmos resultados.

Mas há uma particularidade que confere a um grande objetivo mais do que simplesmente uma forma de estímulo ou uma chamada para uma grande aventura: um grande objetivo deve ter tradução matemática!

Assim, grandes objetivos institucionais devem ser descritos, precisam ser quantificados e requerem a definição de um tempo para que sejam alcançados, além da identificação de pontos de verificação.

Alguns exemplos de grandes objetivos buscados por empresas bem conhecidas, de acordo com o website institucional de cada uma:

1. Gerar valor para nossos clientes, acionistas, equipes e a sociedade, atuando na indústria do aço de forma sustentável. Ser global e referência nos negócios em que atua (Gerdau).

2. Perseguir algo maior do que si, estabelecendo metas claras e ousadas em longo prazo. Trabalhar com paixão por seu propósito e desafiar-se a chegar cada vez mais longe (Fundação Estudar).

3. Nossa Razão de Ser é criar e comercializar produtos e serviços que promovam o bem-estar/estar bem. Bem-estar é a relação harmoniosa, agradável, do indivíduo consigo mesmo, com seu corpo. Estar bem é a relação empática, bem-sucedida, prazerosa, do indivíduo com o outro, com a natureza da qual faz parte, com o todo (Natura).

4. Articular, viabilizar e disseminar soluções inovadoras que consolidem a cultura de gestão no Estado e gerem resultados para o Brasil (Fundação Brava).

5. Ser uma das cinco maiores empresas integradas de energia do mundo e a preferida dos seus públicos de interesse (Petrobras).

6. Inovar para proporcionar aos pacientes tratamentos que melhorem significativamente suas vidas. Sermos a melhor empresa biofarmacêutica de inovação (Pfizer).

7. Ser a melhor empresa de bebidas do mundo, unindo as pessoas por um mundo melhor (Ambev).

Em cada um desses exemplos é possível identificar, com menor ou maior facilidade, as alternativas para definir um valor a ser alcançado, um tempo para se chegar a este valor, e quais os indicadores para verificar se o caminho que está sendo seguido é o correto.

Figura 9

Grandes objetivos e metas

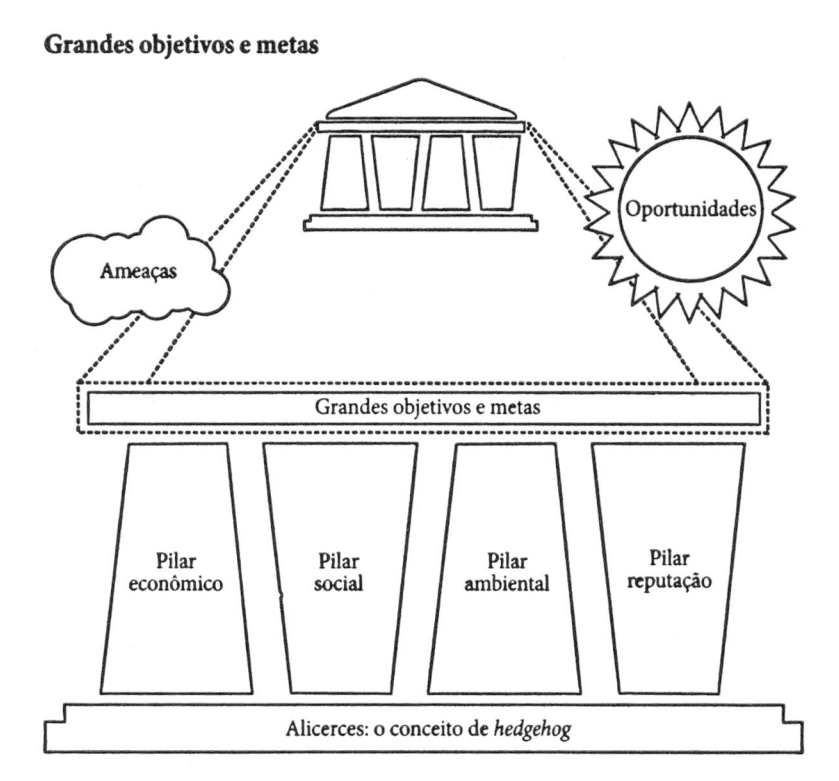

g) Entendimentos e parcerias

Sobre a viga mestra, que representa o grande objetivo, a casa ergue o seu telhado, que serve para lhe dar proteção e apoio. Essa imagem da casa e de suas partes confere aos entendimentos e às parcerias uma função mais do que nobre. A função de se relacionar com os grupos de interesse, os *stakeholders*, é o telhado da instituição, o que lhe dá pertencimento ao entorno, o que lhe permite se defender das ameaças e também identificar e capturar as inúmeras oportunidades que o meio ambiente social lhe apresenta.

Essa é uma questão prática para muitas empresas. Por exemplo, João Maurício Castro Neves foi um líder importante na Anheuser-Busch InBev, onde comandou operações no Brasil, na América Latina e na América do Norte. Por conta da sua privilegiada posição, pôde observar a importância da construção de parcerias e relatou, em entrevista para este livro, a sua primeira impressão ao retornar ao Brasil, após um período como CEO da Quilmes, em Buenos Aires.

> A indústria [de bebidas frias, cervejas e refrigerantes] é totalmente desconhecida da sociedade brasileira e dos governos. Poucos conhecem a contribuição que esta indústria traz ao país tanto no campo econômico, como social e ambiental. Além disso, há um sistema tributário disfuncional que atrapalha o processo de aumento da competitividade de toda a indústria, prejudicando o seu ritmo de crescimento e a geração de empregos. Como interferir em políticas públicas se a indústria é desconhecida e, além do mais, desunida? A nossa tarefa mais urgente parece ser retomar parcerias internas na indústria, deixando para o mercado a necessária competição, mas criando uma agenda de crescimento que possa interessar à sociedade e aos governos.

Jane Nelson, professora adjunta de Políticas Públicas e diretora da Corporate Social Responsibility Initiative da Harvard Kennedy School, é reconhecida por seus artigos e posições a respeito da construção de alianças inovadoras envolvendo instituições e seus *stakeholders* com o objetivo de maximizar o impacto da presença de uma organização dentro da sociedade na qual opera.

Jane chama atenção, em inúmeros textos, entrevistas e vídeos, para o fato de que, nos últimos anos, enormes avanços ocorreram nas responsabilidades sociais das grandes corporações empresariais que operam em escala global. Avanços que até pouco tempo não eram claramente percebidos. A grande novidade, segundo a professora de Harvard, é que novas fronteiras se abrem para o avanço da contribuição social das instituições privadas a partir da criação de plataformas colaborativas envolvendo mais de uma instituição.

A primeira dessas oportunidades se dá pela atuação conjunta de segmentos industriais, por meio de suas associações de classe, em um arranjo pré-competitivo, capaz de buscar vantagens normativas comuns e devolver melhorias para a sociedade e para o meio ambiente.

Entretanto, lembra Jane Nelson, é nas plataformas colaborativas, aquelas que envolvem o setor industrial, os governos e a sociedade civil organizada, que surgem as oportunidades de romper com os modelos tradicionais. Essas plataformas são poderosas o suficiente para enfrentar problemas contemporâneos e de grande complexidade, como os advindos das mudanças climáticas, a corrupção e a redução da pobreza.

A questão das parcerias e dos entendimentos entre segmentos distintos da sociedade precisa ser examinada a partir de três pontos.

O primeiro é saber por que investir tempo, dinheiro e esforços para construir alianças. A segunda questão é examinar que tipo de alianças é possível, e qual o potencial de cada uma delas. Finalmente, averiguar como se podem construir alianças mais efetivas para alcançar ambos os objetivos propostos, os objetivos sociais e os do próprio negócio.

As alianças e parcerias necessitam ser construídas porque vivemos em uma sociedade organizada em um Estado democrático de direito. Exatamente por isso temos uma tarefa permanente a cada vez que buscamos influenciar uma política pública, que é a de assegurarmos que haja maioria para que esta política possa ser elaborada ou alterada de acordo com nossos interesses. Na democracia, a construção de um novo cenário normativo, criado por um conjunto de políticas públicas e suas normas, se dá pelo processo de construção e consolidação de maiorias.

Para tanto, é necessário encontrar aliados estratégicos, que seguirão ao lado por longo caminho, e também buscar parcerias táticas, que trocarão apoios envolvendo seus interesses próprios e legítimos.

É muito bom desconfiar de um cenário que seja apropriado somente para uma organização, ou um segmento ou mesmo um setor. É muito pouco provável que este interesse seja capaz de triunfar, dentro da democracia, quando não atende a um leque amplo de interessados.

Existem basicamente três possibilidades de construção de alianças e parcerias, e cada uma delas tem a sua relevância em termos de influenciar políticas públicas.

A primeira delas é a própria instituição, o centro do interesse que estamos considerando. Neste caso, quase todas as parcerias se referem a interesses muito alinhados, que têm a ver com o próprio local de trabalho, o mercado e a cadeia de suprimentos.

O segundo nível de parcerias e entendimento se refere à comunidade em torno da qual a instituição se desenvolve. Esses entendimentos, em geral, se dão em áreas de filantropia, investimentos sociais, desenvolvimento comunitário do entorno e interlocução com a comunidade para entender os seus anseios e colocar-se à disposição.

Finalmente, o terceiro nível de entendimentos e parcerias se dá com o sistema do qual a instituição é parte. É quase sempre a indústria que encaminha pleitos ou busca influenciar as políticas públicas, fortalecer instituições da sociedade, e construir as normas e os parâmetros básicos que regem o funcionamento de determinado segmento econômico.

A grande pergunta que as instituições se fazem permanentemente é por que investir tempo, dinheiro e esforços para construir alianças e parcerias, além, é claro, das razões gerais já mencionadas.

Pode-se alinhar um conjunto bem expressivo de razões para responder a esta indagação frequente. Algumas delas são:

- É uma excelente estratégia para construir e sustentar confiabilidade de *stakeholders* e melhorar a reputação da instituição.
- Aproximar-se de organismos da sociedade civil que continuam a ter a mais alta confiabilidade da população que julga serem dessas organizações as opiniões mais confiáveis, nos principais assuntos.
- É uma oportunidade excepcional a um custo muito baixo de identificar e gerir novos riscos, novas expectativas vindas da sociedade em relação à instituição, e de identificar novas oportunidades para que a instituição siga sendo competitiva.
- É uma estratégia efetiva para fazer com que as ações da instituição nas áreas de responsabilidade social-corporativa aumentem a sua escala e o seu alcance.
- Parcerias e entendimentos com entidades estranhas ao mundo competitivo ajudam a criar um ambiente mais equitativo com os parceiros.
- Os entendimentos aumentam a legitimidade da instituição e ajudam a construir a confiança em relação à instituição na sociedade.
- Os entendimentos são grande oportunidade pedagógica para a instituição melhorar a aprendizagem em relação a organizações diferentes, ouvindo novas perspectivas e abrindo novos horizontes.
- Finalmente, é um excelente exercício para a instituição aperfeiçoar o seu papel de liderança na sociedade, e não somente no mercado.

Como parcerias são acordos voluntários nos quais os participantes concordam em trabalhar em conjunto, buscar objetivos comuns e compartilhar riscos, responsabilidades, recursos e benefícios, temos dois tipos de parcerias:

- Minimizar danos — diferentes instituições se entendem para enfrentar, em conjunto, por meio de acordos pré-competitivos, uma ameaça identificada pelo grupo;
- Criar oportunidades — o grupo, estimulado por alguma instituição, identifica uma oportunidade que pode ser alcançada se trabalharem em conjunto.

A morfologia dos entendimentos e parcerias não pode esconder o desafio maior, que é o de construir alianças efetivas, que sejam capazes de alcançar os objetivos propostos.

O primeiro grande desafio é vencer os obstáculos operacionais, que podem ser alinhados como:

- Superar desconfianças mútuas entre os parceiros.
- Construir pontes entre diferentes pontos de vista.
- Enfrentar a questão da governança da parceria. É importante conversar e estabelecer com clareza "quem manda em quê".
- Aprender a gerir expectativas irreais que usualmente florescem em acordos e entendimentos entre diferentes, em que cada um tende a superestimar a capacidade do parceiro.
- Um dos grandes desafios e obstáculos das parcerias é o "risco reputacional" existente. Os parceiros temem que a sua reputação entre determinados *stakeholders* seja ferida por conta da proximidade com os novos parceiros, fruto dos entendimentos acordados.
- Um obstáculo natural é a possível existência de conflitos de interesse dentro da aliança em temas outros que não os do entendimento em pauta.
- Inexistência de pessoal qualificado, capaz de levar adiante as ambiciosas pretensões da parceria. Este risco é aumentado quando todos os parceiros delegam a condução prática e do dia a dia da aliança para fora de sua área de influência.
- Finalmente, a grande dificuldade para medir o impacto e o valor adicionado pela parceria constitui-se em desafios e obstáculos práticos à sua realização.

Além dos obstáculos práticos, existem dilemas estratégicos importantes para o estabelecimento de alianças, parcerias e entendimentos.

Entre esses, três são muito importantes, principalmente se um dos parceiros é um organismo governamental.

O primeiro dos dilemas é a escala dos projetos, o que é crucial, principalmente quando temos entre os parceiros um organismo governamental. A obtenção da escala é rigorosamente um ponto-chave, pois governos não têm experiência, paciência e vontade de executar programas-piloto para apreender. Na maior parte das vezes, o parceiro governamental quer iniciar o projeto com dimensões enormes, colocando os parceiros privados em uma situação crítica, pois as empresas privadas costumam escalar somente depois de terem experimentado em escala menor.

O segundo grande dilema diz respeito aos temas de prestação de contas — elemento de fantástica importância tratando-se de organizações públicas e da representatividade das pessoas que fazem parte do núcleo executivo do projeto. Todos esses aspectos conferem uma característica que tende a diminuir a velocidade de implantação e desenvolvimento das atividades. Não obstante a vontade de andar rápido, eles devem ser rigorosamente observados para evitar problemas na própria aliança.

Finalmente, outro dos dilemas das alianças é que, por melhor que avancem em seus propósitos, elas não podem nem devem substituir ou fazer o papel do governo. Este respeito à legitimidade pública deve ser permanentemente seguido.

Alguns fatores críticos para o sucesso de uma aliança podem ser resumidos em três pontos: propósito, processo e progresso.

O propósito implica conhecer bem as metas, os objetivos da aliança, e buscar conhecer cada vez mais os parceiros.

O processo significa ter sempre presente o papel de sua instituição e saber como se comunicar adequadamente dentro e fora da aliança.

Finalmente, o progresso diz respeito a saber como avaliar o que se está obtendo, saber como e quando celebrar os resultados, modificar o projeto, e entender que ele cumpriu seus objetivos e, portanto, está terminado.

A seguir damos um exemplo de sucesso de parcerias para mudar um cenário regulatório. O relato é de Pedro Mariani, vice-presidente jurídico e de assuntos corporativos da AmBev:

A violência no trânsito é um problema mundial. A cada ano, mais de 1,25 milhão de pessoas morrem no mundo em colisões e atropelamentos. Em 2012, os acidentes de trânsito representavam a nona principal causa global de mortes. Se a tendência não for revertida, a Organização Mundial da Saúde (OMS) prevê que em 2030 a violência viária passe a ser a sétima maior causa de fatalidades, ultrapassando doenças como diabetes e hipertensão.

Com o objetivo de coordenar esforços globais com foco na melhoria da segurança viária, a Organização das Nações Unidas (ONU) decretou o período de 2011 a 2020 como a "década de ação pela segurança no trânsito". Na prática, a ONU passou a direcionar e a apoiar o desenvolvimento de planos regionais e nacionais que permeiam cinco pilares básicos para o tema: gestão da segurança viária; vias mais seguras e mobilidade; veículos mais seguros; conscientização dos usuários; e resposta ao acidente.

Durante esta década, a ONU estabeleceu como meta global salvar 5 milhões de vidas, o que significa uma redução próxima de 33% no número de mortes, tendo como referência os índices de 2011, ou de 50%, com base nas projeções para 2020. Seguindo o exemplo de nações que obtiveram redução de óbitos, a ONU recomenda que a gestão da segurança viária seja realizada de forma multissetorial e em rede, com metas e indicadores definidos e desdobrados nos cinco pilares mencionados.

Com atuação sistemática, é possível estabelecer um amplo e inclusivo processo de deliberação, com metodologia, gestão e participação de todos os agentes envolvidos no tema da segurança viária.

O Projeto de Segurança Viária passou a fazer parte da agenda de responsabilidade social da AmBev em 2014, quando percebemos que nossas campanhas sobre álcool e direção, apesar de bem-intencionadas, tinham pouco efeito prático mensurável sobre o comportamento da população. Sob o ponto de vista reputacional, como sempre investimos bastante em campanhas de prevenção (inclusive com campanhas em TV aberta), passamos a acreditar que associação entre álcool e direção começou a ser percebida como a principal causa da mortalidade no trânsito brasileiro.

Nunca nos eximimos de nossa responsabilidade quanto ao tema, nem poderia ser diferente. Mas duas coisas chamaram nossa atenção. Em primeiro lugar, era preciso saber se havia informação confiável sobre a quantidade e a natureza dos acidentes de trânsito. Era necessário entender todas as possíveis causas, como educação no trânsito, celulares, aumento da frota de motocicletas, condição física das estradas, policiamento, entre outras. Além disso, pensamos: por que não utilizar nossa experiência e capacidade de gestão e mobilização para, sem deixar de fazer parte do problema, ser a empresa indutora da solução?

O Movimento Paulista de Segurança no Trânsito nasceu e segue com uma meta ambiciosa, de redução de 10% ao ano da mortalidade no trânsito, nos municípios selecionados,[8] em linha com a meta estipulada pela ONU. O êxito de um projeto dessa envergadura tem como premissa fundamental a vontade política e dedicação dos agentes públicos, bem como o engajamento dos parceiros privados.

O movimento foi estruturado tendo como participantes o governo do estado de São Paulo, por meio da Secretaria de Governo, à qual coube a responsabilidade de coordenar o projeto com todos os órgãos que tratam de trânsito dentro do estado de São Paulo. Um convênio foi assinado pelo governo do estado com o Centro de Liderança Pública (uma organização da sociedade civil de interesse público, Oscip). Esse convênio foi o que permitiu a participação do Centro de Liderança Pública, que, em cooperação com a Falconi Consultores, passou a trabalhar na consolidação da base de informações disponíveis sobre acidentes de trânsito no estado de São Paulo. Esses dados, espalhados entre diversas entidades públicas, que não atuavam de forma coordenada, muitas vezes demoravam até dois anos para serem disponibilizados.

Em paralelo, a AmBev passou a mobilizar outros parceiros da iniciativa privada, o que resultou no seguinte grupo final de patrocinadores no primeiro ano de projeto: AmBev, Porto Seguro, Arteris, Banco Itaú, Abraciclo, Grupo Ultra, Confederação Nacional das Empresas Seguradoras (CNSeg) e Raizen.

A estrutura do projeto pode ser assim resumida:

---

[8] Essa redução de 10% se tornou meta de toda a área de responsabilidade social da AmBev.

Figura 10

Estrutura do movimento

O Movimento Paulista de Segurança no Trânsito é composto por órgãos governamentais executivos, consultivos e normativos, além de representantes da iniciativa privada.

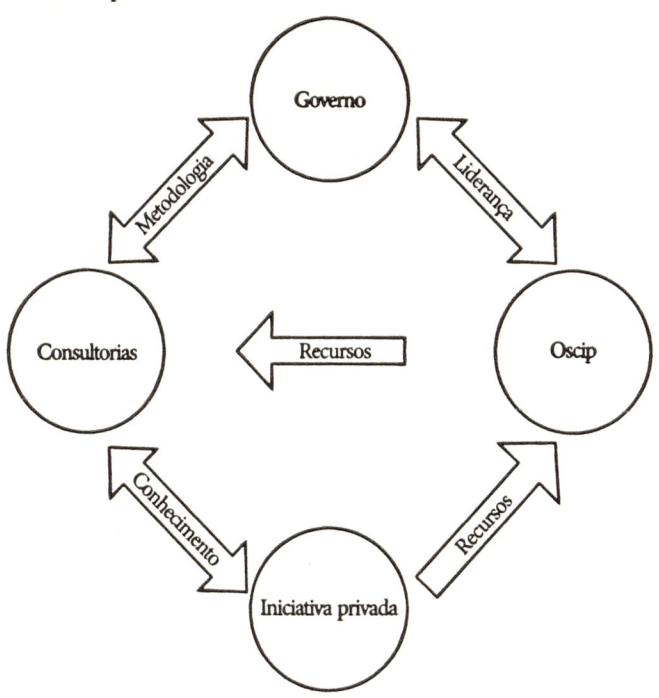

A coleta, sistematização e organização dos dados de acidentes de trânsito no estado de São Paulo, primeiro passo do projeto, possibilitaram a criação do Infosiga,[9] site que passou a divulgar mensalmente dados detalhados da situação viária no estado. Ali é possível encontrar, entre outras informações, o local preciso dos acidentes, fatalidades por gênero, idade e tipo de veículos.

O projeto, portanto, criou as condições para efetivamente medir a situação viária de cada município do estado. Depois disso, quinze cidades foram selecionadas como plataformas-piloto para que as equipes do projeto pudessem, *in loco*, diagnosticar quais ações, em

---

[9] Ver Infosiga SP. Disponível em: <http://www.infosiga.sp.gov.br>. Acesso em: 31 ago. 2017.

cada um dos municípios, seriam capazes de reduzir a mortalidade no trânsito. No total, foram 118 ações realizadas no primeiro ano nesses quinze municípios. Entre elas, houve a instalação de 59 lombofaixas, seis lombadas, catorze semáforos, pintura de faixa de pedestres em dois cruzamentos, revitalização de sinalização horizontal e vertical em dezoito vias adequação de sistemática de *blitze* em cinco municípios, recapeamento de seis vias, aquisição de três veículos para fiscalização, instalação de dois radares para controle de velocidade, capacitação de dois gestores de trânsito, revitalização de iluminação pública em uma via e construção de uma passagem para pedestres. Todas as ações buscam atacar as causas específicas de mortes e acidentes em cada um dos locais.

Essas ações, simples mas focadas, fizeram com que os resultados do primeiro ano do projeto ultrapassassem a meta de 10% de redução nos quinze municípios selecionados. A queda foi de 10,6%: enquanto entre janeiro e dezembro de 2015 houve 578 mortes no trânsito nesses municípios, entre janeiro e fevereiro de 2016 houve 517. Os resultados nos primeiros municípios fizeram com que, para 2017, o governo de São Paulo estendesse o programa de 15 para 67 cidades.

Figura 11

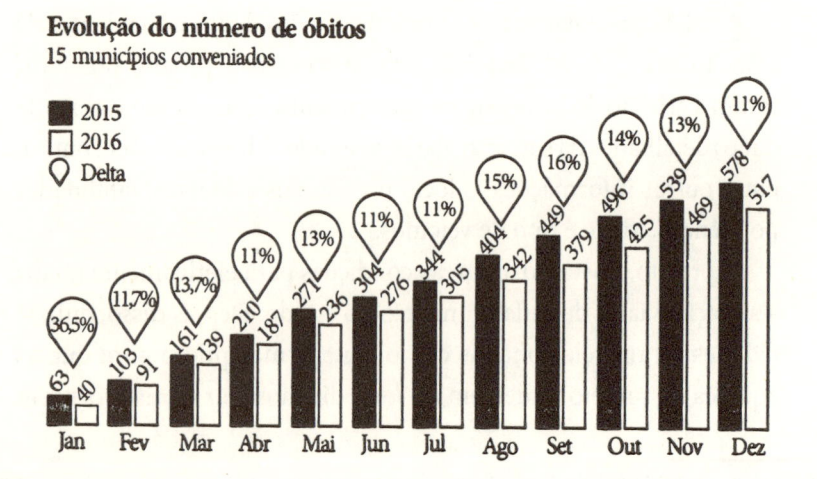

Evolução do número de óbitos
15 municípios conveniados

A experiência com São Paulo aliou preocupações legítimas das empresas que participam do projeto — redução do consumo nocivo do álcool, no caso da AmBev, redução do número de mortes causadas por motocicletas, no caso da Abraciclo, redução de mortes nas rodovias, no caso da Arteris, redução de sinistros, no caso da CSeg — com o interesse do estado em implantar uma política pública de sucesso, de redução da mortalidade no trânsito atual. O método, facilmente replicável para outros municípios ou estados, é simples e de comprovada eficácia, fazendo com que, com menos recursos públicos, sejam adotadas as intervenções que mais eficazmente atacam o problema.

Em 2017, a AmBev levou o Programa de Segurança viária para Brasília, agora acrescentando o controle de feridos em acidentes de trânsito, além da meta de redução de mortalidade. Os passos implementados no Distrito Federal seguiram o aprendizado de São Paulo, com resultados também expressivos até o lançamento deste livro. De janeiro a maio de 2017, foram noventa mortes nas vias do Distrito Federal, 74 a menos do que no mesmo período do ano anterior.

O controle e as ações sobre a redução dos feridos em acidentes trouxeram, também, um outro aspecto importante em termos de gestão orçamentária: a redução de leitos hospitalares ocupados em função de acidentes. Atingidas as metas de redução de feridos fixadas para o DF, estima-se uma economia da ordem de R$ 1 bilhão em três anos, que poderá ser mais bem aplicada em outros temas de saúde pública.

Como próximos passos, a mesma metodologia será exportada pela AmBev para a República Dominicana e a África do Sul. Os projetos nesses países se encontram em fase embrionária, mas o objetivo é estruturar uma parceria entre a iniciativa privada e os governos locais nos moldes de São Paulo e Brasília. Em conclusão, as experiências com São Paulo e Brasília demonstram que é possível implementar programas de parceria que, ao mesmo tempo, atendam interesses privados legítimos e de implementação de políticas públicas vencedoras.

Como demonstram os exemplos citados anteriormente, com alicerces, pilares, viga e telhado, a casa tem as condições para suportar as *ameaças externas*, como para aproveitar a energia que vem das *oportunidades que existem* no ambiente externo à instituição.

Figura 12

Casa completa: modelo organizacional

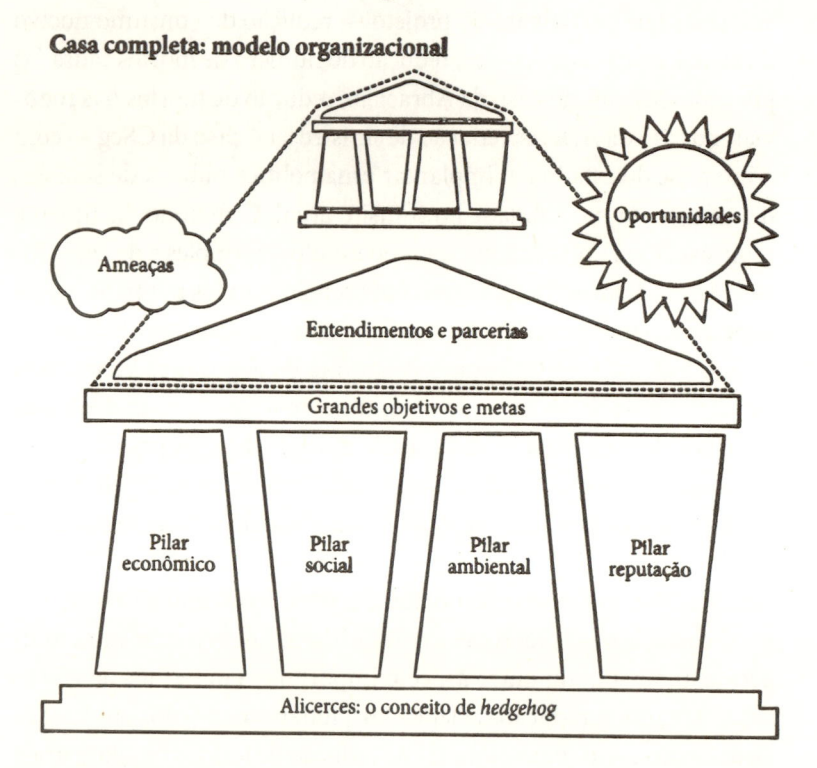

O que aprendemos neste capítulo

- As relações governamentais somente se legitimam quando o seu propósito e objetivo é *criar valor* compartilhado para a *sociedade* e para as *organizações*, tornando-as mais competitivas e para os *agentes políticos*, que tornaram esse relacionamento possível, concedendo-lhes o reconhecimento público.
- Conhecer a instituição para a qual se trabalha e ter condições de descrevê-la sucintamente, mas sem deixar de mencionar nenhum aspecto importante para o seu interlocutor, constituem a primeira das grandes características de uma equipe de relações governamentais.
- A utilização do método e do conceito de *hedgehog* para tentar encontrar a essência da instituição, não necessariamente onde ela presentemente se concentra.
- Com alicerces, pilares, viga e telhado, a casa tem as condições para suportar as ameaças externas e para aproveitar a energia que vem das oportunidades geradas no ambiente externo à instituição.

5. Uma estratégia para mudar um cenário regulatório

Os autores entendem que relações governamentais são as relações existentes entre qualquer organismo público e organizações de direito privado, com ou sem fins lucrativos, para efeito de influenciar a elaboração de políticas públicas com vistas a alterar o cenário normativo, em qualquer uma de suas características. Entendemos, também, que esse relacionamento somente será legítimo quando o seu propósito e o seu objetivo forem *criar valor* compartilhado para a *sociedade* e para as *organizações*, tornando-as mais competitivas, e para os *agentes políticos* que tornaram esse relacionamento possível, concedendo-lhes o reconhecimento público.

Pela nossa definição, portanto, esse relacionamento serve ao propósito de influir sobre políticas públicas com o objetivo de gerar valor para a sociedade e trazer mais competitividade para as empresas.

Dentro de uma instituição administrada para alcançar os seus objetivos, a equipe responsável por estabelecer relações com organismos governamentais também deve ser encarada como uma área de negócios. Nessa equipe, o líder é o "dono" desse negócio, o que significa que ele tem autoridade sobre os meios que são colocados à sua disposição. Desse modo, ele também é responsável por levar a sua equipe a alcançar os resultados esperados. Mas que resultados são esses? Quais são e como são escolhidas as metas dessa equipe, que faz parte da gestão da instituição?

Como qualquer negócio, a equipe de relações governamentais deve ser capaz de identificar qual é o seu produto, quais são os clientes, o que ela deve fazer para transformar os insumos, e quem são os seus fornecedores de insumos. Voltaremos a este tema no próximo capítulo.

O importante agora é entender que, se esse processo for sistematizado, como parte da rotina administrativa, as necessidades dos clientes se transformam em metas a serem alcançadas pela equipe de relações governamentais. Para alcançar essas metas, será necessário estabelecer um processo de gestão. Como disse de maneira simples Peter F. Drucker (1992, p. 188), "a administração é um processo operacional composto por funções como: planejamento, organização, direção e controle".

É necessário que se mobilizem os recursos da instituição para alcançar os objetivos desejados, tomando emprestado o conceito militar. Para alcançar os objetivos ou metas, o que se espera do líder é que ele proponha uma estratégia. Mais do que isso, que ele defina ações ofensivas ou defensivas para criar um cenário normativo que corresponda a uma posição defensável da instituição, para enfrentar com sucesso as forças competitivas e, assim, obter um retorno maior sobre o investimento, seguindo a definição dada genericamente por Porter (1980).

Henry Mintzberg (1987b) argumenta que a estratégia pode ir bem além da perspectiva de chegar ao resultado usando a menor quantidade de recursos possíveis. Mintzberg formulou a definição de estratégia em cinco diferentes perspectivas, a depender das características de cada instituição, e a chamou da definição dos cinco "pês":

- Estratégia como plano: forma de ganhar um jogo com regras preestabelecidas, por meio de um processo formal, com forte caráter analítico e de certa maneira determinístico.
- Estratégia como padrão: consistência de comportamentos, jogo entre atores internos e externos, processo de aprendizagem, incrementalismo e construtivismo, modelo de adaptação evolutiva.
- Estratégia como posição: ajuste entre o exterior e o interior da empresa, definindo o que se deve fazer e o que não se deve fazer.
- Estratégia como perspectiva: modo próprio de a empresa ver o mundo, agindo de acordo com essa visão, imbuída de um espírito coletivo.
- Estratégia como *ploy* (artimanha): manobra intencional ou não intencional, modo de ação predeterminado ou emergente. Nesta vertente podem incluir-se os graus de liberdade de que a empresa pode usufruir e as armas que detém para poder jogar o jogo da sobrevivência e sustentação.

O que se espera do líder e da equipe de relações governamentais é uma estratégia que possa ser auditada e capaz de mostrar que o propósito do relacionamento com organismos públicos é criar valor concomitante para a sociedade, valor para as empresas e valor para as autoridades públicas envolvidas nesse relacionamento.

Essa criação de três valores distintos levanta uma segunda questão: é preciso definir os limites desse relacionamento para que ele seja ético e tenha a transparência desejada para tratar de assuntos que tenham o interesse público envolvido.

A estratégia proposta neste capítulo passa por quatro grandes eixos, cada um com várias atividades próprias:

- Primeiro — Quem somos e o que queremos.
- Segundo — Comunicar com foco.
- Terceiro — Construir alianças e parcerias.
- Quarto — Engajar para moldar um novo cenário normativo.

Figura 1

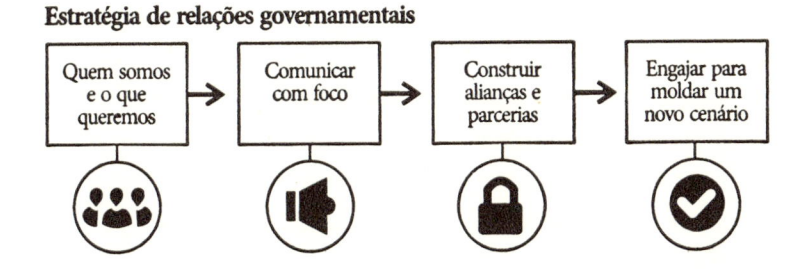

Estratégia de relações governamentais

Quem somos e o que queremos

O primeiro desafio da equipe de relações governamentais é superar a pretensão de imaginar que os nossos interlocutores nos conhecem. Ninguém nos conhece do modo como nós queremos ser conhecidos e percebidos em cada uma de nossas negociações. É importante observar que a cada rodada de negociação estaremos frente a frente com interesses diversos, cujos valores são outros, e que podem ter uma relação distinta com nossa instituição.

Por isso, é preciso entender antes de tudo que nossa instituição é sempre a soma das três dimensões em que ela cria valor: a econômica, a social e a ambiental.

Para apresentá-la, é necessário conhecer as informações da instituição, do segmento e da indústria da qual ela faz parte. Essas informações estão disponíveis em coleções de documentos, arquivos que contenham dados sobre o valor da instituição, em particular, e de seu setor, em geral.

De um modo geral, os relatórios anuais de desempenho, somados aos relatórios de sustentabilidade, são capazes de mostrar a maioria das informações estruturadas de que necessitamos. Outras fontes principais de informação são os balanços consolidados, os relatórios de analistas, pesquisas na internet e entrevistas com os principais líderes da organização.

Para grandes empresas, as de capital aberto, uma boa ideia é consultar as análises dos bancos sobre o desempenho da instituição, pois eles costumam apontar aspectos positivos, além de oportunidades de melhoria que podem ser salientadas na apresentação. Em ambos os casos é importante usar os indicadores clássicos aceitos por toda a sociedade.

As informações estruturadas são relativamente simples de serem coletadas e organizadas. O grande desafio é não se esquecer de estudar nenhuma das dimensões em que a instituição deveria criar valor, pois aí estarão os pontos fortes e os pontos fracos dessa apresentação.

O próximo desafio é escolher a ênfase que queremos dar na apresentação de "quem somos nós". Será que os dados estruturados são suficientes para nos ajudar a realizar essa tarefa? As informações estruturadas são definitivamente necessárias, mas não são suficientes.

Não são suficientes porque as informações estruturadas falam de nossa organização sem considerar os interesses do *stakeholder* específico, e dificilmente identificam as possibilidades de relacionamento que podem surgir ao mostrarmos para um interlocutor específico, com interesses determinados, quais as características de nossa instituição que podem ajudar em nosso propósito conjunto.

As informações normalmente estruturadas pelas instituições consideram basicamente as fontes tradicionais de informação e operam sobre dados consolidados e discretos.[1] Mas como agregar informações que sejam importantes para cada interlocutor? Como identificar quais são as informações da instituição que possam interessar a cada *stakeholder*-chave?

Big Data

A resposta para a pergunta anterior pode vir do Big Data. A partir do desenvolvimento da tecnologia da informação, e principalmente da enorme infraestrutura digital atual, produzimos volumes de informações em dimensões inimagináveis até pouco tempo atrás. Olivier Toubia (2016), da Columbia Business School, dimensiona em 2,5 milhões de terabytes a geração de novas informações a cada dia. Isso mesmo, a cada dia.

Big Data é a tecnologia para o tratamento digital de conjuntos de dados extremamente amplos e não estruturados. A quantidade dessas informações é de tal dimensão que é necessário o uso de equipamentos e ferramentas computacionais especialmente preparadas para lidar com grandes volumes de dados, e em grande velocidade, de forma que toda e qualquer informação possa ser encontrada, analisada e aproveitada em tempo hábil.

O objetivo de analisar grandes quantidades de dados é buscar correlações que, em volumes menores, dificilmente seriam alcançadas.

Em relação à tecnologia da informação (TI), o Big Data refere-se ao processamento em grande *velocidade*, de um grande *volume* de dados, com imensa *variedade* de conteúdo e formatos, com *veracidade* comprovada, e com o objetivo de encontrar *valor* para uma demanda específica. Os cinco "vês" definem as características inovadoras dessa tecnologia.

Para as relações governamentais, essa tecnologia é importante para descobrir os pontos de intersecção entre os interesses de nossos interlocutores e os interesses de nossa instituição.

---

[1] Dados discretos são dados numéricos com brechas na sequência entre eles. Por exemplo, a contagem das bolas de tênis. Só pode haver um número inteiro de bolas de tênis (0,3 bola seria impossível). Notas de prova e tamanhos de calçados são outros exemplos. Dados contínuos são dados em que todos os valores são possíveis. Não há brechas entre eles. O tamanho das bolas de tênis pode ser qualquer um: 10,53 mm, 10,54 mm ou 10,536 mm. O tamanho do pé é outro exemplo, ao contrário do tamanho do calçado, que é um dado discreto.

Podemos descobrir o que é realmente relevante para as autoridades governamentais, para parceiros em outras instituições, além de outros *stakeholders*, a partir de informações geradas por eles mesmos e disponibilizadas de forma desestruturada. Assim, além dos dados estruturados, precisamos fazer uso de tecnologias modernas como Big Data para complementar a apresentação da organização.

Mas de onde surgem esses dados que antes não estavam disponíveis? Surgem da crescente adesão das empresas, instituições públicas, pessoas e outros atores à internet.

O crescimento exponencial de informações disponíveis nas redes se deve a causas diversas como a popularização das redes sociais, a popularização dos smartphones associados ao GPS, a crescente importância da internet das coisas (*internet of things*, IoT), em que dispositivos embutidos e móveis farão parte dos mais variados objetos de uso cotidiano e diário. Avalia-se que até 2020 mais de 1 trilhão de objetos estarão ligados à rede mundial de computadores, fornecendo informações atualizadas. Além disso, milhões de e-mails são enviados por hora, milhões de mensagens de WhatsApp e SMS são produzidos por minuto, milhões de transações bancárias são realizadas a cada segundo e, finalmente, bilhões de linhas móveis estão instaladas em equipamentos no mundo todo.

A grande diferença do Big Data é que a existência de grandes armazéns de dados (*data warehouse*), normalmente instalados nos centros de processamento de dados das grandes instituições, começam a perder a centralidade. Os *data warehouse* armazenam e permitem o tratamento de dados estruturados, com assuntos integrados, não voláteis, com variação controlada em relação ao tempo. Já o Big Data trata gigantescos volumes de dados, voláteis ou não, que somente podem ser processados com enorme velocidade computacional, disponível nos computadores contemporâneos. Com a tecnologia de Big Data é possível recolher todos os dados possíveis e buscar as correlações que possam responder às nossas perguntas.

Os *stakeholders* da equipe de relações governamentais estão nas redes sociais e têm presença na rede mundial de computadores. Assim, com os dados agregados sobre a instituição e mais os dados vindos dessas novas fontes de informação (normalmente ignoradas), podemos escolher os melhores planos estratégicos para alcançar as metas propostas. Só assim é possível apresentar a instituição ressaltando os pontos em que os interesses são mais convergentes.

Além disso, é viável identificar novos relacionamentos possíveis, parcerias que podem ser interessantes, e alianças que possam fazer a diferença.

Do mesmo modo, o uso de tecnologia de tratamento de grandes volumes de informações permite saber quais são os objetivos de curto e médio prazo dos organismos de governo.

Alguns desses planos atraem o interesse dos meios de comunicação, seja pela importância que o próprio governo lhes confere, seja pelo apelo popular do tema. Nesses casos, é fácil buscar os pontos de convergência entre a instituição e o governo. Entretanto, a maioria dos planos governamentais não tem essa visibilidade. Por esse motivo, com os dados disponíveis e agora tratáveis, é possível apresentar a instituição e os pontos de intersecção entre todos os interesses.

Já temos claro quais aspectos da nossa instituição devem ser salientados para os interlocutores e parceiros. Todos sabem, agora, "quem somos". O próximo desafio é ter foco onde queremos chegar, ou "o que queremos" com esses relacionamentos e parcerias.

Foco no objetivo: qual cenário regulatório queremos?

Pode parecer trivial que a instituição tenha clareza dos seus objetivos quando busca um entendimento com um organismo governamental. No entanto, esse é um passo mais complexo do que parece à primeira vista, e é muitas vezes ignorado.

Muitas vezes, por motivos internos e/ou externos à instituição, vindos da sociedade, a lista dos objetivos se embaralha, exigindo alguma reflexão e decisão entre alternativas.

Para efeito de método, vamos assumir que, sempre que uma instituição e uma autoridade governamental se relacionam, o objetivo é debater políticas públicas que afetam o cenário normativo ou regulatório sobre o qual a instituição exerce suas atividades.

Existem duas hipóteses gerais para que uma instituição busque um relacionamento com autoridades governamentais. A primeira delas é quando percebe que os organismos de governo pretendem ou estão sendo pressiona-dos a alterar uma política pública que favorece a instituição. Nessa situação, a instituição deverá assumir uma atitude reativa. A segunda hipótese é quando a própria instituição entende que, sob o atual cenário regulatório, ela se vê limitada para aumentar sua competitividade, e busca alterar esse cenário. Nessa situação, a instituição deverá tomar a iniciativa e propor a alteração desejada.

Em que momento a instituição decide que chegou a hora de buscar in-terlocução com organismos públicos? Para começar, é recomendável uma avaliação das características internas da instituição e do ambiente externo.

Análise SWOT

Normalmente, as organizações utilizam métodos para conhecer seu ambien-te interno, com seus pontos fortes e oportunidades de melhoria, bem como identificar as oportunidades e ameaças que surgem no ambiente externo que circunda a instituição.

Um dos métodos mais utilizados, mas não o único, é a análise SWOT. O website Significados dá uma boa explicação sobre o método: "SWOT é a sigla dos termos ingleses *Strengths* (Forças), *Weaknesses* (Fraquezas), *Opportuni-ties* (Oportunidades) e *Threats* (Ameaças), que consiste em uma *ferramenta de análise* bastante popular no âmbito empresarial."[2]

Em Administração de Empresas, a análise SWOT é um importante instrumento utilizado para o planejamento estratégico e que consiste em recolher dados que caracterizam o ambiente interno (forças e fraquezas) e externo (oportunidades e ameaças). Graças à sua simplicidade, pode ser utilizada para qualquer tipo de análise de cenário, desde a criação de um blog à gestão de uma multinacional.

A técnica de análise SWOT foi elaborada pelo norte-americano Albert Humphrey durante o desenvolvimento de um projeto de pesquisa na Uni-versidade Stanford entre as décadas de 1960 e 1970, usando dados da *Fortune 500*, uma revista que faz um ranking das maiores empresas americanas.

---

[2] Ver "Significado de SWOT". Disponível em: <http://www.significados.com.br/swot>. Acesso em: 31 ago. 2017.

Figura 2

Análise SWOT

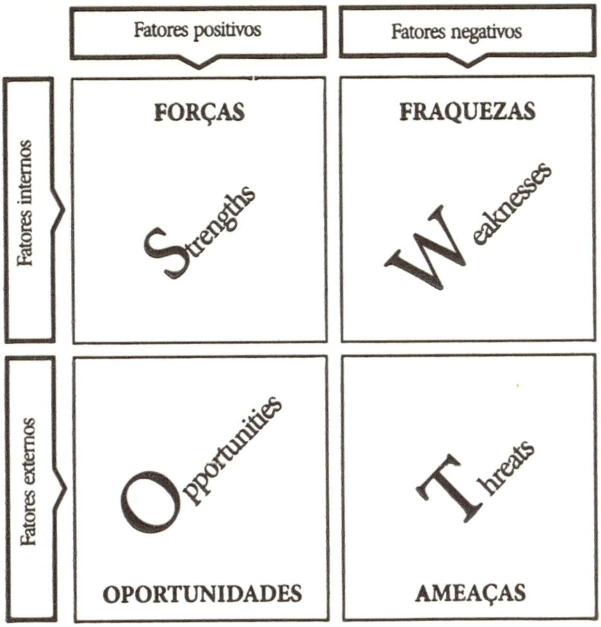

As informações referidas a seguir devem ser enquadradas nas categorias SWOT para a análise do cenário da empresa:

Strengths (Forças) — vantagens internas da empresa em relação às concorrentes. Por exemplo: qualidade do produto oferecido, bom serviço prestado ao cliente, solidez financeira, boa capacidade de interlocução com diferentes *stakeholders*, grande pagadora de impostos, grande empregadora de pessoas, conhecimentos de dados estruturados e não estruturados do ambiente que a cerca etc.;

Weaknesses (Fraquezas) — desvantagens internas da empresa em relação às concorrentes. Por exemplo: altos custos de produção, imagem ruim, instalações inadequadas, marca fraca, não faz parte de nenhum organismo setorial, não tem equipe de relações governamentais etc.;

Opportunities (Oportunidades) — aspectos externos positivos que podem potenciar a vantagem competitiva da empresa. Por exemplo: mudanças nos gostos dos clientes, falência de empresa concorrente, governo preocupado com desemprego etc.;

Threats (Ameaças) — aspectos externos negativos que podem pôr em risco a vantagem competitiva da empresa. Por exemplo: novos competidores, perda de trabalhadores fundamentais, governo enfrenta déficit fiscal; nova equipe do governo é ideologicamente contra empresas que apresentam bons resultados etc.

Análise SWOT cruzada

A análise SWOT cruzada consiste em cruzar as informações dos quatro quadrantes, de forma a obter um quadro que permita delinear estratégias importantes para o futuro da empresa/instituição.

Para a análise SWOT cruzada é preciso primeiro fazer uma análise clara do ambiente, ou seja, pesquisar profundamente as forças e fraquezas, e saber identificar as oportunidades e ameaças. Para cada cruzamento é importante saber criar objetivos/estratégias:

Pontos fortes × oportunidades = estratégia ofensiva/desenvolvimento das vantagens competitivas.

Pontos fortes × ameaças = estratégia de confronto para modificação do ambiente a favor da empresa.

Pontos fracos × oportunidades = estratégia de reforço para poder aproveitar melhor as oportunidades.

Pontos fracos × ameaças = estratégia defensiva com possíveis modificações profundas para proteger a empresa.

De posse de uma consistente e atualizada análise SWOT, a instituição pode começar o processo de identificação de suas prioridades de atuação.

Mapa de tópicos regulatórios

O primeiro passo é identificar quais são as principais questões regulatórias que afetam a organização.

Para tanto, sugerimos a elaboração de um mapa com os principais tópicos do cenário regulatório que afetam a instituição. Nesse mapa, deverá ser identificado, em grandes números, quanto cada alteração de um desses tópicos influencia os resultados da instituição.

Um exemplo de mapa de tópicos regulatórios elaborado para uma instituição fictícia é apresentado na tabela a seguir.

Área	Tópico	Valor em jogo
Finanças	Tributo	Alto (> de 100)
	Incentivos fiscais	Médio (> de 50 < de 100)
	Custo do trabalho	Baixo (> de 50)
Comercial	Publicidade e propaganda	Alto (> de 100)
	Logística	Médio (> de 50 < de 100)
Industrial	Licenças operacionais	Baixo (> de 50)
	Importações de insumos	Médio (> de 50 < de 100)
Inovação	Novos produtos	Alto (> de 100)
	Registros e aprovação	Baixo (> de 50)

O grau de detalhamento, tanto das áreas quanto dos tópicos regulatórios, dependerá das características de cada instituição e da capacidade de a equipe de relações governamentais levantar cada uma das políticas públicas que compõem o cenário regulatório sobre o qual ela opera.

A identificação do valor em jogo é de complexa avaliação, e esse valor não precisa ser identificado detalhadamente. Basta estabelecer três ou quatro grupos e classificar cada tópico dentro deles. Esse processo pode ser facilitado por entrevistas internas na organização, em que as principais lideranças quantificam o impacto de cada um dos tópicos regulatórios.

O mapa regulatório é um primeiro passo na busca da priorização dos temas a serem tratados com organismos governamentais. Entretanto, a escolha dos tópicos a serem tratados com o governo se dá pela análise de longo prazo da organização. Um tema que pode ser muito importante no curto prazo pode deixar de ser fundamental logo em seguida, caso algumas características externas mudem. O mapa é o início do processo para escolher o cenário regulatório que a instituição pretende projetar em parceria com as autoridades de governo.

Muitas vezes, entretanto, a iniciativa parte dos organismos governamentais, e estes encontram a instituição despreparada. Para evitar essa desagradável surpresa, é interessante fazer um estudo sobre a probabilidade de cada tópico ser alterado a partir de uma iniciativa governamental.

Probabilidade de mudar uma política pública ou um tópico

Sugerimos que a escolha da política cuja alteração possa beneficiar a instituição seja feita a partir da análise de quatro categorias. O uso de categorias como frio, morno, aquecendo e quente, por exemplo, pode ajudar a separar opções. Afinal de contas, nem todos os tópicos têm a mesma probabilidade de ocorrer, nem o mesmo grau de dificuldade. Nossa proposta é que sejam consideradas as seguintes características para cada categoria.

Muito pouco provável ou frio — o assunto tem poucos e raros interesses entre os *stakeholders*, tem pouca menção na mídia tradicional, tem pouca menção nas mídias sociais, e nenhuma grande ONG está debatendo e abraçando o tema.

Pouco provável ou morno — o tema já é regulamentado em outros países da mesma forma como teme a instituição, mas ainda não é debatido em nosso país. A avaliação interna indica potencial para que o tema se transforme em assunto importante, e já há alguma exposição midiática.

Provável ou aquecendo — um número maior de *stakeholders* defende esta regulamentação, existe uma considerável cobertura das mídias tradicional e social, há indícios consistentes de que a sociedade está preocupada, e o tema pode se transformar num risco alto no futuro.

Muito provável ou quente — já existe uma regulação consolidada em outros países, há um intenso debate e pressão pública sobre o governo para alterar o tema, os principais *stakeholders* estão defendendo mudanças sobre o assunto, e existe risco iminente.

O mapa de tópicos regulatórios passa a ter agora mais uma coluna, que trata da possibilidade de ocorrência.

Área	Tópico	Valor em jogo	Probabilidade de ocorrência
Finanças	Tributos	Alto (> de 100)	Quente
Finanças	Incentivos fiscais	Médio (> de 50 e < de 100)	Morna
Finanças	Custos de trabalho	Baixo (> de 50)	Aquecendo
Comercial	Publicidade e propaganda	Alto (> de 100)	Fria

Área	Tópico	Valor em jogo	Probabilidade de ocorrência
Comercial	Logística	Médio (> de 50 e < de 100)	Aquecendo
Industrial	Licenças operacionais	Baixo (> de 50)	Morna
Industrial	Importações de insumos	Médio (> de 50 e < de 100)	Fria
Inovação	Novos produtos	Alto (> de 100)	Quente
Inovação	Registros e aprovação	Baixo (> de 50)	Morna

Com esse mapa dos tópicos que merecem a consideração da instituição, podemos definir as prioridades da equipe de relações governamentais. O valor em jogo e a urgência podem ser excelentes indicadores para essa definição.

Entretanto, resta saber até onde se quer ir, saber identificar o que é essencial para a instituição, e separar o que é bom, mas não é fundamental que se alcance.

Situação atual, desejada, e os limites

Para entendermos o espectro de alternativas quando se trata de políticas públicas, podemos fazer um exercício com quatro descrições de um cenário normativo que diga respeito aos tópicos que estamos tratando. Neste exercício, vamos descrever, em linhas gerais, quais os limites que uma política pública pode ter para um tópico específico e suas consequências para a instituição.

a) Descrever o cenário regulatório mais negativo possível

Identificar qual a política pública mais negativa que um organismo de governo poderia definir sobre um determinado tópico. Por exemplo, um aumento de 100% sobre os tributos pagos; proibição da comunicação via publicidade de produtos e marcas em determinado canal e horário; a proibição do lançamento dos produtos etc.

b) Descrever o cenário regulatório corrente

Descrever a política pública corrente sobre este tópico. Por exemplo, qual a alíquota real que está sendo paga em determinado produto; quais são as características da regulamentação sobre a publicidade para produtos e marcas, por canal e por horário de veiculação; como é o processo de licenciamento e autorização para o lançamento de produtos etc.

c) Descrever o cenário regulatório ideal

Descrever uma política pública sobre este tópico que possa ser considerada ideal. Por exemplo, qual a alíquota real próxima de zero para determinado produto; qual a desregulamentação completa de publicidade para produtos e marcas, por canal e por horário de veiculação; qual seria o processo simplesmente de comunicação à autoridade competente para o lançamento de um produto etc.

Entretanto, o cenário ideal não é necessário para que a instituição opere com maior competitividade, e a batalha por obter essa política pública, além de muito árdua, deixaria a instituição exposta a críticas e enfrentamentos cujo saldo final pode demonstrar que não é aconselhável perseguir tal objetivo.

Qual seria então o cenário regulatório com o qual é possível conviver sem que se tenha um exagerado custo na reputação? Aquele que promova maior facilidade de encontrar aliados e parceiros e uma maior possibilidade de convencer os líderes do setor governamental.

d) Descrever o cenário regulatório almejado

Descrever uma política pública sobre este tópico que supere entraves identificados na política corrente. Por exemplo, alíquota real menor do que a que está sendo paga para determinado tributo, e que propicie uma diminuição dos preços ao consumidor; uma regulamentação para publicidade que permita comunicar os benefícios dos produtos e das marcas, por canal e por horário de veiculação, protegendo os segmentos sociais indefesos em relação a uma comunicação não apropriada; um procedimento de licenciamento e autorização mais ágil e mais objetivo para lançamento do produto etc.

Figura 3

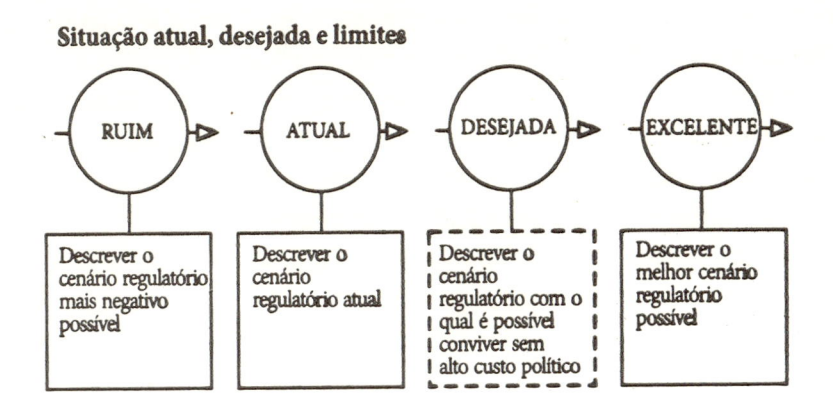

Comunicar com intensidade e foco

Influenciar a formulação de políticas públicas é um processo complexo que envolve vários atores e uma estratégia precisa.

Em muitos momentos desse processo, perdemos a clareza sobre o interesse público, por exemplo, sobre a participação do Estado na regulamentação de um determinado aspecto da vida da sociedade ou na prestação de um determinado serviço.

Por essa razão, é preciso considerar a importância de comunicar para a sociedade por que a instituição quer alterar uma política de interesse público. Nada deve ser feito escondido. Mesmo porque, cedo ou tarde, a sociedade tomará conhecimento desse propósito e de suas consequências. Tanto melhor se a instituição tiver uma atuação ativa nesse processo.

Didaticamente, podemos simplificar as atribuições dos diversos profissionais de comunicação da seguinte forma: os jornalistas atuam com as notícias, os publicitários ou propagandistas atuam com os anúncios, e os profissionais de relações públicas, com a relação entre a sua organização e a sociedade. Não obstante, a interdisciplinaridade e a convergência têm se ampliado progressivamente nessa área.

Na estratégia de se relacionar com o governo, a comunicação ocupa o que na estratégia militar seria o papel da Força Aérea.

Como, seguindo nossa definição, estamos buscando influir sobre uma política que interessa ao conjunto da sociedade, precisamos conhecer e influir sobre a opinião pública (vigilância orientadora). Desse modo, devemos desenvolver a capacidade de participar e vencer o debate de opinião (superioridade aérea), mas não de qualquer maneira. Precisamos ser capazes de encontrar o público e os *stakeholders* exatos, aqueles que deveremos acompanhar, e onde nossa mensagem deve chegar (combate focado). Finalmente, devemos acertar os argumentos de modo a mostrar para a opinião pública que o nosso interesse tem mérito, permite criar valor, e esse valor pode ser compartilhado por toda a sociedade (combate estratégico).

Assim como os aviões de combate, temos que acertar o alvo e somente o alvo. Para tanto, temos que programar nossas ações de comunicação com foco e intensidade adequados para que não tenhamos erros de pontaria e também de intensidade. É bom lembrar que nunca estaremos sozinhos na disputa pela opinião pública. Há sempre um "outro lado" que também batalha para fazer a opinião pública conhecer e concordar com seus argumentos.

Como estamos diante de um problema que envolve gerir recursos na busca por um resultado predeterminado, é bom lembrar o que nos disse o professor William Edwards Deming: "Não se gerencia o que não se mede, não se mede o que não se define, não se define o que não se entende e não há sucesso no que não se gerencia."

Assim, o primeiro grande desafio da comunicação é como medir o seu impacto, tanto em intensidade quanto em relação ao público-alvo.

A primeira medida é escolher um bom indicador de desempenho (conhecido também por suas iniciais em inglês, KPI — *key performance indicator*) que possa ser calculado periodicamente.

Essa escolha pode ser facilitada pela eleição de um dos inúmeros indicadores existentes e disponíveis no mercado, oferecidos pelas empresas de relações públicas que prestam serviços de assessoria de comunicação social.

O importante é escolher um indicador e, sempre usando o mesmo, acompanhar o que é divulgado sobre um certo tema, pessoa ou organização, e só assim calcular o valor de determinada cobertura, ao longo do tempo, levando em conta o valor de cada notícia.

Mas como se calculam esses indicadores e, assim, o valor de uma notícia? Para cada notícia que interessa a um determinado tema, é importante avaliar alguns critérios. Criados inicialmente para meios de comunicação impressos, esses critérios têm sido adaptados, ao longo do tempo, para os outros meios, como o rádio e a televisão.

- Veículo: meio de comunicação em que é publicada a notícia.
- Teor: muito positivo, positivo, pouco positivo, neutro, pouco negativo, negativo e muito negativo.
- Chamada: presença na capa, capa de caderno etc.
- Destaque: localização dentro do corpo do veículo e posição na página indicam o nível de destaque: alto, médio e baixo.
- Autor: jornalista que assina a matéria.
- Ilustração: presença de imagens (fotos, ilustrações etc.).

A partir dessa análise, é possível quantificar cada matéria veiculada, dando-lhe um valor que é determinado pelas suas características editoriais. Esse valor da matéria publicada é um número único que reúne todos os aspectos relevantes para aferir o impacto qualitativo de uma notícia para a instituição. O valor da notícia é a transformação da qualidade do material publicado, relativamente aos interesses da instituição, em uma quantidade que permitirá a gestão da comunicação.

Valor da notícia = f (veículo, teor, chamada, destaque, autor, ilustração)

Para cada uma das variáveis, é necessário criar critérios objetivos que serão válidos para cada instituição. Dependendo do foco de atuação da organização, por exemplo, o ranking de importância dos meios de comunicação e dos jornalistas formadores de opinião muda completamente.

Além disso, a leitura diária de cada matéria veiculada que tenha importância para a organização permitirá:

- Classificar o teor de cada matéria, se positiva (+) ou negativa (–).
- Identificar se há chamada ou presença na capa, atribuindo-lhe uma nota.
- Identificar se há destaque para a matéria e atribuir a isso uma nota.
- Identificar a página onde foi impressa e dar nota diferenciada.
- Ver se a matéria está ilustrada e também dar uma nota para esta.

A pergunta mais recorrente nas equipes de relações governamentais é sobre a possibilidade de gerir a comunicação, atribuindo-lhe metas, objetivos e acompanhando os seus resultados. De posse de um indicador, que permita quantificar uma matéria veiculada, é possível gerir a comunicação e buscar objetivos estrategicamente determinados.

Gestão da comunicação

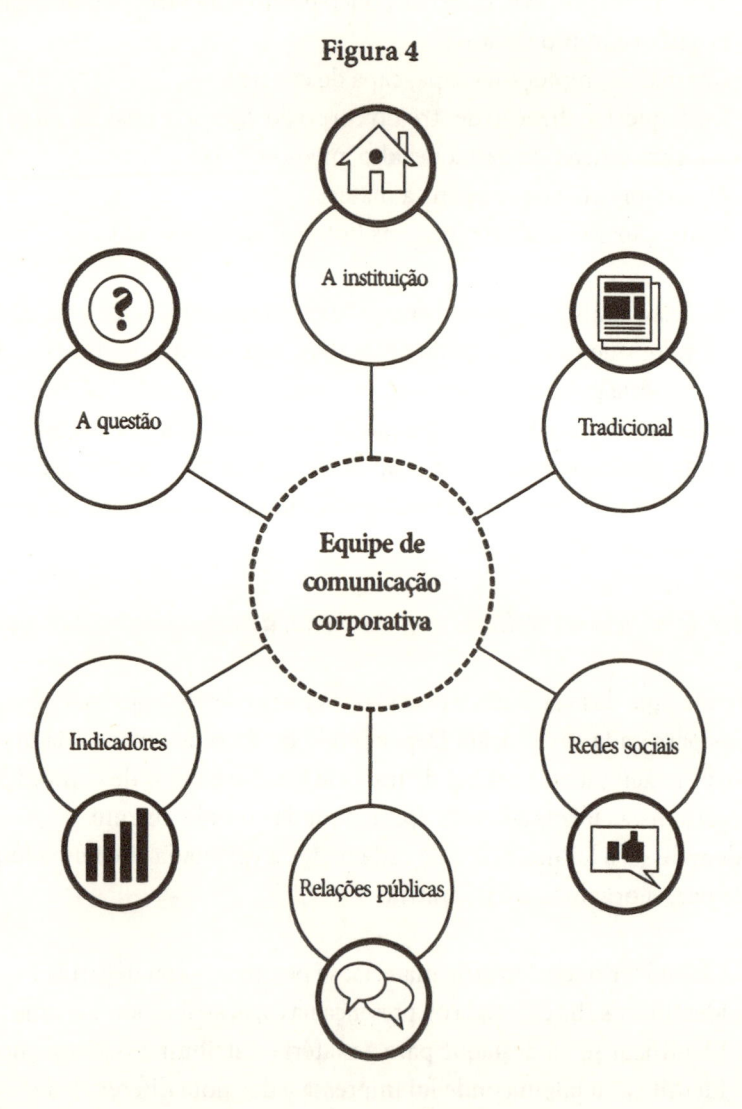

Figura 4

Com um indicador de impacto da comunicação criado a partir do valor da notícia, é possível quantificar as necessidades e, consequentemente, as metas que a equipe de relações governamentais deve "contratar" com a área de comunicação social.

Por seu lado, de posse de um indicador confiável, a equipe de comunicação terá o instrumento de verificação e as estatísticas que lhe permitam, com base no histórico, identificar as oportunidades e propor um plano.

É o processo de quantificação por meio desse indicador que permitirá a escolha adequada do veículo, a definição justa da mensagem, e a decisão sobre o volume e a intensidade da veiculação. É a decisão de transformar notícia em matemática que permite ver objetivamente o que ocorreu no passado e planejar o que se quer que ocorra no futuro.

Um indicador com essas características permitirá distinguir as matérias que são negativas daquelas que são positivas, e até mesmo montar um plano para recuperar um saldo de matérias negativas. Isso é possível pelo aumento de material positivo, explicando as posições assumidas e as ações realizadas em relação aos objetivos da instituição, veiculados para um mesmo público.

É sempre bom ter em conta que estamos falando ainda de órgãos de comunicação social ou organismos de imprensa cuja publicação depende do convencimento de um jornalista em busca de fatos noticiosos para publicar, e não somente do nosso interesse. Nenhuma relação com a área comercial desses órgãos é considerada ou deve ser levada em consideração.

Os meios de comunicação relevantes, aqueles que mais afetam a percepção de seus leitores, ouvintes, assinantes, telespectadores e participantes, não costumam mesclar os interesses de suas áreas comerciais com as editorias de notícias. Quando o fazem, assemelham-se às empresas aéticas, e esses dois grupos não são o nosso objeto de reflexão.

Para o grupo relevante de meios de comunicação, é possível traçar uma estratégia adequada para cada um desses grandes canais, tendo claro que, na maior parte das vezes, deveremos usar todos, ao mesmo tempo.

Em um mundo com excesso de informação e com pouca fidedignidade, é da confluência dos canais que é criada a opinião pública. Quando uma informação está, ao mesmo tempo, na mídia tradicional, na mídia social e nos encontros entre os representantes das instituições privadas e autoridades governamentais, ela repercute de maneira eficiente.

Mídias tradicionais — impressos, rádio e TV

O processo de convencer o responsável pela publicação de uma matéria é assunto para jornalistas experimentados, que trabalham para a instituição. Esses profissionais são capazes de identificar qual é a notícia que existe no tema que se deseja veicular.

Ao mesmo tempo, é importante ter um relacionamento permanente com os responsáveis pelas redações jornalísticas. Uma boa iniciativa é elaborar um mapa dos *stakeholders* da mídia, acompanhando quantas vezes se entra em contato com cada um deles, e quais os assuntos tratados.

Os principais *stakeholders* da comunicação são os seguintes:

- proprietários;
- diretores executivos;
- *publishers*;
- diretores de redação;
- editores executivos;
- editores;
- setoristas da indústria;
- setorista de meio ambiente;
- setoristas de sociedade; e
- outros setoristas.

Na batalha da comunicação social, há duas hipóteses distintas: comunicação social proativa e reativa.

Comunicação social proativa

A primeira delas é quando a instituição decide e planeja divulgar informações para ganhar o apoio da opinião pública. O processo de trabalho para uma comunicação proativa consiste em:

- Definir uma meta, objetiva e numérica.
- Levantamento do histórico do último ano.
- Definição dos indicadores de desempenho.
- Definição dos indicadores de verificação.
- Análise da situação.
- Plano de ação com:
  - preparação do material de divulgação;
  - escolha do canal e do veículo adequado e, dentro dele, da editoria que poderá se interessar pela veiculação;

- escolha e treinamento de um porta-voz adequado para a importância e atualidade do tema;
- visita aos jornalistas com o material e o porta-voz; e
- medição do resultado da veiculação.

Esse processo permitirá o acompanhamento por meio de gráficos semelhantes aos apresentados a seguir. Os gráficos poderão ser produzidos para cada um dos temas relevantes para a organização.

Figura 5

Resultado com os indicadores escolhidos

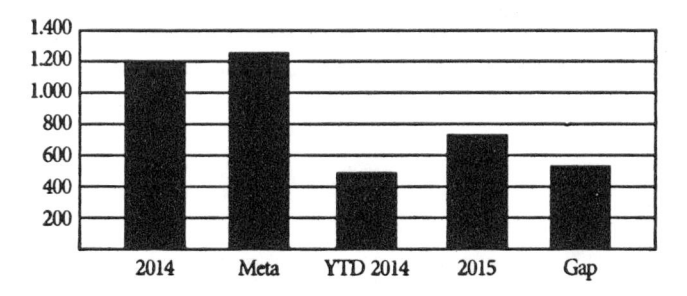

Número de matérias publicadas

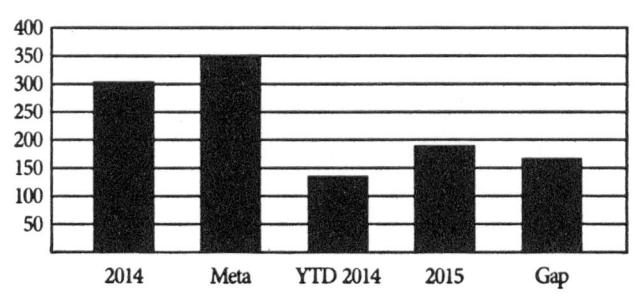

Em cada gráfico se observa, usando o indicador escolhido como métrica, a meta do ano corrente, o resultado obtido no ano anterior, o que se produziu até este momento (YTD 2014), o que se produziu até este mesmo período no ano anterior e, finalmente, quanto falta para alcançar a meta (gap).

Esse processo pressupõe que a força motriz para a publicação partirá da instituição, mas muitas vezes não é isso o que ocorre.

Comunicação social reativa

Em várias oportunidades, a instituição é surpreendida pelo interesse dos meios de comunicação em um material jornalístico que não estava nos planos da organização. Nesse caso, em que a ação será reativa, o processo é semelhante, mas com algumas diferenças fundamentais.

Na comunicação reativa, há pouca margem para um planejamento detalhado, pois os tempos do jornalismo não são, definitivamente, os tempos da organização. O procedimento da equipe de comunicação deve seguir estes cinco passos com grande celeridade:

Figura 6

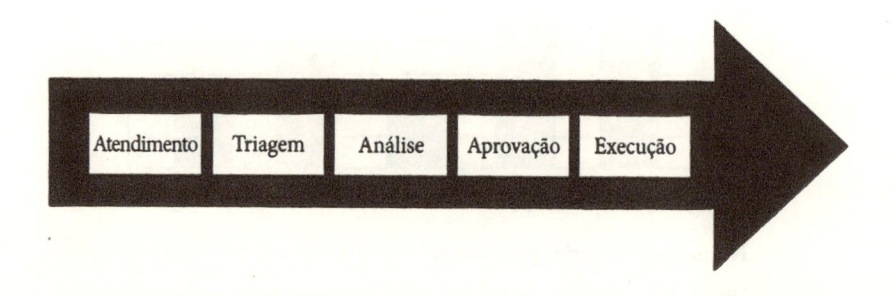

Já no atendimento, deve-se seguir um ponto central. Todo o atendimento de jornalistas deve estar centralizado em um ponto focal que o interlocutor tem com a equipe de relações governamentais.

A triagem trata-se da apuração com fontes internas da instituição, a partir das perguntas feitas pelos jornalistas interessados em veicular a matéria. Com base nessa apuração, a equipe de comunicação social redige um rascunho com o ponto de vista da organização, para que possa ser analisado e aprovado.

Ao analisar a notícia e o levantamento do assunto com fontes internas ante os interesses da instituição, é possível identificar as ameaças e oportunidades qualitativas em relação à reputação. Se o uso de indicadores de comunicação for sistemático, também será possível saber o dano ou o ganho quantitativo da iminente publicação ou veiculação em outros meios. A análise culminará na redação de um posicionamento definitivo da instituição perante o tema.

Para que a posição da companhia seja aprovada internamente, é fundamental ouvir a posição da área jurídica para saber se as informações envolvidas são ou não sensíveis para outros compromissos legais da organização.

Com o posicionamento aprovado, caberá à comunicação decidir entre tentar desestimular os jornalistas a seguir com a matéria, apresentar um porta-voz que falará em nome da instituição, ou simplesmente expor o ponto de vista da instituição em uma nota formal.

Redes sociais

A comunicação social está sofrendo uma mudança gigantesca com a popularização da plataforma digital com base na internet. Isso também afeta o dia a dia das empresas. Para aqueles que queiram se aprofundar no tema, vale a pena ler a entrevista de Paulo Loeb (Câmara Brasil–Israel de Comércio e Indústria, 2016), cofundador e diretor de Negócios da F. biz, para a Câmara Brasil–Israel. Diz Loeb: "São formas novas de fazer o que sempre fizemos: conversar, recomendar, criticar, trocar experiências. As mídias sociais permitem a personalização da comunicação como jamais vimos antes, e estamos somente no início. Youtubers são grandes influenciadores de conteúdo, e as marcas se aproveitam disso para se comunicar com seus consumidores. Como toda moda, hoje tem muita gente nessa área, mas somente os melhores ficarão."

Sobre a personalização da comunicação, que nós estamos chamando de acertar o alvo e somente o alvo, Loeb afirma: "A tecnologia nos permite fazer isso com muita escala e baixo custo. Conseguimos saber quem visitou determinado site e ofertar exatamente o produto e/ou serviço pesquisado, atribuindo um valor para diferentes mídias de acordo com a conversão em vendas. Nunca antes isso foi possível."

Para efeito de relações governamentais, é bom considerar que autoridades de governo, dirigentes e militantes de partidos políticos, ativistas da sociedade civil, dirigentes de associações empresariais, acadêmicos, estudantes, militares, jornalistas e muitas outras pessoas estão bastante ligados na rede.

Surge aqui um mundo de novas possibilidades. Afinal, a ligação se dá, na maioria dos casos, por meio de filiação a alguma das inúmeras redes sociais existentes. Antes de prosseguirmos, vale a pena definir o que é uma rede social:

Rede social é o relacionamento de pessoas com um
grupo de amigos, conhecidos ou stakeholders.

A principal oportunidade trazida pela redes sociais é a de divulgar determinada informação ou análise sem ter que passar por um *gatekeeper,* ou o profissional que atua como uma espécie de porteiro de informações na entrada de um jornal, revista, emissora de rádio ou TV, decidindo se o assunto ou o enfoque interessa ou não para o veículo. Nesses casos, a estratégia de comunicação social de relações governamentais está livre dessa mediação e foca nas mídias sociais, definidas como:

Mídias sociais são canais de comunicação criados sobre
plataformas digitais que permitem interagir com redes sociais
e comunicar textos, fotos, áudios e vídeos.

Em um processo de constante crescimento, mais de um terço da população do mundo já está conectada à rede mundial de computadores. No Brasil, por exemplo, 60% da população está ligada na internet, e o número de pessoas que usa os telefones com acesso à comunicação de dados, os smartphones, pelo menos uma vez por dia, é superior a 80% do total das pessoas conectadas.

As novas tendências tecnológicas vão propiciar a conexão de novos objetos à internet. Prevê-se que até 2020 mais de 1 trilhão de objetos estejam conectados, trocando informações com a internet. Essa tendência fará com que as pessoas fiquem, cada vez mais, conectadas e passem a maior parte de seu tempo interagindo por meio dessas plataformas.

Mas não somente as pessoas físicas estão ligadas à internet. Crescentemente, as organizações governamentais e não governamentais fazem parte dessa estatística. O conceito de mídia social vem da produção descentralizada de conteúdo, ou seja, sem o controle dos meios de comunicação tradicionais, o que significa ter o próprio veículo de comunicação. Essa é uma ótima notícia para micro, pequenas, médias e grandes empresas, além de profissionais liberais, tanto pela redução de custo quanto pela facilidade de acesso ao seu público. Mas essa facilidade não vem sem enormes desafios.

Como vimos, quando uma organização usa uma rede social para veicular e propagar ideias, produtos ou serviços, ela está usando uma ferramenta de mídia social. Ao mesmo tempo, quando o conteúdo veiculado independe da aceitação de um *gatekeeper*, isso facilita a comunicação, mas confere menos relevância, ou peso, a ela.

Por outro lado, a internet tornou-se o local inicial para coletar informações sobre os temas de interesse de seus *stakeholders* e para aprimorar seu atendimento, sendo possível interagir diretamente com esses *stakeholders*.

A grande questão é saber como podemos fazer uso desse canal de comunicação para progredir em busca de aliados e parceiros para a construção de um novo cenário regulatório.

As redes sociais são meios que potencializam o relacionamento com possíveis parceiros e aliados, pois são canais de comunicação, e não simplesmente canais informativos. Informação é via de uma mão, enquanto comunicação pressupõe interagir, falar, ser ouvido, ouvir e considerar o ponto de vista do outro. Apenas estar presente nas redes sociais não é o bastante. Para construir parcerias e formar a opinião pública a favor de seus interesses, a instituição tem que falar e ouvir.

E, antes de interagir, é preciso descobrir quem, essencialmente, forma a sua audiência. Abaixo indicamos os atores que formam essa audiência das instituições. A lista exaustiva coincide com os *stakeholders* da organização que são o público-alvo de toda a comunicação que interessa:

- clientes;
- consumidores;
- funcionários;
- fornecedores;
- governantes;
- formadores de opinião;
- legisladores;
- sindicatos;
- concorrentes.

Após a definição da audiência, a instituição deve definir o conteúdo que deve orientar esse diálogo e, igualmente, a forma como ele deve ser tratado. Do mesmo modo que nas mídias tradicionais, a sugestão é que a instituição opte por buscar uma aproximação com os temas de interesse de seus *stakeholders* e que tenha conexão com a apresentação da organização.

É sempre bom ressaltar que a apresentação de uma instituição deve conter uma narrativa sobre os seus quatro pilares (analisados no capítulo anterior), agregando aos seus interesses econômicos as ações que costuma executar e que geram valor para a sociedade e o meio ambiente, além de sublinhar os reconhecimentos que tem recebido de terceiros por conta dessas ações.

Sempre que a audiência compreender que suas ações sociais e ambientais fazem sentido na busca de seus resultados econômicos, aqueles que geram valor para seus acionistas, tanto maiores serão a sua credibilidade e reputação.

Sobre a narrativa que uma organização deve ter no mundo digital, vale a pena conhecer o pensamento de Angela Ahrendts, vice-presidente sênior da Apple e responsável por toda a área de varejo da companhia, o que inclui as famosas Apple Stores. Ela foi CEO da Burberry e, naquela oportunidade, liderou o esforço da empresa de artigos de luxo para entrar na web e começar a "falar digital". Se nós falamos inglês e nossos clientes e consumidores falam digital, não vamos nos entender, diz Angela.

Ela sugere cinco importantes pontos para nortear uma narrativa:

1. Conhece-te a ti mesmo — qual é o seu foco, a sua paixão, a sua razão de existir.
2. Sonhe — histórias são o lugar em que sonhos se tornam realidade. Seja corajoso, audacioso, corra riscos.
3. Seja autêntico — compartilhe uma visão consistente, coerente, em linha com os seus valores.
4. Confie — confiar nos seus instintos e confiar nos outros levam a acreditar.
5. Engaje, entretenha, encante — a emoção está no coração de cada história, em qualquer idade, em qualquer contexto.

A história da entrada da marca Burberry nas redes sociais apresenta de forma clara o conceito de engajamento, determinante quando se trata da plataforma digital. Engajamento é definido pela forma como uma marca e consumidor se conectam e interagem dentro de suas redes de relevância (Solis, 2011).

Solis estudou e escreveu, influenciando processos de tomada de decisões, sobre os efeitos da tecnologia emergente nos negócios e na sociedade. Podemos adaptar sua definição de engajamento dizendo que é a forma como uma marca, uma ideia, um líder, um consumidor ou um cidadão se conecta e interage dentro de suas redes de relevância. Estar em uma comunidade é diferente de conversar, participar, se engajar e, finalmente, interagir. Há uma categorização dessas ações.

Figura 7

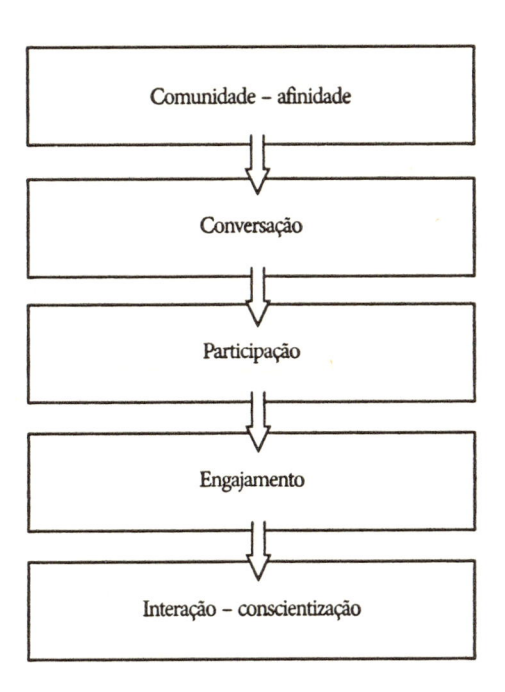

Em seu perfil no LinkedIn, Ricardo Cappra se define como um cientista de dados. Ele se dedica a encontrar formas de sistematizar, medir e analisar. Com uma notável capacidade de explicar questões complexas de forma simples e intuitiva, ele tem ajudado muitas empresas, organizações, marcas e pessoas a criar estratégias por meio de análises e inteligência de dados.[3] Um dos que utilizaram a sua *expertise* foi o presidente Barack Obama em suas campanhas para assumir e, posteriormente, se manter na Casa Branca.

Cappra (s. d.) acredita que é possível participar de uma determinada comunidade sem necessariamente estar engajado com sua causa. Para as

---

[3] É a capacidade de encontrar significado e relevância para um conjunto complexo de dados que surgem de sistemas amplos e se entrelaçam entre si gerando novas informações.

instituições, isso significa que nem todos os seus interlocutores podem ser considerados aliados. Por isso, é importante considerar diferentes categorias de relacionamento. Sugerimos atribuir significados claros para palavras de uso corrente, tais como "amigos", "fãs" e "seguidores". As categorias e a forma de se relacionar com elas permitem, também, estabelecer um processo para melhorar o relacionamento da instituição com seus *stakeholders*.

Figura 8

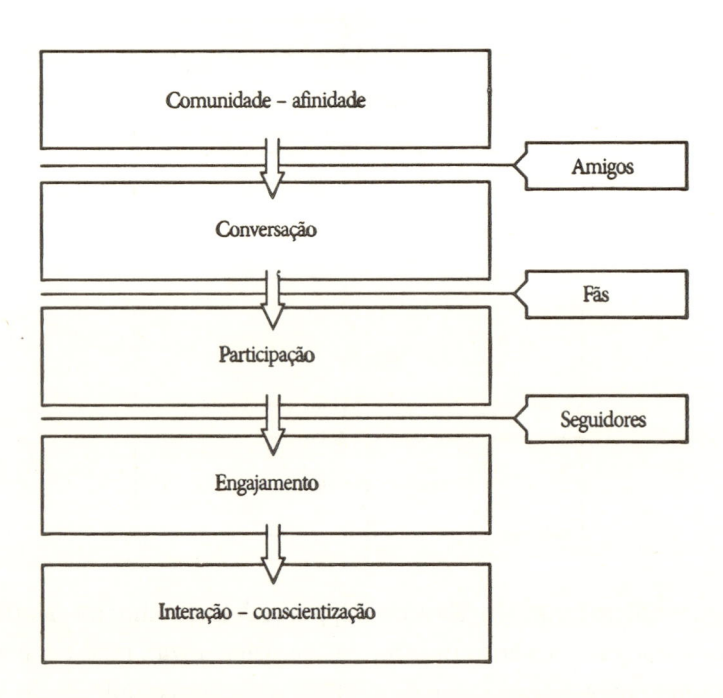

O website The C World apresentou em 2007 sua visão sobre as diferenças entre o funil do marketing tradicional e o processo de conquista de engajamento. A criação de valor de uma marca (*brand equity*) é tradicionalmente apresentada como um funil no qual o valor se dá pelo aprofundamento do conhecimento e das opções que determinam a compra, começando pela tomada de consciência de que a marca existe, passando pela consideração em adquiri-la, a escolha da marca preferida, e, finalmente, a decisão de compra.

Figura 9

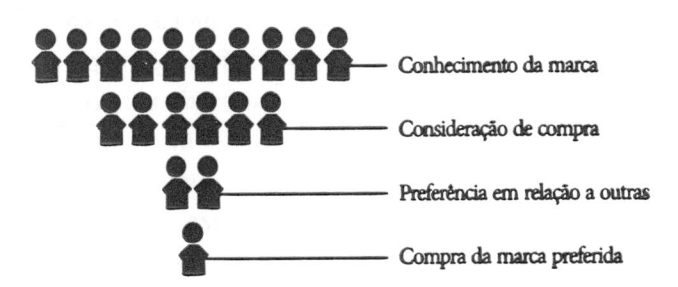

Nas redes sociais, o processo é diferente. Tudo se inicia quando a marca se encontra com algum ponto da rede e, a partir daí, intensifica o contato, se integra no relacionamento, fortalece a sua presença e, finalmente, encontra pessoas que a defendem, lutam por seus interesses e posicionamentos.

Figura 10

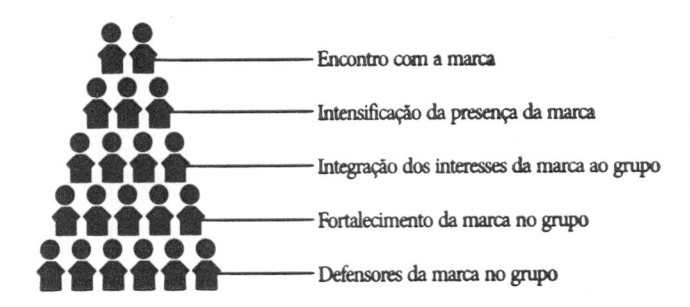

Charlene Lee é formada pela Harvard Business School e é cofundadora e atual CEO da Altimeter Group. É uma das principais especialistas em mídia social e tecnologias, normalmente citada pela imprensa dos Estados Unidos quando trata desses temas. Juntamente com Solis, seu sócio na Altimeter, Charlene propôs uma estratégia de sete passos para conquistar sucesso no relacionamento nas redes sociais:

1. Conheça os objetivos gerais do seu negócio — você não terá como alinhar sua estratégia de mídia social com os objetivos de seu negócio se você não souber quais são os objetivos de seu negócio.

2. Estabeleça uma visão de longo prazo — se você não está focado em um objetivo de longo prazo, é provável que se distraia no meio do caminho. Se você quiser que sua equipe esteja completamente alinhada em sua estratégia de mídia social — e você precisa do apoio de toda a sua equipe —, você precisará comunicar sua visão com clareza e paixão.

3. Garanta os apoios gerenciais necessários — nos primeiros momentos da estratégia, você pode ser capaz de caminhar sem ser percebido, mas em algum ponto, se você quiser realmente começar a ter impacto sobre o negócio, você vai precisar do apoio da mais alta direção.

4. Defina a estratégia e o plano de ação — mesmo que você conheça bem os grandes objetivos e tenha uma visão clara do negócio, você precisará saber como vai chegar lá. Então, planeje sua rota, indicando que estradas você vai tomar e por quais viajar, e principalmente que estradas você vai evitar.

5. Estabeleça quem é o "dono", e quais são as orientações gerais — quem é responsável pela execução da estratégia de mídia social? Qual é o seu processo de diálogo, em que você pode ouvir e responder aos seus clientes? Se você definir claramente este processo e, em seguida, não executá-lo, você vai ter grandes problemas que limitarão a sua capacidade de atuar nas redes sociais.

6. Assegure a equipe, os apoios de terceiros e os recursos financeiros — nos estágios iniciais do crescimento da presença da instituição nas mídias sociais, você pode terceirizar sua campanha para uma agência, e isso pode ser bom. Mas você também deve acompanhar todos os detalhes, de modo que no futuro tenha uma equipe interna preparada para fazer todo o trabalho.

7. Invista em plataformas tecnológicas que possam evoluir — resista à tentação de buscar sempre a tecnologia mais recente, antes mesmo de ter um plano estratégico de longo prazo. Segure a tentação de fazer investimentos significativos de tecnologia até que você tenha uma visão sólida e um plano estratégico consistente.

De um modo geral, as empresas começam e mantêm sua vida no mundo digital por meio das redes sociais existentes. Para efeito de nossa reflexão sobre relações governamentais, é bom sistematizar as redes sociais em diferentes categorias:

- *Blogs* — páginas na internet voltadas para a disseminação de pensamentos. Algumas organizações usam a ferramenta para se relacionar com seus *stakeholders*.
- Redes sociais — os sites de relacionamento (Facebook, Google+, Instagram etc.) são ferramentas de divulgação e "viralização". Potencializam seu poder quando são usadas com um blog.
- Redes sociais de conteúdo — semelhantes às redes sociais, mas especializadas na criação e no compartilhamento de conteúdo, como YouTube, SlideShare Flick etc.
- *Microblogs* — mídias sociais em que se compartilha conteúdo de forma rápida e concisa (Twitter, Tumblr, Pownce).
- Jogos online — forma recente de mídia social que começa a crescer em importância no mundo corporativo, pela existência de fóruns e comunidades em seu interior. Dois bons exemplos de jogos online são *League of Legends* e *Overwatch*. Os dois têm ligas profissionais de esportes e o primeiro tem grande força no Brasil com o Campeonato Brasileiro de League of Legends (CBLoL) transmitido pela ESPN, até chamando atenção do Flamengo.[4]

Considerando todas as particularidades de cada rede, as características e os interesses da instituição, e principalmente quais são os seus *stakeholders*, as escolhas das redes sociais não são muito complicadas. O grande desafio, entretanto, é medir o impacto dessa atuação e, com isso, encontrar os meios para alcançar objetivos. Nosso interesse está descrito na definção sugerida no artigo "Mensuração do resultado", publicado no blog de mesmo nome (mensuracaoderesultados.blogspot.com.br), em 7 de novembro de 2007, que conceitua: "Mensurar é atribuir números a propriedades de um determinado objeto ou evento devidamente especificado.".

O que queremos saber são as mudanças de características dos nossos interlocutores. Para a organização, tudo se resume a duas perguntas: Quantos interlocutores estão se transformando de visitantes em seguidores e, finalmente, em defensores de nossos interesses?

---

4 Tibúrcio (2017).

Figura 11

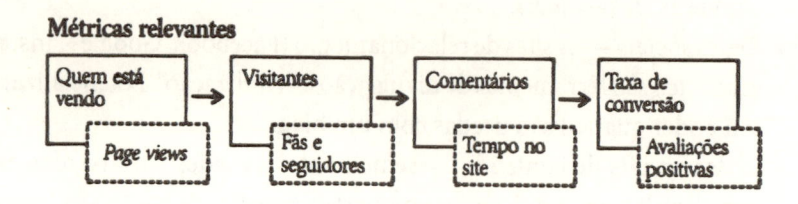

No mundo digital, trata-se de medir paixão, engajamento, envolvimento, influência e relevância, a partir de interações. Por definição, trata-se de algo bastante complexo. A vantagem é que já existem ferramentas para monitorar, avaliar e planejar estratégias para as marcas em ambientes digitais.

As ferramentas de análise estatística transformam dados em informações, em inteligência de mercado. A equipe de relações governamentais, com seus colegas de comunicação social, deve estar preparada para interpretar as informações e transformá-las em estratégias digitais para a construção da comunicação requerida com o seu objetivo de buscar um novo cenário regulatório.

Algumas das principais ferramentas para medir a presença no mundo digital são:

- Google Analytics (http://www.google.com/analytics) — é a principal ferramenta de análise estatística do mercado; quando se fala em números relacionados à internet, automaticamente se remete ao Google Analytics. Somente a chegada do Facebook, com suas próprias ferramentas de análise, está quebrando um pouco este tabu. É uma ferramenta muito completa e permite o planejamento de acordo com os resultados da performance de links.
- Facebook Business (http://www.facebook.com/business) — análise de desempenho de campanhas publicitárias no Facebook, inclusive com instruções da melhor forma de desenvolver campanhas pagas. Tem relatórios bem completos e deve ser usada a todo momento, pois permite uma análise em tempo real do desempenho de uma campanha publicitária.

- Facebook Insights (http://www.facebook.com/insights) — análise do desempenho das páginas do Facebook, com avaliação do desempenho das marcas e todas as interações relacionadas à marca. É uma grande ferramenta para direcionar estratégias de conteúdo para a rede social Facebook.
- Topsy (http://www.topsy.com) — ferramenta que localiza todo o conteúdo relacionado à marca de acordo com a sua relevância. O ideal é utilizá-la no diagnóstico das redes sociais, para identificar em qual delas a marca poderá se comportar melhor; também é indicada para acompanhar o andamento das campanhas realizadas.
- Bit.ly (http://www.bitly.com) — trata-se de uma ferramenta encurtadora que, a cada link reduzido, gera dados estatísticos para a análise de resultado e performance daquele link encurtado. É uma ferramenta simples, mas que permite análises de publicações específicas.
- Hootsuite (http://www.hootsuite.com) — uma das ferramentas mais utilizadas para gerenciamento de conteúdo nas redes sociais, permite administração de diversos perfis em diferentes redes. É simples, intuitiva, e também tem algumas análises estatísticas bem interessantes. Um dos recursos mais interessantes é a programação de postagens, que permite um planejamento completo da estratégia de conteúdo da marca.
- Klout (http://www.klout.com) — ferramenta que permite analisar o nível de relevância da marca nas redes sociais por perfil, inclusive possibilitando a comparação com outros perfis. Pode ser utilizada sempre para monitorar o quão engajadas estão as pessoas com determinado perfil.
- Simply Measured (http://www.simplymeasured.com) — ferramenta que permite a coleta e o processamento de dados de diversas redes: Twitter, Facebook, Instagram, Pinterest. Ela mede o engajamento em perfis de marcas e também coleta as referências a marcas e assuntos de interesse em *posts* públicos. Gera planilhas em Excel que facilitam a análise dos dados.
- Scup (http://www.scup.com) — além de permitir a coleta de dados de diversas redes, tanto de perfis oficiais quanto de menções em *posts* públicos, ainda tem extensões para uso por serviço de atendimento ao

consumidor (SAC) digital. A ferramenta organiza filas para otimizar o atendimento via redes sociais e gera relatórios para o acompanhamento do desempenho da área.

- Sprinklr (http://www.sprinklr.com) — é uma das ferramentas mais completas do mercado e permite desde a publicação e acompanhamento de campanhas publicitárias até a coleta de dados em diversas redes, de perfis oficiais a *posts* públicos. Além disso, tem integração com o SAC digital, com áreas de vendas e análises setoriais. Os dados podem ser apresentados em painéis de controle específicos para cada área da empresa.

- Twitter Analytics (http://www.analytics. twitter.com) — reúne todas as informações de desempenho de perfis corporativos, inclusive das métricas de campanhas publicitárias. O acesso aos dados precisa ser liberado pelo administrador da conta.

- Goo. gl (http://www.goo. gl) — outra ferramenta encurtadora, mas que pertence ao Google, com as mesmas características e vantagens da anterior, e com um recurso adicional, que é geração de *QR code* do link, além da vinculação dos links encurtados à sua conta do Google.

Relações públicas: A importante comunicação direta

As relações públicas destinam-se a estabelecer e manter o equilíbrio e o bom entendimento entre as duas partes e, por vezes, expandir ou estabilizar a imagem e/ou identidade da instituição ativa perante a opinião pública. A Associação Brasileira de Relações Públicas propôs em 1955 o seguinte conceito para a profissão:

"*Relações públicas* é a atividade e o esforço deliberado, planejado e contínuo para estabelecer e manter a compreensão mútua entre uma instituição pública ou privada e os grupos de pessoas a que esteja, direta ou indiretamente, ligada."

No nosso caso, trata-se da parte mais importante do relacionamento entre a nossa instituição e os seus interlocutores, sejam eles do setor público, sejam os parceiros ou os futuros aliados. A comunicação com os *stakeholders* sempre chegará a um encontro pessoal em que as técnicas de relações públicas devem ser utilizadas.

Não pretendemos aqui abordar esse relacionamento de maneira acadêmica, mas de modo prático, chamando atenção para os aspectos que acabam decidindo os rumos da negociação.

Toda a comunicação se inicia com a nossa capacidade de ouvir, reconhecer e considerar as razões e os pontos de vista de nosso interlocutor. A primeira determinação é não tratar os outros com indiferença e prepotência. Nossos interlocutores são pessoas distintas que defendem outros interesses, e o nosso objetivo é encontrar um ponto comum em que possamos colaborar uns com os outros. Esse deve ser um objetivo claro e sincero.

É muito importante separar as pessoas dos seus problemas e pontos de vista. Discuta as ideias e os interesses em jogo, mas jamais ataque as pessoas e os seus pontos de vista. Foque em seus interesses, e não em seus princípios, e busque criar opções nas quais os dois lados possam comemorar ganhos. Insista em usar critérios objetivos, baseados em fatos e dados. E prepare-se muito para isso. Para qualquer reunião, leve fatos e dados, e muito material para confirmar a credibilidade de suas fontes.

BATNA

A relação pessoal pode acelerar determinadas tratativas, principalmente se a estratégia de relações governamentais já estiver avançada. Nesse caso, é muito importante que o interlocutor esteja preparado para negociar a mudança do cenário normativo que está buscando.

Para tanto, é fundamental saber os limites que a autoridade tem para negociar. A técnica é criar uma melhor alternativa para o caso de não ser possível alcançar o cenário pretendido. É nesse ponto que entra o BATNA, a sigla que vem do inglês *best alternative to a negotiated agreement*, ou melhor alternativa para um acordo negociado.

O conceito de BATNA foi desenvolvido pelos pesquisadores de negociação Roger Fisher e William Ury, do Harvard Program on Negotiation (PON), em sua série de livros que começou com *Getting to Yes* (2011). O trabalho segue algumas ideias propostas pelo prêmio Nobel John Forbes Nash décadas antes (Myerson, 1999).

O que fazer se o outro lado tiver uma posição mais forte? Se tiver mais recursos, mais *networking* e mais tempo? Ou simplesmente se os interesses são impossíveis de serem compatibilizados nos termos propostos?

Não há método para garantir sucesso quando isso ocorre, e é bem razoável que não se espere por um socorro mágico. Mas, mesmo nesse caso, um BATNA pode proteger a instituição e evitar que ela firme um acordo que você deveria rejeitar, e também auxiliar para que alcance o melhor acordo possível com os recursos, as parcerias e as alianças que se têm no momento.

Como criar um BATNA? Os cursos sobre negociação mostram que essa atividade une arte com habilidade. Algumas técnicas testadas empiricamente dão resultados bastante interessantes. De um modo geral, as sugestões para criar uma alternativa que seja melhor do que um acordo qualquer são as seguintes:

- Crie uma lista de ações alternativas que sua instituição pode tomar se não chegar a um acordo.
- Converta as melhores e mais promissoras alternativas em ideias tangíveis e avance em alguns detalhes.
- Selecione a melhor alternativa, e ela será o seu BATNA.
- Calcule o menor valor de ganho que você estaria disposto a aceitar para fechar o acordo.

O BATNA não pode ser percebido pela instituição como um instrumento de blefe, e, para isso, algumas ideias podem ser fixadas de antemão. Uma das táticas mais usadas é não mostrar o seu BATNA ao outro lado, a menos que ele traga benefícios claros.

Um aspecto importante quando as negociações envolvem diferentes culturas é apreender e considerar as diferenças existentes, evitando que preconceitos interfiram na negociação. Distinga sempre os indivíduos do objetivo a ser alcançado.

Para evitar que preconceitos, opções emocionais e tendências estranhas ao objeto da negociação atrapalhem a busca dos resultados esperados, o único caminho é uma preparação detalhada de toda a negociação, buscando conhecer todos os aspectos envolvidos.

A discussão de processos de negociação para alcançar resultados não é pouco relevante, mesmo em um mundo orientado para alcançar resultados e bater metas. Joel Brockner, professor de negócios na Columbia Business School e autor de *The Process Matters*, um dos melhores livros de negócios de 2016, é bastante incisivo em mostrar que um processo correto leva a resultados melhores. Exatamente por isso, os gerentes têm de fazer mais do que apenas cumprir metas: os líderes devem se concentrar muito no modo como realizam as suas atividades, ou seja, nos processos.

Processos de relações públicas

Existem quatro tipos de comunicação direta feita por meio do exercício de relações públicas:

- Interna — feita pelos líderes da organização, dentro da própria instituição, com o objetivo de construir embaixadores para a causa.
- Presencial — feita pelos líderes da organização diretamente com as autoridades e lideranças dos *stakeholders* envolvidos na questão.
- Por meio de influenciadores — convite a celebridades e formadores de opinião para participar da negociação com o objetivo de criar um clima socialmente positivo para que as autoridades ou lideranças dos *stakeholders* decidam em favor dos objetivos da instituição.
- Integrada — uso concomitante das ações presenciais por meio de influenciadores.

Comunicação interna

Esta comunicação é muitas vezes relegada a um plano secundário, quando deveria ser considerada estratégica, pois é a forma mais simples, garantida e de menor custo para formar embaixadores que irão defender os interesses da instituição.

Essa é uma comunicação absolutamente direta, baseada em clareza, ênfase no objetivo, no uso de elementos de comunicação visual — sempre que possível —, e com uma conclusão que seja um chamamento para a ação.

De modo geral, essas comunicações internas são feitas por meio de correspondência eletrônica (e-mail, WhatsApp etc.). Em uma apresentação interessante do emailcharter.org, Chris Anderson (2011) faz algumas sugestões interessantes sobre como deve ser essa comunicação:

- Breve — mensagem curta, respeite o tempo de quem lê.
- Respeitosa.
- Clara — se tiver mais do que cinco frases, use um lide na primeira.
- Anule questões abertas.
- Evite o excesso de pessoas copiadas, mas, se ele for inevitável, use a cópia oculta.

- Um assunto por e-mail.
- Critério nos anexos, que sejam poucos e não muito "pesados".
- O assunto pode ser usado para mensagens supercurtas (*end of message*, EOM).
- Quando possível, escreva: "Não precisa responder."
- Não responda enquanto estiver irritado.
- Desconecte-se!

Comunicação presencial

Figura 12

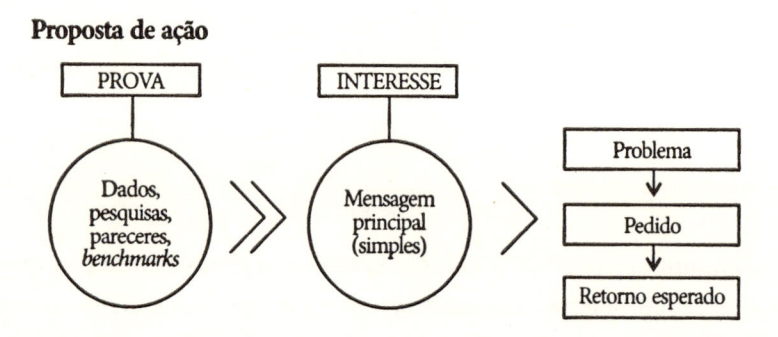

Proposta de ação

Fonte: Athia (2013).

A comunicação presencial deve respeitar três características importantes. A primeira é ter impacto; a segunda, trazer credibilidade para o que se reivindica ou se defende; e a terceira, sempre terminar com uma proposta de ação, normalmente referida em língua inglesa e de negócios como uma "call to action".

O encontro deve ter impacto, pois é muito difícil prever quando haverá um novo encontro com esses mesmos interlocutores. Por essa razão, a oportunidade deve ser valorizada e preparada com bastante cuidado, observando todos os detalhes que estão envolvidos. A primeira atitude é ter clareza no pedido que será feito para a audiência, deixando claro quem está solicitando e qual a pauta esperada para o encontro.

Para maximizar essa oportunidade, é importante preparar cuidadosamente todo o material que será apresentado, levando em conta recursos audiovisuais e impressos conforme o caso. Nunca se esqueça de apresentar a instituição logo no início do material, e use os quatro pilares que a sustentam.

Antecipe quem irá participar do encontro no próprio pedido de audiência. Crie a oportunidade para que seu interlocutor saiba quem ele irá receber e possa se preparar. Cite as pessoas, identifique as instituições que elas representam, e que papel cumprem em cada uma delas.

Escolha, no pedido da audiência, o escalão que você está interessado em encontrar. Se for uma reunião geral para mostrar os interesses que sua instituição defende e avaliar se há como iniciar as tratativas, o público é um. Entretanto, se as negociações já iniciaram e existe um impasse de natureza técnica ou jurídica, o público será outro. Saiba o que você quer, e jamais misture as estações. Uma autoridade, ao receber um presidente de empresa acompanhado de um advogado ou de um técnico, ou ainda de uma celebridade, vai escolher com quem dialogar e, certamente, buscará a sua zona de conforto.

Seja qual for o caso, uma das sugestões mais importantes é se preparar, treinar para a reunião e lembrar uma das máximas do grande escritor Mark Twain: "Geralmente, eu levo mais de três semanas para preparar um bom improviso."

A preparação para uma boa reunião com um *stakeholder* relevante é toda feita de detalhes. Um bom começo é organizar um resumo de um minuto para ser apresentado logo no início. Nesse resumo, o interesse da instituição e o interesse do interlocutor devem ficar claros, garantindo que a mensagem principal seja passada, independentemente das interrupções que a reunião possa ter. Lembre que, quando você estiver com uma autoridade pública, ela pode ser interrompida e chamada antes que a reunião termine, e você terminará falando com um assessor.

De um modo geral, comece pelo problema e por que ele é relevante para todos, incluindo a sua instituição, os parceiros e aliados e, claro, o interesse da sociedade. Mostre que a sociedade pode ser a grande beneficiária se o problema for superado. Sempre apresente números, bons exemplos, os conhecidos *benchmarks*, mostre alguns casos em que soluções como a proposta foram aplicadas. Tudo isso ajuda no processo de convencimento.

Deixe sempre muito claro quando houver um prazo importante envolvido na proposta, ou até mesmo quando houver uma urgência para a solução do problema.

Tenha sempre um roteiro para o encontro, estabelecendo o que se deve tratar no início, a sequência dos temas, e qual é a mensagem principal, que deve ficar bem clara para todos os participantes. O roteiro é importante, mesmo que não se possa segui-lo à risca.

Defina sempre os papéis de cada um que participa da reunião, deixando claro quem lidera e quem aprofunda cada tema. Um grupo bem coordenado causa boa impressão e não confunde a mensagem que está sendo levada.

O meio também é mensagem, e, por isso, acerte previamente o tom da conversa, a roupa e o estilo. Nada passa despercebido, e todos esses aspectos comunicam alguma informação aos interlocutores. Pergunte aos assistentes de seu interlocutor qual o traje adequado para a reunião, pois isso não é desimportante.

Preparar os parceiros é outra atividade prévia que não deve ser menosprezada. Fale antes com seus potenciais aliados e estabeleça alguns entendimentos. Organize uma reunião prévia com seus parceiros e treine o papel que cada um deverá cumprir na reunião.

Estude a fundo seu problema e seu interesse. Não improvise! Conheça os aspectos técnicos e políticos do assunto, busque conhecer casos similares, consiga fatos e dados que sejam pertinentes, junte pareceres, se for o caso. Lembre que basta um dado mal citado para comprometer a credibilidade que a reunião busca construir para prosseguir a negociação dos interesses da instituição.

Ensaie as mensagens para que elas sejam de fácil entendimento para os participantes. Muitas vezes, os temas são complexos, e as explicações, também. Se não houver forma de simplificar a explicação, o resultado pode ser que o interlocutor, simplesmente, não entenda o seu argumento. E isso é o que queremos evitar. Veja adiante um exemplo das consequências quando os interlocutores simplesmente não entendem o argumento que está sendo feito.

Em meados de 2008, o Congresso Nacional começou a debater mudanças na legislação tributária sobre bebidas frias, que envolvem águas, refrigerantes e cervejas. Naquele momento, esses produtos pagavam seus tributos por litros comercializados, independentemente do preço de cada um. Fabricantes de marcas menos conhecidas (as *b-brands*) iniciaram uma pressão para mudar o cenário regulatório, alegando que não era justo que produtos com preços distintos pagassem impostos iguais. Esse modelo, segundo eles, favorecia as marcas maiores e mais caras. Na defesa da manutenção do *status quo* tributário, as grandes marcas alegavam que esse processo favorecia a fiscalização, pois bastava saber quantos litros tinham sido vendidos e multiplicar pela alíquota única. A cobrança pela coisa, e não pelo preço da coisa, se chama, em latim, sistema "ad rem", e o pagamento pelo preço da coisa chama-se "ad valorem". Na luta política que se travou, as mensagens eram distintas. Os defensores das mudanças, ligados às marcas menores, mostravam uma garrafa de um produto campeão de vendas, que todos conheciam, ao lado de uma garrafa de um produto desconhecido, que custava um terço do valor, e perguntavam simplesmente: é justo que paguem o mesmo tributo? Já os defensores da manutenção do sistema tributário alegavam que, no sistema "ad valorem", as formas de fiscalização eram limitadas a auditorias e fiscalização, enquanto no sistema "ad rem" podem ser utilizados sistemas de medidores automáticos de vazão ligados às enchedoras. Isso evitaria a enorme sonegação de impostos que existia no passado. O sistema foi mudado no Congresso Nacional bem antes de todos entenderem o que queriam dizer os termos latinos. Os defensores da permanência entenderam, assim, que é impossível mudar o cenário regulatório em uma sociedade democrática lutando em latim contra uma mensagem simples.

Além da simplicidade na mensagem, é preciso haver clareza na forma de apresentar o pleito ou os argumentos. Desde o início, é importante deixar claro quem do grupo tem a liderança e dá a última palavra. O responsável pelo entendimento é quem fala e conduz a conversa, seguindo a linha do roteiro previamente acordado. O roteiro dirá qual a linha a ser adotada. Ela pode ser mais técnica ou mais diplomática. Ele também estabelecerá o papel de cada um da equipe na apresentação e nos debates que deverão ocorrer. Uma boa ideia pode ser treinar a apresentação com um grupo de pessoas da instituição que não conheça o tema, para ver se há clareza e simplicidade na apresentação.

A reunião tem como objetivo principal garantir credibilidade para as propostas apresentadas. Por essa razão, é fundamental que fique muito claro quem é cada uma das pessoas que estão presentes na reunião. Detalhes sempre contam muito. Comece apresentando o grupo, ou garanta que seu interlocutor irá saber quem são as pessoas presentes, mencionando o nome e o histórico de relacionamento com a instituição ou com o tema. Apresente a instituição usando o modelo sugerido, deixando claros sua sustentação, seus pilares, seus objetivos e, se for o caso, suas alianças. Lembre-se de que a primeira impressão é a que permanece.

Deixe bem explícito qual é o seu interesse. Analise se é fácil ou difícil resolver o assunto, se isso dependerá de outras áreas do governo, se há opositores internos ou externos, se é um tema inédito, se vai contra a visão geral dos líderes políticos do governo, e se tem apoio técnico-legal bem consistente. Essa análise vai permitir que o grupo fortaleça os pontos positivos e se defenda quando a conversa caminhar para as fragilidades da argumentação.

Nunca devemos subestimar a forma como se defende um interesse, e muitas vezes temos uma tendência a focar demasiado no conteúdo. É muito importante que seus argumentos sejam baseados em critérios objetivos, que seu tom de voz seja adequado, que a emoção investida na defesa de seus interesses seja considerada, para evitar qualquer tipo de exagero, mas também para não deixar a defesa anódina e fria. Jamais inclua outros interesses no debate para aproveitar a oportunidade. Você estará diminuindo ambos.

Toda reunião deve encerrar com uma proposta de ação, o conhecido *call to action*. Antes de começar o encontro, o grupo deve definir as alternativas de retorno esperado. Comunique claramente o que você espera obter na reunião, mas esteja preparado para alternativas.

Faça o seguimento da reunião. O maior interessado no "follow-up" é quem pediu o encontro. Não saia do encontro sem uma estimativa de quem vai fazer o quê e quando o fará. Para tanto, antes de entrar na reunião, defina quem será o ponto de contato do seu lado, tanto para as questões técnicas quanto para as questões políticas, e peça o mesmo para seu interlocutor. Defina a data para o próximo encontro, que ações devem ser tomadas, quem é o responsável, troque e-mails, telefones etc.

Comunicação por meio de influenciadores

Figura 13

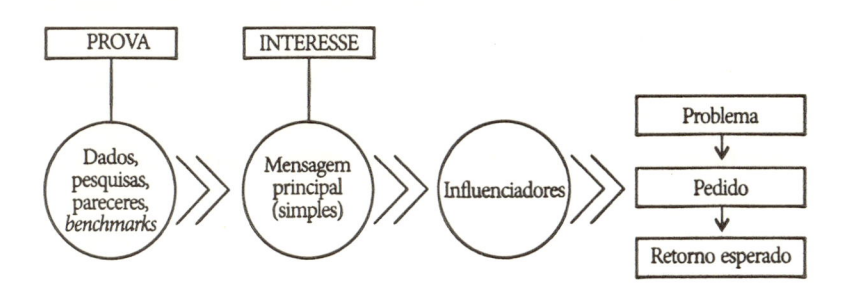

A comunicação por meio de influenciadores é muito comum, pois terceiros costumam conferir credibilidade e confiabilidade às propostas.

Os influenciadores mais comumente escolhidos para comunicar os interesses de uma instituição são os seus *stakeholders*, geralmente dentro da seguinte lista:

- imprensa;
- outras pessoas e áreas do governo;
- outros governos;
- ONGs;
- organizações internacionais;
- escolas e acadêmicos;
- escritórios de advocacia e economia com elevada reputação;
- técnicos e especialistas com profunda experiência no tema;
- institutos técnicos;
- associações e federações;
- empresas com elevada reputação;
- celebridades.

O uso de influenciadores é sempre uma decisão crítica que requer vários cuidados. Vale lembrar que a comunicação atua como uma "força aérea" na batalha para defender os interesses da instituição em relação à formação de um cenário regulatório. Como tal, a comunicação tem que acertar a intensidade e o alvo, e somente o alvo. Com o uso de terceiros, como são os influenciadores, intensidade e alvo passam a sair das mãos da instituição e devem ser muito bem monitorados.

Certamente, a comunicação por meio de influenciadores vai alcançar vários públicos além daqueles planejados. Sua instituição está interessada em aumentar a base de potenciais participantes dessa discussão? Por quê? O que os demais podem trazer de benefício? Novos adversários serão convocados para o debate ao lado de novos aliados.

Além desse dilema, você tem que se perguntar se vale a pena abrir completa ou parcialmente os seus argumentos.

Se o influenciador for um jornalista ou um colunista formador de opinião, a pergunta é ainda mais complexa, e você terá de examinar com detalhe se todos os riscos foram corretamente avaliados. Como seus interlocutores irão reagir quando virem uma notícia ou um artigo publicado ou veiculado? Certamente eles saberão que a origem está diretamente ligada ao interesse nessa divulgação.

Há outro ponto a ser considerado. Como um jornalista irá tratar a notícia que sua instituição está dando exclusivamente para ele? Ele irá entender sua comunicação e a tratará na linha pretendida ou, juntamente com o editor, buscará ouvir o outro lado e aceitará os argumentos contrários? Em qual contexto esta informação será divulgada? Você somente saberá quando a veiculação for feita, pois deve sempre se considerar a independência dos jornalistas, principalmente daqueles que contam e importam para a opinião pública.

A tentação de usar a imprensa para criar um clima positivo e ganhar a opinião pública é grande, mas é importante tomar cuidado e ter toda a atenção para a reação de seus interlocutores. Lembre-se de que não interessa ganhar a batalha contra seus interlocutores, mas convencê-los de que atender a seus interesses, de alguma forma, pode ser muito bom para o conjunto da sociedade.

Algumas perguntas são importantes. Você já tentou negociar diretamente e expôs com clareza os seus interesses e argumentos? Vale a pena complicar uma negociação pelo envolvimento de outros participantes?

Como você sabe que não controla a imprensa, as respostas às perguntas anteriores podem conduzir a um novo tipo de questionamento, que precisa ser igualmente enfrentado: o que será veiculado pela imprensa irá agradar ou incomodar seus parceiros e aliados? O risco de que seus aliados e parceiros se sintam traídos ou pressionados existe, e a negociação em curso pode se complicar. A questão essencial para tomar a decisão de utilizar a imprensa como influenciadora é saber com quem você está se comunicando quando uma notícia é veiculada. Você está acertando o alvo?

No mundo contemporâneo, no qual há uma avalanche e uma abundância de informações, tudo o que você busca é a credibilidade das fontes. Por isso, vale a pena seguir alguns conselhos de como lidar com a imprensa, o mais importante e definitivo influenciador.

- Mapa de *stakeholders* — crie o relacionamento antes de precisar dele; os jornalistas costumam conversar com suas fontes, e essas são cultivadas. Portanto, se apresente e estabeleça uma relação confiável e respeitosa antes de a sua necessidade surgir.
- Fonte — esteja muito bem preparado sobre os temas de sua instituição e seus interesses. Tenha à sua disposição dados e fatos que possam ser compartilhados com o jornalista. Você tomou a iniciativa; agora, mostre que seus pontos são defensáveis e que a sociedade será a beneficiária se eles forem contemplados.
- Notícia — jornalistas têm faro para notícias, têm aptidão e são treinados para identificar uma boa história. Dificilmente você conduzirá a narrativa exclusivamente para a sua linha argumentativa. Esteja atento para uma leitura distinta, e que poderá não ser de seu interesse. Tenha sempre presente o que você quer divulgar e o que não.
- Tom — qual é o seu objetivo: defender uma opinião ou criar uma percepção sobre uma novidade? Você quer conquistar adeptos ou defender uma cidadela que já tem admiradores? Ter claro esse princípio acertará o tom de sua conversa com os jornalistas.
- Mundo plano — desde a popularização das mídias digitais, diz-se que uma notícia veiculada em um meio internacional tem efeito semelhante a uma divulgação em um meio de comunicação regional. Isso se justifica por conta da velocidade com que uma notícia circula e ganha audiências mundo afora, pautando mídias inesperadas. Se a história for boa, não importa a origem, o mundo é plano.
- Porta-voz — muitas vezes, o líder da equipe de relações governamentais é também o porta-voz da instituição para a imprensa. Isso traz vantagens, pois ele domina o tema e pode encaminhá-lo para a perspectiva

mais interessante. O ponto negativo é que ele pode vir a ser rejeitado como negociador, principalmente se tropeçar e cometer o erro de dirigir críticas a pessoas envolvidas na negociação, e perdendo o foco nos argumentos que sustentam a sua posição. Infelizmente, isso pode acontecer, pois ninguém tem controle sobre o que é veiculado pelos meios de comunicação.

- O *off* — quando você faz uso da imprensa como influenciadora, você não precisa falar. Mas, algumas vezes, isso pode ser interessante para tornar clara a opinião da instituição. Neste caso, pode ser feita a opção de falar em *off*, mas saiba que o que está encoberto é a fonte, e não a notícia. Esta já é do jornalista que vai apurá-la e divulgar como julgar interessante para o seu leitor, espectador ou ouvinte. Você terá que decidir em nome de quem irá falar, se em nome da instituição, da associação, ou como um técnico abalizado. Deixe isso claro para o jornalista.

Dissemos que os influenciadores agregam credibilidade e podem influenciar uma decisão de maneira positiva. Entretanto, cada grupo de influenciadores agrega valores distintos ao processo de relações públicas.

- Outros governos e outras áreas do governo: atenção e influência política.
- Organizações internacionais: atenção, influência política e pressão regulatória.
- Escolas e acadêmicos: influência técnica.
- ONGs, escritórios de advocacia e de economia com elevada reputação: credibilidade.
- Técnicos e especialistas com profunda experiência no tema, institutos técnicos, outras empresas e instituições com elevada reputação: credibilidade.
- Associações e federações: influência política.
- Celebridades: atenção.

Finalmente, cabe uma pergunta que você mesmo deve se fazer: nossa instituição precisa mesmo de intermediários?

Comunicação integrada

Figura 14

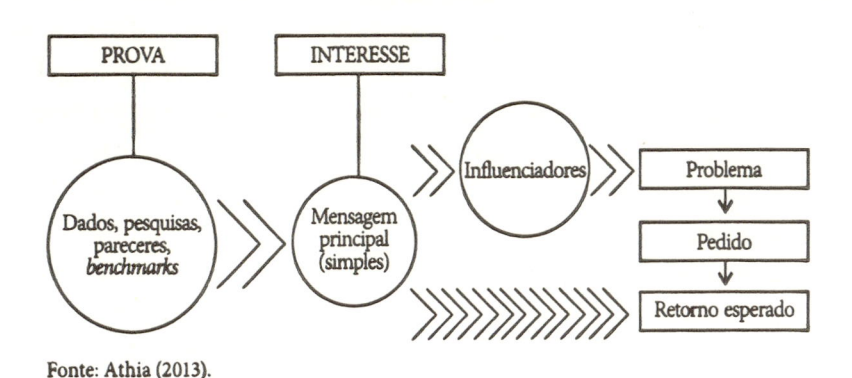

Fonte: Athia (2013).

A comunicação integrada é o uso concomitante da comunicação presencial e da comunicação por meio de influenciadores, e, na prática, é o que se costuma fazer.

Em resumo

O processo de relações públicas pode ser resumido em cinco etapas:

- Defina o seu público-alvo.
- Desenvolva a sua mensagem-chave.
- Escolha os meios apropriados.
- Use um estilo adequado, que considere a formalidade, o humor, os recursos utilizados, se será didático, se será lúdico, se fundamentará seus argumentos em sólidas razões técnicas ou buscará convencimento por argumentos diplomáticos. O estilo deve ser escolhido como forma de manter a atenção do público-alvo na mensagem-chave.
- Com essas características, os encontros devem buscar causar impacto, aumentar a credibilidade da instituição e seus aliados, e, finalmente, convidar para uma ação que ajudará a mudar o cenário normativo.

Construir alianças e parcerias

A pergunta inicial é: por que construir alianças e parcerias é importante para modificar o cenário normativo no interesse da instituição?

Jane Nelson, professora adjunta de Políticas Públicas e diretora da Corporate Social Responsibility Initiative da Harvard Kennedy School, é reconhecida por seus artigos e posições a respeito da construção de alianças inovadoras envolvendo instituições e seus *stakeholders* com o objetivo de maximizar o impacto da presença de uma organização dentro da sociedade em que opera.

Como estamos propondo essa estratégia para sociedades que vivem em regimes democráticos, sob o império da lei, devemos ter claro que na democracia a construção de um novo cenário somente se dá pelo processo de construção de maiorias.

Esse processo envolve encontrar aliados estratégicos e buscar parcerias táticas. Aliados estratégicos são entidades que igualmente buscam mudanças no cenário normativo, na mesma linha que a instituição que estamos defendendo. Parcerias táticas envolvem outros atores, não necessariamente afetados pelas mudanças requeridas, mas que veem na parceria uma oportunidade de construir alianças e fortalecer suas posições com vistas a outras mudanças, aí sim, de seu interesse.

É muito pouco provável que um cenário normativo seja bom somente para uma organização, e que ela seja capaz de triunfar em um cenário democrático com transparência pública. A busca de parcerias e alianças é necessária para que a proposta ganhe peso político e capacidade de convencer os políticos a mudar o cenário normativo, prestando contas a seu eleitorado.

Por isso, a instituição precisa descobrir quais seriam os principais parceiros e aliados para propor uma aliança com vistas a mudar o cenário normativo. Eles estão no seu mapa de *stakeholders*. Como eles são os principais influenciadores, é sempre bom lembrar o que cada um deles, conforme seu grupo, agrega em cada caso.

A primeira e mais elementar ideia de parceria e aliança está na associação setorial da qual a instituição faz parte. É muito pouco provável que uma única organização tenha força para mudar um cenário que não interesse a seus pares. Por outro lado, é muito forte uma ação que tenha um segmento, um setor da economia totalmente alinhado em torno de uma ideia forte. Vejamos um exemplo:

Por meio do Decreto nº 49.487, de 12 de maio de 2008, o então prefeito de São Paulo, Gilberto Kassab, regulamentou o trânsito de caminhões na Zona de Máxima Restrição de Circulação (ZMRC). As empresas produtoras e fornecedoras de bens de consumo e os comerciantes instalados na região foram pegos de surpresa. Mesmo tendo ouvido algumas associações, a maioria dos afetados pela medida não estavam preparados para atendê-la sem grandes prejuízos.

O ponto mais polêmico da medida era a indução dos fornecedores a entregar seus produtos aos comerciantes no período da noite. Pela proposta em discussão, os caminhões utilizados em São Paulo para este fim, os conhecidos veículos urbanos de carga (VUCs), seriam impedidos de circular na ZMRC entre 5 e 21 horas.

Os VUCs foram criados pela própria municipalidade de São Paulo poucos anos antes, e todos os fornecedores tiveram que adaptar suas frotas de entrega para esses veículos. Na oportunidade, a poderosa indústria automobilística instalada no Brasil respondeu ao desejo da autoridade e produziu o caminhão desejado. Agora, os VUCs estavam proibidos.

Havia um tipo de veículo capaz de trafegar na ZMRC no período diurno, mas esse é importado e tem características pouco atraentes para as áreas de logística. Ele transporta 25% da capacidade de carga de um VUC e tem dimensões com as seguintes proporções: 50% do comprimento do VUC e 90% da largura. Para cada VUC retirado, seriam necessários quatro novos veículos que ocupariam a dimensão de dois VUCs. Além do mais, o novo veículo apresentava índices de poluição ambiental em torno de 60% do que polui um VUC, o que também agravaria a questão da poluição do ar em São Paulo.

Na primeira tentativa de negociação, houve insucesso, e o então secretário de Transportes, Alexandre de Morais, mostrou-se inflexível.

A Prefeitura foi procurada por associações de bares, padarias e restaurantes, que mostravam não haver segurança e diziam não ter capacidade econômica para arcar com a abertura de seus negócios de madrugada para atender fornecedores.

Grandes empresas fornecedoras de produtos de consumo de massa alegaram que isso era injusto, pois foram induzidas pela Prefeitura de São

Paulo a investir na aquisição de VUCs e agora estavam sendo obrigadas a vender esses ativos, desvalorizados, e importar veículos de carga compatíveis com a nova norma.

Técnicos e acadêmicos, infrutiferamente, levaram seus estudos mostrando que a medida era inócua, pois cada VUC seria substituído por quatro veículos novos, aumentando o trânsito e poluindo ainda mais a ZMRC.

Nada funcionou isoladamente, o que fez com que as partes buscassem um acordo entre si, começando a conversar e alinhar seus interesses individuais. Nesse processo, conseguiram a adesão da indústria automobilística, que contribuiu com mais estudos e dados.

Na rodada seguinte da negociação, o peso dos interesses contrários à norma municipal era mais importante. A negociação foi demorada, e pequenos ajustes foram sendo feitos ao longo do tempo. Finalmente, o Decreto nº 53.149 foi publicado em 16 de maio de 2012, dispondo novamente sobre a liberação do trânsito de VUCs na ZMRC.

A imprensa na época publicou que os caminhões de pequeno porte, conhecidos como veículos urbanos de carga (VUCs), passariam a poder circular pela Zona Máxima de Restrição da capital paulista em qualquer horário. A mudança começaria a valer no dia 17 de maio de 2012, após ser publicada no Diário Oficial do Município.

São considerados VUCs caminhões com até 6,30 metros. Eles são usados para transportar pequenos volumes e alimentos perecíveis. A restrição era válida desde 2008 e entre 10 e 16 horas. Agora, eles poderão circular sem qualquer restrição de horário.

A Zona Máxima de Restrição equivale a uma área de 100 km², que é delimitada pela Marginal Pinheiros, Avenida dos Bandeirantes, Complexo Viário Maria Maluf, avenidas do Estado, Tiradentes, Mofarrej e Queirós Filho. Ela continua valendo para outras categorias de veículos de carga.

Apesar do fim da restrição de circulação no horário das 10 às 16 horas para os VUCs, continua valendo o rodízio municipal de veículos, que leva em conta o final da placa dos veículos. Além disso, para circular por São Paulo, os VUCs precisam estar cadastrados na Prefeitura. Atualmente, 6,5 mil caminhões de pequeno porte têm essa autorização.

O prefeito de São Paulo, Gilberto Kassab, disse nesta quinta-feira que a Prefeitura não pretende extinguir a restrição a caminhões de maior porte.

"Infelizmente, algumas cidades vizinhas estão permitindo um veículo um pouco maior. Não existe a menor hipótese de nós alterarmos em São Paulo o tamanho dos VUCs. Nossos VUCs não terão, em hipótese alguma, o tamanho aumentado", declarou. Segundo Kassab, o fim das restrições aos VUCs já estava previsto. "Isso foi estabelecido há sete anos, quando definimos que teria o momento da liberação para a circulação dos VUCs em São Paulo. Isso faz parte de um processo muito bem desenvolvido, que visa a melhorar o trânsito na cidade de São Paulo."[5]

Engajar para moldar um novo cenário

A última fase da estratégia de relações governamentais é a que normalmente associamos ao estereótipo do lobbying. Como em todas as outras etapas, o objetivo é construir um cenário normativo que seja mais adequado para a instituição melhorar a sua competitividade e que, ao gerar sinergia, crie valor para a sociedade.

É nessa fase que os representantes das organizações não governamentais, com ou sem fins lucrativos, se encontram, se engajam com as autoridades públicas para escrever ou alterar propostas de políticas públicas, que finalmente serão debatidas e aprovadas nas instâncias adequadas.

Para compreender a importância de levar as decisões para as instâncias adequadas, é bom ter presentes os princípios do Estado de Direito. Segundo o professor Bruno Seligman de Menezes: "Não há uma definição fechada a respeito dos princípios básicos que constituem um Estado de Direito, mas alguns são consensualmente basilares: princípio da separação de poderes, princípio da dignidade da pessoa humana, princípio do devido processo legal, princípio da presunção de inocência, princípio da inafastabilidade da jurisdição."[6]

Outra forma de resumir esses mesmos princípios é a seguinte:

---

[5] G1 (2012).
[6] Entrevista concedida para este livro.

1. Princípio da supremacia da lei (*rule of law*), com a limitação do poder pelo direito positivo.
2. Princípio da legalidade, mediante o qual ninguém será obrigado a fazer ou deixar de fazer alguma coisa senão em virtude de lei.
3. Princípio da irretroatividade da lei, para resguardo dos direitos adquiridos.
4. Princípio da igualdade jurídica ou isonomia, pelo qual a lei vale para todos e, portanto, a todos deve ser aplicada.
5. Princípio da independência funcional dos magistrados, consolidado pelas garantias inerentes ao Judiciário.

Quando falamos de poder público, estamos nos referindo ao conjunto dos órgãos com autoridade e poder para realizar os trabalhos do Estado. Na América Latina em geral, e no Brasil em particular, o poder público é constituído pelo Poder Legislativo, Poder Executivo e Poder Judiciário. Esses poderes são independentes e devem se relacionar de maneira harmônica.

Ao nos referirmos a governo, estamos usando a expressão para definir o núcleo diretivo do Estado, em qualquer um de seus níveis, alterável periodicamente por eleições e responsável pela gerência dos interesses estatais e pelo exercício do poder político.

Os representantes de instituições da iniciativa privada, mesmo que em alguns casos sem fins lucrativos, são percebidos de várias maneiras pelo governo, quando buscam interferir em políticas públicas.

Em alguns casos, são percebidos como interlocutores importantes e que merecem toda a consideração. Outras vezes, são vistos como parceiros de processos de desenvolvimento abrangente e fornecedores de informações de qualidade importantes para a condução de processos políticos. Os mesmos profissionais podem ser percebidos como pessoas que inspiram confiança ou geram percepções extremamente negativas.

Qual a grande diferença entre essas percepções antagônicas? Está no conhecimento que uns têm sobre os outros. Na verdade, os mundos das iniciativas pública e privada são distintos e cheios de preconceitos e estereótipos. Quem ainda não escutou que na iniciativa privada todos são individualistas e egocêntricos, e somente correm atrás de dinheiro? Quantas vezes já ouvimos que na administração pública todos são burocratas que querem garantir a sua estabilidade no emprego, ou então correm desenfreadamente para ter mais e mais poder? Finalmente, é quase lugar-comum a generalização sem sentido de que, de um lado, há um grupo de corruptos e, de outro, um agrupamento de corruptores.

A generalização induz a um equívoco que somente o conhecimento mútuo pode desfazer. Para criar um clima que permita o engajamento entre interesses públicos e privados com o objetivo de formular melhores políticas públicas, o conhecimento sobre o poder público pode ser bastante simples. A seguir, elencamos algumas informações que acreditamos que todo profissional de relações governamentais deva ter.

Poder Executivo

O Executivo é o centro do poder político. Mesmo com a harmonia entre os poderes, muitas das principais decisões começam ou se concluem nessa esfera de poder. No Brasil, isso é especialmente verdade, pois o Executivo tem um grande poder em suas mãos.

A Presidência da República detém o legítimo poder, delegado pelo voto popular. Todas as demais autoridades públicas federais são subordinadas. Na esfera estadual, esse poder é detido pelo governador do estado e, nos municípios, pelo prefeito. Os ministérios respondem à Presidência da República, enquanto as secretarias de estado ou dos municípios respondem aos governadores e prefeitos, dependendo da esfera de poder.

A Casa Civil é o ministério que coordena toda a tramitação das decisões da Presidência da República. No âmbito dos estados e municípios, essa função é exercida por uma secretaria localizada no palácio do governo e que tem denominações distintas: algumas vezes se chama Casa Civil, Secretaria de Governo, ou outras denominações.

Os ministérios são formados por secretarias, e o secretário executivo é quem as coordena. O secretário executivo, em geral, é o vice-ministro de cada pasta. Nos estados, as secretarias têm um secretário-geral como subsecretário e se dividem em diretorias e superintendências.

No governo federal, cada secretaria de ministério é formada por departamentos, e esses, por coordenações e, algumas vezes, gerências. Independentemente da hierarquia, algumas secretarias têm um peso maior do que outros ministérios, como, por exemplo, a Secretaria da Receita Federal do Brasil e a Secretaria do Tesouro Nacional, ambas do Ministério da Fazenda. Em outros casos, os próprios departamentos assumem uma relevância política extraordinária, como o Departamento de Polícia Federal do Ministério da Justiça.

Os chefes de gabinete têm enorme poder "de fato", mesmo não sendo ordenadores de despesas relevantes. Todas as decisões das autoridades passam, de um modo ou de outro, por seu chefe de gabinete.

Essas informações têm uma importância prática e central. O mapa do poder em cada ministério, secretaria ou organismo público precisa ser elaborado e periodicamente atualizado.

Poder Legislativo

Compõem o Poder Legislativo, a Câmara dos Deputados (com representantes do povo brasileiro), o Senado Federal (com representantes dos estados e do Distrito Federal), e o Tribunal de Contas da União (órgão que presta auxílio ao Congresso Nacional nas atividades de controle e fiscalização externa).

O Congresso Nacional tem como principais responsabilidades elaborar as leis e proceder à fiscalização contábil, financeira, orçamentária, operacional e patrimonial da União e das entidades da Administração direta e indireta.

Uma equipe de relações institucionais precisa conhecer integralmente o papel do Legislativo, as regras que regem o andamento das duas casas legislativas, e os papéis específicos da Câmara dos Deputados e do Senado Federal. É necessário entender quais os trâmites de cada projeto de interesse da instituição. Também é recomendável entender o papel específico de cada dirigente das respectivas mesas diretoras. A maior parte dessas informações está nos próprios sites da Câmara e do Senado.[7]

Destacamos aqui apenas algumas informações sobre a organização das duas casas legislativas, lembrando que o conhecimento sobre o funcionamento delas é fundamental.

O Senado Federal é dirigido pela Mesa do Senado, composta pelo presidente, primeiro e segundo vice-presidentes e quatro secretários. São

---

[7] Ver "Sobre o Senado Federal e a organização do Estado". Disponível em: <http://www.senado.leg.br/senado/alosenado/pdf/Sobre_Senado_%20Federal_e_Organiza%C3%A7%C3%A3o_Estado.pdf>. Acesso em: 31 ago. 2017. Ver também "O papel da Câmara dos Deputados". Disponível em: <http://www2.camara.leg.br/a-camara/conheca/o-papel-da-camara-dos-deputados>. Acesso em: 31 ago. 2017.

indicados também quatro suplentes de secretários para substituir os titulares em caso de impedimento. A eleição dos membros da mesa é feita em sessão preparatória realizada a partir de 1º de fevereiro, no primeiro ano da legislatura. A votação é secreta, por maioria de votos, estando presente a maioria dos senadores e assegurada, tanto quanto possível, a participação proporcional das representações partidárias ou dos blocos parlamentares com atuação na casa (Regimento Interno do Senado Federal, artigos 3º e 46).

A duração do mandato da mesa é de dois anos (artigo 57, § 4º da Constituição Federal, e artigo 59 do Regimento Interno do Senado Federal). Na eleição imediatamente subsequente ao mandato, os membros da mesa não podem ser reconduzidos aos mesmos cargos. Mas vale ressaltar que atualmente prevalece o entendimento de que essa proibição não se aplica quando se tratar de uma nova legislatura.

Da mesma forma, a Mesa Diretora da Câmara tem por atribuição dirigir os trabalhos legislativos e os serviços administrativos da casa. É um órgão colegiado, integrado por sete deputados eleitos entre os parlamentares da casa. A mesa tem competências específicas, como, por exemplo, a de promulgar, junto com a Mesa do Senado Federal, as emendas à Constituição e de propor alterações ao Regimento Interno. O mandato dos membros da Mesa da Câmara também é de dois anos.

O presidente é o representante da Câmara dos Deputados quando ela se pronuncia coletivamente, e o supervisor dos seus trabalhos e da sua ordem. O cargo é exclusivo para brasileiros natos. Sua principal competência é definir a pauta de proposições a serem deliberadas pelo Plenário. Entre outras atribuições, o presidente da Câmara dos Deputados substitui o presidente da República e integra o Conselho da República e o Conselho de Defesa Nacional.

A Secretaria-Geral da Mesa (SGM) assessora a mesa nos trabalhos legislativos, e a Presidência, no desempenho de suas atribuições regimentais e constitucionais, dirige, coordena e orienta as atividades legislativas da Câmara dos Deputados, bem como acompanha e assessora as sessões plenárias e demais eventos de natureza técnico-política relacionados às atividades legislativas.

O Plenário é o órgão máximo de deliberação da casa. Nele, os representantes do povo, reunidos em sua totalidade, discutem e votam soberanamente as proposições em tramitação, no cumprimento da função constitucional conferida ao Poder Legislativo de elaboração do ordenamento jurídico e de fiscalização financeira e orçamentária.

Senado Federal e Câmara dos Deputados também têm competências distintas. As competências exclusivas da Câmara dos Deputados, conforme o artigo 51 da Constituição Federal, incluem: a autorização para instauração de processo contra o presidente e o vice-presidente da República e os ministros de Estado; a tomada de contas do presidente da República, quando não apresentadas no prazo constitucional; a elaboração do Regimento Interno; a disposição sobre organização, funcionamento, polícia, criação, transformação ou extinção dos cargos, empregos e funções de seus serviços, e a iniciativa de lei para a fixação da respectiva remuneração, observados os parâmetros estabelecidos na Lei de Diretrizes Orçamentárias, e a eleição dos membros do Conselho da República.

Já as competências exclusivas do Senado Federal incluem: processar e julgar o presidente e o vice-presidente da República, os ministros de Estado, os ministros do Supremo Tribunal Federal (STF), o procurador-geral da República, e o advogado-Geral da União nos crimes de responsabilidade; aprovar, previamente, a indicação do presidente da República de magistrados, ministros do Tribunal de Contas da União, governador de Território, presidente e diretores do Banco Central, procurador-geral da República, chefes de missão diplomática e titulares de outros cargos que a lei determinar; autorizar operações externas de natureza financeira, de interesse dos entes federados; dispor sobre a regulamentação das agências executivas e reguladoras; suspender a execução, no todo ou em parte, de lei declarada inconstitucional por decisão definitiva do Supremo Tribunal Federal (Constituição Federal, artigo 52; Emendas Constitucionais nº 19/98 e nº 23/99).

O encontro

Com as informações em mãos sobre os interlocutores, é preciso se preparar para o encontro. Mas em que circunstâncias representantes de instituições e autoridades públicas se encontram para negociar?

Existem duas razões para que uma instituição busque influir sobre políticas públicas: a diferença está em quem toma a iniciativa. Do ponto de vista da instituição, qualquer encontro pode ocorrer de maneira reativa ou proativa.

Reativa

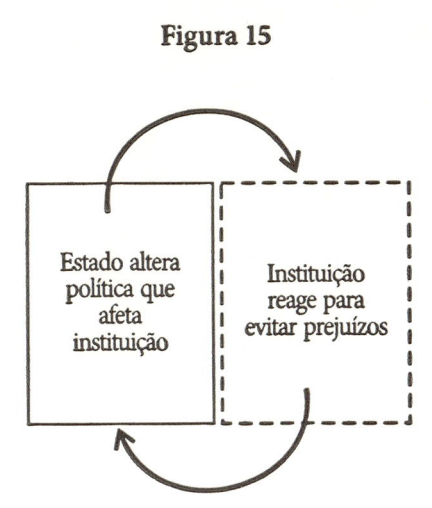

Figura 15

No primeiro caso, a iniciativa cabe à autoridade pública, que, por meio de algum órgão ou autoridade específica, decide alterar alguma política pública ou então anunciar o lançamento de alguma iniciativa que surpreenda a instituição.

Normalmente, esse anúncio é uma "má notícia". No mínimo, fica uma sensação de que, ao não ter sido consultada previamente, a instituição não teve os seus interesses considerados. Quando isso ocorre, a ideia inicial é preparar-se para lutar com o objetivo de fazer com que seus interesses sejam considerados na nova política. Ao fazer isso, é preciso mostrar que há um ganho para o conjunto da sociedade com a mudança proposta.

A primeira atitude será identificar, entre os *stakeholders*, aqueles que se beneficiam com a mudança e também aqueles que serão prejudicados por ela. Esse exercício permitirá montar um correto mapa de aliados e adversários da instituição.

Como vimos anteriormente, o processo de relações governamentais inicia com a preparação da narrativa sobre a instituição e seus aliados, não se esquecendo de mostrar os quatro pilares, a montagem da estratégia de comunicação para acertar os alvos com pontaria e intensidade, e a escolha do BATNA, que vai orientar a negociação.

Proativa

Figura 16

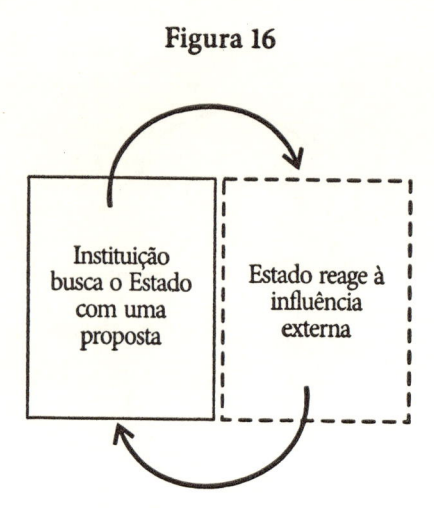

Neste caso, a iniciativa é tomada pela instituição ou um grupo de que ela faz parte. De um modo geral, essas iniciativas ocorrem quando uma política pública impede as instituições de serem tão competitivas no mercado quanto poderiam ser. Essas iniciativas têm o objetivo de se antecipar ao poder público para buscar um novo e melhor cenário normativo. O grande desafio é identificar os pontos que favorecem a sociedade, dentro da proposta levada para as autoridades.

A preparação para essa iniciativa é mais tranquila, pois os encontros somente serão solicitados quando todos os estudos e o material de apoio estiverem prontos, revisados e com arte-final. As reuniões preparatórias e os ensaios terão sido feitos.

No conjunto de materiais e estudos, já terão sido identificados os *stakeholders* que serão aliados e incorporados ao processo, os que deverão se opor, e terá sido planejado como agir em relação a eles.

Para recapitular, do mesmo modo que na hipótese reativa, o processo de relações governamentais inicia com a preparação da narrativa sobre a instituição e seus aliados, não se esquecendo de mostrar os quatro pilares, a montagem da estratégia de comunicação para acertar os alvos com pontaria e intensidade, e a escolha do BATNA, que vai orientar a negociação.

Ao longo de sua vida, a instituição enfrentará cenários reativos e proativos. Para evitar surpresas, a equipe de relações governamentais deve ter como sua primeira responsabilidade o compromisso de se antecipar aos fatos. Para tanto, deverá seguir um processo de engajamento para permitir que, na maior parte das vezes, a instituição aja de maneira proativa.

Processo de engajamento

O *Dicionário de gestão* (Silva, 2017) define processo da seguinte forma: "Processo deriva do latim *procedere*, verbo que indica a ação de avançar, ir para a frente, e é um conjunto sequencial e particular de ações com um objetivo comum." Em nosso caso, o processo de engajamento tem o propósito de organizar os recursos da instituição com vistas a uma atuação que leve a alcançar o propósito de construir um novo cenário normativo.

O processo consiste em quatro etapas:

Figura 17

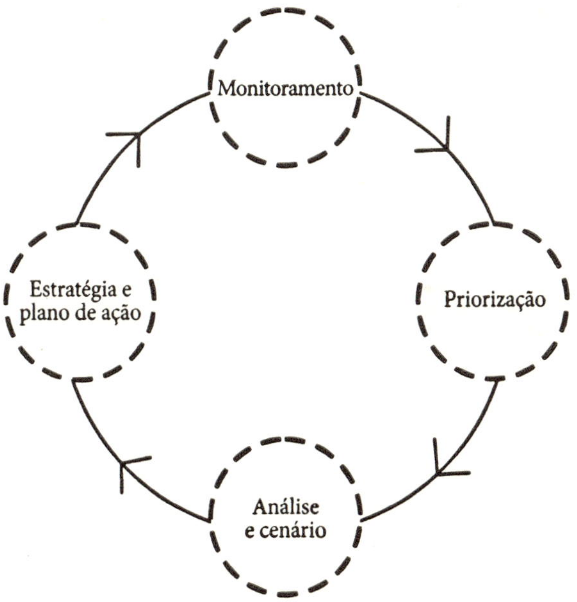

Monitoramento

Em termos práticos, mudar o cenário regulatório significa aprovar uma ou mais normas que podem ser constitucionais, legais, administrativas ou um combinado de medidas. No fim do processo, teremos um novo cenário regulatório, descrito pelo conjunto de normas que forem aprovadas pelo poder público para o assunto tratado e de interesse.

Ocorre que boa parte dessas normas é examinada periodicamente pelos inúmeros organismos do poder público, nos três níveis da administração do Estado. Muitas propostas são apresentadas, avaliadas, debatidas e aprovadas diariamente, seja no Congresso Nacional, no Poder Executivo ou em poderes locais.

Por essa razão, a primeira etapa do processo de engajamento é monitorar o que vem sendo feito nos poderes Legislativo e Executivo a respeito dos temas de interesse da instituição. Trata-se de acompanhar as agendas dos principais atores políticos, obter informações em base diária sobre iniciativas legislativas, os discursos e as entrevistas dadas por cada um dos atores públicos que tenham poder ou autoridade para influir sobre cenários normativos.

O número de políticos a ser acompanhado não é desprezível. Há, literalmente, milhares de políticos pelo país. Por exemplo, o total de deputados estaduais em cada unidade federativa é definido a partir do número de deputados federais. O artigo 27 da Constituição apresenta duas regras cumulativas. A primeira estabelece que cada estado terá uma Assembleia Legislativa composta pelo triplo de representantes do estado na Câmara dos Deputados. A segunda diz que, quando o número de representantes atingir 36, será acrescido de tantos quanto forem os deputados federais acima de 12. Em 2013, o Tribunal Superior Eleitoral (TSE) chegou a alterar as composições de bancadas de deputados federais e estaduais, mas a resolução foi considerada inconstitucional pelo Supremo Tribunal Federal (STF). O número mais recente de senadores e deputados federais e estaduais é o seguinte:

UF	Deputados federais	Deputados estaduais	Senadores
Acre	8	24	3
Alagoas	9	27	3
Amapá	8	24	3
Amazonas	8	24	3
Bahia	39	63	3
Ceará	22	46	3
Distrito Federal	8	24	3
Espírito Santo	10	30	3
Goiás	17	41	3
Maranhão	18	42	3
Mato Grosso	8	24	3
Mato Grosso do Sul	8	24	3
Minas Gerais	53	77	3
Pará	17	41	3
Paraíba	12	36	3
Paraná	30	54	3
Pernambuco	25	49	3
Piauí	10	24	3
Rio de Janeiro	46	70	3
Rio Grande de Norte	8	24	3
Rio Grande de Sul	31	55	3
Rondônia	8	24	3
Roraima	8	24	3
Santa Catarina	16	40	3
São Paulo	70	94	3
Sergipe	8	24	3
Tocantins	8	24	3
Total	513	1.053	81

Fonte: Câmara dos Deputados, Senado, resultado das eleições de 2014 (TSE).

O número é ainda maior nos municípios. Segundo o TSE, em 2016, foram disputados 5.568 cargos para prefeito e 57.931 vagas para vereadores. O número de vereadores de uma cidade está relacionado com a quantidade de habitantes, sendo definido pela Lei Orgânica de cada município, respeitando o que diz o artigo 29 da Constituição Federal. A Constituição Federal define apenas um número máximo de vereadores conforme o número de habitantes do município. Mas o que estabelece de fato a quantidade de vereadores é a Lei Orgânica de cada município. Um suposto município com 25 mil habitantes pode ter até onze vereadores, mas a Lei Orgânica pode estabelecer que ele terá apenas nove, com base na receita do município. O número máximo de vereadores por número de habitantes é o seguinte:

Número de vereadores	Número de habitantes nos municípios
9	até 15 mil
11	acima de 15 mil, até 30 mil
13	acima de 30 mil, até 50 mil
15	acima de 50 mil, até 80 mil
17	acima de 80 mil, até 120 mil
19	acima de 120 mil, até 160 mil
21	acima de 160 mil, até 300 mil
23	acima de 300 mil, até 450 mil
25	acima de 450 mil, até 600 mil
27	acima de 600 mil, até 750 mil
29	acima de 750 mil, até 900 mil
31	acima de 900 mil, até 1,050 milhão
33	acima de 1,050 milhão, até 1,2 milhão
35	acima de 1,2 milhão, até 1,35 milhão
37	acima de 1,35 milhão, até 1,5 milhão
39	acima de 1,5 milhão, até 1,8 milhão

Número de vereadores	Número de habitantes nos municípios
41	acima de 1,8 milhão, até 2,4 milhões
43	acima de 2,4 milhões, até 3 milhões
45	acima de 3 milhões, até 4 milhões
47	acima de 4 milhões, até 5 milhões
49	acima de 5 milhões, até 6 milhões
51	acima de 6 milhões, até 7 milhões
53	acima de 7 milhões, até 8 milhões
55	acima de 8 milhões

Fonte: Agência Senado.

Em termos práticos, o acompanhamento da atuação de tantos políticos é uma atividade que apresenta complexidade técnica e exige uma equipe numerosa de pessoas capacitadas para exercê-la. Cada organismo tem seus regimentos internos que regulam tramitação e precisam ser conhecidos para que o monitoramento seja feito de maneira adequada e não ocorram surpresas. Além disso, os órgãos atuam concomitantemente, o que exige pessoas atentas em vários pontos do processo, em cada organismo, ao mesmo tempo.

O que poderia ser um impeditivo para instituições de médio e pequeno porte, na verdade é uma oportunidade. Elas podem terceirizar esses serviços, focando no que é essencial.

Especialmente em nível federal, o trabalho de monitoramento da atuação dos poderes Executivo e Legislativo pode ser terceirizado para inúmeras empresas especializadas em acompanhar o dia a dia do poder público em Brasília. É possível contratar algumas dessas empresas e encomendar o acompanhamento de um assunto específico em todos os organismos públicos, ou acompanhar a ação de alguns órgãos em todos os temas sob sua responsabilidade.

Para minimizar os custos envolvidos nessa atividade, algumas instituições fazem esse acompanhamento a partir de robôs que seguem as publicações de atos e eventos do poder público em seus próprios sites. Esses robôs emitem alertas sobre as tramitações que são acompanhadas. Porém, nem todos os órgãos atualizam os seus sites em tempo real, e isso pode causar atrasos no monitoramento.

Infelizmente, essa ainda não é a realidade vivida por quem necessita acompanhar a tramitação de iniciativas nos estados e nos municípios. Ainda existem poucas empresas que executam esse trabalho.

Quais temas e quais organismos devem ser acompanhados para efeito de monitoramento?

No Brasil e em muitos países, o governo federal precisa ser acompanhado, pois ele é o principal legislador. Mais de 60% das leis aprovadas no país têm origem no Poder Executivo. A Presidência da República e sua Casa Civil, em particular as subchefias de Assuntos Jurídicos e Assuntos Legislativos, são locais por onde circulam todas as iniciativas legislativas governamentais.

Os órgãos setoriais participam e coordenam algumas das iniciativas. Portanto, ministérios, autarquias e agências precisam ser acompanhados. Todas as ações de Estado são públicas e publicadas, e pessoas especializadas saberão encontrar os registros que permitem que uma ação em andamento seja reconhecida. Nesses órgãos, as secretarias, os departamentos e as co-ordenações cumprem papéis no exame e na realização de estudos sobre os temas em questão. Mesmo não estando em linha de decisão, as importantes chefias de Gabinete devem ser acompanhadas, sempre que possível.

Para monitorar o Poder Legislativo, devem ser acompanhados os trabalhos que são realizados tanto na Câmara dos Deputados quanto no Senado. Em cada uma das casas, devem ser acompanhadas as atividades e publicações de suas mesas diretoras e das secretarias-gerais dessas mesas.

Além disso, nas duas casas, é a Presidência da Mesa Diretora quem define a agenda, mas, de um modo geral, elas buscam cumprir o que deseja a maioria dos líderes dos partidos ou grupos partidários, que se reúnem no importante Colégio de Líderes. O blog Legis-Ativo, publicado no site do *Estadão*, explica esse organismo: "Os líderes são agrupados no Colégio de Líderes, formado pelos líderes da maioria, da minoria, dos partidos, dos blocos parlamentares e do governo, tendo como prerrogativas: solicitar a convocação de sessão extraordinária e de sessão secreta ao presidente da casa, além de ter papel ativo na definição do calendário e da pauta de votações dentro da Câmara. O Colégio de Líderes tem atribuições que garantem aos líderes um papel fundamental de coordenação da vida legislativa, sendo um forte instrumento capaz de moldar o comportamento dos parlamentares."[8]

---

[8] Disponível em: <politica.estadao.com.br/blogs/legis-ativo/o-poder-dos-lideres>.

A tarefa de seguir a atividade de cada parlamentar, em particular, é mais exaustiva. É bom ter presente que os senadores e os deputados dividem seu tempo entre Brasília e sua base local. Os funcionários que trabalham em seus gabinetes de Brasília costumam acompanhar a agenda do parlamentar e os temas legislativos, mas, em geral, não estão autorizados a debater o mérito dos temas tratados pelo político. Existem, entretanto, assessores pessoais e mesmo funcionários do próprio Congresso que conhecem o mérito e os interesses que o parlamentar está defendendo em cada caso. Mesmo assim, não é exagero pedir ao próprio parlamentar que indique quem é seu assessor adequado para debater cada um dos temas de interesse.

Para acompanhar os projetos de lei que estão no Congresso, é importante conhecer o papel das comissões permanentes e temporárias, e os tipos específicos de tramitação.

O regime de tramitação, segundo a própria Câmara dos Deputados: "É o tipo de encaminhamento das proposições, determinado pelo tempo que tramitam nas diversas comissões. Elas podem ser urgentes, de tramitação com prioridade e de tramitação ordinária.

Para tramitar em regime de prioridade, a proposição deve ser de iniciativa do Executivo, do Judiciário, do Ministério Público, da Mesa, de comissão permanente ou especial, do Senado ou dos cidadãos. Ainda tramitam nesse regime os projetos de lei complementar que regulamentam dispositivos constitucionais, de lei com prazo determinado, de regulamentação de eleições e de alteração do Regimento Interno.

O regime de urgência dispensa algumas formalidades regimentais. Para tramitar neste regime, a proposição deve tratar de matéria que envolva a defesa da sociedade democrática e das liberdades fundamentais; tratar-se de providência para atender a calamidade pública; de Declaração de Guerra, Estado de Defesa, Estado de Sítio ou Intervenção Federal nos estados; acordos internacionais e fixação dos efetivos das Forças Armadas, entre outros casos. Uma proposição também pode tramitar com urgência, quando houver apresentação de requerimento nesse sentido. Caso a urgência seja aprovada, a proposição será colocada na Ordem do Dia da sessão deliberativa seguinte, mesmo que seja no mesmo dia.

Outro regime de tramitação é o de urgência urgentíssima. Para isso, deve ser apresentado um requerimento assinado pela maioria absoluta de deputados ou líderes que representem esse número (257). O requerimento precisa ser aprovado pela maioria absoluta dos votos. Se aprovada, a proposição é incluída na Ordem do Dia da mesma sessão" (Câmara dos Deputados, [s.d.] c.).

Assim, todas as atividades parlamentares ordinárias tramitam por comissões permanentes, que precisam ser acompanhadas. As comissões temáticas ou permanentes têm uma Mesa Diretora com um presidente que decide a pauta de debates. Os secretários das comissões permanentes têm muita informação sobre os debates e votações ocorridos e programados. A Comissão de Constituição e Justiça (CCJ), de cada uma das casas legislativas, é muito importante, pois é a única que examina todas as iniciativas que tramitam pela Câmara e pelo Senado.

Além dessas, o Congresso Nacional passou a conviver com comissões temporárias, que são criadas e instaladas para examinar tipos específicos de tramitação. As medidas provisórias (MPs) enviadas pela Presidência da República são muito comuns. O prazo de tramitação das MPs é restrito. Além disso, elas entram em vigor a partir de sua promulgação e têm o poder de trancar a tramitação de outros projetos.

As propostas de emendas constitucionais (PECs) também impõem a instalação de comissões especiais provisórias para encaminhar a matéria. Do mesmo modo, tramitações em regime especial ou de matérias de grande interesse podem suscitar a instalação de comissões temporárias.

Finalmente, as mais conhecidas das comissões temporárias são as Comissões Parlamentares de Inquérito (CPIs), que investigam assuntos de interesse dos parlamentares. As casas podem instalar, concomitantemente, até cinco dessas comissões.

As comissões provisórias elegem um presidente, responsável pela condução dos trabalhos, e um relator, que redigirá a proposta, a partir das emendas recebidas.

Priorização

O número de projetos que tramitam nas casas legislativas, considerando todas as origens, é enorme e somente tende a crescer, pois o número de iniciativas é sempre maior do que a capacidade do Parlamento de decidir sobre o tema, seja pela aprovação ou pelo arquivamento da matéria. Em termos gerais, mais de 7 mil projetos de lei são apresentados em cada legislatura.

Além desses projetos, existem iniciativas que nascem em meio à discussão de outro tema, inseridas em outra proposta. São os famosos "submarinos" ou "jabutis", como são conhecidos no jargão da política. Um relator designado para apresentar seu parecer em uma determinada matéria decide incluir em seu parecer outro assunto, que nada tem a ver com o primeiro. Isso não deveria ocorrer, e é bem mais comum do que seria aconselhável. O fato é que essa situação é real e introduz uma dificuldade adicional para monitorar e acompanhar as ações do Legislativo.

Em resumo, existem inúmeros tipos de iniciativas parlamentares que precisam ser acompanhadas, tais como:

- PEC — proposta de emenda à Constituição;
- PLP — projeto de lei complementar;
- PLC — projeto de lei da Câmara;
- PLS — projeto de lei do Senado;
- MPV — medida provisória;
- PLV — projeto de lei de conversão;
- PDC — projeto de decreto legislativo;
- PRC — projeto de resolução da Câmara;
- PRS — projeto de resolução do Senado;
- REQ — requerimento;
- RIC — requerimento de informação;
- RCP — requerimento de instituição de CPI;
- MSC — mensagem;
- INC — indicação; e
- VET — veto.

A única maneira de acompanhar os interesses da instituição nesse emaranhado de iniciativas, de incontáveis tipos de processos que avançam em diferentes casas legislativas e dentro delas em vários setores, é usando um método que permita priorizar o que merece a nossa atenção.

Mais uma vez, teremos que medir e dar números a cada uma dessas iniciativas para que possamos colocá-las em um ranking de importância, que deverá variar para cada uma das instituições. É necessário calcular o risco ou a oportunidade que cada iniciativa parlamentar representa para a instituição. Com dados claros e precisos, poderemos alocar os nossos recursos, atendendo ao que nos ensina William E. Demming, segundo o qual as organizações só devem tomar decisões de alocação a partir de fatos e dados. "Em Deus acreditamos, todos os outros devem trazer dados", disse ele.

O cálculo de um valor para o risco e para a oportunidade deve ser feito "em casa", a partir da análise de cada um dos projetos que tramitam. O processo pode ser mais ou menos simplificado, mas uma sugestão é dividir a análise de cada projeto de lei em duas partes. Na primeira, se examina a dimensão da expectativa de impacto na instituição, caso o projeto de lei seja aprovado. Na segunda parte, se examina qual a probabilidade de o projeto de lei ser aprovado.

A avaliação sobre a expectativa do impacto econômico e financeiro para a instituição deve ser feita a partir de consultas internas na instituição, buscando escutar a opinião de todas as áreas. Muitas vezes, um projeto de lei mascara objetivos que somente pessoas muito ligadas ao tema podem identificar. As principais perguntas a fazer para as outras áreas tratam dos reflexos de uma eventual alteração proposta no projeto de lei:

- Altera o mercado?
- Cria barreiras para comunicar com o mercado?
- Tem reflexo sobre os custos fixos?
- Tem reflexo sobre os custos variáveis?
- Altera os impostos e os tributos?
- Cria ou altera processos relevantes de licenciamento?
- Tem capacidade de ser aplicada pela administração pública?

De posse das entrevistas, a equipe de relações governamentais faz uma avaliação dos dados e atribui ao impacto econômico uma nota que varia de 0 a 100. Esse processo pode ser executado anualmente, no momento de planejar as atividades para o ano seguinte.

O exame sobre a probabilidade de um projeto de lei ser aprovado também tem um grau importante de subjetividade, mas se pauta por indicadores o mais objetivos possível. De um modo geral, sabe-se que os projetos de lei tramitam em função de diferentes fatores políticos, tais como:

- Origem.
- Autor.
- Regime de tramitação.
- Pareceres das comissões técnicas.
- Partido político interessado.
- A liderança do governo já se manifestou?
- *Gap* para ser aprovado — quantos passos ainda faltam?
- Há quanto tempo está parado?

Com essas respostas em mãos, a equipe de relações governamentais faz igualmente uma avaliação dos dados e atribui à probabilidade de aprovação uma nota que varia de 0 a 100. Esse processo também pode ser executado anualmente, no momento de planejar as atividades para o ano seguinte.

Com os indicadores de expectativa de impacto econômico (EIE) e de probabilidade de aprovação (PA), é possível criar um indicador de criticidade (IC) pela simples multiplicação dos índices anteriores.

$$IC = \pm\ EIE \times PA$$

No cálculo do IC, o valor positivo (+) refere-se a oportunidades, e o valor negativo (–) refere-se a ameaças.

Com o cálculo do IC, sugere-se a formação de uma base de dados estruturados na forma de uma matriz que contenha, por projeto de lei, as seguintes informações:

- Projeto de lei — ementa.
- Tipo de projeto.
- Assunto de que trata.
- Autor.
- Partido ou bloco partidário.
- Expectativa de impacto econômico (EIE).
- Probabilidade de aprovação (PA).
- Índice de criticidade (IC).
- Descrição da relevância para a instituição.
- *Gap* para ser aprovado — quantos passos ainda faltam.

- Tempo parado.
- Análise política.
- Feedback do plano de ação.

Com essa base de dados, é possível acompanhar, por grau de criticidade, as tramitações, mostrando em diferentes tabelas a situação por assunto, por tipo, por partido, por região do país, e assim por diante.

Análise e cenário

Para analisar o cenário da política internacional, nacional, regional e local, é necessário, antes de qualquer coisa, estar informado sobre os fatos que dizem respeito ao dia a dia da disputa pelo controle do Estado em cada uma dessas esferas. Nessa análise, devem ser levados em conta distintos tipos de poder. Em nossa sociedade, a dominação que um grupo pode exercer sobre outro pode ser de natureza econômica, ideológica ou política.

A dominação de natureza econômica sugere que o grupo poderoso é possuidor de bens e riqueza de tal modo que consegue estabelecer alguma influência sobre a conduta de outros que não possuem os bens.

O poder ideológico é aquele em que a influência exercida pelo grupo dominante é baseada em conhecimentos e doutrinas.

Já o poder político, que nos interessa mais profundamente, é aquele que se utiliza da força para exercer a influência sobre um grupo de pessoas. O Estado está autorizado a ser exclusivo possuidor desse poder; ele tem, na verdade, o monopólio dessa força. É importante ter em conta que o poder político, emanado do Estado, tem as características de reprimir a formação, em seu território, de grupos armados que possam ameaçar o seu monopólio de uso da força, de emitir decisões que devam ser seguidas por toda a sociedade, e a possibilidade de intervenção de modo imperativo para que as suas finalidades sejam cumpridas (Acquaviva, 2010).

Para acompanhar a atividade política, é importante conhecer o perfil dos principais atores envolvidos nas disputas pelo poder em todas as suas esferas. Especialmente, é importante ter em conta a posição de cada grupo político e partido em relação ao tema regulatório em pauta.

É sempre interessante ter acesso a bons cientistas políticos e consultores que fazem análises periódicas de conjuntura e cenários políticos. Essas análises ajudam a balizar a opinião da equipe de relações governamentais.

Um bom arquivo com os dados dos principais personagens da cena política ajuda muito, assim como visitas e conversas periódicas, com pauta aberta, com pessoas relevantes do mundo político.

É importante ter em conta que a Ciência Política não é exata e, portanto, exige muito empirismo. O conhecimento será muito consolidado pela experiência e pelos sentimentos que se obtêm pela prática de muitas conversas e vivência com os atores da cena política. A partir de um certo conhecimento, acredite em sua intuição.

Assim, é importante ouvir diferentes lados e não confundir uma eventual posição pessoal sobre um tema com os interesses que estão sendo defendidos em nome da instituição.

É muito importante ter interlocutores em todos os quadrantes ideológicos e partidários, para que seja possível avaliar rapidamente se uma notícia é um boato ou uma novidade importante.

Como o cenário político é muito volátil, mantenha-se atualizado. Magalhães Pinto, que foi governador de Minas Gerais, senador da República e ministro de Relações Exteriores no regime militar, cunhou uma frase que ainda é muito usada: "Política é como nuvem. Você olha e ela está de um jeito. Você olha de novo e ela já mudou."

Estratégia e plano de ação

Como alocar os recursos para alcançar os resultados esperados? Por onde começar? Essas são as perguntas mais frequentes quando o tema é montar uma estratégia para mudar um cenário regulatório.

A experiência mostra que a sua instituição é capaz de abrir portas, mais do que qualquer pessoa estranha aos seus interesses. Peça as audiências claramente em nome da instituição ou de associações que estão conduzindo o processo. Em alguns casos, empresas de consultoria especializadas em relações governamentais podem ajudar, instruindo os melhores caminhos ou até mesmo pedindo as audiências em nome da sua instituição.

Os parlamentares são interlocutores privilegiados no âmbito de sua representação, pois têm como atividade representar os interesses de seus eleitores. Não deixe de procurá-los, sempre que for possível. De um modo geral, os parlamentares são bastante acessíveis.

No Poder Executivo, a tentação é sempre buscar primeiro o mais alto interlocutor, seja ele o presidente da República, o governador ou o prefeito, a depender da instância que se quer alcançar. Entretanto, Ichak Adizes nos ensina o seu conceito de *coalesced, authority, power and influence* (CAPI), como um requisito para o processo de tomada de decisão em grandes organizações, como são as governamentais.

O CAPI é um processo de tomada de decisão que, concomitantemente, requer a audiência das pessoas que têm autoridade, poder e influência, ou informação, sobre o assunto. Desse modo, a mais alta autoridade é somente um desses requisitos, e certamente um requisito necessário, mas não suficiente, como muitos têm a tentação de simplificar. O melhor início é conhecer todas as instâncias que deverão opinar sobre o tema e construir uma lista, um mapa com todos os nomes que deverão ser procurados, incluindo aí a lista dos principais *stakeholders*.

Comece pelo começo: peça uma audiência para as pessoas da lista que você ainda não conhece, para apresentar a SUA instituição e levar ao conhecimento um assunto de interesse comum.

Como estamos lidando no campo do poder político, lembre-se de que a primeira reação dos políticos diz respeito à manutenção ou à conquista do poder, a depender de estarmos falando com governantes ou oposicionistas. Uma definição famosa da Ciência Política americana sustenta que parlamentares têm um único objetivo: serem reeleitos (Mayhew, 1974). Isso explica por que é preciso deixar claro que nossa proposta é capaz de gerar valor para a sociedade, melhorar a competitividade da nossa instituição e trazer reconhecimento para os políticos que a tornaram possível.

Nessas condições, é imprescindível identificar quem serão seus esperados aliados e os seus prováveis adversários. Inclua-os no mapa de relacionamento, anotando a expectativa de ação, se favorável ou contrária à iniciativa.

Lembre-se também de que a política é sempre um exercício local. Assim, conheça a base política dos parlamentares e políticos que sejam importantes para sua instituição. Esteja sempre preparado para mostrar os reflexos sociais, ambientais e econômicos de cada iniciativa legislativa que afete a sua instituição. Nunca se esqueça dos quatro pilares que explicam a sua organização, e sempre reflita sobre todos eles.

Como os políticos lutam pelo poder, é importante ter presente que o seu principal adversário está, na maior parte das vezes, dentro do seu próprio partido e em seu próprio Estado. É ali que eles disputam voto por voto o poder político.

Nesse dilema entre a escolha de aliados sem criar adversários, se coloca a questão de quem irá apresentar o pleito que interessa à sua instituição. Essa escolha é delicada, e um erro grave pode ser fatal para suas pretensões.

Um período interessante para ampliar relacionamentos é no início de cada legislatura, quando, em geral, as casas legislativas são renovadas, com a entrada de novos parlamentares. Na prática, tenha sempre a sua lista de endereços atualizada, além de um sistema simples e eficiente para controlar o seu relacionamento.

Como em todo relacionamento, boas maneiras, gentileza e cortesia são importantes para construir contatos duradouros. Seja formal, pois estamos tratando de relações institucionais, mas sem excessos.

Seja honesto com você mesmo: diga o que você pensa sobre os temas em debate, mas não polemize, respeite posições divergentes. Seja moderado e humilde. Jamais seja arrogante ou pedante.

Lembre-se também de que o tempo é o bem mais escasso de uma autoridade e de um parlamentar. Valorize o tempo que lhe dispuserem e agradeça por isso.

Tenha presente que os temas tratados nesse encontro poderão estar sendo divulgados pela imprensa em poucas horas. Leve isso em consideração e avalie o que será dito por você, bem como as suas reações.

Não cometa as descortesias mais comuns, como deixar seu celular ligado e falar mal de terceiros. O mundo da política é público, e qualquer inconfidência será rapidamente compartilhada com mais pessoas. Lembre sempre que você está nesse encontro representando os interesses da sua instituição.

O plano de ação decorrente dessa estratégia se materializa em uma simples tabela em que as ações previstas são alinhadas e respondem às clássicas perguntas do 5W + 2H, sigla em inglês para quê, quando, quem, por quê, onde, como e quanto custa. Simplificadamente, um plano de ação pode parecer como a tabela a seguir:

Plano de ação

Tema	Ação	Quem contatar	Responsável	Observações	Prazo	Status
Técnico	Reunir com técnicos do Ministério e posicionar situação do setor	Secretário executivo e assessor do ministro	João e Antônio	Reunião realizada com mensagem positiva	16/set	Sim
Político	Reunir com líderes da base para saber se há posição fechada	Líder na Câmara e líder no Senado	Laura e Carla	Reunião realizada e questão está aberta	07/out	Sim
Stakeholder	Alinhar setor	Todas as organizações do setor	João	Reunir semanalmente até fechar posição	11/nov	On going
Book	Preparar material para grupo técnico	Áreas técnicas das organizações	Antônio	Levantar todas as informações	05/nov	Não
Comunicação	Montar estratégia de comunicação	Agência de PR	Laura	Estratégia focada e alinhada com stakeholders	07/nov	Sim
Book	Formatar e preparar book	Agência de publicidade	Carla	Material com ilustração	25/nov	On going
Comunicação	Analisar resultados da pesquisa disponibilizada pelo Ministério	Secretaria do Ministério	João	Realizada análise de impactos sob cada uma das organizações	30/out	On going
Político	Reunião com Ministério para levar a proposta	Ministro e secretário executivo	Todos	Levar book, reunir antes com setor e montar BATNA	02/dez	Não

5W + 2H

Em conclusão, o processo de engajamento envolve uma delicada teia de conversas, diálogos e troca de informações que precisa ser gerida, acompanhada e monitorada. Um eficiente mapa dos *stakeholders* é muito importante, pois indicará as pessoas que devem ser encontradas de modo que se possa formar o CAPI necessário para a aprovação.

Mapa dos *stakeholders*	Visitar	Agendado	Realizado	%
Presidente da República	3	0	0	0,00%
Ministro da Fazenda	3	1	0	0,00%
Ministro do Meio Ambiente	5	2	2	40,00%
Ministro Chefe da Casa Civil	5	2	1	20,00%
Ministro da Justiça	5	5	5	100,00%
Ministro do Planejamento	7	5	3	42,86%
Presidente da Câmara dos Deputados	5	3	1	20,00%
Presidente do Senado Federal	5	3	3	60,00%
Senador Líder do Governo	7	7	7	100,00%
Senador Líder da Oposição	7	5	2	28,57%
Deputado Líder do Governo	7	6	4	57,14%
Deputado Líder da Oposição	7	5	0	0,00%
Senador Líder do PT	7	4	2	28,57%
Senador Líder do PSDB	7	2	0	0,00%
Senador Líder do PMDB	7	7	7	100,00%
Deputado Líder do PT	5	1	0	0,00%
Deputado Líder do PSDB	6	0	0	0,00%
Deputado Líder do PMDB	7	3	3	42,86%
Governador de SP	5	3	3	60,00%
Governador do RJ	3	3	3	100,00%
Total	113	67	46	40,71%

O uso de um *scorecard* que permita conhecer a importância, priorizar os encontros e acompanhar o seu desenrolar é também muito útil. Como o mapa de *stakeholders* tende a ser muito extenso, uma sugestão é ponderar cada nome de modo a encontrar as prioridades dos encontros a serem marcados.

Uma sugestão é criar categorias como o peso político do cargo, a identidade pública com o tema em questão, a dificuldade de conseguir uma audiência e, finalmente, a importância dessa pessoa para a aprovação da iniciativa. Cada uma das categorias pode receber notas entre 1 e 3. Finalmente, podemos ponderar a importância de cada uma dessas categorias, para o sucesso de nossa estratégia.

A tabela a seguir ilustra o *scorecard* sugerido:

Scorecard	%	Peso	Id	Dif	Key	Score
		20	15	15	50	
Presidente da República	0,00%	3	1	3	1	170
Ministro da Fazenda	0,00%	3	1	2	1	155
Ministro do Meio Ambiente	40,00%	1	3	1	0	80
Ministro Chefe da Casa Civil	20,00%	2	3	2	1	165
Ministro da Justiça	100,00%	1	1	2	0	65
Ministro do Planejamento	42,86%	2	1	2	0	85
Presidente da Câmara dos Deputados	20,00%	3	2	3	0	135
Presidente do Senado Federal	60,00%	3	2	3	0	135
Senador Líder do Governo	100,00%	2	3	3	0	130
Senador Líder da Oposição	28,57%	1	1	1	1	100
Deputado Líder do Governo	57,14%	2	2	1	1	135
Deputado Líder da Oposição	0,00%	1	2	3	0	95
Senador Líder do PT	28,57%	3	3	2	0	135
Senador Líder do PSDB	0,00%	1	3	2	0	95
Senador Líder do PMDB	100,00%	2	3	3	0	130
Deputado Líder do PT	0,00%	3	2	2	0	120
Deputado Líder do PSDB	0,00%	1	1	1	0	50
Deputado Líder do PMDB	42,86%	2	2	2	0	100
Governador de SP	60,00%	2	3	1	0	100
Governador do RJ	100,00%	2	2	1	0	85
Total	40,71%					

O que aprendemos neste capítulo

A estratégia das relações institucionais passa por quatro grandes eixos:

a) quem somos e o que queremos;
b) comunicar com foco;
c) construir alianças e parcerias; e
d) engajar para moldar um novo cenário normativo.

O processo de engajamento tem quatro etapas:

a) monitoramento;
b) priorização;
c) análise e cenário; e
d) estratégia e plano de ação.

6. Gestão da rotina de uma equipe de relações governamentais: um exemplo prático

Como vimos nos capítulos anteriores, o objetivo da atuação da equipe de relações governamentais é mudar o cenário normativo sob o qual opera a instituição. Essa mudança tem que encontrar benefícios para três interesses: o da sociedade, em primeiro lugar; o das autoridades, que precisam ser reconhecidas como gestores públicos capazes de criar condições para o desenvolvimento social, econômico e ambiental; e, certamente, os interesses da própria instituição.

Ao tentarem atingir esses diferentes benefícios, os times de relações governamentais focam em problemas a serem resolvidos, em *gaps* a serem preenchidos e em metas a serem alcançadas. Uma pequena digressão é importante para entender o que significa problema, do ponto de vista filosófico. A definição pode ser adaptada do filósofo John Dewey, fundador da Escola de Pragmatismo da Universidade de Chicago, citado por Araújo (2010, p. 200): "É a situação que constitui o ponto de partida de qualquer indagação, ou seja, a situação é indeterminada. Ela se torna problemática no próprio processo de sujeição à indagação."

Em termos populares, a palavra problema vem acompanhada de uma sensação negativa, de algo ruim. Não seria estranho ouvir de alguém que um problema é um problema: uma situação que saiu do controle, um desconcerto, um obstáculo. Essa visão não está errada. Mas existem problemas que não são problemas. Problemas podem ser entendidos como a opção de alguém para tirar o sistema de sua zona de conforto, para desarrumar o que está ajeitado em uma situação medíocre, ou para reorganizar os recursos e vencer um obstáculo. É possível utilizar essa definição, desde que entendamos que problemas são *gaps*, ou distância da realidade em relação a uma situação desejada.

Luiz Fernando Edmond, ex-CEO da Anheuser-Busch, afirmou em entrevista para este livro que "o papel do líder é criar bons problemas, abrir novos *gaps*". Ele está certo, pois no momento em que um líder cria o próprio *gap*, impondo à organização ou à sua equipe um desafio novo e maior, ele faz o grupo pensar e buscar melhores práticas, sair atrás de inovações, ter gente melhor na equipe.

Como o negócio da equipe de relações governamentais é fechar *gaps* entre cenários normativos existentes e desejados, alcançar resultados esperados de um novo conjunto de normas e resolver problemas de relacionamento existentes entre a instituição e o poder público, a equipe deverá se utilizar de algum método para a solução sistemática de problemas.

A questão passa a ser como chegar ao objetivo. Existem inúmeras opções estratégicas para que uma instituição modifique o cenário corrente (A) e alcance o cenário desejado (B). Essa distância, ou *gap*, é o problema que cabe à equipe de relações governamentais resolver.

Figura 1

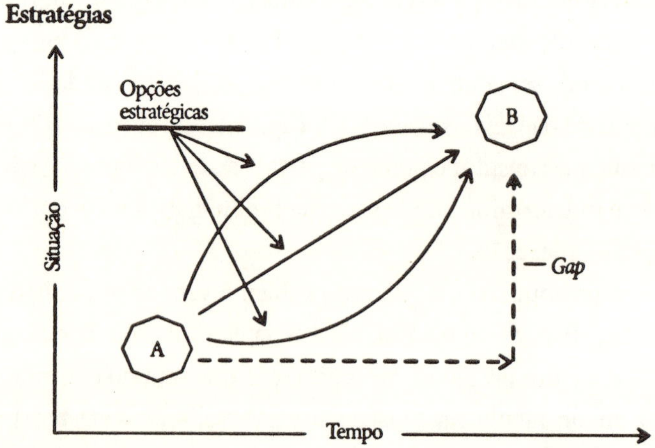

Peter Ferdinand Drucker foi um consultor, professor e autor norte-americano cujos escritos contribuíram para as bases filosóficas e práticas da moderna teoria da gestão de empresas, sendo reconhecido como "o fundador da gestão moderna".[1]

Já na metade do século passado, Drucker percebeu o que hoje é parte do senso comum: "Os fatores tradicionais de produção — terra, mão de obra e até dinheiro, pela sua mobilidade — não mais garantem vantagem competitiva a uma nação em particular. Em vez disso, o gerenciamento tornou-se o fator decisivo de produção" (Drucker, 1992). Essa afirmação vale para uma nação em particular, mas pode ser adaptada para qualquer empresa ou instituição.

No capítulo anterior, focamos principalmente nas conexões externas da equipe de relações governamentais, na tentativa de resolver esses *gaps*. Agora, mudamos o foco para dentro: vamos olhar em detalhes a função de relações governamentais dentro de uma instituição. Com exemplos práticos, vamos aplicar parte do que foi aprendido até o momento, como foco em como gerenciar a equipe de relações governamentais. Para melhor organizar a rotina e poder gerenciá-la, podemos encarar a função de relações governamentais como um negócio dentro da organização.

Figura 2

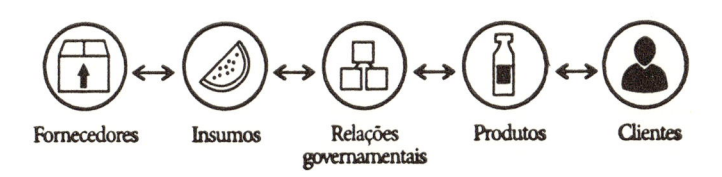

Fornecedores   Insumos   Relações governamentais   Produtos   Clientes

O líder da equipe de relações governamentais é o "dono" desse negócio, com autoridade sobre os meios à sua disposição e também é o responsável pelos resultados do "seu" negócio. Mas o "dono" do negócio deve liderar sua equipe para cumprir as metas que lhe são estabelecidas. Quem estabelece essas metas?

---

[1] Ver Denning (2014).

As metas de uma organização são colocadas a partir da formulação ou do planejamento estratégico, estabelecidas pelo *C-Level* (executivos, como os "chiefs" — CEO, CIO, CFO, COO, e outros cês). Essas metas são fixadas com base nos respectivos *gaps*. Cada "dono" de negócio, inclusive o líder da equipe de relações governamentais, é responsável, junto com a sua equipe, pela negociação de suas metas, sempre com base nos *gaps*, e, dessa forma, estabelecendo um desafio alcançável. Esse desafio, no entanto, deve sempre levar a equipe na direção da melhoria e quase sempre de construção de conhecimento novo.

As metas que a equipe de relações governamentais deve alcançar são os produtos que atendem às necessidades de seus clientes. Essas metas devem ser acompanhadas por itens de controle devidamente estabelecidos.

Figura 3

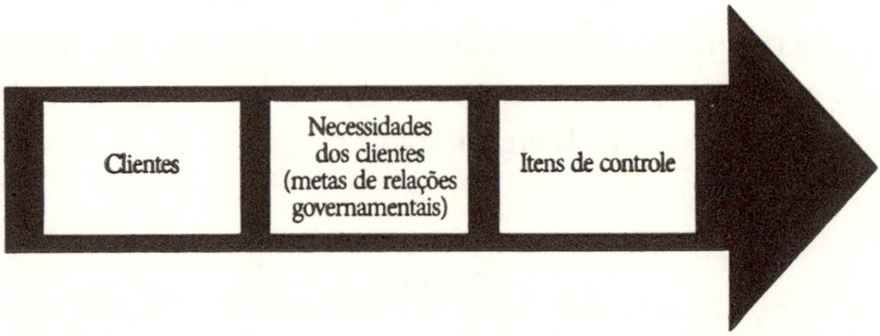

Clientes → Necessidades dos clientes (metas de relações governamentais) → Itens de controle

Para alcançar suas metas, o plano estratégico da equipe é montado a partir das necessidades dos clientes. São as necessidades internas da instituição que ditam qual o cenário normativo que a equipe de relações governamentais vai buscar.

Como vimos no capítulo 5, o termo "estratégia" é um conceito militar e trata da mobilização de recursos para atingir objetivos, definindo um plano para o futuro. O objetivo de um plano estratégico é alcançar o objetivo predefinido, e uma equipe é vencedora quando alcança seus resultados.

As estratégias são muitas e dependem dos recursos existentes e da criatividade da equipe. A estratégia sempre será elaborada com vistas a fechar o *gap* que existe entre a realidade atual e o cenário normativo desejado.

Para analisar a gestão interna da equipe de relações governamentais, **vamos montar nossa estratégia** considerando um caso concreto, cujo objetivo será mudar o conjunto de normas que afeta a nossa instituição.

Vamos adaptar o caso da Prefeitura de São Paulo, analisado no capítulo anterior, alterando algumas das variáveis para efeito didático. Vamos supor que a nossa organização:

- seja empresa industrial de médio porte;
- seja pouco alavancada;
- tenha restrições de capital de giro;
- sofra os efeitos da crise e diminuiu a atividade;
- lidere um mercado muito competitivo;
- faça parte da associação e do sindicato patronal;
- tenha clientes que são empresas de médio e pequeno porte, além de microempresas;
- tenha inúmeros fornecedores;
- tenha uma equipe de relações institucionais pequena, com alguma experiência em lidar com os grupos de interesse que nos cercam;
- tenha compromissos ambientais no entorno da fábrica;
- invista bastante em publicidade nas mídias sociais;
- seja uma empresa conhecida do grande público; e que
- nossa reputação seja média comparada com as dos nossos concorrentes.

Um certo dia, a organização é informada, pelos meios de comunicação, que existem estudos na Prefeitura com intenção de mudar as normas de circulação de veículos de carga. Que mudanças estão sendo estudadas?

- A Prefeitura deseja alterar a norma legal que regulamenta a circulação de veículos na Zona de Máxima Restrição de Circulação (ZMRC).
- Pela proposta em discussão, os Veículos Urbanos de Carga (VUCs) seriam impedidos de circular na ZMRC entre 7 e 19 horas.
- Nossa organização utiliza VUCs para a distribuição de produtos entre os clientes localizados na ZMRC.
- A nova norma imporá grandes prejuízos à nossa organização, pois teremos que vender os VUCs e comprar os novos veículos indicados pela norma, que estarão com seus preços em alta por conta da demanda.

A primeira ação é elaborar ou revisar o SWOT da organização, para identificar as forças, fraquezas, oportunidades e ameaças. Se você ainda tem dúvidas sobre o SWOT, recomendamos revisar o capítulo anterior. Esse método permitirá saber se a instituição e a equipe responsável pelas relações governamentais estão preparadas para atender aos desafios e às necessidades de seus clientes internos.

Chegou a hora de fazer um SWOT. Lembremos que o SWOT é a sigla dos termos ingleses *strengths* (forças), *weaknesses* (fraquezas), *opportunities* (oportunidades) e *threats* (ameaças).

SWOT	
S	**W**
Indústria de médio porte	Capital de giro limitado
Pouco alavancada	Time de relações institucionais é pequeno
Líder de mercado	Não temos relações com o governo
Participa de associações de classe	Não temos compromissos sociais
Clientes diversificados	Publicidade é na web
Fornecedores diversificados	Reputação baixa em nosso setor
Time de relações institucionais	Não conhecemos vereadores
Compromissos ambientais	
Somos conhecidos pela opinião pública	
Temos bons estudos	
O	**T**
Problema afeta todo o setor	Crise afeta resultados
Área econômica pode ser aliada (US$)	Mercado é muito competitivo
Ambientalistas podem ser aliados	Governo tem maioria de vereadores
Trabalhadores podem ser aliados	Importadores podem se organizar
Fabricantes de VUCs são aliados	VUCs são barulhentos
Mais veículos circularão na ZMRC	Entregas noturnas são inseguras
Aumentará barulho na região	Aumentará o roubo
Segurança pública deverá ser reforçada	

A partir do SWOT, podemos entender onde estão os desafios e onde podemos avançar sobre as fraquezas, como usar as forças na busca das oportunidades e na defesa das ameaças.

Uma maneira de fazer esse exercício é cruzar as forças e as fraquezas com as ameaças e as oportunidades, em um exercício conhecido como TOWS ou SO WHAT.

Este exercício busca identificar as consequências do cruzamento das informações sobre as forças e fraquezas da instituição com as oportunidades e ameaças que existem no ambiente externo. Seria algo como montar a estratégia de defesa escalando fortalezas para conter ameaças e fortalecer os pontos fracos frente a esses mesmos constrangimentos. Igualmente, definir a estratégia de ataque ao escolher as melhores qualidades internas, as forças da instituição, para capturar as oportunidades identificadas. Do mesmo modo, fortalecer os pontos fracos para que a equipe seja capaz de capturar as oportunidade identificadas.

Deste modo, primeiro cruzamos as fraquezas e forças com as oportunidades. No meio do novo desenho, incluímos as possíveis ações e preocupações. O exercício incorpora uma ideia matemática de forças menos fraquezas multiplicadas pelas oportunidades.

So SWOT (S – W × O)

O	Problema afeta todo o setor	Área econômica pode ser aliada (US$)	Ambientalistas podem ser aliados	Trabalhadores podem ser aliados	Fabricantes de VUCs são aliados	Mais veículos circularão na ZMRC	Aumentará barulho na região	Segurança pública deverá ser reforçada
S								
Indústria de médio porte	Preparar o material para comunicar a organização e apresentar o problema a que será submetida se esta medida for aprovada							
Pouco alavancada	Incluir consequências econômicas para a empresa e setor se a medida for implementada							
Líder de mercado	Reunião com a área econômica para mostrar consequências no câmbio							
Participa de associações de classe	Envolver a associação do setor, sindicato, federação e confederação para mostrar a gravidade do problema							
Clientes diversificados	Preparar Mapa de *Stakeholders* e dar ênfase aos clientes da ZMRC, mostrando os reflexos para eles							
Fornecedores diversificados	Preparar Mapa de *Stakeholders* e dar ênfase aos clientes da ZMRC, mostrando os reflexos para eles, especialmente fornecedores de VUCs							
Time de relações institucionais	Encomendar ao time de Relações Governamentais uma estratégia para reverter o problema							
Compromissos ambientais	Preparar Mapa de *Stakeholders*, ênfase nos ambientalistas, sindicalistas e associações de moradores da região do ZMRC							
Somos conhecidos pela opinião pública	Ênfase nos compromissos ambientais no material de comunicação, mostrando os impactos do aumento de veículos na ZMRC e da poluição							
Temos bons estudos	Transformar os estudos técnicos em material de comunicação dirigido aos *stakeholders*							

	O	Problema afeta todo o setor	Área econômica pode ser aliada (US$)	Ambientalistas podem ser aliados	Trabalhadores podem ser aliados	Fabricantes de VUCs são aliados	Mais veículos circularão na ZMRC	Aumentará barulho na região	Segurança pública deverá ser reforçada
W									
Capital de giro limitado		Preparar material para comunicar a organização e apresentar o problema a que será submetida se esta medida for aprovada							
Time de relações institucionais é pequeno		Reforçar time de relações institucionais							
Não temos relações com o governo		Envolver associação do setor, sindicato, federação e confederação para mostrar a gravidade do problema							
Não temos compromissos sociais		Buscar nas atividades da organização do setor os compromissos sociais que já são atendidos							
Publicidade é na web		Atenção para assuntos estranhos ao tema, fruto da baixa reputação, não ocuparem a pauta							
Reputação baixa em nosso setor		Eleger a web como principal meio para a comunicação, redobrar atenção com os meios tradicionais							
Não conhecemos vereadores		Envolver associação do setor, sindicato, federação e confederação para mostrar a gravidade do problema							

O segundo exercício repete a mesma fórmula, substituindo as oportunidades pelas ameaças.

So SWOT (S – W × T)	T	Crise afeta resultados	Mercado é muito competitivo	Governo tem maioria de vereadores	Fabricantes de VUCs são aliados	VUCs são barulhentos	Entregas noturnas são inseguras	Aumentará o roubo
S								
Indústria de médio porte		Preparar um plano de ação para a hipótese de medida ser aprovada						
Pouco alavancada		Reunião com a área econômica para mostrar consequências no câmbio						
Líder de mercado		Preparar Mapa de *Stakeholders* e dar ênfase aos clientes da ZMRC, mostrando os reflexos para eles, ênfase em segurança para entregas noturnas						
Participa de associações de classe		Preparar Mapa de *Stakeholders* e dar ênfase aos clientes da ZMRC, mostrando os reflexos para eles, especialmente fornecedores de VUCs						
Clientes diversificados		Acertar as metas do time de Relações Governamentais para focar nesse problema						
Fornecedores diversificados		Preparar Mapa de *Stakeholders* e dar ênfase a ambientalistas, sindicalistas e associações de moradores da região da ZMRC						
Time de relações institucionais		Ênfase nos compromissos ambientais no material de comunicação, mostrando os impactos do aumento de veículos na ZMRC e da poluição						
Compromissos ambientais		Transformar os estudos técnicos em material de comunicação dirigido aos *stakeholders*						
Somos conhecidos pela opinião pública		Plano de comunicação deve considerar uso de notas para colunistas						
Temos bons estudos		Transformar os estudos técnicos em material de comunicação dirigido aos *stakeholders*						

	T	Crise afeta resultados	Mercado é muito competitivo	Governo tem maioria de vereadores	Fabricantes de VUCs são aliados	VUCs são barulhentos	Entregas noturnas são inseguras	Aumentará o roubo
W								
Capital de giro limitado	Mostrar as consequências econômicas, sociais e fiscais para o governo							
Time de relações institucionais é pequeno	Reforçar time de relações governamentais							
Não temos relações com o governo	Envolver associação do setor, sindicato, federação e confederação para mostrar a gravidade do problema, aproveitar para criar relacionamento							
Não temos compromissos sociais	Identificar os compromissos já assumidos e não contabilizados e comprometer-se com novos							
Publicidade é na web	Extremo cuidado com a reação das mídias tradicionais							
Reputação baixa em nosso setor	Atenção para os pontos vulneráveis, fazer uma lista desses pontos							
Não conhecemos vereadores	Envolver associação do setor, sindicato, federação e confederação para mostrar a gravidade do problema, aproveitar para criar relacionamento							

Essas informações serão fundamentais no estabelecimento de um plano estratégico, que é a tarefa mais importante do "dono" do negócio. O gerenciamento desse plano tem como objetivo transformar as estratégias da organização em realidade. Podemos dizer quer é a transição do SO WHAT para um planejamento de ação.

Atenção, pois esse gerenciamento exige um método, e um dos mais simples e eficientes é o Ciclo PDCA (sigla de *plan*, *do*, *check* e *act*). O Ciclo PDCA, também conhecido por ciclo de Shewhart ou ciclo de Deming, tem por princípio tornar mais claros e ágeis os processos envolvidos na execução da gestão, dividindo-a em quatro principais partes.

- Planejamento (*plan*) das ações a serem realizadas;
- Execução (*do*) das ações planejadas;
- Verificação (*check*) do que foi feito e do grau de avanço das medidas; e
- Reflexão e análise da diferença entre as metas e os resultados alcançados, identificação das causas e recomendação de medidas corretivas (*act*).

O método PDCA foi aprimorado e expandido no Brasil graças ao trabalho do professor Vicente Falconi (2013), que costuma apresentá-lo de maneira mais completa, analisando cada uma de suas quatro partes:

Figura 4. Método PDCA = Vicente Falconi

PDCA	FLUXOGRAMA	FASE	OBJETIVO
P	1	Identificação do problema	Definir claramente o problema e reconhecer a sua importância
P	2	Observação	Investigar as características específicas do problema com uma visão ampla e sob vários pontos de vista
P	3	Análise	Descobrir as causas fundamentais
P	4	Plano de ação	Conceber um plano para bloquear as causas fundamentais
D	5	Ação	Bloquear as causas fundamentais
C	6	Verificação	Verificar se o bloqueio foi efetivo
C	Não ? Sim	O bloqueio foi efetivo?	
A	7	Padronização	Prevenir contra o reaparecimento do problema
A	8	Conclusão	Recapitular todo o processo de solução do problema para trabalho futuro

Planejamento (*plan*)

A primeira ação é identificar o problema, que significa definir claramente o *gap* que se está buscando fechar, e reconhecer a sua importância para a instituição.

De um modo geral, isto significa identificar as principais questões regulatórias que afetam a sua instituição, criar um mapa dos principais tópicos, identificar quanto cada um vale para a instituição, e a probabilidade que cada um tem de ocorrer, a situação atual, a desejada, e os limites e, finalmente, qual o valor que está em jogo.

Figura 5. Valor em jogo

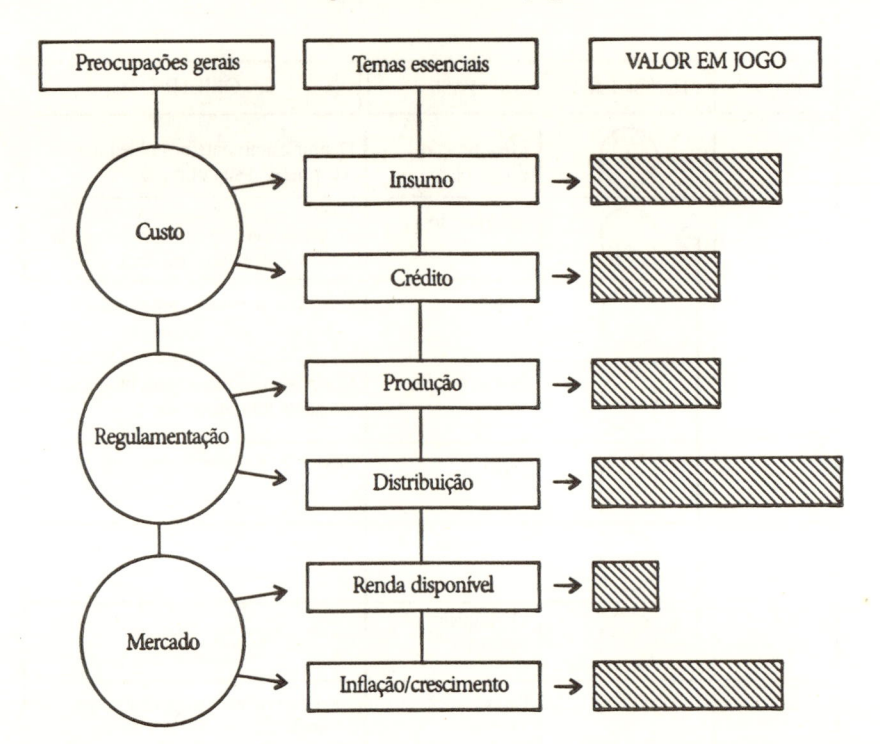

O segundo estágio do planejamento é a observação do problema, buscando identificar as suas características com uma visão ampla e sob vários pontos de vista. Nesta fase, devem ser definidas as prioridades com base no valor em jogo, as possibilidades de ocorrência, os recursos disponíveis e "a meta a ser alcançada".

Um dos mais importantes estudos a serem feitos é sobre a probabilidade concreta de ocorrer a mudança em discussão.

Figura 6. Probabilidade de ocorrer

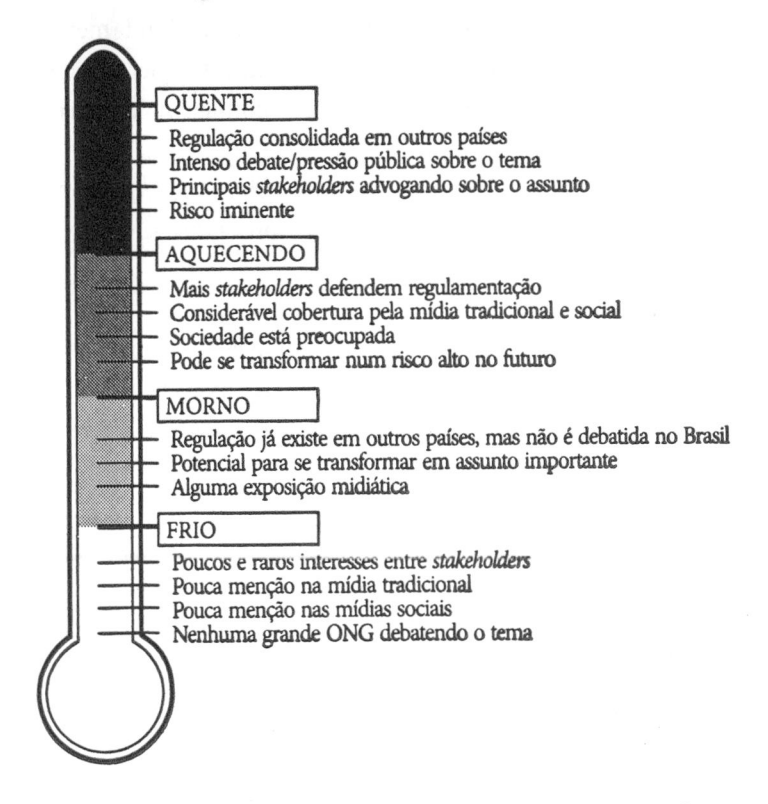

Em seguida, ocorre a escolha, com base nos dados disponíveis dos quatro cenários típicos, que são o atual, a pior e a melhor situação possíveis, e o cenário desejável na relação custo/benefício.

Figura 7. Situação atual, desejada e limites

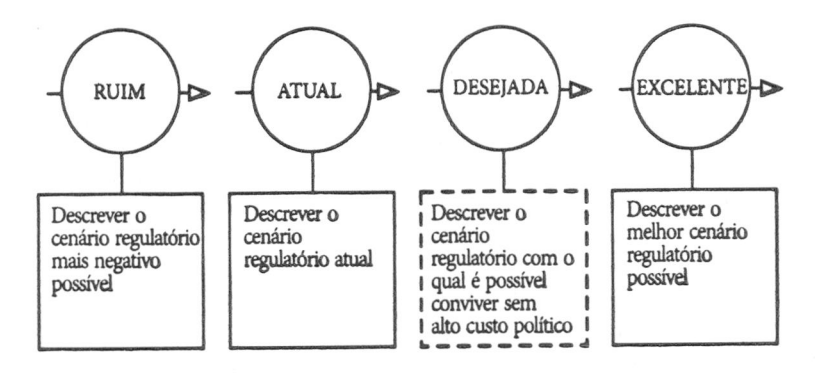

O terceiro estágio do planejamento é a análise, ou seja, estudos para investigar como o problema ocorre, e quais as suas causas fundamentais. Para conhecer melhor o problema, é necessário estratificá-lo, quer dizer, separá-lo em grupos e subgrupos, de modo a permitir a montagem de uma estratégia eficaz e eficiente.

Nesse momento, o problema da equipe de relações governamentais pode ser resumido como o cumprimento dos seguintes passos:

- sair da situação atual;
- buscar o melhor cenário regulatório possível;
- evitar o cenário regulatório mais negativo possível;
- negociar o cenário regulatório com o qual é possível conviver; e
- minimizar o custo político.

Voltando ao nosso problema, os estudos realizados nos mostram que:

- o novo veículo de carga (NVC) identificado pela Prefeitura não é produzido em nosso país;
- o NVC transporta 25% da capacidade de carga de um VUC;
- o NVC tem dimensões comparáveis ao VUC nas seguintes proporções: 50% do comprimento do VUC e 90% da largura; e
- o NVC polui 60% do que polui um VUC medido pelas mesmas normas técnicas;

Causas e efeito dos problemas

Como os problemas são diferenças (*gaps*) entre a situação atual e a desejada, o que primeiro se percebe são os efeitos (sintomas) do problema sobre a instituição. Entretanto, para montarmos uma estratégia capaz de fechar o *gap*, teremos que encontrar as causas que estão na raiz do problema.

Existem alguns métodos para identificar as causas raízes, e um dos métodos mais conhecidos é o Diagrama de Ishikawa, também conhecido como Diagrama "Espinha de Peixe" ou simplesmente Diagrama de Causa e Efeito.

Essa ferramenta permite organizar as causas e as origens do problema por grupo de assuntos ou *clusters*. O trabalho de equipe se inicia com um *brainstorming*, cuja ideia é propor grupos de causas e separar as sugestões entre os grupos. Uma sugestão é ficar com a primeira ideia em mente de um dia para outro e voltar a reunir a equipe para revisar o que foi feito.

Figura 8

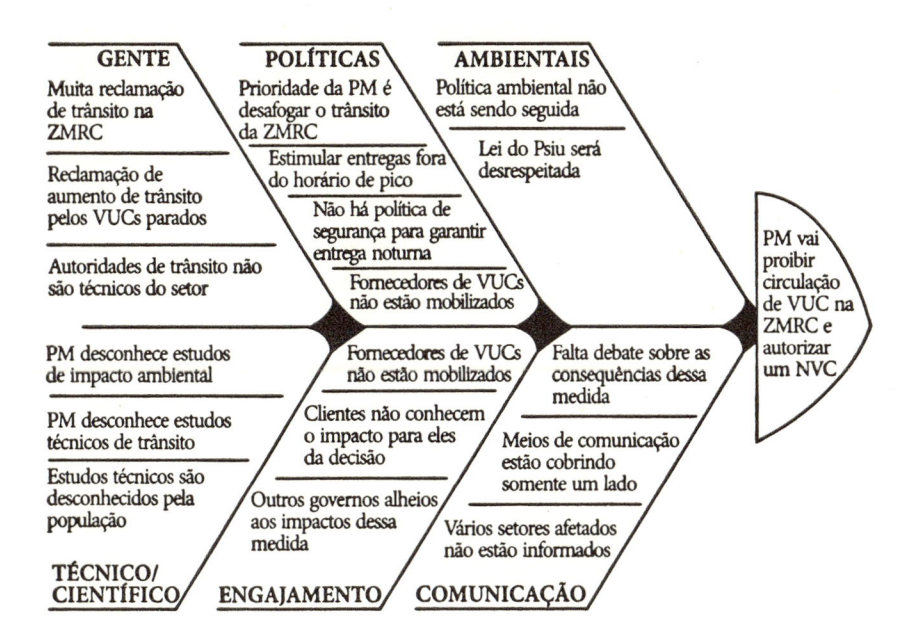

O diagrama mostra um conjunto de causas, mas serão essas realmente as causas raízes do problema?

Buscando a raiz dos problemas

Um bom método empírico para identificar a causa raiz dos problemas é o dos cinco porquês, ou seja, perguntar cinco vezes o porquê de um problema. O objetivo é permitir o aprofundamento das análises, de forma a se caminhar da identificação dos sintomas do problema até a sua causa raiz. Os problemas estão relacionados aos fins, e as suas causas são relativas ao mau funcionamento de algum ou alguns dos meios. Essa é uma técnica simples de resolução de problemas que foi desenvolvida por Taiichi Ohno, no contexto do Sistema de Produção Toyota, e consiste em formular a pergunta "por quê" cinco vezes para compreender o que aconteceu (a causa raiz).[2]

De forma prática, a premissa dessa técnica é a de que, após perguntar cinco vezes por que um problema está acontecendo, sempre relacionado à causa anterior, chega-se à raiz do problema. A ferramenta é muito usada nas áreas de qualidade das empresas, mas, na prática, se aplica a qualquer área. De acordo com Taiichi Ohno, pioneiro do sistema de produção da Toyota, na década de 1950, "não ter problemas é o maior problema de todos". Ohno via um problema não como algo negativo, mas, de fato, como "uma oportunidade de melhoria contínua disfarçada". Seu conselho para os executivos da marca japonesa era: "Observe o chão de produção sem preconceitos [...]. Pergunte 'por que' cinco vezes sobre cada assunto".[3]

Antes de usarmos o método, no nosso caso concreto sob análise, vale a pena nos aprofundarmos no exemplo usado pelo próprio. Ele usa o caso de um robô de soldagem que falhou no meio de sua operação para demonstrar a utilidade de seu método, chegando à causa raiz do problema por meio de perguntas persistentes:

1) "Por que o robô parou?"
   O circuito está sobrecarregado, fazendo com que um fusível tenha se fundido.

2) "Por que o circuito está sobrecarregado?"
   Não houve lubrificação suficiente nos rolamentos; então, eles travaram.

3) "Por que houve lubrificação insuficiente nos rolamentos?"
   A bomba de óleo no robô não está circulando óleo o suficiente.

4) "Por que a bomba não circula óleo suficiente?"
   A entrada da bomba está entupida com aparas metálicas.

---

[2] "Os 5 Porquês (5–Why) – Análise da causa raiz". Qualidade Total. Disponível em: <http:// apostilasdaqualidade.com.br/os-5-porques-5-why-analise-da-causa-raiz/>.
[3] Ohno, Taiichi. "Ask 'why' five times about every matter". Toyota, mar. 2006. Disponível em: <http://www.toyota-global.com/company/toyota_traditions/quality/mar_apr_2006.html>.

5) "Por que a entrada está entupida com aparas de metal?"
Porque não há filtro na bomba.[4]

O caso ilustra o motivo empírico dos cinco porquês. Diferentes adaptações do método indicam que o primeiro porquê ajuda a descrever o sintoma. O segundo, apresenta uma desculpa. O terceiro, um culpado. No quarto, aparece uma causa, e, no quinto, a causa raiz.

Voltando ao nosso caso concreto, é possível passar da espinha de peixe desenhada anteriormente para o diagrama dos cinco porquês, para se chegar à causa raiz do problema.

Figura 9

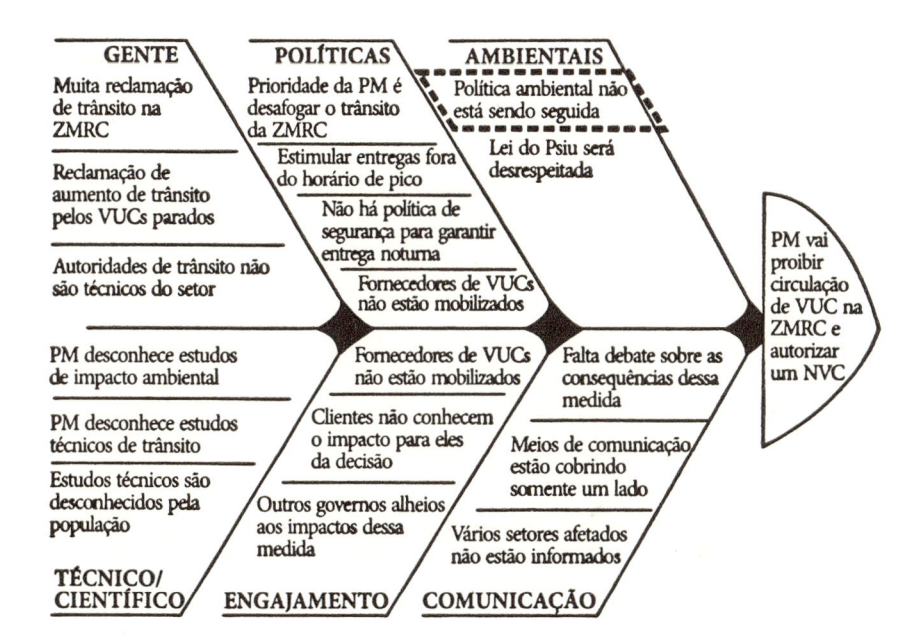

5 PORQUÊS?		
	Causa	Porquê
1	Política ambiental não está sendo seguida	Solução proposta polui muito mais
2	Solução proposta polui muito mais	NVC polui 60% de um VUC, mas precisa de mais NVC por carga
3	NVC polui 60% de um VUC, mas precisa de mais NVC por carga	Por carga, frota de NVC polui 2,4 vezes mais que frota de VUC
4	Por carga, frota de NVC polui 2,4 vezes mais que frota de VUC	Para a mesma carga em volume são necessários 4 NVC por VUCs
5	Para a mesma carga em volume são necessários 4 NVC por VUCs	Proposta da PM tem erro de concepção

Outro exemplo:

Figura 10

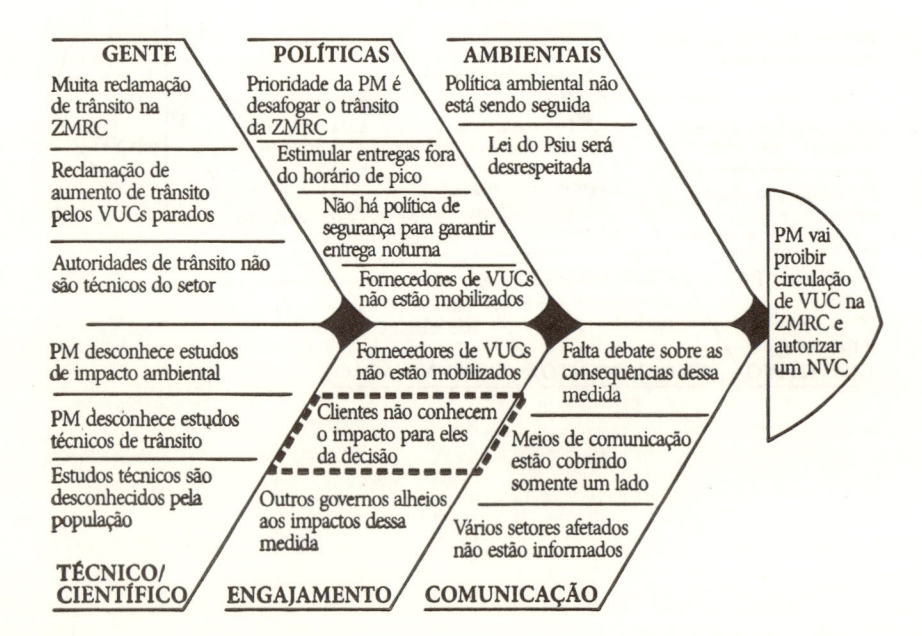

5 PORQUÊS?		
	Causa	**Porquê**
1	Clientes não conhecem impactos para eles da decisão	Não foram informados de todas as consequências
2	Não foram informados de todas as consequências	PM não conhece ou não tem interesse de informar
3	PM não conhece ou não tem interesse de informar	PM quer evitar aumento dos descontentes com medida
4	PM quer evitar aumento dos descontentes com medida	Medida é muito negativa aos pequenos PDVs
5	Medida é muito negativa aos pequenos PDVs	**Entrega à noite aumenta riscos de segurança**

Identificadas todas as raízes das causas dos problemas identificados, o próximo passo do PDCA é agir, executar um plano de ação para remover a causa do problema.

Execução (*do*)

Após descobrir as causas raízes, chega o momento de implementar um plano de ação em que cada tarefa responde às seguintes perguntas da ferramenta 5W + 2H:

- *What?* (O que fazer?)
- *When?* (Quando será feito?)
- *Who?* (Quem o fará?)
- *Where?* (Onde será feito?)
- *Why?* (Por que será feito?)
- *How?* (Como será feito?) e
- *How Much?* (Quanto custará para ser feito?)

O líder e sua equipe deverão planejar o desenvolvimento da ação proposta, estabelecendo prazos e atividades, dentro de um cronograma de ações. A ação precisa ser feita com grande disciplina. Segundo Jim Collins, equipes vencedoras têm três características: pessoas disciplinadas, pensamento disciplinado e ação disciplinada.

Essas ideias mostram a importância da disciplina na execução das atividades do PDCA, o que implica não só encarar a dura realidade como não perder o foco nos objetivos. A consistência é um conceito-chave que deve ser estimulado na equipe.

A jornalista Cristiane Mano, da revista *Exame*, entrevistou o professor Vicente Falconi, em outubro de 2010, a respeito do ciclo do PDCA.[5] Perguntado sobre onde as empresas erram ao implementar o ciclo de Deming, ou onde as pessoas que trabalham nas empresas pecam em relação a essa implantação, Falconi foi categórico: é na falta de disciplina para a execução do plano de trabalho. O professor ressalta que é fundamental ter um planejamento detalhado e com sólida base analítica, mas de nada adianta se ele não for implementado com o mesmo rigor e com grande disciplina. Assim, a execução do Plano de Ação é a materialização das ações da equipe para alcançar os seus objetivos.

---

[5] Ver Canal EXAME.com. "Vicente Falconi — Onde erram as empresas". 27 out. 2010. Disponível em: <http://www.youtube.com/watch?v=O1yWx74vNl8>. Acesso em: 31 out. 2017.

Plano de ação

Causa raiz	Que	Quem	Como	Plan	Quando	Farol	Resultados/ Problemas
Entrega à noite aumenta riscos de segurança	Documento técnico para as pessoas entenderem o problema	João	Preparar documento detalhado com tempos e movimentos para entrega noturna	16/mar	16/mar	Sim	Documento ok
		João	Preparar uma alternativa com atendimento com NVC	18/mar	26/mar	Sim	Documento ok
	Impacto em cada cliente	João	Preparar uma lista com os horários prováveis de atendimento de cada cliente	5/abr	7/abr	Sim	Ok
	Visitar cada cliente	Lia	Organizar reunião com os clientes da ZMRC	25/mai	8/jun	Sim	Ok
	Envolver clientes no diálogo com autoridade	Lia	Manter diálogo com a área de segurança, mostrando a preocupação de todos e os custos envolvidos	27/mai	25/jun	On going	Dificuldade de marcar reuniões
	Plano de comunicação	Ana	Criar uma estratégia de comunicação considerando mídias tradicionais e web para criar consciência do problema	15/jun		Não	Dificuldades com segurança tem atrapalhado a estratégia
	Manter diálogo com a PM, relatando os passos	João	Manter diálogo com a PM, relatando os passos	25/jun		On going	Já iniciado
	Diálogo com a Câmara dos Vereadores	João	Abrir diálogo com vereadores, levando clientes	1/ago		Não	

Verificação (*check*)

Existem dois importantes grupos de indicadores que acompanham o desenvolvimento do plano de ação.

O primeiro grupo são os itens de controle (ICs) que se referem ao efeito. São índices numéricos estabelecidos sobre os resultados esperados. Ou seja, esses indicadores medem se o resultado desejado foi obtido.

Os ICs de um processo devem ser definidos com o cliente. Os ICs são também conhecidos por sua referência em língua estrangeira e definidos como Indicadores-chave de Desempenho (*key performance indicators*, KPI), a medida de alcance das metas.

O segundo grupo são os Itens de Verificação (IVs). Os IVs referem-se às causas, ao processo e às atividades. São igualmente índices numéricos estabelecidos sobre as principais causas e atividades, que devem ser definidos pela equipe de relações governamentais para acompanhamento de suas próprias atividades.

De maneira simples, podemos dizer que os IVs devem garantir que se atinjam os ICs.

Ainda como métodos para verificar se estamos esticando a corda na medida adequada, é interessante estudar casos similares e fazer *benchmarking* para definir metas ou comparar estratégias. A meta ou a estratégia pode ser estabelecida pela comparação com um padrão previamente estabelecido. A escolha adequada do *benchmark* é essencial para que o grande objetivo da instituição possa ser garantido.

Gestão à vista

O conjunto de atividades e técnicas utilizadas pode ser complexo, mas o essencial é acompanhar os ICs e IVs. Para que toda a equipe participe, recomenda-se que a gestão do PDCA seja vista por todos.

Por isso, é interessante desenvolver um painel de controle que contenha a essência dos indicadores que estão sendo acompanhados. Um painel de controle ajuda a melhorar os processos da área pelas séries históricas que naturalmente são criadas. Nesse painel, a equipe monitora o progresso e alimenta os sistemas de informação corporativos. Além disso, essas informações ajudam a motivar e educar a instituição sobre a área de relações governamentais.

Há muitos modos de elaborar um bom painel de controle, mas o básico deve ter:

- descrição do objetivo;
- responsável;
- quantificação do objetivo;
- resultado do ano anterior;
- resultado até o momento;
- resultado no mesmo período do ano anterior;
- avaliação do alcance no final do ano; e
- farol de acompanhamento (verde quando estiver em dia, amarelo atenção e vermelho para significar atrasos).

Correção (*act*)

Caso a meta não tenha sido alcançada, a equipe de relações governamentais deverá realizar uma nova sessão de análise para identificação das causas que não foram corretamente tratadas, e propor contramedidas.

Como esse método busca qualidade contínua, a correção pode ser também identificada como a abertura de um novo *gap* a ser posteriormente fechado.

Abre-se, então, um novo PDCA para fechar o *gap* que precisa ser corrigido. Mas, em princípio, e conceitualmente, uma contramedida ou correção visa a alcançar a meta previamente estabelecida, e somente após alcançada a meta é que deveria ser aberto um novo *gap*, gerando um novo ciclo de PDCA.

Para a equipe de relações governamentais, o encerramento do ciclo de PDCA se dá com a obtenção de um novo cenário regulatório, melhor do que o anterior. Encontrado o novo cenário, abre-se um novo *gap* para buscar um ambiente regulatório ainda melhor.

Além das ações para melhoria do ambiente regulatório, em algumas circunstâncias, o objetivo pode ser o de se evitar uma mudança do cenário, quando esse já é favorável à empresa. Nesse caso, parte do tempo da equipe de relações governamentais deverá ser empregado também para evitar as mudanças indesejadas e manter inalterado o ambiente regulatório. Essa rotina pode ser descrita por meio do ciclo de SDCA — que segue a mesma sistemática do PDCA. Porém, o método passa a ser utilizado para manter o padrão dos processos (o S significa *standard*, ou seja, "padrão").

Uma ideia muito importante para liderar a sua equipe: alcançou seus objetivos? Moldou um novo patamar? Então, comemore, celebre os bons resultados alcançados pela equipe!

A equipe de relações governamentais

Uma pergunta que se ouve com muita frequência é sobre o perfil ideal das pessoas que devem fazer parte da equipe de relações governamentais.

As principais características, além da integridade pessoal, são:

- Capacidade de comunicação aliada a habilidades persuasivas.
- Empatia e capacidade de ouvir argumentos da outra parte.
- Do ponto de vista técnico, é muito importante a compreensão profunda dos procedimentos legislativos formais e informais, e conhecer a sofisticação e os costumes da política.
- É muito importante ter força intelectual para enfrentar debates acirrados com interesses bem defendidos de todos os lados, além de estar atualizado e ter habilidades estratégicas.

O líder da equipe de relações governamentais é aquele que leva todo o grupo a alcançar seus objetivos fazendo as coisas de modo certo. O líder não é um chefe, é muito mais um treinador.

A equipe do líder, para ser vencedora, precisa compartilhar informações e ter espírito de equipe, buscando sinergia e valorizando a ajuda mútua. A equipe precisa ter claro qual é o objetivo geral e conhecer o objetivo de cada um.

Para isso, ela tem que se reunir periodicamente e acompanhar, em conjunto, o seu painel de controle (*dashboard*), que deve ser eficiente e único.

Dois tipos de reuniões periódicas são sugeridos: uma para acompanhamento semanal, que fique atenta para as atividades da semana, e outra para acompanhamento mensal, que avalie o estado dos objetivos, das metas gerais e específicas.

O método apresentado neste livro não pretende ser o único, não pretende ser a forma acabada e definitiva de uma metodologia que funcione para todas as equipes de relações governamentais, nem é o mais sofisticado ou, tampouco, o ideal para todos os casos. Ele é fruto de entrevistas, experiências práticas e estudos feitos no Insper. Com ele, acreditamos colaborar para a profissionalização, institucionalização e melhoria da área de relações governamentais nas empresas do Brasil. Como na introdução deste livro, muita gente ainda olha para essa área considerando personagens folclóricos como o norte-americano Artie Samish, apresentado na introdução deste livro, que se considerava o presidente do Legislativo da Califórnia. O objetivo deste manual é trafegar em sentido oposto ao do Sr. Samish. Acreditamos que, ao propor um método, estamos buscando colocar as atividades de relações governamentais ao lado das demais áreas de uma instituição, com seus desafios e, principalmente, com seus limites. O método escolhido apresenta o que os autores consideram ser boas práticas.

Bibliografia

Achen, C. H.; Bartels, L. M. *Democracy for Realists: Why Elections do not Produce Responsive Government*. Nova Jersey: Princeton University Press, 2016.

Acquaviva, M. C. *Teoria geral do Estado*. Barueri: Manole, 2010.

Aguilar Filho, H. A.; Fonseca, P. C. D. "Instituições e cooperação social em Douglass North e nos intérpretes weberianos do atraso brasileiro". *Estudos Econômicos*, v. 41, n. 3, p. 551–571, 2011.

Amchan Brasil. *Ex-governador Antonio Britto: é legítimo empresas defenderem direitos, mas dentro do bem coletivo*, 29 abr. 2014. Disponível em: <https://www.amcham.com.br/noticias/competitividade/para-ex-governador-antonio--britto-e-legitimo-empresas-defenderem-seus-interesses-mas-dentro-do-bem--coletivo-2417.html>.

Anderson, C. "Help Create an Email Charter!" TEDChris: The Untweetable, 2011. Disponível em: <http://tedchris.posthaven.com/help-create-an-email-charter>.

Anzia, S. F. *Timing and Turnout: How Off-Cycle Elections Favor Organized Groups*. Chicago: University of Chicago Press, 2014.

Araújo, G. M. *Elementos do sistema de gestão de SMSQRS*, v. 2. Rio de Janeiro: Gerenciamento Verde, 2010.

Arnold, R. *The Logic of Congressional Action*. New Haven: Yale University Press, 1990. Disponível em: <http://www.jstor.org/stable/j.ctt32bm5b>.

Athia, G. *Mobilizing with Nike in Brazil: Key strategies to tackle unforeseen regulatory challenges*. Dissertação (Mestrado em Marketing). Orientação Dra. Eileen Babbitt. Fletcher School: GMAP, 2013.

Bawn, K.; Cohen, M.; Karol, D.; Masket, S.; Noel, H.; Zaller, J. "A Theory of Political Parties: Groups, Policy Demands and Nominations in American Politics". *Perspectives on Politics*, v. 10, n. 3, p. 571–597, 2012.

Berlin, I. *The Hedgehog and the Fox: An Essay on Tolstoy's View of History*. Chicago: Ivan R. Dee, 1993.

Bobbio, N.; Matteucci, N.; Pasquino, G. *Dicionário de política*. Brasília: UnB, 2004.

Branco, C. C. *A renúncia de Jânio: Um depoimento*. Rio de Janeiro: Revan, 1996.

Brown, Jeffrey R.; Huang, Jiekun. "When CEOs Visit the White House, Their Companies Profit". *Politico Magazine*, 8 mai. 2017. Disponível em: <http://www.politico.com/magazine/story/2017/05/08/why-trump-white-house-visitors-logs-should--public-215116?utm_campaign=o_que_estamos_lendo_20170514&utm_medium=email&utm_source=RD+Station>. Acesso em: 28 ago. 2017.

Câmara Brasil-Israel de Comércio e Indústria. Os impactos da revolução digital na comunicação. 27 out. 2016. Disponível em: <http://www.cambici.org.br/11220-2/#.wje4uuqnhdc>. Acesso em: 13 dez. 2017.

Câmara dos Deputados. *O papel do poder legislativo*. Brasília: [s.d.]a.

_____. *Quantos são e de que forma é definido o número de deputados*. Brasília: [s.d.]b.

_____. *Regime de tramitação*. Brasília: [s.d.]c.

Campante, R. G. "O patrimonialismo em Faoro e Weber e a sociologia brasileira". *Dados*, v. 46, n. 1, p. 153–193, 2003.

Cappra, R. Cappra Data Science. [s.d.].

Carrigan, M. "The e-mail charter". The Sociological Imagination, 3 jun. 2015. Disponível em: <http://sociologicalimagination.org/archives/17716>.

Coletti, R. N. *A participação da sociedade civil no processo decisório ambiental*. Tese (Doutorado em Engenharia Ambiental). Universidade de São Paulo, 2008.

Collins, J. *Good to Great: Why Some Companies Make the Leap... And Others Don't*. Nova York: HarperBusiness, 2001.

_____. *Good to Great and the Social Sectors: A Monograph to Accompany Good to Great*. Random House Business, 2005.

_____. *How the Mighty Fall: And Why Some Companies Never Give In*. Nova York: HarperCollins, 2009.

_____; Hansen, M. T. *Great by Choice: Uncertainty, Chaos, and Luck — Why Some Thrive Despite Them All*. Nova York: HarperCollins, 2011.

Collins, J.; Porras, J. I. *Built to Last: Successful Habits of Visionary Companies*. Nova York: HarperBusiness, 1994.

Constant, B. *Princípios de política aplicáveis a todos os governos*. Rio de Janeiro: TopBooks, 2007.

Dahl, R. A. "What Political Institutions Does Large-Scale Democracy Require?" *Political Science Quarterly*, v. 120, n. 2, p. 187–197, 2005.

Denning, S. "The Best of Peter Drucker". *Forbes*, 29 jul. 2014.

Dezen Jr., G. *Teoria constitucional esquematizada em quadros*. Rio de Janeiro: Alumnus, 2015.

Diamond, L. "Toward Democratic Consolidation". *Journal of Democracy*, v. 5, n. 3, p. 4-17, 1994.

Drucker, P. *Managing for the Future*. Nova York: Truman Talley / E. P. Dutton, 1992.

Edelman. *Building Trust*. 2015. Disponível em: <http://www.edelman.com/insights/intellectual-property/2015-edelman-trust-barometer/building-trust>. Acesso em: 31 ago. 2017.

_____. *Public Affairs*. [s.d.]. Disponível em: <https://www.edelman.com/practice/public-affairs/>. Acesso em: 31 ago. 2017.

Engels, F. *A origem da família, da propriedade privada e do Estado*. Coleção Revolucionários VII. Joinville: Clube de Autores, 2009.

Falconi, V. *O verdadeiro poder*. Nova Lima, MG: Falconi, 2013.

Faoro, R. *Os donos do poder*. Porto Alegre: Globo, 2012.

Farhat, S. *Lobby. O que é. Como se faz. Ética e transparência na representação junto a governos*. São Paulo: Aberje Editorial, 2007.

Fish, M. S. "Stronger Legislatures, Stronger Democracies". *Journal of Democracy*, v. 17, n. 1, p. 5-20, 2006.

Fisher, R.; Ury, W. *Getting to Yes: Negotiating Agreement without Giving In*". Nova York: Penguin, 2011.

Freeman, R. E.; Reed, D. L. "Stockholders and Shareholders: A New Perspective on Corporate Governance". *California Management Review*, v. 25, n. 3, p. 88-106, 1983.

G1. *SP libera circulação de caminhões leves em zona de restrição*. 17 mai. 2012.

Gonçalves, M. C. N. *Regulamentação do lobby no Congresso Brasileiro: O estudo comparado do modelo norte-americano*. Brasília: Biblioteca Digital da Câmara dos Deputados, 2012.

Gozetto, A. C. O. "Lobbying in Brazil: A Communication Channel Between Civil Society and State?" In: *World Congress of Political Science*, 2009, p. 1-15.

Grupo Banco Mundial. *Doing Business 2016: medindo qualidade e eficiência*. 2017. Disponível em: <http://portugues.doingbusiness.org/reports/global-reports/doing-business-2016>.

Harvard Business School. *Corporate Social Responsibility: Strategies to Create Business and Social Value*. Boston, [s.d.].

Harvard Law School. *PON: Program on Negotiation*. [s.d.].

IBM. *Big Data — What is Big Data?* [s.d.].

Laudares, P. V. *Gestão estratégica: o caminho para a transformação*. Nova Lima, MG: Falconi, 2008.

Lazzarini, S. *Leia a entrevista com o prof. Sérgio Lazzarini sobre seu livro: "Capitalismo de Laços"*. Insper Conhecimento, 2011.

Lenin, V. *O Estado e a Revolução*. São Paulo: Hucitec, 1979.

Li, C. *About Charlene Li*. [s.d.]. Disponível em: <http://charleneli.com/about/>.

Lima, Paulo Jorge de. *Curso de teoria do Estado*. São Paulo: José Bushatsky, 1971.

Mack, C. S. *Business, Politics, and the Practice of Government Relations*. Westport: Greenwood Publishing Group, 1997.

Madison, J. *Bill of Rights*. 1789.

Magaldi, S. *Redescobrindo a essência da sua empresa*. Endeavor Brasil, 16 dez. 2013a. Disponível em: <http://endeavor.org.br/redescobrindo-a-essencia-da--sua-empresa>.

Magaldi, S. *Vendas 3.0: uma nova visão para crescer na era das ideias*. Rio de Janeiro: Campus-Elsevier, 2013b.

_____; Salibi Neto, J. *Movidos por ideias: insights para criar empresas e carreiras duradouras*. Rio de Janeiro: Campus-Elsevier, 2010.

Marx, K.; Engels, F. *Manifesto do Partido Comunista*. São Paulo: Expressão Popular, 2008.

Mayhew, D. R. *Congress: The Electoral Connection*. New Haven: Yale University Press, 1974.

McKinsey & Company. *Public Sector Practice*. [s.d.].

Melo, C. "O caminho para o labirinto". Blog Carlos Melo, 2015. Disponível em: <http://politica.estadao.com.br/blogs/carlos-melo/o-caminho-para-o-labirinto/>.

_____. "Vocação de Tatu". Blog Carlos Melo, 2015. Disponível em: <http://politica.estadao.com.br/blogs/carlos-melo/vocacao-de-tatu/>.

Mind Tools. "The Hedgehog Concept: Using the Power of Simplicity to Succeed". [s.d.]. Disponível em: <http://www.mindtools.com/pages/article/hedgehog--concept.htm>.

Mintzberg, H. Crafting Strategy. *Harvard Business Review*, v. 65, p. 66–75, 1987a.

_____. "The Strategy Concept I: Five Ps For Strategy". *California Management Review*, v. 30, n. 1, p. 11–24, 1987b.

Musacchio, A.; Lazzarini, S. G. *Reinventando o capitalismo de Estado — O Leviatã nos negócios: Brasil e outros países*. São Paulo: Portfólio-Penguin, 2015.

Myerson, R. B. "Nash Equilibrium and the History of Economic Theory". *Journal of Economic Literature*, v. 37, n. 3, p. 1.067–1.082, 1999.

Nakagawa, M. *Contando história*. São Paulo: FEA-USP, 2010.

Nelson, J. *Corporate Social Responsibility: Strategies to Create Business and Social Value*. 2006.

_____. *Corporate Social Responsibility Initiative*. Boston: Harvard Kennedy School. [s.d.].

North, D. *Institutions, Institutional Change and Economic Performance*. Cambridge: Cambridge University Press, 1990.

Oracle. *The Foundation for Data Innovation*. [s.d.].

Porter, M. E. *Competitive Strategy: Techniques for Analyzing Industries and Competitors*. Nova York: Free Press, 1980.

Qualidade Total. *Os 5 Porquês (5–Why): Análise da causa raiz*. [s.d.].

Rodrigues, R. J. P. *Desenvolvimento nas ações políticas da sociedade civil dentro e fora do Congresso Nacional*. Brasília: Biblioteca Digital da Câmara dos Deputados, 2000.

_____. *A regulamentação do lobby em países selecionados da Europa*. Brasília: Biblioteca Digital da Câmara dos Deputados, 2011.

Romão, M. *Como determinar o número de deputados estaduais em função das bancadas federais*. Maurício Romão Blog, 2013. Disponível em: <http://mauricioromao.blog.br/como-determinar-o-numero-de-deputados-estaduais-em--funcao-das-bancadas-federais/>.

Rosa, M. *A reputação na velocidade do pensamento*. São Paulo: Geração Editorial, 2006.

Sandes, V. "O poder dos líderes". *O Estado de S. Paulo,* 4 fev. 2016.

Santos, L. S. D. "Lobby Regulation, Transparency and Democratic Governance in Latin America". Foro sobre Transparencia e Integridad en el Cabildeo "Cómo Recuperar la Confianza". Paris, 2013.

São Paulo. Decreto nº 48.487, de 12 de maio de 2008. Regulamenta o trânsito de caminhões na Zona de Máxima Restrição de Circulação — ZMRC. São Paulo: Secretaria do Governo Municipal, 12 mai. 2008.

_____. Decreto nº 53.149, de 16 de maio de 2012. Dispõe sobre a liberação do trânsito de Veículo Urbano de Carga — VUC na Zona de Máxima Restrição de Circulação — ZMRC; revoga o Decreto nº 51.701, de 10 de agosto de 2010. São Paulo: Diário Oficial, 17 mai. 2012.

Saviani, N. "O Estado e a Revolução: Vladimir Lênin". *Formação Socialista,* jun. 2008. Disponível em: <http://formacaosocialista.blogspot.com.br/2008/06/o--estado-e-revoluo-vladimir-lnin.html>.

Schlichter, D. *Qual o tamanho ideal e a função adequada do Estado?* Instituto Ludwig von Mises Brasil, 27 mar. 2012. Disponível em: <http://www.mises.org.br/Article.aspx?id=1263>.

Schwab, K. *The Global Competitiveness Report 2014–2015*. Colônia/Geneva: World Economic Forum, 2014.

_____. *The 4th Industrial Revolution*. Colônia/Geneva: World Economic Forum, 2016.

Seligman, M. "A crise brasileira tem solução". *El País*, 17 set. 2015.

_____. "La crisis brasileña tiene solución". *El País*, 18 set. 2015.

_____. Trinta anos sem uma agenda democrática. JOTA, 22 abr. 2015.

_____; Melo, C. A. *Relações governamentais no Brasil: ontem, hoje. E amanhã?* JOTA, 29 mai. 2015.

Senado Federal. *Perguntas frequentes*. Brasília: [s.n.], [s.d.].

Silva, E. S. *Dicionário de gestão*. Porto: Vida Econômica, 2017.

Siqueira, V. "Lênin, o Estado e a revolução". Colunas Tortas, 1º dez. 2014. Disponível em: <http://colunastortas.com.br/2014/12/01/lenin-o-estado-e-a-revolucao/>.

Solis, B. *Defining the Convergence of Media and Influence*. [s.d.].

_____. *Engage: The Complete Guide for Brands and Businesses to Build, Cultivate, and Measure Success in the New Web*, 2011.

Sotero, P. "Crisis in Brazil Leads to Gridlock with No End in Sight". *Huffington Post*, 2015.

Tibúrcio, M. "Flamengo planeja entrar no League of Legends com time próprio já em 2017". SporTV, 5 jul. 2017. Disponível em: <http://sportv.globo.com/site/games/noticia/2017/07/flamengo-planeja-entrar-no-league-legends-com-time--proprio-ja-em-2017.html>. Acesso em: 18 set. 2017.

Tönnies, F. "Community and society". In: *The Urban Sociology Reader*, 13. 1887.

Tocqueville, A. de. *Democracy in America*. Washington: Regnery Publishing, 2003.

Toubia, O. "*Can Big Data Give Us Big Ideas?*" Columbia Business School, 2016. Disponível em: <http://www8.gsb.columbia.edu/articles/ideas-work/can-big--data-give-us-big-ideas>.

Transparency International. *Corruption Perceptions Index 2013*. 2014.

_____. *Corruption Perceptions Index 2014*. 2015.

Vieira, R. M. "O estudo do lobby no Legislativo: O caso de sucesso da CDU-CD". *E-Legis*, v. 2, p. 39–46, 2003.

Wikipédia. Verbetes "Comunicação social", "Estado", "Estratégia", "Filosofia", "Lobismo", "Processo" e "Relações públicas". [s.d.].

World Bank Group. *Doing Business: Equal Opportunity for All*. Washington, DC: World Bank Group: 2017.

Sobre os organizadores

Milton Seligman

Engenheiro eletricista, formado pela Universidade Federal de Santa Maria, RS, em 1974. No setor público, ocupou cargos e funções nos governos dos presidentes José Sarney e Fernando Henrique Cardoso. Na administração Sarney, foi assessor para Assuntos Legislativos do Ministério da Agricultura e chefe de gabinete do ministro da Ciência e Tecnologia. Na administração de Fernando Henrique Cardoso, foi, sucessivamente, secretário executivo e ministro da Justiça, presidente do Incra, secretário executivo do Programa Comunidade Solidária e secretário executivo do Ministério do Desenvolvimento, Indústria e Comércio Exterior. Foi diretor de Projetos da ONG Inter Press Service, uma agência internacional de notícias com sede em Roma, Itália. No setor privado, foi VP de Relações Corporativas da Ambev e dirigente de associações empresariais da indústria de bebidas. É professor do Insper, onde coordena o Programa de Cursos em Gestão e Políticas Públicas, e Global Fellow do Brazil Institute do Woodrow Wilson Center, em Washington, DC, EUA.

Fernando Mello

Sócio do portal JOTA, já escreveu para *Veja*, *Folha de S.Paulo* e *El País América*, entre outros. Como jornalista, ganhou o prêmio de excelência da Sociedad Interamericana de Prensa, o Prêmio Latino-Americano de Jornalismo Investigativo e o Prêmio Esso de Melhor Contribuição para a Imprensa. Mestre pela Escola de Serviços Exterior, é doutorando em Ciência Política na Universidade da Califórnia. Tem interesse em inferência causal e metodologia. Substantivamente, foca em estudos sobre corrupção, *accountability* e políticas públicas.

Este livro foi composto na tipografia Minion
Pro Regular, em corpo 11/15, e impresso
em papel off-white no Sistema Cameron da
Divisão Gráfica da Distribuidora Record.